Electronic Commerce Theory and Practice

电子商务理论与实践

（第二版）

李 敏 魏 娟 曹 玲 编

科 学 出 版 社

北 京

内 容 简 介

本书从国内外电子商务发展历程、环境及框架结构、电子商务关键技术入手，介绍不同背景下的电子商务模式及未来发展，详细分析电子商务流程中的重要环节与问题，如电子商务网络支付、电子商务物流、网络营销、电子商务安全、电子商务网站规划与设计、电子商务法律等，并给出电子商务不同行业的综合应用案例，围绕流程中的重要环节展开讨论与分析。在第一版的基础上增加了电子商务研究与实践的新领域，如开放银行、跨境电商、智慧物流、用户画像、社群营销、直播营销等相关内容，同时关注一些新技术在电子商务中的应用，如人工智能、区块链、大数据等。本次修订使得教材内容更加充实，各章节内容关联性更强。

本书可作为高等学校管理工程、经济管理、电子商务等相关专业学生的教材，也可供相关从业人员阅读参考。

图书在版编目（CIP）数据

电子商务理论与实践 / 李敏，魏娟，曹玲编. —2 版. —北京：科学出版社，2022.9

ISBN 978-7-03-073193-7

Ⅰ. ①电…　Ⅱ. ①李…　②魏…　③曹…　Ⅲ. ①电子商务　Ⅳ. ①F713.36

中国版本图书馆 CIP 数据核字（2022）第 170644 号

责任编辑：惠　雪　沈　旭　石宏杰 / 责任校对：王晓茜
责任印制：赵　博 / 封面设计：许　瑞

科学出版社 出版
北京东黄城根北街 16 号
邮政编码：100717
http://www.sciencep.com
北京凌奇印刷有限责任公司印刷
科学出版社发行　各地新华书店经销
*
2012 年 6 月第　一　版　开本：787×1092　1/16
2022 年 9 月第　二　版　印张：21
2025 年 1 月第十次印刷　字数：497 000

定价：99.00 元

（如有印装质量问题，我社负责调换）

前　言

电子商务是管理科学与工程学科的一个重要分支，且其发展势头不容忽视。鉴于电子商务本身是一个不断探索、实践性强的交叉领域，电子商务教育教学需要满足内容新颖、结合领域热点展开问题讨论、根据学生的专业灵活设置教学内容等条件。本书自第一版发行至今已有十年的时间，电子商务领域发生了日新月异的变化。移动互联网、大数据、云计算、物联网、人工智能等新技术的发展和社会经济的数字化改革，电子商务呈现新的特征：在线服务业爆炸式增长、社交电商普遍高效应用、电商驱动社会经济数字化转型、跨境电商取得新突破等。

为了应对迅速发展的电子商务，满足广大读者的学习需求，需要对最新的电子商务实践和研究成果进行总结，不断完善教材的知识体系。本书通过探讨电子商务领域先进理论，结合实践训练，帮助学生深入理解电子商务理论知识和实际流程，引导学生多视角分析该领域热点问题，研究我国电子商务的发展与建设问题，在寻求现实问题解决方案的基础上，提高学生理论联系实际的能力。在对国内外电子商务教材知识体系进行梳理比较的基础上，结合电子商务的发展现状及实践应用，确定了教材的修订思路。删除第一版第 8 章“移动电子商务”，将其内容融合到其他相应章节，并结合电子商务的发展现状，对每章的内容、数据、案例和课后题进行更新，具体修订内容如下。

（1）第 1 章，1.1 节“电子商务的产生及发展”新增了对国内外电子商务发展现状和我国电子商务发展面临的新环境的介绍，1.5 节“电子商务关键技术”新增了大数据处理、云计算和移动电子商务等新技术的介绍；

（2）第 2 章，新增了 2.5 节“电子商务模式创新”，包括移动商务、社交商务、跨境电商等，阐述了各种新模式的特点和分类；

（3）第 3 章，3.2 节新增了“开放银行”，并扩展了 3.3.4 节“第三方支付的监管”的内容。跨境电商的高速发展，使跨境支付成为支付领域新的增长点，增加了 3.4.4 节“跨境支付”，介绍跨境支付的含义、特点和监管等内容；

（4）第 4 章，新增了 4.2.4 节“跨境电商物流”，4.3.3 节“全球卫星定位系统”增加了北斗卫星导航系统的相关内容，同时新增了 4.4.4 节“智慧物流”；

（5）社交网络的迅速发展带来电子商务模式的多种变革，产生社交商务、直播电商、网红电商等新业态，因此，针对第 5 章“网络营销”，新增了 5.2.4 节“用户画像”、5.3.7 节“内容营销”、5.3.8 节“微信营销”、5.3.9 节“社群营销”、5.3.10 节“直播营销”和 5.5 节“移动网络营销”等内容；

（6）第 6 章，新增了 6.2.6 节“区块链技术”、6.2.7 节“大数据技术”、6.2.8 节“人工智能技术”和 6.2.9 节“隐私保护技术”等内容；

（7）第 8 章，8.1.2 节“国内外电子商务立法”增加了国内外新发布的电子商务相关法律法规；新增了 8.5 节“跨境电子商务的相关法律”；

（8）在政府和市场的共同推动下，中国社会经济主动适应数字化改革。全面更新了第 9 章“电子商务行业应用案例分析”内容，着重介绍电子商务在教育、零售、生活、贸易、产业、文化、金融和政府等领域的综合应用。

本书在编写过程中，李敏负责本书编写的组织工作，并负责第 3 章、第 4 章、第 8 章的编写；魏娟负责第 1 章、第 2 章的编写；曹玲负责第 5 章的编写；曹玲、姚鸣负责第 6 章、第 7 章的编写；魏娟、李敏、蒋畅畅共同编写第 9 章。

本书的修订再版，要感谢长期以来给予本书支持和帮助的广大读者，还有感谢南京信息工程大学教材立项基金的支持。本书在编写的过程中参阅了一些同行专家的论文、著作和教材，他们的研究成果为本书提供了丰富的素材，给予我们很大的帮助和支持。本书中的案例、数据大多来自各大知名网站，并加以整理。在此向他们表示衷心的感谢和敬意！

由于时间与篇幅的关系，本书无法对电子商务相关问题全部涉及，有些观点可能阐述得不够全面，需要进一步探讨。对于书中的不足之处，还恳请广大读者提出宝贵意见，给予批评指正！

编　者

2021 年 6 月于南京

目　录

1　电子商务概述

本章内容要点：电子商务拓展了商务活动的时间和空间，正在悄然改变人们的生活方式和消费方式。本章第一节介绍了电子商务产生的背景及发展现状。第二节介绍了电子商务的含义、电子商务与传统商务的区别、电子商务的优势和不足。第三节阐述了电子商务发展的宏观环境和微观环境，宏观方面包括经济环境、技术环境、法律环境和政策环境；微观方面包括支付环境、物流环境和信用环境等，并介绍了现阶段我国电子商务发展面临的新环境。第四节介绍了电子商务的框架结构，电子商务中物流、资金流和信息流的关系。第五节介绍了电子商务发展的几种关键技术：EDI 技术、Internet 技术、信息处理技术和移动电子商务技术。

学习引导案例

拼多多：电商新模式

随着互联网人口红利的消失，电商成本逐年增长。然而，线上流量并未被完全挖掘，以微信为代表的社交场景蕴藏着巨大商机。正是借助对社交关系链的洞察，拼多多走出了一条完全不同的路，即“社交＋电商”。社交电商有多种模式，包括拼团、微商和分销等。拼多多依靠低价、社交、拼团、平台推荐、反向定制等方式，成为电商领域新一代运营模式的代表，撼动行业格局。2020 财年全年实现营收入 594.919 亿元，同比增长 97%。能够在阿里巴巴和京东的夹缝中生存下来，并且长成参天大树，拼多多一定有它的过人之处。

（1）全球用户规模最大的电商平台。拼多多自 2015 年 9 月成立，伴随着微信群里的拼团链接以及综艺节目里“魔性”的广告实现爆发式增长。截至 2020 年底，拼多多年活跃买家数达 7.884 亿，其中第四季度新增 5710 万活跃买家，2020 年累计新增活跃买家规模超 2 亿。从活跃买家这一指标来看，拼多多已超过阿里巴巴（7.79 亿）、亚马逊等，成为全球用户规模最大的电商平台。

（2）拼多多核心数据保持迅猛增长。截至 2020 年底，拼多多年商品成交额（gross merchandise volume，GMV）为 16 676 亿元，同比增长 66%，特别是农产品 GMV 超过 2700 亿元，规模同比翻倍。在月活跃用户人数（monthly active user，MAU）方面，2020 年 1 月，拼多多的 MAU 为 26 889 万，环比上升 1.57%；2020 年 2 月，拼多多的 MAU 为 24 383 万，环比下降 9.32%。在收入方面，2020 年第四季度，拼多多营收增长 146%至 265.477 亿元，全年营收增长 97%至 594.919 亿元。

拼多多的商业模式可总结为需求端基于强社交关系，低价诱导分享的社交电商；供给端对接工厂，打造用户直连制造（customer to manufacturer，C2M）模式；运营端由平台推荐商品，依靠巨大流量，打造爆款产品，让商家薄利多销，降低单价。

拼多多的崛起离不开六大要素：①市场空间：低线城市价格敏感型消费者规模巨大。拼多多的消费者有 57%用户来自三线及以下城市。②营销手段：基于微信的低成本获客模式。2017 年拼多多单个活跃买家的销售和营销费用平均为 5.5 元，获客成本低。③广告赞助：集中赞助 13 档热门综艺打开知名度。④低价定位：通过 C2M 模式和反向推荐打造低价爆款产品。⑤购物流程：从首页到支付仅有 4 个环节，减少购物复杂性。⑥商家服务：开店门槛低，流量向中小商家倾斜。［资料来源：周哲，沈明辉. 拼多多：新一代电商模式代表，逆势崛起撼动行业格局——新经济系列研究[EB/OL].搜狐网.（2018-07-29）[2021-02-06].https://www.sohu.com/a/243980001_467568/. 有修改］

1.1　电子商务的产生及发展

中国互联网络信息中心（China Internet Network Information Center，CNNIC）发布的第 47 次《中国互联网络发展状况统计报告》显示，截至 2020 年 12 月，我国网民规模达 9.89 亿，较 2020 年 3 月增长 8540 万，互联网普及率达 70.4%。2020 年，我国互联网行业在抗击新冠肺炎疫情和疫情常态化防控等方面发挥了积极作用，为我国成为全球唯一实现经济正增长的主要经济体、国内生产总值（GDP）首度突破百万亿元，圆满完成脱贫攻坚任务做出了重要贡献。

电子商务（electronic commerce，EC）作为各类组织在机构、运营和管理方面发生根本性变革的催化剂，已经深刻地改变了全球商务活动和人们的生活方式。尽管还受到诸如物流、支付、安全、法律等因素的制约，但没有人质疑电子商务将是未来最理想的商业模式。

1.1.1　电子商务的产生

电子商务并非新兴之物。早在 1939 年，当电报刚出现的时候，人们就开始了对运用电子手段进行商务活动的讨论。当贸易开始以莫尔斯码点和线的形式在电线中传输的时候，就标志着开启了运用电子手段进行商务活动的新纪元。电子商务通过电子方式，在网络基础上实现商品、物资、人员和信息的协调而产生的网上商贸活动。

1）经济全球化迫切需要一种新型的商业模式

在商品经济条件下，经济规律作用的结果必然要求全球资源在全世界范围内的最优配置，因而形成了经济全球化、市场国际化、社会分工国际化及产业结构在全球范围的调整，导致了资本的大量转移和大批跨国公司的涌现，推动了国际贸易的发展。

国际贸易的迅速增长造成了传统的以纸为载体的贸易单证和文件数量的激增。制造商、供货商和消费者之间，跨国公司与各分公司之间迫切要求提高商业文件、单证的传递和处理速度、空间跨度和准确度，而传统的贸易单证和文件采用人工处理方式，劳动强度大、效率低、出错率高、费用高。以纸为载体的贸易单证和文件成为阻碍国际贸易发展的一个关键因素。追求商业贸易的“无纸化”成为所有贸易伙伴的共同需求。

2）计算机、Internet 技术和 EDI 技术的应用为电子商务发展提供了技术基础

近年来，计算机的处理速度越来越快，处理能力越来越强，价格越来越低，应用越来越广泛。相当多的工作人员和家庭利用计算机开展各种工作，这是电子商务发展的前提条件。互联网逐渐成为全球通信与交易的媒体，全球上网用户呈指数增长趋势。快捷、安全、低成本的特点使网络不断地普及和成熟，从而为电子商务的发展提供了良好的网络环境。电子数据交换（electronic data interchange，EDI）的出现使得企业间的业务以电子化方式进行成为可能，EDI 通过计算机网络系统，以电子方式传递标准化与固定格式的商业交易资料，取代了传统的贸易单证和文件的手工处理方式。

3）信用卡、电子货币的应用使网上支付成为可能

以电子支付技术为基础的信用卡和电子货币的广泛应用，为电子商务的网上支付提供了解决办法。信用卡以其方便、快捷、安全等优点而成为人们消费支付的重要手段，并由此形成了完善的全球性信用卡计算机网络支付与结算系统，为电子商务中的网上支付提供了重要的技术手段。

4）SET 协议的出台为电子商务提供了安全保障

1997 年 5 月 31 日，由美国 VISA 和 Mastercard 国际组织等联合制定的电子商务安全交易（secure electronic transaction，SET）协议的出台，得到大多数厂商的认可和支持。SET 协议使用加密和数字签名等技术，保证支付信息的安全性、完整性，并对客户账号的可靠性以及商户身份进行准确认证，从而为网上交易及支付提供了一个安全环境。[参见 6.2.5 节中的 SET 协议]

5）政府的支持与推动是电子商务得以健康发展的根本所在

1997 年 4 月欧盟委员会提出了《欧盟电子商务行动方案》，7 月美国政府发布了《全球电子商务政策框架》，受到各国关注，推动了全球电子商务的发展。电子商务受到世界各国政府的重视，各国政府纷纷采取各种有效措施支持和推动电子商务的发展，如许多国家的政府开始尝试“网上采购”，这为电子商务的发展提供了强有力的支持。

6）政策与法规的制定和完善为电子商务的发展提供了环境支撑

电子商务最基本的要求就是安全性和合法性，商务活动要有法律的保障。世界各国经验表明，要促进电子商务快速、健康发展，就必须加快电子商务的立法，进一步创造良好的政策环境。从推动重点行业和骨干企业电子商务建设、引导电子商务推广应用、创建良好的电子商务发展环境、完善电子商务支撑体系、发展第三方电子商务交易和服务、积极开展国际合作和培育新的经济增长点等多个方面来推动电子商务协调发展。

1.1.2 电子商务的发展现状

1. 国外电子商务发展现状

1）阶段划分

经济全球化和信息处理技术、现代通信技术的迅速发展，带动了电子商务的快速发展。电子商务阶段划分有不同的理论，一般认为世界电子商务的发展经历了四个阶段。

（1）基于传统 EDI 的电子商务阶段。

在“无纸化”贸易需求的推动下，为了克服传统的人工处理贸易单证和文件的困难，贸易商们开始在商务活动中尝试运用计算机来处理商务活动中所涉及的文件和单据。早在 20 世纪 60 年代，人们就开始了用电报发送商务文件；到了 70 年代人们又普遍采用方便、快捷的传真机来替代电报，但是由于传真文件是通过纸面打印来传递和管理信息的，不能将信息直接转入到信息系统中，因此人们开始采用 EDI 作为企业间电子商务的应用技术，这就是电子商务的雏形。[参见“1.5.1 EDI 技术”]

（2）基于 Internet 的电子商务阶段。

EDI 的运用，使得贸易单证和文件处理的劳动强度、出错率和费用都大为降低，效率大为提高，极大地推动了国际贸易的发展，显示巨大的优势和强大的生命力。但由于 EDI 通信系统的建立需要较大的投资，增值网络（VAN）的使用费用很高，仅大型企业才会使用，因此限制了基于 EDI 的电子商务应用范围的扩大，而且 EDI 对于信息共享的考虑也较少，比较适合具有大量的贸易单证和文件传输需求的大型跨国公司。随着大型跨国公司对信息共享需求的增加和中小公司对 EDI 的渴望，迫切需要建立一种新的成本低廉、能够实现信息共享的电子信息交换系统。

20 世纪 90 年代中期后，Internet 迅速普及，逐步地从大学、科研机构走向企业和寻常百姓家庭，其功能也已从信息共享演变为一种大众化的信息传播工具。Internet 作为一个费用更低、覆盖面更广、服务更好的系统，已表现出替代 VAN 而成为 EDI 的硬件载体的趋势，在 Internet 基础上建立的电子信息交换系统，既成本低廉又能实现信息共享，为在所有企业中普及电子商务活动提供了基础。

（3）E 概念电子商务阶段。

自 2000 年初以来，人们对于电子商务的认识，逐渐由电子商务扩展到 E 概念的高度，人们认识到电子商务实际上就是电子信息技术同商务应用的结合。而电子信息技术不但可以和商务活动结合，还可以和医疗、教育、卫生、军事、政府等有关的应用领域结合，从而形成有关领域的 E 概念。电子信息技术同教育结合，孵化出电子教务——“远程教育”；电子信息技术和医疗结合，产生了电子医务——“远程医疗”；电子信息技术同政务结合，产生了电子政务；电子信息技术同军务联系，孵化出电子军务——“远程指挥”；电子信息技术和金融结合，产生了在线银行；电子信息技术与企业组织形式结合形成虚拟企业等。对应于不同的 E 概念，产生了不同的电子商务模式。

（4）电子商务新业态阶段。

社交媒体和 Web 2.0 工具（如博客、WIKI 等）的迅速发展，催生了电子商务发展的新途径，使其更加社会化。2005 年，社交网络开始进入人们的视线。后来又有了移动商务、无线应用等。2009 年，电子商务大家族中增添了新成员——社交商务。Facebook 和 Twitter 上的商务活动呈增长态势。随着越来越多的人使用计算机技术和互联网技术，电子商务必将继续发展、变化和成长。

2）发展现状

随着物联网、云计算等新一代信息技术的广泛应用，全球电子商务进入移动化、智能化和社交化的新时代，将持续保持较好增长趋势。

（1）市场规模不断扩大。

全球电子商务快速发展，成为全球居民消费的重要渠道。据 eMarketer 估算，2020 年全球网络零售交易额近 4.3 万亿美元，同比增长 27.6%，新冠肺炎疫情给在线零售贸易提供了新的增长动力，预计未来几年全球在线零售贸易将以年均 20%的速度增长。同时，网络零售额占全球零售总额的比重不断上升，从 2017 年的 10.4%上升到 2020 年的 16.1%，预计到 2023 年这一比重将达到 22%。

（2）地区差距不断缩小。

欧美地区的电子商务起步早、应用广。2016 年美国网络零售交易额达到 3710 亿美元，比 2015 年增长 8.5%，约占美国零售总额的 8%，而 2019 年的同比增长率为 14.0%。亚太地区的电子商务体量大、发展快。2019 年亚太地区的网络零售增速达到 25%，高出全球平均水平 4.3 个百分点。在全球网络零售增速排名前十的国家中，有六个国家来自亚太地区；在网络零售总额排名前十的国家中，有四个国家来自亚太地区，即中国、日本、韩国和印度，四国零售总额约占前十个国家总和的 70%。中国网络零售交易额自 2013 年起已稳居世界第一，2020 年，中国网上零售额达 11.76 万亿元，较 2019 年增长 10.9%。

（3）移动电商快速发展。

近年来，移动电商实现了快速增长，尤其是亚太地区的新兴经济体，移动电商购物已经成为主要的消费渠道。2020 年 1 月，App Annie 发布的《2020 年移动市场报告》显示，2019 年全球 App 下载量创下了 2040 亿次的新纪录，与 2016 年相比，增长了 45%；其中，全球购物 App 下载量超过 54 亿次，同比增加了 20%。同时，2019 年用户平均每天使用购物 App 的时长持续增加，其中，新兴市场的购物 App 日均使用时长增长更为明显。随着移动互联网和智能手机的持续普及，移动电商成为电子商务发展的主流。

（4）社交电商成为新渠道。

社交媒体和电子商务平台相互融合，社交电商成为全球电子商务发展的新动力。一方面，社交平台不再是单一的交流平台，正在逐步演变成电子商务平台，如 Facebook，该平台拥有全球三分之二的社交媒体市场，是全球 90%以上经济体排名第一的社交媒体平台，其电子商务转化率达到 25%。在亚洲，微信和 LINE 等平台已经成功接入电商，并将业务拓展到约车、购物结账、酒店住宿、火车机票等领域，社交购物已经成为社交媒体除广告之外的主要收入来源。另外，电子商务平台也开通了社交功能，以增加购物转化率和购物黏性。社交电商有效提升了流量转化率，推动全球电子商务的快速发展。

（5）智能场景运用逐渐增多。

当前，电子商务领域使用较为广泛的智能化工具有智能客服、智能化店面设计、行业分析等。2019 年，智能配送、智能选品、精准推送等应用持续扩大。一方面，无人机配送取得新进展，成为解决“最后一公里”的新途径。另一方面，基于大消费大数据分析实现了智能选品和精准推送，有效降低了电商运营成本。据 eMarketer 的数据统计，在线销售数量最高的是电子产品。同时，消费者在网上购物时，越来越注重品质、安全、卫生、有趣、独特、健康等特性。随着大数据、云计算、人工智能、区块链等新一代信息技术的广泛应用，全球电子商务将出现更多新模式。

2. 我国电子商务发展现状

1）阶段划分

与国外相比，我国的电子商务起步较晚，开始于 20 世纪 90 年代，按照或从国外引入或本土原创开始起步、遭遇互联网泡沫寒冬、“非典”后的回暖，以及随之而来的快速发展，到金融危机下的调整与转型，大致可分为以下五个发展阶段。

（1）起步阶段（1990～1997 年）。

自 1990 年开始，国家计委、科委将 EDI 系统标准化总体规范研究列入“八五”国家重点科技项目（攻关）计划，如对外贸易经济合作部国家外贸许可证 EDI 系统、中国对外贸易运输总公司的中国外运海运/空运管理 EDI 系统等。1991 年 9 月由国务院电子信息系统推广应用办公室牵头，同国家计委、科委、外经贸部、国内贸易部、交通部、邮电部、电子部等 8 个部委局成立“中国促进 EDI 应用协调小组”。1993 年成立国民经济信息化联席会议及其办公室，相继组织了金关、金卡、金税“三金工程”，取得了重大进展。1994 年 10 月“亚太地区电子商务研讨会”在北京召开，使电子商务概念开始在我国传播。1996 年，金桥网与 Internet 的中国部分（ChinaNet）正式开通。1997 年 4 月在深圳召开全国信息化工作会议，各省（市、地区）相继成立信息化领导小组及其办公室，开始制定本省（市、地区）包含电子商务在内的信息化建设规划。1997 年，广告主开始使用网络广告。1997 年 4 月，中国商品订货系统（China goods order system，CGOS）开始运行。

（2）发展阶段（1998～1999 年）。

1998～1999 年，美商网、8848、阿里巴巴、易趣网、当当网等知名电子商务网站先后涌现。1998 年 3 月，我国第一笔网上交易成功。1998 年 7 月，中国商品交易市场正式宣告成立，被称为“永不闭幕的广交会”。1998 年 10 月，国家经贸委与信息产业部联合宣布启动以电子贸易为主要内容的“金贸工程”。1999 年 3 月，8848 等 B2C（business to consumer，企业对消费者）网站正式开通，网上购物进入实际应用阶段。1999 年出现政府上网和企业上网，网上纳税、网上教育和远程诊断等广义电子商务开始启动。

（3）成熟阶段（2000～2005 年）。

电子商务服务商正从虚幻、风险资本市场转向现实市场，与传统企业结合，同时开始出现一些较为成功、开始赢利的电子商务应用。2000 年应该说是电子商务发展的高潮期和务实创新阶段，电子商务网站数量、规模都进入了高度快速增长期。然而，在互联网泡沫破灭的大背景下，电子商务的发展也受到严重影响，包括 8848、美商网、阿里巴巴在内的知名电子商务网站进入残酷的寒冬阶段；“非典”以后，电子商务开始复苏回暖，互联网环境的改善、理念的普及给电子商务带来巨大的发展机遇，各类电子商务平台会员数量迅速增加，大部分企业对企业（business to business，B2B）行业电子商务网站开始实现盈利。在外贸转内销与扩大内需、降低销售成本的指引下，内贸在线 B2B 与垂直细分 B2C 获得了新一轮高速发展。而消费者对消费者（consumer to consumer，C2C）领域，随着搜索引擎巨头——百度的进入，网购用户获得了更多的选择空间，行业竞争更加激烈。

（4）创新阶段（2006～2015 年）。

2006 年 9 月第九届中国国际电子商务大会在北京召开，与会专家指出，随着电子商务发展环境的逐步完善和企业重视程度的不断提高，我国电子商务正迈向全面应用的新时代，各个领域的电子商务应用高潮迭起。

创新期的典型特征是适者生存、互联网人口红利得到充分释放。我国电子商务的竞争在深度、广度和强度上持续升级，电商领域的资本、技术迎来全面创新。同时，随着在线支付技术与物流信息技术的普及，出现了电商服务业，平台电商成为一种生态；由电商交易服务，在线支付、物流等支撑服务业与衍生服务业构成了日益完善的电子商务生态系统。创新期可归纳为两个典型特征：①电子商务模式创新不断丰富，广度不断扩展，在 B2B、B2C、信息团购类领域的渗透日益增多。②产业链日益深化，随着支付宝和快递转型布局，电子商务生态系统建设日益完善。

（5）引领阶段（2016 年至今）。

引领期的电子商务发展以内容和社交为主导，向农业、工业不断渗透，服务体系逐渐完善，国际影响日益强大。电子商务发展呈现更加多元化特征，内容电商和社交电商成为该时期电子商务模式的主力军。微信、拼多多、小红书等平台不断推陈出新。头条、抖音、快手等内容和视频网站的兴起重塑了电子商务发展的产业格局。

电子商务在农业、工业、交通出行等领域的渗透日益加强，很多模式都成为引领全球的典型案例。与此同时，以世界电子贸易平台（electronic world trade platform，eWTP）、跨境电商为代表，我国电子商务的国际化步伐也日益加快。我国政府与时俱进，中国海关正在牵头制定《世界海关组织跨境电商标准框架》，并积极尝试跨境贸易综试区、自贸区、保税仓等跨境电商新模式的新服务体系建设，探索世界范围内具有引领性的政策保障体系。据海关统计数据显示，2020 年我国跨境电商进出口额 1.69 万亿元，增长了 31.1%。其中，出口 1.12 万亿元，同比增长了 40.1%；进口 0.57 万亿元，同比增长了 16.5%。

2）*发展现状*

在各部门大力推动下，电子商务政策法规环境不断优化，市场主体创新发展能力不断提升，与传统产业融合发展程度不断加深，跨境电商、农村电商、生活服务电商等对稳外贸、促消费、扩就业的作用不断增强，丝路电商国际合作已成为更高水平对外开放和“一带一路”建设的重要内容。作为当前数字经济中表现最活跃、发展势头最好的新业态新动能之一，电子商务正逐步成为居民消费的主要渠道和经济增长的关键动力。

（1）迭代创新促进消费新增长。

不断迭代创新是电子商务持续保持旺盛生命力的关键因素，而新技术应用和新模式推广又是电商创新的“车之双轮”“鸟之双翼”。2019 年，人工智能、虚拟现实、大数据、小程序等新技术加快应用，驱动了消费体验升级；直播电商、社交电商、线上线下融合供应链、跨境电商海外仓等新模式更好地满足了消费选择多元化、消费内容个性化的需求。2019 年，网上零售额占社会消费品零售总额的比重相对前一年提升了 2.3%。

（2）跨境电商引领外贸新业态。

跨境电商平台加速国际化步伐，实施升级战略，吸引海外卖家入驻。阿里巴巴实施

“本土到全球”战略，速卖通已向欧洲多国的中小企业开放平台注册。京东国际 2019 年依托跨境物流优势打通 1000 条以上国际运输线路，新引入进口品牌超过 3000 个，其全球供应链体系已经成为海外品牌和优质商品进入中国市场的“快车道”。面向欧洲、中东、南亚等地区的跨境电子商务平台，推出多语种平台服务，将发展当地卖家作为业务重点。一些跨境电子商务物流企业向供应链服务转型，支付类企业向跨境金融整合服务商转变。跨境电子商务海外仓快速发展，综试区企业已建设运营海外仓超过 1200 个，包括公共仓、专用仓、自建仓三种类型海外仓，服务范围覆盖全球。

（3）农村电商助力脱贫攻坚成效明显。

在各部门引导推动下，各大电商企业积极参与脱贫攻坚，增强了电商扶贫的内生动力。电商扶贫极大地促进了贫困地区特色产业的标准化、规模化、品牌化建设，助其实现产品增值和溢价，建立了可持续的发展模式。2019 年，农村电商模式不断创新，为“乡村振兴”持续提供支撑。工业消费品下乡方面，在电商服务站、“村淘”的基础上，又扩展了社区拼团、短视频直播、小程序电商等新模式；产品上行方面，标准化、品牌化渐成趋势，农村电商促进了数字技术渗透，加速了种植业、畜牧业、渔业、农产品加工业的数字化升级。近年来，商务部、财政部、原国务院扶贫办等部门开展电子商务进农村综合示范工作，对脱贫县实现了全覆盖。农村电商是我国打赢脱贫攻坚战，实施精准扶贫的一种重要方式。

（4）丝路电商合作呈现新局面。

截至 2019 年底，中国已与 22 个国家建立了双边电子商务合作机制，遍布五大洲，“丝路电商”成为贸易合作的新渠道。“丝路电商”推动与伙伴国的多层次交流，为企业间合作营造了良好的环境。2019 年，中国与 22 个合作国家的跨境电商进出口总额达 245.7 亿元，同比增长 87.9%，高出跨境电商交易总额增速 49.6 个百分点；其中，出口 143.6 亿元，同比增长 207.1%，进口 102.1 亿元，同比增长 21.5%。

1.2　电子商务认知

1.2.1　电子商务的定义

电子商务是一个发展的概念，迄今为止，还没有一个统一全面的、具有权威性的定义。世人众说纷纭，世界各国政府、企业、各界人士或者学者都是根据自己所处的地位和对电子商务的参与程度来表述的。定义的角度如下：

从业务过程的角度，电子商务是指利用电子网络实施的业务过程，代替实体业务活动中的信息的电子化业务活动。例如，IBM 公司提出了电子商务（electronic business，EB）的概念。EB 相当于 WEB + IT。强调交易各方包括买方、卖方、厂商和交易伙伴在企业内部网、企业外部网和互联网的商业化应用。

从通信的角度，电子商务是指借助电话、计算机网络或任何电子媒介进行信息、产品或者服务的传递以及支付的过程。例如，全球信息基础设施委员会（Global Information Infrastructure Committee，GIIC）在电子商务工作委员会报告草案中指出，电子商务是以电子通信作为手段的经济活动，通过这种方式人们可以对带有经济价值的产品和服务进行宣传、购买和结算。这种交易方式不受地理位置、资金多少或零售渠道的所有权影响。电子商务能使产品在世界范围内交易并向消费者提供多种多样的选择。

从服务的角度，电子商务是政府、企业和消费者表达各自意愿的一种工具，同时也是改善客户服务水平、提高交付速度和降低服务成本的一种手段。

从在线的角度，电子商务提供了通过 Internet 购买和销售产品、信息的能力，并提供了其他在线服务的可能，如为学校和其他组织（包括商业组织）提供了在线培训和教育的功能，经济合作与发展组织指出电子商务是发生在开放网络上的包含企业之间、企业和消费者之间的商业交易。

从合作的角度，电子商务为组织内部和组织间进行合作提供了平台。

从社区的角度，电子商务为社区成员提供一个学习、交易和合作的集会场所。最流行的团队类型是社交网络。

总的来讲，电子商务有广义和狭义之分。广义的电子商务（E-business）是指使用一切电子手段来传输信息，进行包括电子交易在内的全部商业活动，如市场分析、客户联系、物资调配等，这些电子手段包括从初级的电报、电话、广播、电视、传真到计算机、计算机网络，到国家信息基础结构（national information infrastructure，NII）、全球信息基础结构（global information infrastructure，GII）和 Internet 等现代系统，且商业活动可以发生在企业内部、企业之间、企业与消费者之间。狭义的电子商务（E-commerce）也可称为电子交易，主要是指利用 Internet 在网上进行的交易，即在网上实施展示、查询、订货、促销、销售、转账、清算、服务等。

本书使用广义的电子商务，指运用电子手段从事各种商业活动。不仅仅是企业前台的商务电子化，更重要的是它包括后台在内的整个运作体系的全面信息化，以及企业整体经营流程的优化和重组。也就是说，建立在企业全面信息化基础上，通过电子手段对企业的生产、销售、库存、服务以及人力资源等环节实行全方位控制的电子商务才是真正意义上的电子商务。举例来说，如果一个企业通过网络接到生产订单，然后管理人员通过电话等常规方式通知车间组织生产，那么该企业就实现了电子交易；如果该企业通过网络接到生产订单后，企业内部网络的管理信息系统（management information system，MIS）、供应链管理（supply chain management，SCM）系统、客户关系管理（customer relationship management，CRM）系统或企业资源计划（enterprise resource planning，ERP）自动将生产订单分解到各个生产车间，那么该企业才算完全实现了电子商务。所以，电子商务是指将一个企业的物流、信息流、资金流及业务过程管理全面用信息技术装备起来并实现网络化。

1.2.2 电子商务与传统商务的区别

1. 传统商务运作流程

商务指涉及商品买卖的事务。传统商务起源于远古时代，当人们对日常生活进行分工时，商业活动就开始了。最初是以物易物式的交易活动，后来货币的出现取代了易物贸易，交易活动变得更容易。然而，交易的基本原理并没有变化，社会的某一成员创造有价值的物品，这种物品是其他成员所需要的。所以，商务活动是指至少有两方参与的有价物品或服务的协商交换过程。它包括买卖各方为完成交易所进行的各种活动，可以从买方或卖方的角度来考察交易活动，其商务流程如图 1-1 所示。

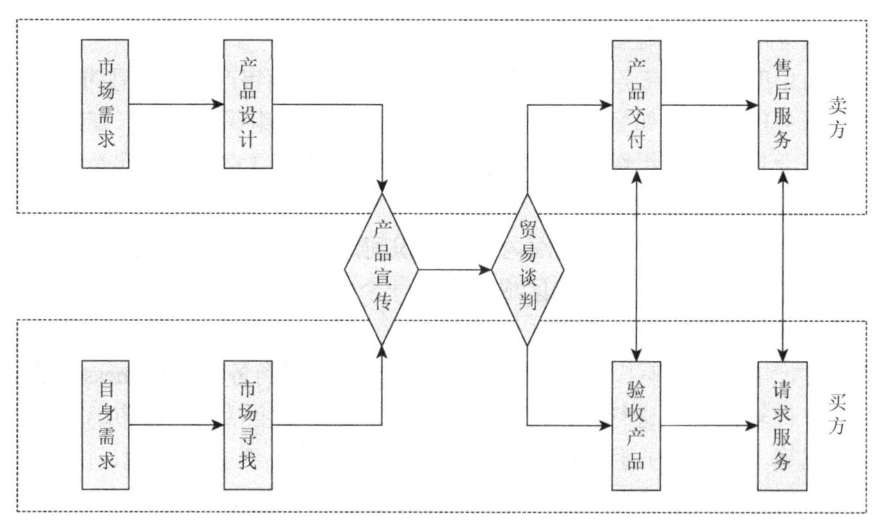

图 1-1　传统商务运作流程示意图

1）买方

传统商务中买方首先要确定需要。这种需要可能只是一个简单的需求，也可能是非常复杂的需求，是人在一定的条件下所产生的。一旦买方确定了他们的特定需要，就要寻找能够满足这些需要的产品或服务。在传统商务中，买方寻找产品或服务的方法很多，他们可以参考产品目录、请教朋友、阅读广告或查找工商企业名录，也可以向推销员咨询产品的特点和优势。买方选择了满足其某一特定需要的产品或服务之后，就要选择一个可以提供这种产品或服务的卖主。在传统商务中，买主可以通过很多途径与卖主进行接触，包括电话、邮件和贸易展览会。一旦买主选择了一个卖主，双方就开始谈判。谈判内容包括交易的很多内容，如交货日期、运输方法、价格、质量保证及付款条件等，另外还常常包括产品交付或服务提供时可以检验的各个细节问题。当买方认为收到的货物满足双方议定的条件时，即可支付货款。买卖完成后，买方可能还要就质量担保、产品更新和日常维护等问题和卖方接触。

2）卖方

卖方一般通常市场调查来确定潜在顾客的需要。企业在确定顾客的需要时，经常使用的方法包括问卷调查、推销员与顾客交谈、主题小组讨论或聘请企业外部的咨询人员等。一旦卖方确定了顾客的需要，就要开发出能够满足顾客需要的产品或服务。产品的开发过程包括新产品的设计、测试和生产等过程。卖方的下一步工作是让潜在顾客知道这种新产品或服务已经存在。卖方要开展多种促销活动，同顾客及潜在顾客沟通关于新产品或服务的信息。一旦顾客对卖方的促销活动有了回应，双方就开始对交易条件进行谈判。有时，交易需要艰苦漫长的谈判，以便对商品的运输、检验、测试和付款达成协议。双方解决了运输问题后，卖方就要向买方交付货物或提供服务，同时还要向买方提供销售发票。在有些业务中，卖方每月还向每位顾客提供一份发票总账，这份总账包括该顾客本月收到的发票和付款情况。在有些情况下，卖方要求买方在交货前或交货时付款，但大部分企业还是靠商业信用做生意，所以卖方先记下销售记录，然后等待顾客付款。一般来说，企业都有先进的顾客付款接收和处理系统，并利用这个系统来跟踪每一个应收贷款账户，并保证所收到的每笔贷款都对应于正确的顾客和发票。销售活动结束后，卖方常常要为产品和服务提供持续的售后服务。在很多情况下，卖方要根据合同或法令对售出的产品或服务提供质量担保，以确保这些产品或服务能正常地发挥效用。卖方提供的售后服务、日常维护和质量担保可以使顾客满意并重新购买企业的产品。

2. 电子商务运作流程

在电子商务环境下，商务的运作过程没有变，仍然可以分为交易前的准备、交易磋商、合同的签订以及付款结算等环节，但利用先进的计算机、网络和现代通信技术手段对其中的一些环节加以改进，不仅可以降低成本、提高服务水平，而且可以实现企业自身与合作伙伴、消费者、供应商等利益相关者的多赢。

1）交易前的准备

交易前的准备过程主要是指买卖双方在交易合同签订之前的准备活动。电子商务模式下，交易的供需信息都是交易双方通过网络获取的。卖方通过 Internet 上的各种贸易网络发布商品广告，积极地在网上推出自己的商品信息，寻找贸易伙伴和交易机会，扩大贸易范围和商品所占市场份额。买方则随时通过 Internet 查询其所需要的商品信息资源。双方信息的沟通具有快速和高效的特点。

2）交易磋商

交易磋商是指买卖双方对所有交易细节进行谈判。电子商务的交易磋商过程将纸面单证在网络和系统的支持下变成电子化的记录、文件和报文在网络上的传递过程，并且由专门的数据交换协议保证了网络信息传递的正确性和安全性，从而大大提高了整个交易过程的效率，减少了交易的漏洞和失误，规范了整个商品交易过程。

3）合同的签订

签订合同则是将双方磋商的结果以书面文件形式确定下来。电子商务支持电子交易合同的签订。为了明确双方在交易中的权利与义务，交易双方可利用现代电子通信手段，经过认真谈判和磋商后，将所购买商品的种类、数量、价格、交货地点、交货期、付款方式和运输方式、违约和索赔等合同条款全部以电子交易合同形式做出全面详尽的规定。合同各方可以利用 EDI 进行签约，也可以通过数字签名等方式签订合同。

4）付款结算

传统的以现金和支票为基础的付款方式在网络环境下也有很大的改变。原来的支票支付方式被电子支票方式所取代，原来现金支付方式被信用卡、电子现金和电子钱包等形式取代。

买卖双方各种手续办理完毕后，卖方进行备货、组货，并将所售商品交付给货运方包装、起运、发货，买卖双方可以通过电子贸易服务系统跟踪发出的货物。银行和金融机构也按照合同进行结算并处理双方的收付款，同时出具相应的银行单据。最后，买方收到所购商品，完成整个交易过程。如果在交易过程中出现违约行为，则需要进行违约处理，由受损方向违约方索赔。

3. 电子商务与传统商务的比较

电子商务是在传统商务的基础上发展而来的，和传统商务的本质相同。任何一笔交易都包含着信息流、资金流和物流，都有交易的场所、区域和主体，都是以货币为媒介按市场要求进行商品资源配置，都是一种受法律保护购销双方权益的严肃的社会行为，并且业务流程的划分相同（都是经过交易前的准备、交易磋商、合同的签订、资金的支付、物流配送等）。但电子商务融合了许多信息技术、网络技术，创造了新的工作方式、工作内容和沟通方式。

1）商务流程实现的手段不同

传统商务的交易过程由交易前的准备、贸易磋商、合同签订与执行、支付与清算四个环节组成。交易前的准备是交易双方了解供需信息后进行口头协商的过程；贸易磋商实际上就是交易双方进行口头协商或书面单据的传递过程；合同签订与执行过程，是经过协商后交易双方要以书面形式签订具有法律效力的商贸合同；最后是支付与清算过程，传统商务活动主要有支票和现金两种支付方式。

电子商务的运作过程虽然也有相同的四个环节，但交易的具体运作方法是完全不同的，如表 1-1 所示。在电子商务的模式中，交易前的准备、交易的供需信息都是通过网络来获取的，沟通更加快速和高效；电子商务中的交易协商过程即电子单据在网络上的传递；电子商务环境下合同的签订与执行，是在网络协议和电子商务应用系统保证交易双方所有的交易协商文件的正确和可靠的前提下，由第三方授权后才具有法律效力，可以作为在执行过程产生纠纷的仲裁依据；电子商务中交易的资金支付一般采取网上支付的方式。

表 1-1　电子商务与传统商务运作过程的比较

项目	交易前的准备	贸易磋商过程	合同与执行	支付过程
传统商务	通过广告、产品展销会等方式来完成商品信息的发布、查询和匹配	通过电话、传真、邮寄等工具，口头磋商或纸面单据的传递过程	书面合同，具有法律效力	线下支付，货币包括支票、现金等
电子商务	通过浏览交易双方的电子商务平台完成	数字化记录、文件和报文的网络传递	电子合同，具有相同法律效力	网上支付，电子货币包括信用卡、电子支票、电子现金等

2）商务运作的中心不同

传统商务中制造商是商务中心，而电子商务环境下销售商是商务的主体。在传统商务下，制造商负责组织市场的调研、新产品的开发和研制，并负责组织产品的销售；而电子商务环境下则是由销售商负责全部销售环节，包括产品网站设计、建立、管理，网页内容设计与更新，网上销售的所有业务及售后服务的设计、组织与管理等。

3）商品流转的机制不同

传统商务下的商品流转是间接的流转机制。制造企业的商品通常是经过中间商到达最终用户手中，商品流通过程中增加了无谓环节，也增加了流通、运输和存储费用，造成商品的出厂价与零售价之间有很大的价差，制造商却没获得高额的利润。电子商务的出现，不仅能够使商品通过最直接的流转渠道，到达最终用户手里，还能从用户那里得到最有价值的市场供求信息，实现无阻碍的信息交流。

4）市场范围和商品范围不同

传统商务所涉及的市场范围和商品范围是有限的，电子商务可方便得到更多卖方产品和服务的信息，给买方提供更多的选择。买方每天 24 小时都可以和卖方接触，不受时间的限制。随着互联网的推广与普及，电子商务所涉及的市场范围和时间则是无限的，是超越时空的。表 1-2 比较清晰地列出了传统商务与电子商务的区别。

表 1-2　传统商务与电子商务的区别

项目	传统商务	电子商务
信息提供	根据销售商的不同而不同	透明、准确
交易对象	部分地区	世界范围
流通渠道	流通环节复杂，流通成本高	简化了流通环节，降低了流通成本
顾客忠实度	难维持	易提高
交易时间	规定的营业时间内	24 小时
销售方式	通过各种关系多种方式买卖	完全自由购买
营销活动	销售商的单方营销	交易双方一对一沟通，是双向的
商品信誉	品牌	品牌、商品的质量和价格
顾客方便度	受限于时间、地点、服务	无拘无束
顾客需求	很长时间掌握顾客的实际需求	及时捕捉顾客需求，迅速应对
销售地点	需要销售空间（实体店）	虚拟空间（提供商品列表和图片）

与传统商务相比，电子商务的顾客忠实度呈现出新的特点：①为顾客创造更多的价值。电子商务环境下，消费的个性化需求、订单的实时处理更容易得到满足。②更易建立良好的关系。方便快捷的沟通、及时有效的反馈，使电子商务企业能够更好地关注到每一位顾客。③推荐速度快、影响范围广。因此，电子商务环境下，顾客忠实度更加容易培养。当然，电子商务环境下，企业在容易建立顾客忠实度的同时，也容易发生顾客流失。所以，电子商务企业需要持续关注顾客对产品或服务的满意度，不断维持和提高顾客的忠实度。

1.2.3　电子商务的优势和不足

1. 电子商务的优势

电子商务环境下，消费者不受空间和时间的限制就可以选购到自己需要的产品，同时也让企业的市场范围得到无限延伸，扩展到企业并没有真正到达的地方，并为企业提供了一个高度自由、公平的市场竞争环境。与传统的商务活动相比，其优势是显而易见的。

1）交易成本降低

由于信息不对称度降低且信息无处不在，电子商务极大地降低了市场中的交易成本。

交易成本包括买方和卖方的搜寻成本，收集产品信息的成本，协调、下单、调整和确保合同履行等围绕交易的附加成本。电子商务使得这些过程大大简化，并且更容易获得相关信息。互联网降低了交易双方的信息不对称程度，使合同协商、调整、保证实施的成本得以下降，企业可以更专注于提高自己的核心竞争力。另外，越来越多的数字化产品可以直接通过网络来传输，其运输成本几乎为零。

2）优化企业的库存

企业为了组织生产和满足市场需求变化，通常需要保持原材料、产成品等在一定的库存水平上。但高库存会增加资金占用成本，而且原材料或产成品都可能因市场跌价而令企业受损；反过来，低库存可能使生产受阻，交货延期。因此，最优库存控制是企业管理的重要目标之一。以信息技术为基础的电子商务可以改变企业决策中信息不确切和不及时的问题，通过网络可以将市场需求信息传递给企业决策生产，同时也把需求信息及时传递给供应商而适时得到供给补充，从而向“零库存管理”迈进。

3）拓展商务活动的时间和空间

电子商务通过网上商店进行销售，它的销售空间随着网络的延伸而延伸，没有时间和空间的限制，它的交易时间是由消费者（即网上用户）自己决定的，可以一周 7 天、一天 24 小时地无间断运作，为企业增加了无限的商机。商务活动还可以在任何地点发生，人们可以利用电子商务或移动商务在办公室、家里，坐在桌前甚至还可以在车上完成购买，形成一个超越传统界限、不受时空限制的市场。例如，桌面工具 Google Earth 可以随时提供基本的地点查询、交通导航等服务，还逐步增加酒店查询、预定，购物导航，自定义 3D 模型等，Google Earth 使得所有人都可以把地球“放”到自己桌面上。

4）促进双方的信息交流

电子商务提高了买卖双方能获得的信息总量和质量，给双方都带来了高的收益。买方可以获得更多的市场信息，包括大量不同地区、不同商家、不同产品的性能和价格信息。例如，2345 团购导航（https://www.2345.com/）提供不同团购网站的多种团购商品信息，消费者可以在该网站上方便查找不同地区、不同类别和商家提供的商品报价。对于卖方来说，好处同样存在，在对买方信息了解的基础上，卖家可以更加准确地估算某个消费群体的市场特征，从而开拓不同的营销组合。

5）提供个性化服务

互联网实时互动的沟通方式，更容易让消费者真实地表达出自己对产品及服务的评价。这样，网上的零售商就可以更深入地了解用户的内在需求，提供更准确的产品和服务，甚至可以为用户量身定制，提供个性化服务。例如，“AI + 电商”能够为消费者提供更加个性化的购物体验。

2. 电子商务的劣势

1）业务流程的制约

有些业务流程也许不能使用电子商务。相比而言，传统的商务活动可以更好地完成。例如，不管将来技术如何进步，易腐食品和珠宝、古董等贵重商品也不可能远程检验；那些顾客愿意亲手触摸、仔细检查的产品就很难通过电子商务来销售。为了在网上成功销售，公司必须能够将销售规划技能移植到网站上。有些商品由于其销售规划技能更适宜网络，这些商品就更容易在网上销售。表 1-3 列出了 13 种业务流程，其中 5 种业务流程适合采用电子商务，4 种适合采用综合（传统商务 + 电子商务）的业务流程。

表 1-3　适合各种商务活动的业务流程

适合传统商务的业务流程	适合电子商务的业务流程	适合综合的业务流程
冲动购买商品的交易	图书和音像产品买卖	汽车交易
易腐食品的买卖	在线软件下载	在线银行业务
低值商品的买卖	旅游服务交易	寻找合作伙伴服务
珠宝和古董交易	运输货物的在线跟踪	房地产交易
	金融理财	

2）安全问题

电子商务是以信息技术和计算机网络为基础的，与传统商务相比，不可避免地存在信息泄露、数据篡改、数据伪造、个人隐私威胁等安全问题。尽管从 2019 年 1 月 1 日起施行了《中华人民共和国电子商务法》，但安全问题依然是阻碍电子商务发展的因素之一。

3）观念约束

中国人受传统思想的约束，对于网上购物存在顾虑。传统的“眼见才为实”的观念限制了人们网上购物的积极性。思想的约束包括看不到交易的实体、隐私安全、信用卡信息丢失、虚拟的交易环境等所带来的担忧。

4）法律制度问题

电子商务自诞生以来不断发展，在诸多细分领域衍生出多种形态，如跨境电商、社交电商等。新生事物的发展总是机遇与挑战并存，以跨境电商为例，由于跨境电商的涉外性，当与境外交易主体发生法律纠纷时，在如何确定合适的管辖法院、如何适用法律条款等方面容易出现问题，因为对同一法律问题，国内和国际的法律体制会存在不同的理解和规定。

5）物流的制约

电子商务的最终实现依靠发达而健全的物流配送。中国物流业还存在着很多的问题。物流体系不健全、物流配送不合理、物流成本高等，都成为限制电子商务发展的因素。

6）成本收益难以定量

对电子商务进行投资时，实施电子商务的成本和收益很难定量计算。以技术为自变量的成本变化幅度很大，即使是电子商务短期项目也会出现这种情况。电子商务的关键技术发展迅速，对那些准备实施电子商务的企业来说，招募和留住那些精通技术和设计、熟悉业务流程的雇员也是一件难事。

此外，还有相应的认证体系、技术不健全等问题，而且电子商务的普及教育培训也有待加强。

1.3　电子商务发展环境

同自然界的其他任何系统一样，电子商务系统的顺畅运行，也依赖于其生存的环境，离开了外部环境的支持，电子商务不可能独立生存与发展。总的来说，电子商务环境可以分为宏观环境和微观环境两大类。宏观环境包经济环境、技术环境、法律环境和政策环境，微观环境包括支付环境、物流环境、信用环境。

1.3.1　电子商务宏观环境

1. 经济环境

1）经济全球化日益发展

经济全球化是指世界各国在生产、交换、分配、消费等方面发生的一体化趋势。基本特征表现为贸易市场一体化、全球金融一体化和生产经营一体化。经济全球化使资本、商品、技术和信息在全球范围内自由流动和配置，整个国际市场呈现出贸易壁垒减少，通信、运输成本不断下降的趋势；参与国际贸易的国家和企业急剧增加；企业跨国兼并浪潮迅猛，跨国公司垄断国际投资市场；国际自由资本追逐高额利润，昼夜不停地实行转移等。这些都给各国提供了诸多利用外资和先进技术发展本国经济的机遇和条件。我国加入世界贸易组织（World Trade Organization，WTO）后，国家经济将更深入地融入世界经济体系之中，这给我们带来了充分利用国际市场上更多发展机遇和条件的契机，同时对国家经济结构的调整、市场体系的发育和成熟、产品的升级换代等，都有极大的促进作用。

2）社会信息化趋势加快

20 世纪后期以来，以信息、生物和纳米三大技术为代表的新一轮科技革命浪潮蓬勃兴起，极大地改变着整个人类社会的面貌。其中，以微电子、计算机和通信三大技术为核心的信息技术的突飞猛进，更引起包括人的思维方式在内的社会各个方面深刻的变化，并迅速形成社会的信息化趋势。如今社会和经济的发展对信息资源、信息技术和信息产业的依赖程度越来越大。信息化程度已经成为衡量一个国家现代化水平高低的重要标志，成为世界各国经济发展和竞争的核心以及新的战略制高点。新科技日新月异的发展和应用，使高新技术产品和技术成果贸易突飞猛进，发达的电信网络紧密地连接着全球资本市场。

2. 技术环境

电子商务是一种技术含量较高的商务活动，计算机、网络、通信和标准等相关技术为电子商务的发展提供了有力的技术支持和保障，而广义的计算机技术和其技术标准则从更基础和广泛的层面上对电子商务给予了支持和保障。

1）计算机技术

电子商务的开展离不开计算机技术的广泛应用。计算机技术包含计算机硬件技术与软件技术。计算机的硬件主要包括计算机主机和计算机外设，其中，主机包括中央处理器和内存储器，外设主要有输入设备和输出设备，键盘、鼠标、光笔、扫描仪等为输入设备，而打印机、屏幕等则为输出设备。计算机软件可以分为系统软件和应用软件，系统软件包括操作系统、服务软件、编译解释系统等，应用软件包括信息管理软件、辅助设计软件、文字处理软件、图形处理软件以及用户编制的各种程序等。

2）网络技术

在电子商务的应用中，计算机网络作为基础设施，将分散在各地的计算机系统连接起来，使得计算机之间的通信在商务活动中发挥着重要作用。计算机网络是计算机技术和通信技术相结合的产物。计算机之间的通信是计算机网络能够实现资源共享的基础，而资源共享则是开发建设计算机网络的主要目的。网络中的资源（主机、大容量硬盘、高速打印机及数据等）由网络操作系统统一管理，网络操作系统为用户提供了操作网络、共享资源的统一接口。

3）通信技术

通信技术指在通信设备间进行信息传输的技术。通信的方法和手段多种多样，但都必须依靠数据技术。数据通信就是将数据信号加到数据传输信道上进行传输，并在接收点将原始发送数据正确恢复过来的过程。通信技术包括公共交换电话网络（public switched telephone network，PSTN）技术、公共交换数据网络（public switched data network，PSDN）技术、数字数据网络（digital data network，DDN）技术、综合业务数字网络（integrated services digital network，ISDN）技术、甚小孔径终端（very small aperture terminal，VSAT）技术、帧中继网络（frame relaying network，FRN）技术、移动通信网络技术等。

4）技术标准

计算机网络为了能顺利和准确地实现多台计算机和通信设备之间的数据交换，需要制定能使各种设备都可以接受的规则，这组规则和规定就是标准。该标准规定了通信过程中的各种操作规则，通信的每个步骤都按照这组操作规则进行。

3. 法律环境

电子商务交易的法规主要由各国际组织发起并制定，由各成员方共同遵守和执行。其中，最具代表性和普遍性的是联合国国际贸易法委员会（United Nations Commission on International Trade Law，UNCITRAL）于 1996 年 12 月 16 日颁布的《电子商务示范法》及 WTO 关于电子商务的规定。

电子商务作为一个新生事物，世界各国还处于摸索阶段，立法相对滞后，有关的法律规范框架都还正在构建之中。从发达国家目前的立法动向来看，基本上是从一个战略发展的角度来规范和建立电子商务立法规则的。目前，许多发达国家纷纷制定法律法规、起草电子商务基本框架、签署双边协定、发表白皮书等。其目的都是争取制定电子商务国际规则的立法权。［参见“8.1.2 国内外电子商务立法”］

4. 政策环境

政府对某一新兴产业的重视程度及扶持力度高低，往往体现在政府所制定的政策上。而政府所制定的政策确实对一个产业或行业的发展起着重要的推进作用。为了推进我国电子商务快速、持续地发展，我国政府应该制定出一系列适合我国国情的电子商务政策。

1）投融资政策

在社会主义市场经济环境下，投资主体应该由政府转向广大企业，尤其是中小企业。因为它们的灵活性、积极性往往高于大型企业。政府应为企业在国内外资本市场投融资创造条件，健全电子商务投融资体系。

对于电子商务这样的系统化大型工程，国家应做好宣传、知识普及、制定投资政策等工作。例如，在通信网络方面国家投资可占较大的比例；在计算机网络建设方面国家投资比例就应该较小；对信息资源网则视行业信息情况酌情给予投入；对电子商务增值网则主要是给予法律、法规上的指导，帮助企业解决新问题，原则上不宜进行较大投资，应按以上政策营造投资环境。典型的示范工程投资应该是国家投资的主体领域，这种工程耗资不大，但对社会影响大，示范带动作用明显，这是政府站在市场前沿，在投资领域中大有作为的地方。

2）税收政策

税收是国家为实现其职能，凭借政治权利参与社会生产的再分配，强制无偿获取财政收入的一种手段。政府为扶持某一产业或行业所制定的税收政策对电子商务的发展起着直接作用，因而，电子商务税收政策的制定面临一定的困难，其制定方法是电子商务能否快速发展的重要影响因素。

3）发展规划

发展规划也对电子商务的高速发展起到了一定的支持作用。按照规划的主体，可以将电子商务规划分为政府规划、行业组织规划和企业规划。政府规划主要是一个国家的中央政府或地方政府规划电子商务的发展，为电子商务制定一个总体的方案，避免在电子商务建设过程中的低效率、违规操作和重复建设等现象的出现。行业组织规划是电子商务在某一行业中发展所依据的规范，一般由行业性组织做出，行业成员自觉遵守。企业规划是企业根据自身状况、所处行业特征及其他外部因素而制定的中长期的电子商务发展战略规划。企业可依据这些规划，适时检查，调整经营行为，减少经营上的失误，取得最好的经营效果。

4）人才培养政策

要使电子商务能够在我国蓬勃开展起来，首先要解决电子商务的人才培养。因为电子商务的开展是商务管理、商务活动、商务理论与现代电子工具的有机结合，无论是电子商务管理，还是电子商务活动者，都必须是掌握商务理论与实践以及电子工具应用的复合型人才。如果没有这样的人才，电子商务的开展就无法实现。而我国目前所缺乏的正是这样的复合型人才。因此，政府应该制定相应的政策，包括制定电子商务人才培养总体规划、在大中专院校设置电子商务专业、对在岗人员进行电子商务技能培训，以此推进我国电子商务人才培养工作的开展。

1.3.2 电子商务微观环境

1. 支付环境

电子支付是电子商务活动的关键环节，没有良好的网上支付环境，网上客户只能采用网上订货、网下支付的方式，只能实现较低层次的电子商务应用，这就难以发挥电子商务高效率、低成本的优势，使电子商务的发展和应用受到严重阻碍。因此，提供安全、高效、快捷的网上金融服务成为整个电子商务交易过程中最重要的环节。

中国电子支付市场规模逐步扩大，教育、航空、国际贸易、电子政务、金融、保险、公用事业缴费等领域的电子支付已经比较普遍；作为电子商务核心的支付环节正在加速电子化，网上支付、移动支付、电话支付等多种支付形式不断推出；网上支付比例渐增，成为消费者网上购物的首选付款方式；随着手机用户的增加，移动支付已成为一个全新的经济增长点。

2020 年第三方支付企业在社交应用、互联网金融、网络购物、航空客票、电子商务O2O、电信缴费、网络游戏等领域竞争激烈，开始采用行业差异化推进的发展策略，向生活缴费、信用卡还款、保险和大额支付等领域不断地尝试和拓展，其中，基金行业布局也已初见成果，电子支付的应用不断向行业渗透，产品服务更具行业针对性。利用第三方电子支付进行信用卡套现引起各方关注，银行及第三方支付企业开始通过交易额限制、改进流程和加强监控等手段来控制违规操作。[参见“3.3 第三方支付与监管”]

2. 物流环境

随着电子商务时代的到来，企业销售范围不断扩大，企业和商业销售方式及最终消费者购买方式的转变，使得送货上门业务成为一项极为重要的服务业务，这极大地促进了物流行业的兴起。物流已成为有形商品网上商务活动能否顺利进行和发展的一个关键因素。因为电子商务优势的发挥需要有一个与电子商务相适应的、高效的物流系统，否则电子商务就难以得到有效的发展。

物流对电子商务的作用可以概括为能够提高电子商务的效率与效益，从而支持电子商务的快速发展；能够扩大电子商务的市场范围；集成电子商务中的商流、信息流与资金流，促使电子商务成为 21 世纪最具竞争力的商务形式；实现基于电子商务的供应链集成。[参见“4.1.3 中的物流环境对电子商务的影响”]

3. 信用环境

在传统商务和电子商务的运作过程中，商贸交易过程的实务操作步骤是相同的，但交易具体使用的运作方法是不同的。在电子商务条件下，商务活动是通过网络进行的，买卖双方在网上沟通，签订电子合同、使用数字签名和电子支付等，这完全改变了传统商务模式下面对面的交易方式，因此商业信用体系的建立对电子商务来说就显得更加重要。

受疫情影响，2020 年线上消费迎来爆发式的增长，尤其是直播带货、社区团购、生鲜电商、在线教育、在线外卖等新业态“火”出了新高度。然而，繁荣之下却有隐忧，假货不断、退款难、销量造假、质量存疑、售后无门等消费问题也给消费者带来不少的烦恼与困扰。2020 年，零售电商类投诉占全部投诉的 64.05%，比例最高；生活服务电商紧随其后，占据 20.59%；跨境电商占比为 8.45%，为第三大用户投诉领域；金融科技占比 3.61%，物流快递占比 1.85%。国家相关法规政策和监管部门的工作，改善了网络交易环境，促使新兴企业加强平台规范，强化消费者权益保护，2020 年受理的投诉案件数比 2019 年明显减少，呈现负增长。

总体上，我国电子商务信用环境现状还是不容乐观，主要表现在社会普遍缺乏现代市场经济条件下的信用意识和信用道德规范；国家信用管理体系不健全，缺乏有效的失信惩罚机制；社会信用中介服务行业发展滞后，还没有建立起一套完整而科学的信用调查和评价体系；信用数据的市场开放度低，缺乏对企业和个人信息的正常获取和检索途径；企业内部普遍缺乏基本的信用管理制度。具体在 B2C、C2C、B2B 电子商务中，诚信状况还是有差别的。B2B 电子商务中，由于企业之间交易的额度较大，诚信问题更为突出，反过来企业不讲诚信的代价往往也很高。以大企业为核心的 B2B 电子商务平台，以及垂直性行业平台，由于各方面的资质背景与行业领导优势，诚信度相对较高；而以中小企业为中心的平台与综合性 B2B 平台，一般通过网上获取信息，网下进行商议和谈判的方式来实现。B2C 交易趋于成熟，但仍然存在商家发布虚假的商品和销售信息、欺骗消费者的状况。因此消费者通常会选择自己熟悉的，知名度较高的网站购物。C2C 电子商务的难点则在于，在买卖双方缺乏信任的前提下，要完成交易，很难找到一个信任的“支点”。C2C 虽然也能为用户提供许多便利信息和交易机会，但 C2C 信用状况不容乐观，而由此导致的网上信用放大效应也更为明显。对于 C2C 平台来说，要做好网上信用服务难度更大。

要解决上述问题，首先，需要社会各方面的大力引导，创建一个具有良好信用意识的社会环境，从而形成一个全社会诚信的氛围；其次，建立和完善电子商务认证中心，从技术手段上改善电子商务的信用环境；再次，制定相关法律和制度，规范电子商务的交易行为，保障电子商务活动的正常进行；最后，建立社会信用评价制度和体系，为电子商务交易提供资信服务，将社会信用评价制度和体系应用到社会生活的各方面，促进企业和个人努力提高信用，自觉避免有损信用的事件发生，对失信企业或个人进行严惩，如京东“全球购”发布了 35 项提质举措。

扩展阅读 1-1　京东“全球购”最严打假

2018 年 7 月 26 日，国内最大的跨境电商平台之一——京东全球购发布了 35 项“安心购”举措。

这些举措在内容上分为品质管控和售后服务两个方面，按照实施环节又可以分为售前 6 项品质管控举措、售中 7 项品质管控举措以及售后服务 22 项举措。全球购业务部总经理杨叶表示，这 35 项举措既有新增加的，也有对原有举措的升级，京东希望通过这些举措的实施全面提升用户体验。

遴选海外尖货要过六重门。确保品质首先要把好入门关，京东全球购在遴选商品时就设置了六重门，包括国外政府机构认可、品牌官方授权、原产地直采、买手甄选、海关监管、入仓严检这六道门，有一关不过就不会被选中，不能上架销售。

五道关卡严把售中环节品质关。海外商品通过售前六重门的层层筛选进入仓库后，在销售过程中，除了有自建物流体系这样的牢固基础和中国质量认证中心权威背书以外，还有五道关卡来把控品质。为了让商品信息更透明，京东搭建了“京东区块链防伪追溯平台”，借助区块链技术，将商品原材料过程、生产过程、流通过程、营销过程的信息进行整合并写入区块链，相当于给每件商品配了一张身份证。消费者下单后扫码就可以看到商品全程的流通信息，真正实现精细到一物一码的全流程正品追溯。目前，“京东区块链防伪追溯平台”已实现超过 10 亿件商品可追溯。

售后保障 13＋9。在售后环节，京东全球购则实施了 13 项名为售后无忧的保障举措和 9 项特色服务项目。京东商城大快消事业群经营管理部总经理王哲介绍，13 项保障举措主要针对售后环节消费者的普遍痛点和可能遇到的常见问题设置，属于通用型售后服务保障举措，包括设置专属客服团队、对侵害用户权益的商家罚款百万、对消费者有疑义的投诉解决方案设置独立的第三方调查团；最后则是假一赔十等 10 项直接面向消费者的售后服务解决举措。[资料来源：入仓批批检 售假百万罚 京东全球购发布 35 项提质举措[EB/OL].人民网.（2018-07-26）[2021-02-15].http://it.people.com.cn/n1/2018/0726/c1009-30172421.html.]

1.3.3 我国电子商务发展面临的新环境

全球电子商务进入全面发展和联动发展叠加的新时期，世界各国电子商务均表现出积极的增长势头，跨境电子商务贸易与资本合作加速，我国电子商务进入规模发展和引领发展的双重机遇期。

1）政策环境为电子商务带来新机遇

在“一带一路”“大众创业、万众创新”“供给侧结构性改革”“制造强国”“互联网＋”“大数据”等政策环境下，电子商务立足自身发展规律与优势，在构建“网上丝绸之路”、促进创新创业、推动传统产业转型升级等方面将进一步发挥积极作用。

2）新一轮科技革命为电子商务创造新场景

以大数据、云计算、虚拟现实、人工智能等为代表的新一代信息技术在全球范围内快速发展，将持续为电子商务创新发展提供支撑，创造精准匹配、交互式购物等用户体验，构建新的商业模式。以新一代移动通信网、下一代互联网为代表的网络技术将持续为电子商务扩展创新空间，在大容量数字产品、三维位置服务、全息商品展示等应用领域酝酿新的突破。

3）经济与社会结构变革为电子商务拓展新空间

城乡二元结构调整为电子商务在农村发展提供广阔市场，电子商务将持续在平衡城乡消费差距、提升农村流通现代化水平、促进农产品商品化、助推农民增收等方面发挥积极作用。制造业转型升级为电子商务在工业领域发展提供创新载体，孕育形成互联网工厂、网络定制、创客平台等创新生产经营方式。流通方式创新和消费升级为电子商务提供融合发展机遇，电子商务进一步融入生活服务、医疗健康、交通旅游等领域；B2B 交易服务正在优化重构产业链，整合提供交易撮合、物流加工、融资等供应链综合服务。

4）新经济快速发展对政府治理提出新挑战

电子商务经济区域发展不平衡问题日渐显现，迫切需要探索协调、共享发展途径。电子商务新市场主体之间及新旧市场主体间资源争夺日趋激烈，电子商务市场创新和现行法规之间碰撞日趋频繁，跨平台、跨区域违法违规行为日趋隐蔽，电子商务国际贸易规则、诚信体系建设、网络交易安全及隐私保护工作日趋艰巨。

1.4 电子商务组成及结构

电子商务框架是描述电子商务的组成元素、影响要素、运作机理的总体性结构体系。

1.4.1 电子商务的基本组成

电子商务的基本组成要素包括网络、用户、物流配送、认证中心（certificate authority，CA）、网上银行、商家等，如图 1-2 所示。

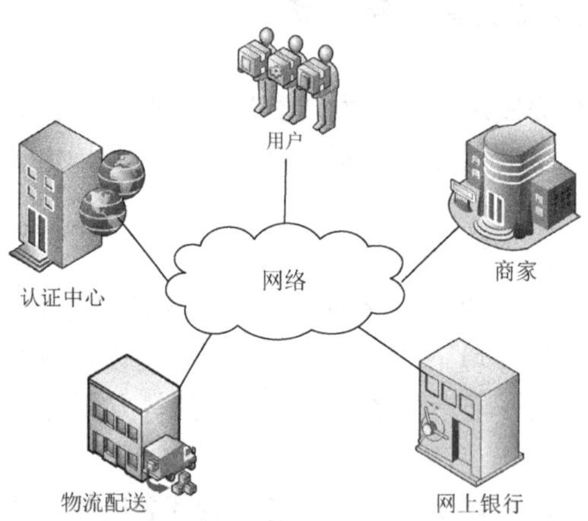

图 1-2　电子商务的基本组成

1）网络

网络包括 Internet、Intranet、Extranet，Internet 是电子商务的基础，是商务、业务信息传送的载体；Intranet 是企业内部商务活动的场所；Extranet 是企业与企业以及企业与个人进行商务活动的纽带。

2）用户

电子商务用户分为个人用户和企业用户。个人用户使用浏览器、电话等接入 Internet、企业用户建立企业内联网、外部网和企业管理信息系统，对人力、财力、物力、供应、销售、存储进行科学管理。企业利用互联网网页站点发布产品信息、接受订单等，如要在网上进行销售等商务活动，还要借助于电子报关、电子报税、电子支付系统与海关、税务局、银行进行相关业务处理。

3）认证中心

认证中心是电子商务的一个核心环节，是在电子交易中承担网上安全电子交易认证服务、签发数字证书和确认用户身份等工作的，具有权威性和公正性的第三方服务机构。作为一个安全电子交易中的重要单位和公正、公开的代理组织，接受持卡人和特约商店的申请，会同发卡及收单银行核对其申请资料是否一致，并负责电子证书发放、管理及取消等事宜。它同时也是在线交易的监督者和担保人。主要承担电子证书管理、电子贸易伙伴关系建立和确认、密钥管理、为支付系统中的各参与方提供身份认证等职能。CA类似于现实生活中公证人的角色，具有权威性，是一个普遍可信的第三方。

4）物流配送

物流配送指采用网络化的计算机技术和现代化的硬件设备、软件系统及先进的管理手段，根据用户的订货要求，对无法从网上得到的商品进行一系列分类、编码、整理、配货等理货工作，按照约定的时间和地点将确定数量和规格要求的商品传递给用户的活动及过程。

5）网上银行

网上银行即在互联网上实现传统银行的业务，为用户提供24小时实时服务；与信用卡公司合作，发放电子钱包，提供网上支付手段，为电子商务交易中的用户和商家服务。

1.4.2　物流、资金流和信息流

在电子商务活动中，信息流是核心，物流是保障，而资金流则是实现的手段。三者之间的有效互动构成了一个完整的电子商务模型。在由原材料供应商、零部件供应商、生产商、分销商、零售商等一系列企业组成的供应链中，物流从上游的供应商往下游的零售商流动，资金流从下游往上游流动，而信息流的流动则是双向的，如图1-3所示。

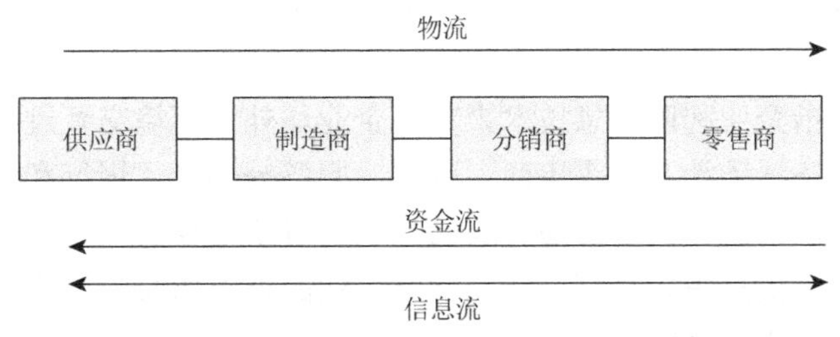

图1-3　电子商务物流、资金流和信息流的关系

1. 电子商务的信息流

电子商务信息流是指电子商务信息通过计算机网络途径进行传输的运动过程，是对商品运动状态的直接反映，它包括电子商务信息的产生、收集、传播、运用与反馈

的过程。概括地说，电子商务信息流是指商品或劳务信息的正反馈和负反馈的矛盾运动过程。

与传统商务信息流所不同的是，由于电子商务时代的基本特征就是信息流在互联网上流动的同时驱动物流和资金流，信息流在电子商务活动过程中占据了主导地位，成为物流和资金流的先导和基础。究其原因是，在电子商务条件下，网络成为信息的载体，使虚拟经济得以存在和发展，导致供给信息的正反馈和需求信息的负反馈都能发生，并能够双向流动，从而使需求与供给达到均衡，促进了商品（劳务）同货币的换位。

电子商务把信息技术作为商务运作的基本手段，它强调了企业内外部资源融合、信息沟通及企业运营效率，增强了企业的核心竞争力。因此，从企业角度看，电子商务信息流可以从内部信息流和外部信息流来理解。

1）内部信息流

内部信息流源于企业电子商务内部的信息流动。企业建立内联网，利用信息技术支持内部生产运作，运营过程中形成的信息流可以在企业的各个部门、各个组织间自由流动。内部信息流可以分为下行流、平行流和上行流，如决策层下达的战略指导信息属于下行流，各部门之间的交流属于平行流。

以网络为基础的电子商务给传统的企业组织形式带来了猛烈的冲击。它打破了传统职能部门依赖于分工与协作完成整个任务的过程，而形成了并行工作的思想。企业的业务单元不再是封闭式的金字塔式层次结构，而是各业务单元间相互沟通、相互学习的网状结构。原来各业务单元之间的界限被打破，重新组成了直接为客户服务的工作组。工作组直接与市场接轨，以市场的最终效果衡量生产流程的组织状况，衡量各组织单元之间协作的好坏。这已经发展成为电子商务环境下的一种新的管理模式。

在新的组织模式下，企业内部的信息管理主要通过后台信息管理系统（如管理和控制经营过程中的商品进、销、调、存信息，以及以财务为核心的综合管理和办公自动化等）来实现，处理后的信息流通过企业内部网流动到所需部门或系统，并通过外部信息系统（如客户关系管理系统、收款系统、电子订货系统等）与外部交易过程形成接口。通过互联网跨接主管部门、生产商、批发商、银行、数据中心及下属单位的商业信息系统，以便形成呈报数据，订购商品、账目往来、提供信息、数据交换等外部信息流。

2）外部信息流

外部信息流是指企业利用信息技术来支持企业与外部环境交互过程中产生的信息流动，该信息流将商务活动涉及的零售商、顾客、服务提供者、银行和物流中心联系在一起，为客户提供市场信息、商品交易、仓储配送、货款结算等全方位的服务。根据外部信息流程中是否存在信息中介来划分，以下将企业的外部信息流分为直销过程的信息流和包含第三方信息中介的信息流。

（1）直销过程的信息流。一个完整的电子商务直销过程是指买主从供货商那里直接购买商品的解决方案。以 B2C 电子商务为例，B2C 电子商务面向最终消费者，利用互联网的互动性、全球性、个性化的特点，为企业的最终顾客提供更直接、更具个性化、更有竞争力的网络服务。整个信息流程在 B2C 交易中的八个主要步骤中产生：①消费者在企业网站上浏览信息，确定自己要购买的物品，发出订单，将购买信息（包括订货信息和付款信息）传达给企业网站；②企业网站前端处理顾客购买信息后，通过Intranet将订货信息传到企业后台信息系统；③企业网站付款窗口与银行连接，向银行发送消费者的付款信息；④银行向消费者发出付款确认询问信息；⑤收到货款后，银行向企业发出收款确认信息；⑥收到银行的收款确认信息后，企业通过前台网站向消费者发出即将发货的信息；⑦企业通知物流中心发货；⑧物流中心向消费者发送物流订单信息。消费者在收到商品时，可以通过①的路径向企业反馈信息。

（2）包含第三方信息中介的信息流。电子商务交易除了企业到消费者的直销模式，还有通过网络商品交易中心即虚拟网络市场进行商品交易的模式。目前，网络中介交易市场主要有三种类型，即专门为企业间提供交易场所的B2B中心、为企业与消费者提供交易场所的行业网站和消费者与消费者之间进行交易的拍卖（C2C）网站。在这些交易过程中，信息流通过中介服务网站——网络商品交易中心传递，消费者同供货方并没有直接联系。在包含第三方信息中介的交易过程中，消费者、企业、物流中心和银行均通过第三方信息中介发生信息交互，信息流程大大简化，第三方信息中介在电子商务中发挥了越来越重要的作用。

2. 电子商务的物流

物流主要是指商品和服务的配送和传输渠道。电子商务下的物流，有其特殊的方面。对于少数商品和服务来说，可以直接通过网络传输的方式进行配送，如各种电子出版物、信息咨询服务、有价信息软件等。而对于大多数商品和服务来说，物流仍要经由物理方式传输，但由于一系列机械化、自动化工具的应用，准确、及时的物流信息对物流过程的监控，将使物流的流动速度加快、准确率提高，能有效地减少库存、缩短生产周期。

电子商务的发展越来越需要一个高效的物流配送体系，做到及时准确的物流服务、简洁快速的配送流程、尽可能低的成本费用和良好的顾客服务水平。在这样的需求下，物流必须向信息及时化、网络电子化、规模经济化、智能自动化、组织柔性化、多功能化、全球化的方向发展，才能与电子商务发展的要求相协调。否则，物流将无法适应电子商务发展的要求。在这方面，国外出现了很多成功的电子商务物流配送方案，如美国的物流中央化、日本的高效配送中心等。目前，电子商务环境下物流模式主要有自营物流、物流联盟、第三方物流、第四方物流和物流一体化。

电子商务下企业成本优势的建立和保持必须以可靠和高效的物流运作为保证，这也是现代企业在竞争中取胜的关键。电子商务信息流只是在理论上完成了交易，而目标的真正实现还得依靠电子商务物流。当消费者在网上下订单之后，只是完成了商品的所有权的交割，电子商务活动并没有完成，只有通过物流配送，将商品真正送到消费者手中，电子商务活动才告以结束。可以说，没有现代化的物流作为电子商务的支撑，电子商务将是空中楼阁。

3. 电子商务的资金流

在电子商务活动过程中，企业财产物资的货币表现就是资金，而这些资金总是处于不断的流动之中，资金的流入和流出统称为资金流。融资是企业资金流动的第一步，它可分为内源融资和外源融资。前者是指企业以内部积累的方式实现融资，包括利润提成和折旧；后者则是指企业通过出让股权或从银行贷款实现融资。经过融资后，货币资金就有两种运作方式：其一是转化为金融资本形态，即进入资本市场进行金融投资，这类处于金融资本形态的资金可随时在资本市场上转化为货币资金；其二是转化为储备资金形态，准备投入生产。在生产过程中，随着生产费用的支出，资金就从储备资金形态转化为生产资金形态。产品制成以后，资金又从生产资金形态转化为成品资金形态。在销售过程中，企业出售产品并取得销售收入，这时企业资金又从成品资金形态转化为货币资金形态。

不论资金如何流动，其追求增值的目的始终不会变。所以，与传统企业的资金流动相比，电子商务的资金流动不会有本质的变化，只是在流动的形式上有所改变，即支付形式的变化。无论是对于传统商务，还是对于电子商务，资金的支付都是完成交易的重要环节，不同的是电子商务更强调速度，强调支付过程和支付手段的电子化和网络化。若电子商务时代的资金支付过程仍然采取传统的运转方式，势必会严重影响企业电子商务的效率。由此，以信息流网络为基础，将支付网关、收单银行、发卡银行等金融专用网络连接起来，形成局部金融网络，在此基础上通过互联网将认证中心、消费者、生产商、供应商、网络券商以及各种风险投资商连接起来以构建完善的资金流网完成网上资金流通，成为电子商务时代资金支付必然的运转方式。

根据以上分析，电子商务资金流的一个最为显著的特点就是支付形式的网络化，其外在表现形式就是信息流。所以，电子商务资金流就具备电子商务信息流的一般特点，如数字化、全球化、标准化、直接化和透明化等。当然，电子商务资金流除具有信息流的一般特点之外，还具有以下特点：

（1）资金周转速度快。在电子商务支付平台的支撑下，企业、银行、税务和消费者等都在网上有自己的平台，信息传递速度和办理交易与结算手续速度加快，使资金周转速度加快。

（2）资金流通范围广。在电子商务环境下，电子贸易的发展必将促进资金在世界范围内的流动，并且加快统一的世界货币的形成。世界货币的产生又会反过来促进资金在全球范围内的流动，从而推动世界经济向全球化发展。

（3）资金支付轻便、成本低、安全性高。与传统货币结算相比，电子支付避免了有形货币的搬运，支付更加便捷。有了区块链技术，电子商务交易双方能够实现双赢。区块链技术不仅降低了交易成本，还为支付安全提供了完整的解决方案。区块链提供一个去中心化的网络，允许数百万人在不使用银行账户或支付转账软件的情况下进行数字交易，消除了第三方参与的需要，降低了交易成本。区块链技术是一个高度安全的分布式账本网络，可以确保电子商务数据库管理系统的安全，网络攻击者无法渗透此类数据存储系统，从而避免数据泄露和欺诈交易。

4. 电子商务运作是信息流、物流和资金流的高度整合

电子商务信息流、物流、资金流作为电子商务这个整体的组成要素，它们之间的有

机互动构成了电子商务系统的运行。同时，信息流、物流、资金流的运行分别由信息流平台、物流平台、资金流平台支撑，三个平台共同构成了电子商务的运行环境。

信息流平台是物流平台、资金流平台的基础。没有信息流平台作技术支撑，物流平台、资金流平台都不可能有效地运转，而成为静态网。物料、资金无法快速、有序地流动，以致电子商务失去运作的物流和资金流的基础。

电子商务物流平台可分为两部分：物流实体网络和物流信息网络。前者指由物流企业、物流设施、交通工具、交通枢纽等在地理集团上的合理布局而形成的网络；后者指物流企业、制造企业、商业企业通过现代信息技术把上述物流实体连接而成的共享信息网，通过信息网可实现运输工具调配的合理安排和在途货物的实时查询等功能。

物流平台、资金流平台使信息流平台本身具有实际运用价值。信息流平台除本身就具有价值外，它更大的价值在于使物流平台、资金流平台得以运转。三个平台中，信息流平台具有更基础性的平台作用，而物流平台、资金流平台则更具应用性的平台作用。

举例来说，A 企业与 B 企业经过商谈达成一笔供货协议，确定了商品价格、数量、供货时间与地点等相关条款。B 企业接下来通过物流平台向 A 企业发送货物，其中包括包装、装卸、搬运、仓储和运输等环节与活动。再接下来就由 A 企业通过资金流平台向 B 企业支付货款，其中包括两家企业代理银行之间的转账结算过程。A 企业、B 企业、A 企业的银行和 B 企业的银行自始至终都在信息流中彼此互动，直到两家企业的交易完成，即 A 企业拿到购买的货物，B 企业收到销售货款。很显然，物流和资金流在运作的同时，信息流也在积极发挥着作用，否则物流与资金流与无从谈起。

1.4.3 电子商务的框架结构

电子商务的框架结构是指电子商务活动环境中所涉及的各个领域以及实现电子商务应具备的保证。以下从管理、应用和综合三个角度分别给出其体系框架。

1. 管理视角的电子商务框架

电子商务的应用丰富多样，为实现这些应用，公司必须有合适的信息、基础设施和支持系统。学者 Turbain 等从管理的视角设计了一个基本的电子商务框架，如图 1-4 所示。该框架表明电子商务的应用以基础设施作为支持，成功的电子商务实现又依赖于五个独立的领域：人、公共政策、市场营销和广告、支持服务以及业务伙伴。

（1）人。包括卖方、买方、中介、IT 雇员以及其他参与者。

（2）公共政策。包括法律和其他政策，如税收政策、隐私保护政策、技术标准和协议等。

（3）市场营销和广告。互联网规模巨大，所以必须同时采用传统和新型的营销手段以及广告策略来吸引顾客访问自己的网站。

（4）支持服务。电子商务需要大量的支持服务。其中最重要的包括市场研究、内容创建、支付、物流、IT 支持以及安全等服务。

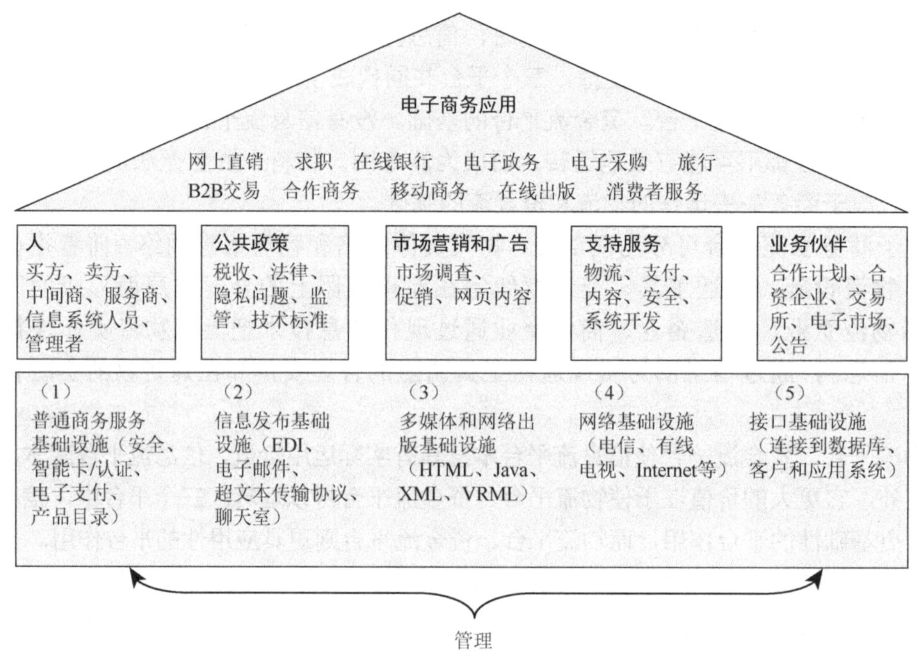

图 1-4　管理视角的电子商务构架

（5）业务伙伴。电子商务通常在业务伙伴之间的供应链上出现。所以这些基础设施和支持服务都需要良好的管理来协调。这就需要公司计划、组织、激励、制定战略以及在必要时重建业务流程。

2. 应用视角的电子商务框架

电子商务的优点在于能够全面渗透到各个行业，在各个领域得到充分、全面的应用。互联网的应用涉及很多传统产业，迫使人们转变思想观念，重组业务流程，实施行业电子商务。银行开展网上银行服务业务，证券业积极利用网络进行证券交易，传统商家纷纷建立自己的网站，通过网上商场销售货物。与此同时，传统经济没有的新行业也应运而生，如互联网内容提供商（Internet content provider，ICP）、互联网服务提供商（Internet service provider，ISP）、互联网数据中心（Internet data center，IDC）、证书认证中心（certificate authority，CA）等。所以，从应用角度来看电子商务整体框架，可以用图 1-5 来表示。

3. 电子商务的一般框架

著名学者 Ravi Kalakota 和 Andrew B. Whinston 在合著的《电子商务前沿》一书中，提出了一个电子商务的一般框架结构，如图 1-6 所示。该框架指出，完整的电子商务体系体现于全面的电子商务应用，而这需要有相应层面的基础设施和众多支撑条件构成的环境。电子商务运行环境与电子商务应用就构成了电子商务框架。该框架结构由四个层次和两大支柱构成，其中，四个层次分别是网络基础层、多媒体内容与网络出版层、信息发布与传输层、电子商务服务和应用层；两大支柱是指社会人文性的公共政策和法律规范以及自然科技性的技术标准和网络协议。

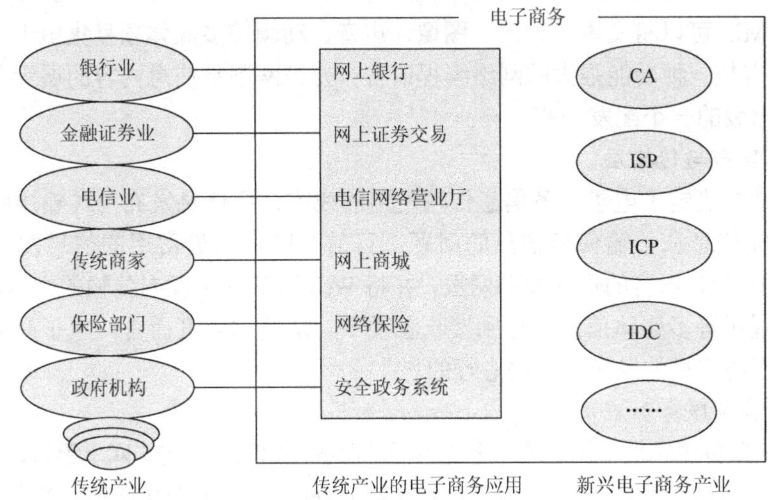

图 1-5　应用视角的电子商务框架

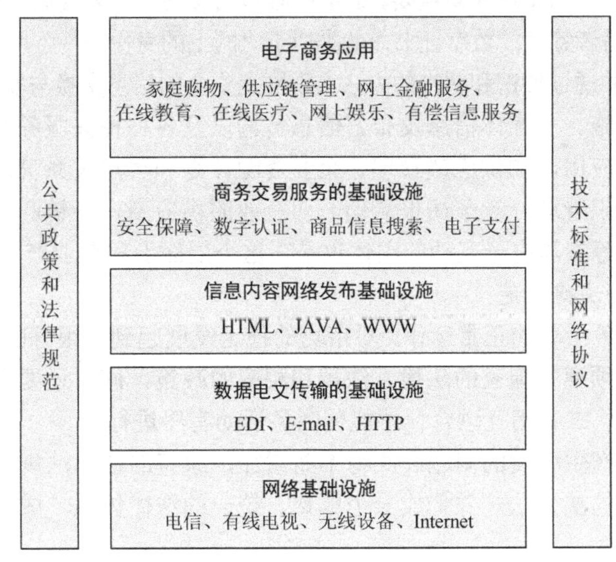

图 1-6　电子商务的一般框架

1）*网络基础层*

该层提供了商务信息传输的基本线路设施，是实现电子商务的基本保证。它包括远程通信网、有线电视网、无线通信网和互联网。电子商务的主要业务是基于互联网的，所以互联网是网络基础设施中最重要的部分。

2）*多媒体内容与网络出版层*

有了网络基础设施，信息就具备了传输的通路，可是信息存在的形式多种多样，有文字、声音和图像等，而机器只能识别简单的代码语言，怎样使这些信息表现出来呢？这就需要进行各项信息内容的“出版”，最常用的工具包括超文本标记语言（hyper text markup language，HTML）、Java 语言和全球信息网（world wide web，WWW，又称万维网）等。HTML 可以将文本、图形、图像、声音、动画等多媒体项目集中于一体予以发表；Java 语言是一种功能强大的网络编程语言；万维网则是信息内容的展示台，是制作产品并将其出版的一个配发中心。

3）信息发布与传输层

网络基础层决定了电子商务信息传输使用的线路，而信息发布与传输层则解决如何在网络上传输信息和传输何种信息的问题。目前互联网上最常用的信息发布方式是在 WWW 上用 HTML 语言的形式发布网页，并将 Web 服务器中发布传输的文本、数据、声音、图像和视频等多媒体信息发送到接收者手中。从技术角度而言，电子商务系统的整个过程就是围绕信息的发布和传输进行的。

4）电子商务服务和应用层

电子商务服务层实现了标准的网上商务活动服务，如网上广告、网上零售、商品目录服务、电子支付、客户服务、电子认证（CA 认证）、商业信息安全传送等。其真正的核心是 CA 认证。因为电子商务是在网上进行的商务活动，参与交易的商务活动各方互不见面，所以身份的确认与安全通信变得非常重要。认证中心担当着网上“公安局”和“工商局”的角色，而它给参与交易者签发的数字证书，就类似于“网上的身份证”，用来确认电子商务活动中各自的身份，并通过加密和解密的方法实现网上安全的信息交换与安全交易。

在基础通信设施、多媒体信息发布、信息传输以及各种相关服务的基础上，人们就可以进行各种实际应用，如供应链管理、企业资源计划和客户关系管理等，以及在此基础上开展的企业知识管理、竞争情报活动。而企业的供应商、经销商、合作伙伴以及消费者以及政府部门等参与电子互动的主体也是在这个层面上和企业产生各种互动。

5）公共政策和法律规范

法律维系着商务活动的正常运作，对市场的稳定发展起到了很好的制约和规范作用。进行商务活动，必须遵守国家的法律、法规和相应的政策，同时还要有道德和伦理规范的自我约束和管理，二者相互融合，才能使商务活动有序进行。

由电子商务的产生引发的问题和纠纷不断增加，原有的法律法规已经不能适应新的发展环境，制定新的法律法规并形成一个成熟、统一的法律体系，成为世界各国发展电子商务的必然趋势。

6）技术标准和网络协议

技术标准定义了用户接口、传输协议、信息发布标准等技术细节。它是信息发布、传递的基础，是网络信息一致性的保证。就整个网络环境来说，标准对于保证兼容性和通用性是十分重要的。网络协议是计算机网络通信的技术标准，对于处在计算机网络中的两个不同地理位置上的企业来说，要进行通信，必须按照通信双方预先共同约定好的规程进行，这些共同的约定和规程就是网络协议。EDI 标准、TCP/IP 协议、HTP 协议、SSL 协议、SET 协议等不断出现并逐步发展完善，为电子商务得到全面应用并走向成熟奠定了坚实的基础。

上面所介绍的四大基础设施环境和两大外部支撑条件，构成了电子商务的运行环境平台。在此基础上，就可以开展电子商务的各类应用活动，如在线营销广告、在线购物、电子采购、远程金融服务、供应链管理、有偿信息服务以及其他应用等。

1.5 电子商务关键技术

1.5.1 EDI 技术

1. EDI 的概念

国际标准化组织（ISO）将 EDI 描述成：将商业或行政事务处理，按照一个公认的标准，形成结构化的事务处理或报文数据格式，从计算机到计算机的数据传输方法。

国际电信联合会（ITU）将 EDI 定义为从计算机到计算机之间的结构化的事务数据交换。

联合国标准化委员会认为：EDI 是用户计算机系统之间的对结构化的、标准化的商业信息进行自动传送和自动处理的过程。

EDI 至今没有一个统一的定义。一般地，EDI 可理解为按照统一规定的一套通用标准格式，将标准的经济信息，通过通信网络传输，在贸易伙伴的电子计算机系统之间进行数据交换和自动处理。

由 EDI 的定义可以看出，EDI 主要由三个要素构成：EDI 标准、EDI 软件和硬件、通信网络。

（1）EDI 标准。EDI 广泛应用于金融、保险、商检、外贸、通关、报关、税务、制造业、运输业、仓储业等多个领域，其根本特征在于标准的国际化，数据标准化是实现 EDI 的关键环节。EDI 标准使各组织之间不同格式的业务数据，通过共同的标准，实现彼此之间数据交换的目的。EDI 标准主要分为基础标准、代码标准、报文标准、单证标准、管理标准、应用标准、通信标准和安全保密标准等。

（2）EDI 硬件及软件。EDI 所需的硬件设备有计算机、调制解调器、电话线及其他物理网络设施。如果传输时效及资料传输量上有较高要求，可以考虑租用专线。EDI 软件将用户数据库系统中的信息译成 EDI 的标准格式以供传输交换。

（3）通信网络。通信网络是实现数据传递的物理通道。EDI 通信网络可以是点对点通信、增值网络（VAN）和互联网络。

2. EDI 系统的工作原理

用户在现有的计算机应用系统上，进行详细的编辑处理；通过 EDI 转换软件（Mapper），将原始单据格式转换为平面文件（flat file），平面文件是用户原始资料格式与 EDI 标准格式之间的对照性文件，它符合翻译软件的输入格式；再通过翻译软件（Translator）转换成 EDI 标准格式文件；在文件外层加上通信交换信封，通过通信软件发送到增值服务网络或直接传给对方用户，对方用户则进行相反的处理过程；最后形成用户应用系统能够接受的文件格式进行收阅处理。具体工作原理如图 1-7 所示。

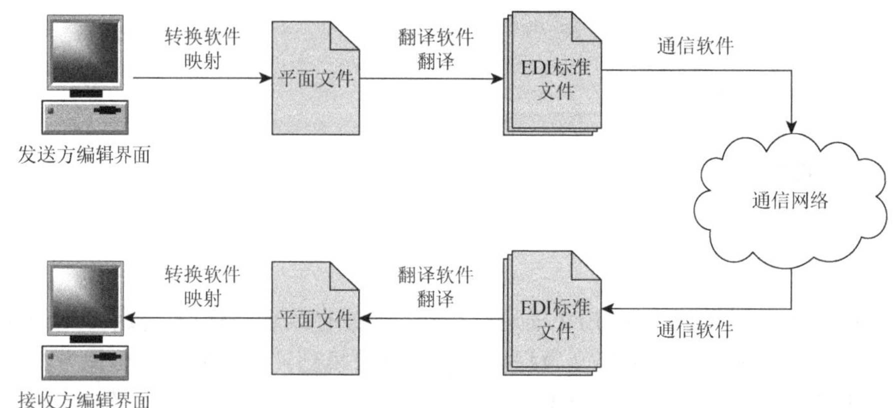

图 1-7 EDI 系统的工作原理

3. EDI 系统的结构

EDI 系统能将用户数据库系统中的信息，翻译成 EDI 的标准格式以供传输转换，其系统结构包括联系模块（用户接口模块、内部接口模块）、报文生成和处理模块、报文格式转换模块和通信模块，如图 1-8 所示。

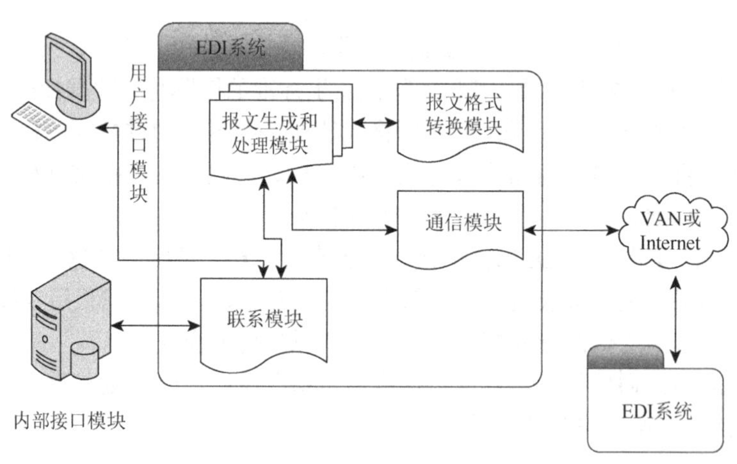

图 1-8 EDI 系统的结构

1）报文生成和处理模块

（1）报文生成。发送方主动发报时，接收来自用户接口模块和内部接口模块的指令和数据，按照 EDI 标准生成订单、发票、合同以及其他各种单证的 EDI 报文，经格式转换模块处理之后，提交给通信模块，经 EDI 通信网转发给其他 EDI 系统的用户。

（2）报文处理。接受方接收报文时，通信模块接收来自发送方 EDI 系统的报文，交该模块进行自动分析、应答处理，如询价、订单的自动应答处理。在处理过程中要与企业信息系统或数据库相联系，先将有关信息送给内部管理信息系统或数据库，经其深处理后获得必要信息，生成应答报文响应发送方系统。在报文处理过程中可能产生一些意外情况，例如，因各种原因不能满足用户在交货时间和方式等方面的要求而需要管理人员决策时，应该提交用户接口模块作为紧急例外而由人工干预。

2）报文格式转换模块

所有的EDI单证都必须转换成标准的交换格式，转换过程包括语法上的压缩、嵌套、代码的替换以及语法检查，对于语法出错的EDI报文应拒收并通知对方重发。由于EDI要在不同国家和地区及不同行业内使用，不同行业的EDI，其标准也有所不同，格式转换模式必须能适应和识别不同的EDI标准，并能将一种标准的EDI报文转换成另一种标准格式，使其具有相容性。

3）通信模块

通信模块是EDI系统与EDI通信网络的接口，它负责在接收到EDI用户报文后进行审查和确认。因EDI通信网络的结构不同，该模块功能也有所不同。但基本的通信功能如执行呼叫、自动重发、合法性和完整性检查、出错报警、自动应答、通信记录、报文拼装和拆卸等是必须具备的。

4）联系模块

（1）内部接口模块。它是指EDI系统和企业内部管理信息系统与数据库的接口，可将来自外部的EDI报文，经过系统其他模块处理之后，相关内容由内部接口模块送往管理信息系统进行处理或接受来自内部信息系统的指令、信息，以给对方发送EDI报文。

（2）用户接口模块。EDI能自动处理各种报文，但与用户交互的人机接口仍必不可少。用户接口模块是EDI系统和EDI用户的联系接口，为用户提供友好的使用界面。用户界面是EDI系统的外包装，它的设计是否美观，使用是否方便，直接关系到EDI系统产品的外在形象。查询统计帮助管理人员了解本单位的情况、打印各种统计报表，了解市场变化情况，及时调整经营策略。一般来说，通信模块、报文格式转换模块、报文生成和处理模块对于所有的EDI系统可以是相同的，而联系模块则因企业的不同而不同。

4. EDI和电子商务的关系

EDI方式的电子商务，其特征是数据交换通过EDI来实现，即电子商务中各种标准格式的贸易单证、文件等的传送都是由EDI通过增值网或互联网来完成的。增值网与互联网地域分布的广泛性和EDI数据格式的规范性，将大大促进电子商务的发展。

EDI与电子商务存在着相辅相成的关系，但也存在一定的区别，这主要体现在以下几个方面：

从涉及的范围看，EDI与电子商务是两个不同范畴的概念。EDI是一种技术、方法和手段，是将商业或行政事务处理按照一个公认的标准，形成具有一定格式的事务处理与消息报文，并采用计算机的数据传输方法；而电子商务是以计算机网络为基础，包括从销售、市场到信息管理的全过程，任何能利用计算机网络加快商务处理过程、减少商业成本、创造商业价值、开拓商业机会的商务活动都可以纳入电子商务的范畴。

从技术的角度看，EDI 主要建立在企业与企业之间的专用网上，只是目前正在向互联网上转移；而电子商务主要是基于 Intranet/Extranet/Internet 的一种贸易方式。

从功能的角度看，EDI 注重数据结构的标准化，以实现业务处理的自动化和信息从计算机到计算机的传输；而电子商务注重全局性的经济活动，重视经济活动的电子化和网络化，是信息化社会的商务模式和未来形态。

从应用的范围看，EDI 的应用范围一般是在企业与企业之间，特别是在具有贸易合作伙伴关系的企业之间；而电子商务的应用范围则要广泛得多，它具有企业对企业、企业对个人、企业对政府等多种应用模式。

扩展阅读 1-2　上海联华超市集团的 EDI 应用

上海联华超市集团成立于 1992 年，在“2021 年中国连锁百强榜”上，位居第十。该集团有三种经营方式，其中直营店有 82 家；加盟店分布在外省市如浙江、江苏等；合营店主要以控股方式经营，主要分布在远郊区、县。直营、加盟、合营三种方式的门店都由总部统一进货。公司现有两个配送中心，1999 年底建成一个大的配送中心。随着经营规模的扩大，管理工作越来越复杂。公司领导意识到必须加强高科技的投入，搞好计算机网络应用。从 1997 年开始，成立了总部计算机中心，完成经营信息的汇总、处理。配送中心也完全实现了订货、配送、发货的计算机管理，各门店的计算机应用由总部统一配置、统一开发、统一管理。配送中心与门店之间的货源信息传递通过上海商业高新技术公司的商业增值网以文件方式（E-mail）完成（图 1-9）。

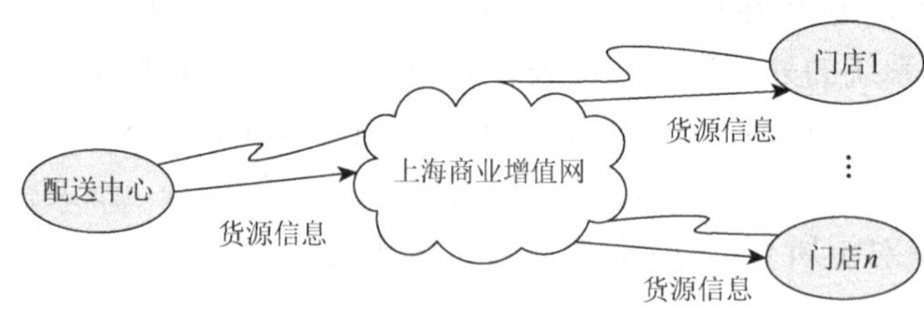

图 1-9　上海联华超市计算机系统结构应用图

每天中午 12 点，配送中心将商品的库存信息以文件形式发送到增值网上，各门店计算机系统从自己的增值网信箱中取出库存信息，然后根据库存信息和自己门店的销售信息制作要货单。但由于要货单信息没有通过网上传输，而是从计算机中打印出来，通过传真形式传送到配送中心，配送中心的计算机工作人员再将要货信息输入计算机系统。这样做的结果不仅导致了数据二次录入错误的产生和人力资源的浪费，也体现不出网络应用的价值和效益。

上海联华超市集团公司作为国家科委“九五”科技攻关项目“商业 EDI 系统开发与示范”的示范单位之一，从 1998 年 3 月开始，与北京商学院、杭州商学院、上海商业高新技术开发公司合作开发自己的 EDI 应用系统。这个 EDI 应用系统包括配送中心和供货厂家之间、总部与配送中心之间、配送中心与门店之间的标准格式的信息传递，信息通过上海商业增值网 EDI 服务中心完成（图 1-10）。

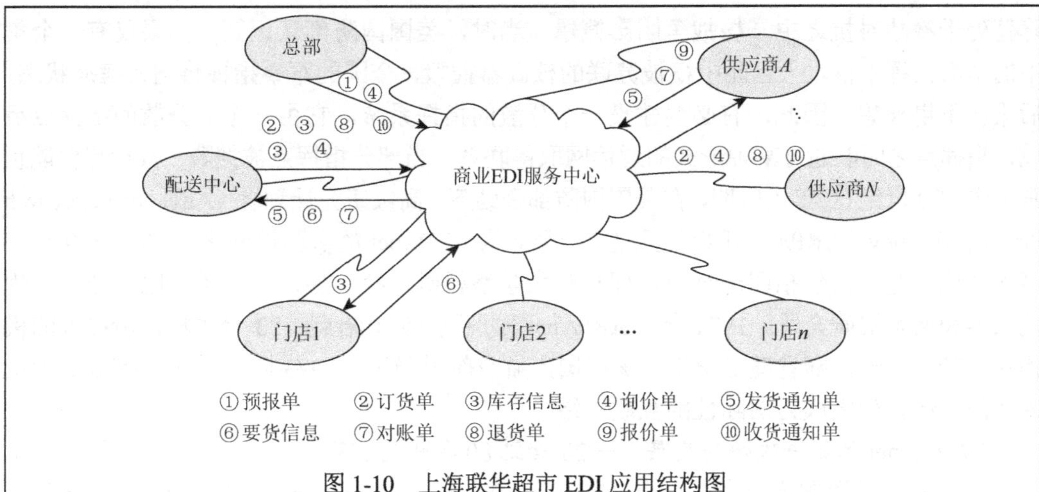

图 1-10 上海联华超市 EDI 应用结构图

采用 EDI 之后，配送中心直接根据各门店的销售情况和要货情况产生订货信息发送给供货厂家。供货厂家供货后，配送中心根据供货厂家的发货通知单直接去维护库存，向门店发布存货信息，这使得信息流在供应商、配送中心、门店之间流动，所有数据只有一个入口，保证了数据传递的及时、准确，降低了订货成本和库存费用，如图 1-11 所示。[资料来源：上海联华超市集团的 EDI 应用[EB/OL]. 联商网.（2004-08-20）[2021-03-10].http://www.linkshop.com/news/20044706.shtml.]

图 1-11 上海联华超市 EDI 应用信息流程图

1.5.2 Internet 技术

1. Internet 概述

Internet 译为国际互联网，也称因特网，它是当今全球最大的、开放的、由众多网络和计算机通过电话线、电缆、光纤、卫星及其他远程通信系统互联而成的超大型计算机网络。Internet 将全世界的计算机连在一起，通过互联网，人们可以用电子邮件与世界各地的人进行交流，可以阅读网络版的报纸、杂志、学术期刊和图书，可以加入任何主题的讨论组，可以参加各种网上游戏和模拟社区活动，可以免费获得计算机软件。

与许多其他技术类似，Internet 也经历了由军事到民用、商用的发展过程。总的来说，它的发展可分为三个阶段。

1）Internet 的起源——20 世纪 60～70 年代的 ARPAnet

Internet 起源于高级研究计划署网（Advanced Research Projects Agency net，ARPAnet），最初是为满足军事通信要求而研发的。20 世纪 60 年代，以美苏两个超级大国为首的两大阵营处于冷战对抗之中，核战争阴影笼罩。当时，美国国防部认识到，如果仅有一个集中的军事指挥中枢，一旦此中枢被苏联的核武器摧毁，全国的军事指挥将陷入瘫痪状态，后果将不堪设想。因此，有必要建设一个分散的指挥系统，它由一个个分散的指挥点组成，指挥点之间能通过某种形式的通信网取得联系。当部分指挥点被摧毁，其他点仍能正常工作。20 世纪 60 年代后期，在美国国防部资助下，高级研究计划署（Advanced Research Projects Agency，ARPA）开始着手建立一个名为 ARPAnet 的实验性网络。1969 年 9 月该网络建成，起初只包括四个结点，即加州大学洛杉矶分校、加州大学圣巴巴拉分校、犹他大学和斯坦福研究所。1971 年，ARPAnet 发展到 15 个结点、23 台主机，新接入的机构包括哈佛大学、麻省理工学院、美国国家航空航天局等。1973 年，英国、挪威等国接入 ARPAnet，使之成为国际性的互联网络。

2）Internet 的第一次快速发展——20 世纪 80 年代的 NSFnet

1981 年，美国国家科学基金会（National Science Foundation）提出发展 NSFnet 的计划，旨在将全国大学、学术机构以及国家超级计算中心的计算机或内部网络互联，实现硬件、软件、信息资源的共享。起初，NSFnet 试图利用 ARPAnet 作为互联的通信骨干网，但由于 ARPAnet 的军用性质，以其为基础建立开放互联网的设想遭遇到许多困难。1986 年，美国国家科学基金会自行出资建成了命名为 NSFnet 的广域网，成功连接分布在全国的 6 个超级计算机中心。

此后，在美国国家科学基金会的鼓励和资助下，许多大学、国家研究机构甚至私营的研究机构纷纷把自己的局域网接入 NSFnet。至 1990 年，NSFnet 已互联 3000 多个计算机子网、20 万台计算机，几乎每年均以百分之百的速度增长，NSFnet 终于取代 ARPAnet，成为互联的主干网络。ARPAnet 后来分解为 MILnet 和 ARPAnet 两个网络，前者军用，后者民用。分离出来的 ARPAnet 接入 NSFnet，Internet 正式提出，ARPAnet 宣告解体。

Internet 在 20 世纪 80 年代的发展不只是量上的扩张，同时也有了许多质的改变。用户加入 Internet 不仅能共享 NSF 的巨型计算机，还能进行相互间的通信。这种通信功能对用户更具吸引力，逐步地，人们把 Internet 主要视为一种交流与通信的工具。

3）Internet 的第二次飞跃——20 世纪 90 年代的 Internet

Internet 历史上的第二次飞跃源于 Internet 的商业化。在 20 世纪 90 年代以前，Internet 的应用一直限于研究与学术领域。事实上，出资建设 Internet 的美国国家科学基金会等政府机构对商业应用不感兴趣，商业机构进入 Internet 一直受到法规或传统的排斥。20 世纪 90 年代初，民间资本开始进入 Internet 的建设与运营，政府逐渐失去对 Internet 的完全控制权，这为 Internet 向商业应用开放创造了条件。1991 年，General Atomics、Performance Systems International 和 UUnet Technologies 等三家公司发起成立“商用 Internet 协会”，宣布用户可以把它们自营的 Internet 子网用于任何商业用途。其他 Internet 子网公司看到 Internet 用于商业用途的巨大潜力，纷纷跟进做出类似的承诺。

2. Internet 协议

Internet 协议（Internet protocol）是一个协议簇的总称，其本身并不是任何协议。计算机网络通信是指把数据从一个节点传送到另一个节点，在这些节点之间要不断地进行数据的交换。要做到有序地交换数据，每个节点就必须遵循一些事先约好的规则，这些规则明确规定了所交换的数据的格式以及有关的同步问题。因此，Internet 协议是对发信源和收信源间进行数据通信所做的约定，或者说是为进行网络中的数据交换而建立的规则、标准。常见的 Internet 协议有 TCP/IP 协议、HTTP 协议、FTP 协议和电子邮件协议等。

1）TCP/IP 协议

TCP/IP 协议（transmission control protocol/internet protocol）即传输控制协议/网际协议，又名网络通信协议，是 Internet 最基本的协议，由网络层的 IP 协议和传输层的 TCP 协议组成。TCP/IP 定义了电子设备如何连入因特网，以及数据如何在它们之间传输的标准。协议采用了四层的层级结构，每一层都呼叫它的下一层所提供的网络来完成自己的需求。通俗而言：TCP 负责发现传输的问题，一有问题就发出信号，要求重新传输，直到所有数据安全正确地传输到目的地。而 IP 是给 Internet 的每一台电脑规定一个地址。

IP 地址是一个 32 位的二进制数。由于人们阅读和使用二进制十分不方便，因而 Internet 定义了一种 IP 地址的标准写法。该写法规定按 8 位为一组，把 IP 地址的 32 位分成四组，组与组之间用圆点分隔，每组的值用十进制数表示。例如 IP 地址 11001010 01110100 10100000 00100001 写成 202.116.11.33。IP 地址包含两部分：一部分是处于高位部分的网络号，用以区分在 Internet 上互连的各个网络；另一部分是处于低位部分的主机号，用以区分在同一网络上的不同计算机（以下称为主机）。网络号与主机号的分界点由子网掩码（subnet mask）来确定。

子网掩码是一个 32 位的二进制代码，表示形式与 IP 地址相同，其作用是用来标识 IP 地址中子网号与主机号的分界点，因此，IP 地址和子网掩码是成对出现的。子网掩码中的二进制位为“1”所对应的 IP 地址部分为子网号，为“0”部分则为主机号。例如，当 IP 地址为 132.56.175.63，而相应的子网掩码是 255.255.0.0 时，则网络标识为 132.56，主机标识为 175.63。

IP 地址由数字组成，较难记忆和理解。因此，通常采用另外一种表示系统——域名系统（domain name system，DNS）。域名系统是为方便人们记忆而采用的一套字符和数字符号系统。域名由若干子域构成，一般为 3～5 个，子域之间用“.”分隔，最右边的子域是最高层域，从右向左层次逐级降低，最左边的子域是主机的名字。例如，www.nuist.edu.cn 就是一个域名。其中 cn 表示中国；edu 表示教育机构；nuist 表示南京信息工程大学；www 表示该主机是一台 Web 服务器。显然，该域名比该主机的 IP 地址便于记忆。

2）HTTP 协议

超文本传输协议 HTTP 是一组在 Web 上传输文件的规则，例如文本、图形图像、声音、视频和其他多媒体文件。网页浏览器和网页服务器通常使用这一协议。当网页浏览器用户以输入网址或点击超链接的方式请求一个文件的时候，浏览器便建立一个 HTTP 请求并把它发送到服务器，目标机器上的网页服务器收到请求后进行必要的处理，再将被请求的文件和相关的媒体文件发送出去，进行应答。

3）FTP 协议

文件传输协议（file transfer protocol，FTP）是一套允许文件在不同的 Internet 计算机之间进行交换的规则。它与 HTTP 不同，后者供网页浏览器请求网页和相关文件以显示某一页面，FTP 只是用来将文件从一台计算机传送到另一台。网站开发人员通常使用 FTP 将网页从他们自己的计算机传送到服务器，FTP 也常常用来将程序和文件从其他服务器下载到个人计算机。

4）电子邮件协议

通过互联网传输的电子邮件也必须遵循一套标准和规则，否则使用某种电子邮件客户机程序的人所写的电子邮件就无法由使用另一种电子邮件客户机程序的人阅读，这些标准和规则称为电子邮件协议。

SMTP 和 POP 是两个用于负责用客户机/服务器模式发送和检索电子邮件的常用协议。简单邮件传输协议（simple mail transfer protocol，SMTP）规定了邮件信息的具体格式、电子邮件服务器上邮件的管理方式以及互联网电子邮件的传输方式。邮局协议（post office protocol，POP）负责从邮件服务器中检索电子邮件。它要求邮件服务器完成下面几种任务之一：从邮件服务器中检索邮件并从服务器中删除这个邮件；从邮件服务器中检索邮件但不删除它；不检索邮件，只是询问是否有新邮件到达。

交互式邮件访问协议（Internet message access protocol，IMAP）是一种优于 POP 的新的电子邮件协议。和 POP 一样，IMAP 也能下载邮件、从服务器中删除邮件或询问是否有新邮件，但 IMAP 克服了 POP 的一些缺点。例如，它可以决定客户机请求邮件服务器提交所收到邮件的方式，请求邮件服务器只下载所选中的邮件而不是全部邮件。客户机可先阅读邮件信息的标题和发送者的名字再决定是否下载这个邮件。通过用户的客户机电子邮件程序，IMAP 可让用户在服务器上创建并管理邮件文件夹或邮箱、删除邮件、查询某封信的一部分或全部内容，完成所有这些工作时不需要把邮件从服务器下载到用户的个人计算机上。

3. Internet 的信息服务

Internet 的主要功能包括全球范围的通信和资源共享（尤其是信息资源共享）。Internet 为广大用户提供了丰富多样的通信交流工具，如电子邮件、BBS、即时通信系统、网络语音视频等。通过 Internet，信息提供者可将信息方便地对外发布，信息需求者也可方便地通过检索、浏览从网络上获取信息，从而实现信息资源的共享。Internet 的功能通过它所提供的网络信息服务来体现，常用的信息服务有以下几种。

1）电子邮件

电子邮件（electronic mail）也称 E-mail，它提供给人们一种离线（接收方无须在线）、高速、便捷、免费的电子化联系方式。电子邮件可向单个用户或包含多个用户的群传递信息，同时适用于个人和商业用途的通信，已成为当前电子商务中重要的联系方式，如邮件广告等。

2）BBS 论坛

论坛系统是从早期的电子布告栏系统（bulletin board system，BBS）发展而来，因此，

BBS 现已成为论坛系统的代名词。论坛允许每个人阅读其中的新闻、其他网友发布的意见、论点等信息，也可非常方便地发表自己的消息与见解。讨论区是 BBS 的最主要功能模块之一，各大 BBS 论坛通常都包括了各类学术专题讨论区、疑难问题解答区和闲聊区等各种讨论模块，用户可以选择合适自己的主题并参与讨论。

3）即时通信

电子邮件、论坛一般不能以实时方式在用户间进行通信，聊天系统可满足实时交流的需要，如聊天室、即时通信系统。即时通信（instant messaging，IM）是网上一种十分方便、快捷的点对点沟通软件。最有代表性的有 QQ、MSN Messenger 等。此类即时通信工具在电子商务交易伙伴间的洽谈、咨询中也得到广泛运用。

4）文件传输

FTP 协议，是一种实时的联机服务，其功能是将文件从一台计算机传送到另一台计算机，它不受这两台计算机所处位置、连接方式以及所用操作系统的约束，是 Internet 用于实现计算机之间传递、共享文件而设计的一种协议。文件传输是一个典型的客户—服务器方式的应用。服务申请方运行的文件传输程序，通常称为客户端程序；而运行在远程服务提供方计算机上的文件传输程序称为服务器程序。

5）万维网

WWW 是当前 Internet 所提供的最友好和最受欢迎的信息组织、检索方式，也是占比最大的信息资源子集。它使用超文本标记语言把各种类型的信息（文本、声音、静止图像和影像）以网页为单位进行有机地集成。网页存放在服务器中（即 Web 服务器或站点），使用超链接（hyperlink）、统一资源定位符（uniform resource locator，URL）机制可将遍布全世界不同 WEB 主机上的相关网页文件巧妙地连接在一起。而信息用户只需在自己的机器上安装一界面友好的浏览器软件，就可简便地对 WWW 上任一网页文件进行查阅。用户仅需提出查询要求，而不必关心到什么地方去查询及如何查询，这些均由 WWW 自动完成。

6）远程登录

远程登录（remote login）是 Internet 提供的基本信息服务之一，也是最早开展的服务活动之一。远程登录是在网络通信协议 Telnet 的支持下，使本地计算机暂时成为远程计算机仿真终端的过程。Telnet 是一个强有力的远程登录工具，在远程计算机上登录，必须事先成为该计算机系统的合法用户，拥有相应的账号和口令。登录成功后，用户便可实时使用该系统对外开放的功能和资源，如同操作自己本地的计算机一样。

4. 标记语言

页面包括许多元素，如图形、照片、声音剪辑或者可以在浏览器上运行的小程序等，这些元素都以文件形式在 WWW 服务器上单独存储。页面上最重要的部分是页面的结构和构成页面主体的文本。页面结构与文字存储在采用页面标记语言标记的文本文件中。页面标记语言（text markup language）规定插入文本中的标记。标记（markup tags）是 WWW 客户机软件可以理解的格式指令。将文本和其他文件中的页面元素显示成客户机屏幕上出现的页面时，WWW 客户机软件就要使用这些指令。

WWW 上常用的标记语言就是 HTML，它是更早也更复杂的文本标记语言——标准通用标记语言（standard generalized markup language，SGML）的子集。SGML 派生的另一种标记语言就是扩展标记语言（extensible markup language，XML），现在常用于标记网上企业共享的信息。XML 也是一种元语言，用户可用它来创建自己的标记，从而扩展 XML 的用途。

1）超文本标记语言

HTML 文件实际上是由 HTML 标记组成的一种纯文本文件，可以用普通的记事本进行编辑。HTML 文件也称为超文本文件，因为该文件中嵌入了一些特定的标记，用以描述如何显示图像、字体、颜色及段落等，特别是如何利用锚点链接其他文件以及如何在页面上显示图像、声音、动画等。

HTML 文档包含文档文本和元素。HTML 文档中的标记被浏览器解释后以自己的格式显示这些标记中的文字。在 HTML 中定义了相当多的标记，标记放在尖括号（＜＞）中。大部分 HTML 标记都有开始标记（opening tag）和结束标记（closing tag），两者之间是要确定格式的文字。结束标记在尖括号前加一个斜杠（/）。HTML 元素通常的形式如下：

＜标记名 属性＞标记要显示的信息＜/标记名＞

例如，粗体字符格式标记和斜体字符格式标记就是 HTML 标记对，若浏览器读取下面这行文本：

＜B＞A Review of the Book＜I＞HTML Is Fun！＜/I＞＜/B＞

就将＜B＞和＜/B＞标记看作以粗体显示整行文字的指令，将＜I＞和＜/I＞标记看作以斜体显示标记内文字的指令，浏览器将显示：

A Review of the Book *HTML is Fun !*

真正使 Web 具有意义的是 HTML 超链接，超链接将当前文档链接到同一文档的另一位置、同一主机的其他文档或 Internet 上其他地方的文档里，它使 Web 不再局限于存储很多单独文档的电子存储设施。HTML 提供的链接机制也是 Web 的本质特性之一。超链接是用 HTML 定位标记创建的，不管是与同一文档的不同文本，还是与远程计算机的文档建立链接，定位标记的基本格式都是一样的。

Web 网站上存储有大量的网页信息，超链接是主要的信息组织方式，通过网页之间的链接，实现网页之间的信息共享。两种常用的超链接组织结构是线性结构和分层结构。

线性结构类似于传统的纸面文档，读者从第一页开始，点击“下一页”按钮，进入下一页。这种结构适用于顾客填写订单或其他协议的表格。在这种情况下，顾客只能从第一页开始阅读和响应，然后才能到下一页，该过程持续到整个表格全部完成。用户可以选择的 WWW 页面漫游方式只有“后退”和“前进”两种。

分层结构中，从用户打开主页或起始页开始。主页通常包括一个或多个连入其他页面的链接，这些页面依次链接更多的页面。这种分层结构类似于一棵自上而下的树，树根在上，树枝在下。分层结构特别适用于引导顾客从产品或主题的概要开始，逐步访问到具体的产品。企业的主页还可能包括的链接有帮助内容、公司历史、公司员工、订单处理、常见问题和产品目录等。当然，同时包含两种结构的页面也是可能的。

2）可扩展标记语言

在 HTML 标记语言中，用户不能随意扩展已经定义的那些标记，而在 XML 语言中，用户可以按照需要自己定义标记（当然也要遵循一定的规则），灵活性很高。正是由于 XML 标记可以根据需要自定义，因此，必须将自定义的标记通知浏览器，说明其具体的含义，以便它能正确显示。这一工作是通过文件类型定义（document type definition，DTD）来描述的。因此，一个 XML 文档中除了本身的 XML 数据文件之外，DTD 文件也是必不可少的。当然除此之外，可能还含有样式表。HTML 提供了查看数据的通用方法，而 XML 则提供了直接在数据上操作的通用方法。XML 将用户界面和结果化数据分离，有利于数据交换和传递，适合于服务器之间的事务信息交换。

HTML 编写的网页是一种静态网页。而所谓动态网页，其基本要求是网页能够及时响应客户的动作，并与本地的数据库联系，将数据库的内容再传送给浏览器。设计动态网页的方法很多，目前采用的技术有公共网关接口（common gateway interface，CGI）、动态服务器页面（active server pages，ASP）、个人主页（personal home page，PHP）和 Java 服务器页面（Java server pages，JSP）。

5. 内联网和外联网

并非所有的 TCP/IP 网络都要接入互联网，许多公司在组织内部建立了互联的网络。企业内部的电子商务应用是基于内联网（intranet）的，企业与合作伙伴、客户之间的电子商务应用则在外联网（extranet）或 Internet 上进行。

内联网是在一个组织机构内部采用 Internet 技术进行信息存取、交换、传输和管理的系统，又称为企业内部网。尽管该网络只是建立在企业内部，但网络结构与管理仍遵循了 Internet 的国际标准，因此，可以与 Internet 实现无缝连接。内联网主要应用于企业信息发布、协同工作、业务处理和客户服务。它将 Internet 网络技术与管理方式直接运用于企业内部网络系统，加强了内部信息快速流通，促进企业内部沟通与协调。在建立了完善的 Intranet 并实现了与互联网之间的安全连接后，企业便为建立一个好的电子商务系统打下了坚实的基础。校园网就是一个典型的 Intranet，它一般将校园网建设成两部分，一部分是公共信息子网，另一部分是内部网。公共子网部分主要有 WWW 服务器、DNS 服务器、代理服务器、电子邮件服务器等对外公开的信息服务器，并通过网关与 Internet 连接。内部网部分除用户使用的客户机外，一般还有内部 WWW 服务器、电子邮件服务器、数据库服务器等，并通过防火墙与公共子网连接。

Extranet 是运用 Intranet 技术建立的可支持企事业单位之间进行信息交流的综合网络信息系统，也是遵循 Internet 标准而建立起来的一种广域网。Extranet 可以作为公用 Internet 和专用的 Intranet 之间的桥梁、也可以被看作是一个被企业成员访问或与其他企业合作的 Internet 的一部分。Extranet 扩展了 Intranet 的概念，将企业的 Intranet 连入其业务伙伴、客户及供应商的网络，非常适合于具有时效性的信息共享和企业间完成共同利益目的的活动。构造外联网的方式通常有三种：公共网络、专用网络和虚拟专用网络。

Internet、Intranet 和 Extranet 三者从本质上来讲都使用了相同的 Internet 技术，只

是服务的范围和对象有所差异。Internet 是面向全球的网络，各个企业可通过它进行企业形象宣传及获得新的客户和订单；Intranet 的业务范围仅限于企业内部，包括分店、分公司等；Extranet 强调各企业间的连接，业务范围包括交易伙伴、合作对象、相关公司、销售商店以及主要客户。由此看来，Internet 业务范围最大，Extranet 次之，Intranet 最小。

1.5.3 信息处理技术

1. 大数据处理技术

在大数据处理技术领域，Hadoop 作为一个重量级的分布式处理开源框架，发挥着越来越重要的作用。Hadoop 是一个由 Apache 基金会开发的大数据分布式系统基础架构。用户可以在不了解分布式底层细节的情况下，轻松地在 Hadoop 上开发和运行处理大规模数据的分布式程序，充分利用集群的威力进行高速运算和存储。

Hadoop 是一个数据管理系统，作为数据分析的核心，汇集了结构化和非结构化的数据，这些数据分布在传统企业数据栈的每一层；Hadoop 也是一个大规模并行处理框架，拥有超级计算能力，定位于推动企业级应用的执行；Hadoop 又是一个开源社区，主要为解决大数据问题提供工具和软件。Hadoop 系统主要由 HDFS、MapReduce、HBase、Hive、Pig、Zookeeper 等核心组件构成，另外还包括 Sqoop、Flume 等框架，用来与其他企业系统融合。其核心组件如下。

（1）HDFS：一个提供高可用的获取应用数据的分布式文件系统。

（2）MapReduce：一个并行处理大数据集的编程模型。

（3）HBase：一个可扩展的分布式数据库，支持大表的结构化数据存储，是一个建立在 HDFS 之上、面向列的 NoSQL 数据库，用于快速读/写大量数据。

（4）Hive：一个建立在 Hadoop 上的数据仓库基础构架。它提供了一系列工具，可以用来进行数据提取转化加载（extract transform load，ETL），这是一种可以存储、查询和分析存储在 Hadoop 中的大规模数据的机制。Hive 定义了简单的类 SQL 查询语言，称为 HQL，它允许不熟悉 MapReduce 的开发人员也能编写数据查询语句，然后这些语句被翻译为 Hadoop 上面的 MapReduce 任务。

（5）Mahout：可扩展的机器学习和数据挖掘库。它提供的 MapReduce 包含很多实现方法，包括聚类算法、回归测试、统计建模。

（6）Pig：一个支持并行计算的高级的数据流语言和执行框架。它是 MapReduce 编程的复杂性的抽象。Pig 平台包括运行环境和用于分析 Hadoop 数据集的脚本语言（Pig Latin）。其编译器将 Pig Latin 翻译成 MapReduce 程序序列。

（7）Zookeeper：一个应用于分布式应用的高性能的协调服务。它是一个为分布式应用提供一致性服务的软件，提供的功能包括配置维护、域名服务、分布式同步、组服务等。

（8）Amban：一个基于 Web 的工具，用来供应、管理和监测 Hadoop 集群，包括支持 HDFS、MapReduce、Hive、HCatalog、HBase、ZooKeeper、Oozie、Pig 和 Sqoop。

2. 云计算

云计算概念是由 Google 公司提出的，是指通过网络以按需、易扩展的方式获得所需的资源。狭义云计算是指信息技术基础设施的交付和使用模式，广义云计算是指服务的交付和使用模式，这种服务可以是与信息技术和软件、互联网相关的，也可以是其他任意服务。云计算具有超大规模、虚拟化、安全可靠等特性。

云计算是并行计算（parallel computing）、分布式计算（distributed computing）、网格计算（grid computing）和移动计算（mobile computing）的发展，或者说是这些计算机科学概念的商业实现。云计算是虚拟化（virtualization）、效用计算（utility computing）、基础设施即服务（infrastructure as a service，IaaS）、平台即服务（platform as a service，PaaS）、软件即服务（software as a service，SaaS）等概念混合演进并跃升的结果。

1）云计算的特点

（1）超大规模。云计算具有相当的规模。云计算将成千上万台服务器整合起来，为用户提供灵活的资源分配和调整任务。其中，服务器的数量、用户的数量和并发任务的数量巨大。云计算能够赋予用户前所未有的计算能力。

（2）虚拟化。云计算支持用户在任意位置、使用各种终端获取应用服务。所请求的资源来自“云”，而不是固定的有形实体。应用在“云”中某处运行，但实际上用户无须了解，也不用担心应用运行的具体位置。只需要一台笔记本电脑或者一部手机，就可以通过网络服务来满足人们的很多需求，甚至包括超级计算这样的任务。

（3）高可靠性。云计算使用了数据多副本容错、计算节点同构可互换等措施来保障服务的高可靠性，使用云计算比使用本地计算机可靠。

（4）通用性。云计算不针对特定的应用，在“云”的支撑下可以构造出千变万化的应用，同一个“云”可以同时支撑不同的应用运行。

（5）可扩展性。用户可以利用应用软件的快速部署条件来简单快捷地拓展已有业务和新业务。例如，计算机云计算系统中出现设备的故障，对于用户来说，无论是在计算机层面上，还是在具体运用上均不会受到阻碍，可以利用云计算具有的动态扩展功能，对其他服务器进行有效扩展。

（6）按需服务。云计算是一个庞大的资源池，用户可以按需购买所需的资源。“云”可以像自来水、电、煤气那样计费。

（7）极其廉价。云计算可以采用极其廉价的节点来构成云；云计算的自动化集中式管理使大量企业无须负担高昂的数据中心管理成本；云计算的通用性使资源的利用率与传统系统相比有大幅度的提升，这些都使用户可以充分享受云计算的低成本优势。

2）云计算的类型

（1）软件即服务（SaaS）。这种类型的云计算通过浏览器把程序传给成千上万的用户。从用户角度来看，这样可以节省在服务器和软件授权上的开支；从提供商角度来看，这样只需要维持一个程序即可，能够有效地降低成本。

（2）实用计算（utility computing）。这种云计算是为 IT 行业创造虚拟的数据中心，便于把内存、输入输出设备、存储和计算能力集中起来，成为一个虚拟的资源池，为整个网络提供服务。

（3）网络服务。同 SaaS 关系密切，互联网服务提供商能够提供 API 让开发者开发更多基于互联网的应用，而不仅仅是提供单机程序。

（4）平台即服务（PaaS）。另一种 SaaS，这种形式的云计算把开发环境作为一种服务来提供。开发者可以使用中间商的设备来开发自己的应用程序，并通过互联网和中间商的服务器传到用户手中。

（5）管理服务提供商（management server provider，MSP）。这种云计算是最传统的云计算应用之一。这种云计算更多的是面向 IT 行业而不是终端用户，常用于邮件病毒扫描、程序监控等。

（6）商业服务平台。SaaS 和 MSP 的混合应用，这种云计算为用户和提供商之间的互动提供了一个平台。例如，用户个人开支管理系统，能够根据用户的设置来管理其开支并协调其订购的各种服务。

1.5.4　移动电子商务技术

移动电子商务技术在商务活动中发挥着重要的作用。例如，移动电子商务技术使得公司内联网和外出的员工之间传送数据成为可能；移动办公的员工可以帮助公司与供应商接触，大大降低公司的服务响应时间；无线设备为股票交易、银行业务等开辟了新的捷径等。

1. 无线应用协议技术

无线应用协议（wireless application protocol，WAP）是开展移动电子商务的核心技术之一，WAP 技术能够将 Internet 的大量信息及各种各样的业务引入到移动电话等无线终端之中。这样手机可以随时随地、方便快捷地接入互联网，真正实现不受时间和地域约束的移动电子商务。在基于 WAP 的移动电子商务中，移动终端的作用仅仅限于充当 WAP 浏览器，而真正的内容与业务全是在服务器端实现，从而使得这种结构独立于厂商与网络标准，并且相当开放。由于这种解决方案与基于 Web 的解决方案很类似，所以与基于 Web 的系统一样，它总是从服务器上下载无线标记语言（wireless markup language，WML）网页。在这种方式下，用户所接受的服务总是最新版本。基于 WAP 的移动电子商务架构如图 1-12 所示。

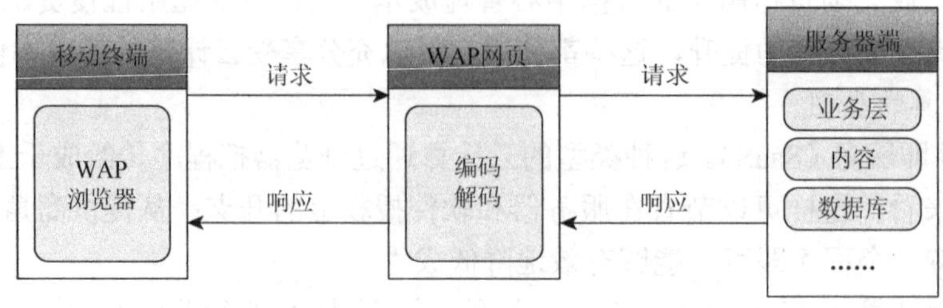

图 1-12　基于 WAP 的移动电子商务架构

基于 WAP 的服务是随时更新的，实时性更强，很适合实时传送日常的生活和工作信息。同时，WAP 也能很好地提供推送服务，因此能够提供合适的移动广告及促销服务。

2. 蓝牙技术

蓝牙技术是由爱立信、IBM、诺基亚、英特尔和东芝共同推出的一项短程无线电技术标准，旨在取消有线连接，实现数字设备间的无线互联。蓝牙技术是一种无线数据与语音通信的开放性全球规范，它以低成本的近距离无线连接为基础，为固定设备与移动设备之间的通信环境建立一个特别连接。

蓝牙可以支持设备短距离（一般 10m 内）的无线电通信。作为一种低成本、低功率、小范围的无线通信技术，蓝牙能在移动电话、掌上电脑（PDA）、平板电脑、打印机、数码相机等众多设备之间进行无线信息交换。利用蓝牙技术，能够有效地简化移动通信终端设备之间的通信、设备与因特网之间的通信，使数据传输变得更加迅速、高效，从而为无线通信拓宽道路，如图 1-13 所示。

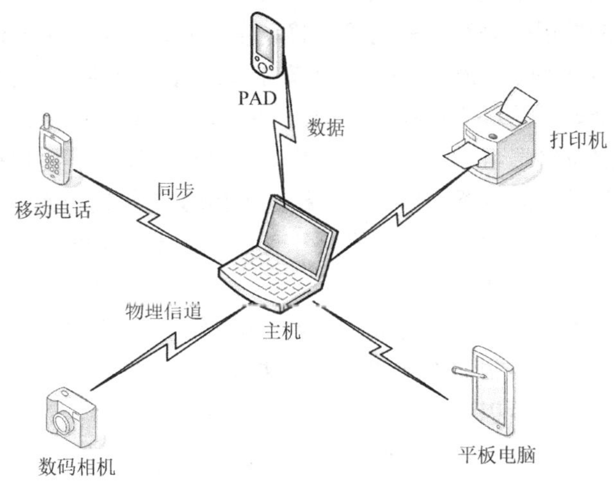

图 1-13　蓝牙技术的应用示意图

3. 移动 IP 技术

移动 IP 通过在网络层改变 IP 协议，从而实现移动计算机在因特网中的无缝漫游。移动 IP 技术使得节点在从一条链路切换到另一条链路上时无须改变它的 IP 地址，也不必中断正在进行的通信，在一定程度上能够很好地支持移动电子商务的应用，但也存在以下问题：移动 IP 的三角路由问题、移动主机移动时外地代理间的平滑切换问题、移动主机的安全性和功耗问题等。

移动 IP 不是移动通信技术和因特网技术的简单叠加，也不是无线话音和无线数据的简单叠加，它是移动通信和 IP 的深层融合，是对现有移动通信方式的深刻变革，它将真正实现话音和数据的业务融合，其目标是将无线话音和无线数据综合到一个技术平台上进行传输。

4. 通用分组无线业务

通用分组无线业务（General Packet Radio Service，GPRS）是一种新的全球移动通信系统（global system for mobile communications，GSM）数据业务，采用分组交换技术，能够实现公共陆地移动网（public land mobile network，PLMN）上的分组模式传输，并能实现与外部网络的互通，可以给移动用户提供无线分组数据接入业务。GPRS 突破了 GSM 网只能提供电路交换的思维定式，将分组交换模式引入到 GSM 网络中，增加相应的功能实体，并对现有的基站系统进行部分改造来实现分组交换，进而提高资源的利用率。GPRS 能快速建立连接，适用于频繁传送小数据量业务或非频繁传送大数据量业务。GPRS 是基于分组交换的，用户可以保持永远在线。

5. 移动定位系统

移动电子商务的主要应用领域之一就是基于位置的业务，如它能够向旅游者和外出办公的公司员工提供所在地的新闻、旅游、天气及旅馆等信息。这项技术将为本地旅游业、商店和餐饮业的发展带来巨大的商机。移动定位系统（mobile positioning system，MPS）是一个集 GPS 导航、GPS 定位、个人安全及追踪于一体的全方位位置服务系统。由一个多功能辅助全球卫星定位系统（assisted global positioning system，AGPS）手机和 *N* 个 AGPS 便携式定位终端组成，为家庭、公安、交通、物流等用户提供了一个方便、快捷、经济、灵活和贴身的位置服务系统。相比 GPRS 卫星定位系统，移动定位系统具有成本低廉、覆盖好、响应时间快、定位业务双向可执行的优势。

移动定位技术是基于 GSM/GPRS 无线网络覆盖，对手机终端进行实时位置捕捉的新型技术。无线移动网络是以小区作为最小位置单位的，所以当手机处在不同的小区或在小区之间进行移动切换时，根据不同的小区号便可确认手机的实际位置。由于移动网络的小区号是全球唯一的，所以确认的实际地理位置也是全球唯一的。因此，只要手机开机并接收到网络信号，用户所处的位置便随时能被掌握。

在电子地图或地理信息数据库的支持下，可以实时显示、跟踪和处理单个、多个或群组的人、车或物，这种功能使得 MPS 技术具有广泛的应用领域：周边信息查找的信息服务，如就近银行、餐馆、加油站等；本地黄页服务；小范围内的天气预报；就近交通信息发布；定向广告和基于位置的电子赠券；与动态位置相关的会员俱乐部服务；位置格斗游戏；就近交友聊天业务；公众信息服务；紧急呼叫，如 110、119、120、122 等。上海移远通信在 GPS 技术优势的基础之上，研发、生产无线通信模组，提供的产品应用于智慧生活、智慧工业等多个领域。

6. 第五代移动通信系统

移动电子商务是传统电子商务的延伸。摆脱了商务活动依托于 PC 机等有线设备的局限，仅仅使用便携式设备（如笔记本电脑、手机、掌上电脑等移动终端）就可以进行无限的沟通和商务活动，实现真正意义上的不受地域、时空局限的即时服务。借助 2G 网络技术，移动电子商务可以实现购物、支付、银行业务、娱乐、订票、证券业务、无线服务等功能。第五代移动通信技术（fifth generation mobile communication technology，简称5G）的正式商用极大地推动了移动电子商务的发展。

5G技术具有高速率、低时延和大连接特点，是实现人机物互联的网络基础设施。5G国际技术标准重点满足灵活多样的物联网需要。5G为支持三大应用场景，即增强移动宽带、超高可靠低时延通信和海量机器类通信，采用了灵活的全新系统设计。在频段方面，5G同时支持中低频和高频频段，其中，中低频满足覆盖和容量需求，高频满足在热点区域提升容量的需求；在编码方面，为了支持高速率传输和更优覆盖，5G采用LDPC、Polar新型信道编码方案、性能更强的大规模天线技术等。5G采用全新的服务化架构，支持灵活部署和差异化业务场景。5G采用全服务化设计，模块化网络功能，支持按需调用，实现功能重构；采用服务化描述，易于实现能力开放，有利于引入IT开发实力，发挥网络潜力。

随着5G的到来、人工智能的普及和及大数据应用的爆发，新时代电商将步入新阶段，VR商城、智能管家、智能物流、无人机配送等得以实现与应用。例如，VR商城。5G将变革电商平台与用户的交互方式，将营造一种全新的用户体验，VR技术将不再受流量、速度等因素的限制，用户可以在家中体验电商的购物或试穿，甚至可以模拟商场逛街的场景，真正做到足不出户即可实现空间的跨越。又如，智能管家。人工智能和大数据技术的发展，电商平台能有效地获取用户的各种数据信息，形成用户画像，能够预测用户的喜好和行为，并使用户的行为和需求得到合理的匹配。同时能够实现更加友好地与人进行交互。通过对用户数据和行为的学习，能够让电商平台在人们需要的时候直接帮助用户挑选、试用及购买相应的产品；在产品使用环节，实现更加人性化的服务。还有智能物流、无人机配送。人工智能的应用将会替代快递流转的过程中的人员参与，减少快递流转过程中的磕碰与损坏，解决快递至用户手中破损的问题。

7. 无线通信技术

大多数无线局域网（wireless local area network，WLAN）是按照众所周知的IEEE 802.11或通常称为Wi-Fi（wireless fidelity，无线保真）的远程通信标准进行工作的。Wi-Fi和蓝牙同属于在办公室和家庭中使用的短距离无线技术。Wi-Fi是由一个名为“无线以太网相容联盟”（wireless ethernet compatibility alliance，WECA）的组织所发布的业界术语，是一个创建于IEEE 802.11标准的无线局域网技术，现时比较流行，可以在2.4GHz和5GHz频段上运行。

Wi-Fi技术正在成为行业标准，使硬件厂家能够生产互相通信的无线设备。Wi-Fi通过无线电波发送网页或电话，不需要借助费用高昂的电缆或高速因特网连接。Wi-Fi是一种帮助用户访问电子邮件、Web和流媒体的互联网技术，让用户在家里、办公室或在旅途中能够体验快速、便捷的上网。Wi-Fi技术为商业用户提供了便利。Wi-Fi使得工作环境和工作场所更加移动化，如商务旅行者在机场或机场酒廊等待航班时可以收发电子邮件。由于Wi-Fi的频段在世界范围内是无须任何电信运营执照的，因此，WLAN无线设备提供了一个世界范围内可以使用的、费用极其低廉且数据带宽极高的无线空中接口。

尽管取得了进展，但Wi-Fi的安全问题仍是一大隐忧。黑客可以轻松破解大多数无线硬件中的软件，可以很容易地窃取无线网络中传输的私人数据。当然，新的无线设备加强了安全方面的保护，但用户仍须谨慎采取某些步骤，以确保重要数据的安全性和完整性。

知识链接 1-1　802.11 标准

802.11 标准是 1997 年 IEEE 最初制定的一个 WLAN 标准，工作在 2.4GHz 开放频段，支持 1Mbit/s 和 2Mbit/s 的数据传输速率，定义了物理层和 MAC 层规范，允许无线局域网及无线设备制造商建立互操作网络设备。基于 IEEE 802.11 系列的 WLAN 标准已包括共 21 个标准，其中 802.11a、802.11b 和 802.11g 最具代表性。

802.11a 在整个覆盖范围内可提供高达 54Mbit/s 的速率，工作在 5GHz 频段，但是信号的传输范围较小（最长到 30m）。

802.11b 工作在 2.400～2.483GHz 频段，传输速率能够根据应用环境以及其他传输因素从 11Mbps 自动降到 5.5Mbps，或者根据直接序列扩频技术调整到 2Mbps 和 1Mbps，以保证设备正常稳定运行。在室内，其传输范围能够达到 100m，而在开阔地区或室外则能够达到 275m。

802.11g 是一种较新的标准，它试图把其他标准的优点结合起来。802.11g 提供的传输速率与 802.11a 一样快（54Mbps），信号范围与 802.11b 一样宽，并且与 802.11b 向后兼容。然而，使用较高传输速率的移动设备很少，并且 802.11g 也更为昂贵。

802.11n 对 Wi-Fi 的传输和接入进行了重大改进，引入了多进多出（multiple-input multiple-output，MIMO）、安全加密等新概念和基于 MIMO 的一些高级功能，传输速度达到 600Mbit/s。802.11n 也是第一个同时工作在 2.4 GHz 和 5 GHz 频段的 Wi-Fi 技术。

802.11g 将被越来越多地运用到成本不是主要考虑因素的商业环境中，并且膝上型电脑能够利用 54Mbps 传输速率的情况下。在大多数公共区域和家庭中，802.11b 依然是 Wi-Fi 标准的廉价选择。［资料来源：无线局域网络制定的标准：802.11 协议发展历程[EB/OL].王璐.（2019-03-07）[2021-03-16]. http://www.elecfans.com/tongxin/rf/20171122584206.html.］

课后题

一、复习思考

1. 什么是电子商务？电子商务仅仅是传统商务与先进信息技术的结合吗？
2. 电子商务的发展经历了哪几个阶段？
3. 阐述国内外电子商务发展现状及发展趋势。
4. 阐述传统商务与电子商务的联系和区别。
5. 电子商务有哪些优势和劣势？
6. 影响电子商务系统运行的环境包括哪些？
7. 什么是电子商务中的信息流、物流和资金流？三者之间的关系如何？
8. 在电子商务的基本组成中，每个要素的功能是什么？
9. 列举一些电子商务成功和失败的例子。
10. 试阐述 EDI 系统的工作原理以及 EDI 和电子商务之间的关系。
11. Internet 提供哪些信息服务？

12. 简述 Hadoop 的核心组件。

13. 什么是云计算？云计算的特点有哪些？云计算可以分为几种类型？

二、问题讨论

1. 小米有品是小米公司精品购物平台，也是小米“新零售”战略的一环。自 2017 年 4 月上线，2018 年业绩增长 2.6 倍，2019 年全年小米收入达 2459 亿元，同比增长 12.8%，在 2019 年底小米有品首次进入了电商榜单前 10。查阅资料，了解小米有品平台，试回答以下问题：①从微观和宏观层面分析小米有品的发展背景；②小米有品如何利用电子商务解决用户需求，实现产品差异化？③讨论精品电商的成功之路。

2. 在“互联网＋”深入发展的背景下，电子商务成为中国脱贫攻坚战中的有力武器。2020 年，全国 832 个国家级贫困县网络零售总额超 3000 亿元，同比增长 26.0%。电商扶贫是农村脱贫攻坚中的中国智慧，试查阅相关资料，试分析：①电商扶贫的意义？②和传统农村交易活动相比，电商扶贫有哪些优势？③电商扶贫亟须解决的问题？可以从环境、技术、物流等方面展开讨论。

三、实践训练

1. 在中国知网（CNKI）中搜索相关文献，了解电子商务的研究热点及发展前景。

2. 查阅《中国互联网络发展状况统计报告》《电子商务行业分析报告》《中国电子商务报告》等相关资料，了解国内外电子商务最新发展现状，包括交易规模、上网人数、行业应用等；了解跨境电商、农村电商、移动商务、丝路电商对我国新经济发展的作用；分析我国电子商务发展的新使命和新机遇。

3. 选择一款生活服务类 App，如叮咚买菜、京东生鲜等，体验其购买流程，了解生鲜类电商平台的交易流程，并分析平台如何提升每个用户单次消费金额以及购买频次？

2 电子商务交易模式

本章内容要点：电子商务模式决定企业的运营方式，影响着企业的获利。本章第一节介绍了电子商务模式的相关概念，包括商务模式的内涵、组成要素、电子商务环境对商务模式的影响、电子商务模式的概念，并介绍了电子商务交易的参与主体。第二节阐述了B2C电子商务交易模式的交易流程、特点及分类。第三节介绍了B2B电子商务交易模式的交易流程、特点及分类等。第四节介绍了C2C电子商务的一种典型运作形式——网上拍卖，阐述网上拍卖和传统拍卖的区别、网上拍卖的分类等。第五节介绍了电子商务新模式，包括移动商务、社交商务、跨境电商等，阐述了新业态的特点和商业模式。

学习引导案例

京东商业模式解读

京东是综合网络零售商，在线销售家电、数码通信、电脑、家居百货、服装服饰、母婴、图书、食品、在线旅游等12大类数万个品牌、百万种优质商品。2012年，京东自营B2C市场占据49%的份额，以“产品、价格、服务”为核心，致力于为消费者提供质优的商品、优惠的价格，同时推出“211限时达”“售后100分”“全国上门取件”“先行赔付”等多项专业服务。京东通过不断优化的服务引领网络零售市场。2014年5月22日，京东集团顺利在美国纳斯达克证券市场挂牌上市，是中国首家在美国申请首次公开募股（initial public offering，IPO）成功的自营电商企业。截至2019年5月，京东的市值高达386.49亿美元。

经过多年的迭代，京东集团已经从“自营模式”转向以“自营为主、平台为辅”的商业模式，并且平台业务占比逐步增大，为消费者及第三方平台商家提供多、快、好、省的价值主张，构建了四个方面的核心优势。

（1）最大的自建物流和仓储系统。京东集团的物流集成设施是全中国电商领域中规模最大的，具有中小件、大件、冷藏冷冻仓配一体化服务电商物流仓储系统，在全球也处于领先地位。截至2017年底，京东集团在全国建有八大物流中心，占地总面积达到1000万m^2，大型仓库的数量是486个。京东的物流配送队伍已经拥有9万人，为客户提供了专业化服务，目前主要业务有京准达、极速达、211限时及次日达等，保障了用户享受到方便、快捷的物流配送服务。

（2）自主研发的信息系统。信息系统是京东集团的软实力，它保证了京东的运营效率，也是京东的核心优势之一。自成立以来，京东的信息系统主要包括了管人、管钱、管物的功能。管人是指公司人力资源系统的管理，管钱是指公司的财务信息系统，管物是指库存管理、物流管理等信息系统。京东的信息系统是根据业务发展需要适时更新和升级的，这得益于京东自身的技术研发团队。京东集团的信息系统非常强大，它把下单、支付、发货流程细分至34个环节，这个系统小到可以监督配送员用了多少胶带和纸箱，大到可以直接在线向供应商下订单。京东集团把控流程中尽可能多的环节以提升供应链的效率和服务品质。自2008年该系统就能满足订单查询和跟踪功能，用户可以直接查询物流信息，解决物流矛盾。京东集团所有的工作人员都是基于信息系统开展工作的，京东集团的信息系统真正连接了业务和运营环节的线上与线下的每一个环节，是京东集团的核心优势。

（3）渠道商业化，重视合作方。京东集团打通供应商渠道，进货成本更低，保证了价格方面的优势。京东集团早期并不能跟厂商、供应商进行直接的资金往来，而是通过中间的经销商。主要原因是供应商不愿直接向京东集团提供赊销而承担坏账风险，而是更愿意将风险转移给经销商。

2012年与2013年，京东集团启动了渠道商业化战略，不再跟经销商合作，而是与品牌商直接合作，为此，京东集团甚至放弃赊购，而是直接向供应商付现以赢得信任。目前，京东对供应商的付款周期在40天左右，与供应商达成了互利共赢的局面。京东集团的渠道商业化战略达到了良好效果，赢得了更多的产品渠道，同时也获得了许多优质的供货商伙伴。目前，京东集团和各种产品的各类品牌厂商都有长时间的合作，销售的电商产品质量有保证，且产品价格比线下实体店要低，既有价格优势又有品牌优势，为京东集团带来了良好的客户基础。

（4）打造完美的用户体验。京东集团自成立以来，持续不断地完善用户体验，主要包括三个方面：第一，坚守正品行货，不卖假货的底线。京东集团早期在品类选择上很严格，在京东集团成立的前7年，京东集团只做了5个品类，主要原因就是选择容易保证产品质量的品类，防止品类过多导致假货泛滥，从而影响用户体验；第二，实行低价销售。京东集团的销售毛利率很低，因为其一直保持低价策略，京东集团一直努力节约成本提高效率，将利润让给消费者和供应商；第三，打造无缝的完整服务链条。从用户下单到最后交易真正完成，包括退换货完成，京东集团大概有34个大的节点，100多个具体流程动作，只有所有流程保证不出问题，才能满足用户体验。为此，京东集团保证配送人员的服务质量，为配送员提供有竞争力的收入和成长空间，另外也实行一套严格的管理制度。产品、价格和服务决定用户体验的因素，京东集团依靠自身物流系统、信息系统和财务系统的支撑，将三者有效地进行了融合，打造了完美的用户体验。[资料来源：衷诚武. 案例分析：京东商业模式解析[EB/OL].（2019-07-11）[2021-03-18].https://zhuanlan.zhihu.com/p/73204258.]

2.1 电子商务模式的分类

商务模式（business model）是为了在市场中获得利润而规划好的一系列活动。1961年，Blumenthal首次采用商业模式来解释编制小企业财务报表的方法或模型。20世纪90年代中期Internet对电子商务的推动促使了商务模式成为业界所偏好的名词而备受关注。在这个发展过程中商务模式的内涵不断演化。

2.1.1 电子商务模式概念

商务模式是企业管理领域的术语。著名咨询公司 Accenture 认为商务模式是一个有机的整体，有一定的组成结构，包括收入模式、价值主张、组织架构和交易流程等多个部分，它们之间有一定的内在联系。比较系统完整地讨论商务模式定义的还有 Allan Afuah 等，他们从企业绩效的角度来研究商务模式：企业绩效的第一个决定因素就是它的商务模式。商务模式是一个企业建立和有效使用资源的方法，通过此方法企业能向顾客提供比竞争对手更大的价值，并以此赢利。

商务模式说明一个企业如何运营以及在以后的较长时间内如何规划，是由多个组件相互联系的复杂的系统。商务模式的组成要素如表 2-1 所示。

表 2-1 商务模式的组件

组成要素	说明
价值体现	企业提供给顾客差异化或低成本的产品或服务
经营范围	企业的顾客群、提供的产品或服务
定价策略	根据顾客价值采用差异化的定价策略
盈利模式	具体到每个收益来源的顾客群、时间、赢利、市场的驱动力等
营销战略	向客户推销企业产品或服务的方式
组织发展	企业的组织机构、管理制度和体系、人力资源、企业文化等
核心能力	企业核心竞争力的培育和提高
竞争优势	企业通过核心竞争力保持持续的竞争优势

除了商务模式内部的组件之间的关系外，商务模式与其外部的环境之间也存在着一定的关系，一个合适的商务模式总是能充分利用外部环境的一切机会，而且会减少外部环境带来的威胁。

电子商务环境对企业商务模式的影响及电子商务模式的概念对传统企业的适用性等，都是迫切需要解决的问题。解决这些问题便于指导目前众多企业的电子商务实践。表 2-2 给出了电子商务环境对商务模式组件的影响。

表 2-2 电子商务环境对商务模式组件的影响

组成要素	相关问题	电子商务带来的改变
价值体现	企业是否比竞争对手向顾客提供差异化或更低成本的产品或服务？	Internet 使企业可以为顾客提供什么有特色的价值？它能为顾客解决新的问题吗？
经营范围	企业向什么顾客提供价值？ 为体现这个价值，企业向顾客提供哪些产品和服务？	Internet 使企业可以获得什么类型的顾客？ Internet 能改变企业为顾客提供的产品、服务或两者的组合吗？
定价策略	企业如何向顾客提供价值？ 如何定价使其保持竞争优势？	Internet 如何使企业的定价与众不同？

续表

组成要素	相关问题	电子商务带来的改变
盈利模式	收益从哪里来？ 在何时付费？	Internet 带来了哪些新的收益来源？
营销战略	企业在向其顾客提供价值时必须执行哪些活动？ 什么时候执行？活动之间有何联系？	由于 Internet 的应用，有多少新的活动必须被执行？ Internet 能够从多大程度上帮助企业执行原有的活动？
组织发展	企业为执行这些活动需要什么组织机构、管理体系、人力资源和企业内部环境？ 它们之间的适应性如何？	Internet 对组织机构、管理体系、人力资源和公司内部环境有何影响？
核心能力	公司的核心能力有哪些？ 这些能力是否比较有特色从而提供比竞争对手更大的价值或者使竞争对手难以模仿的能力？	企业需要什么新的能力？ Internet 对企业现有的能力有何影响？
竞争优势	什么是竞争对手不可模仿的？ 如何才能使企业长久获利？	Internet 使企业取得竞争优势的持续性是更容易还是更困难？

资料来源：赵卫东，黄丽华. 2011. 电子商务模式. 上海：复旦大学出版社。

电子商务模式是企业确定细分市场和目标顾客之后，通过企业内部特定的组织结构和在价值网中的定位，运用网络信息技术，与价值网上的各合作成员整合相关的流程，最终满足顾客的需要，并给企业带来赢利的方式。其中的关键点是电子商务模式应指出价值的创造过程及各参与者在此过程中扮演的角色和收益来源。

好的电子商务模式可以使企业在竞争中获得两种优势：一种优势来源于电子商务模式对业务中原有重要流程或特性进行改进，以此提高运作效率并降低成本，如在对顾客的管理中引入 Internet 服务的策略；另一种竞争优势则是来源于电子商务模式对企业业务进行了创新性的突破，创造了新的价值，如开拓新市场、改革行业的标准或规则。第一种优势在一定的内外部环境下可能会转化为另一种优势。

扩展阅读 2-1　当当网的电子商务模式组成要素分析

当当网是北京当当网信息技术有限公司营运的一家中文购物网站，以销售图书、音像制品为主，兼具发展小家电、玩具、网络游戏点卡等其他多种商品的销售，给消费者提供快捷的服务。当当网商务模式组成要素具体实施如下。

价值体现：当当网所经营的商品主要为各品类百货，市场的需求量大，价格较低，而且当当网耗时 11 年修建的“水泥支持”——庞大的物流体系，位于六个城市的十大物流中心，全国库房面积达到 18 万 m^2，成为国内库房面积最大的电子商务企业，提供货到付款服务的城市超过 750 个，并为联营商户开通货到付款（cash on delivery，COD）服务。

经营范围：当当网已从早期的网上卖书拓展到网上卖各品类百货，包括图书音像、美妆、家居、母婴、服装和 3C 数码等几十个大类，其中在库图书、音像商品超过 80 万种，百货 50 余万种。满足了不同客户群的需求。

定价策略：对于相同的商品，网上订购的价格往往低于实体店，因此，当当网采用比实体店更大的折扣来吸引消费者，大部分商品都有不同程度的折扣。当当网参照国际商品分类方法，采用智能查询、直观的网站导航和简洁的购物流程，为消费者提供便捷的购物环境。

盈利模式：当当网通过直接销售，压低制造商的价格，在采购价与销售价之间赚取差价。另外当当网的虚拟店铺出租费、产品登录费和交易手续费都是收益来源，同时当当网还充分利用预付款进行投资，赚取投资收益。此外，广告费也是当当网的收益的来源之一。

营销战略：当当网坚持“诚信为本”的经营理念，率先提出“上门退货、当面退款”以及“正规渠道、正品保证”的诺言，用自己的成功实践经验为国内电子商务企业树立了的“诚信经营，健康发展”的榜样。[资料来源：王肖依，胡元元. 2016. 当当网上商城营销策略分析[J]. 数码世界，(7)：70]

2.1.2 电子商务模式的分类

从不同的角度，考察不同的领域，电子商务模式是不尽相同的，如表 2-3 所示。

表 2-3 基于不同标准的电子商务模式分类

分类标准	分类
按照参与主体	B2B、B2C、C2C、B2G、C2G、M2B、O2O、P2P 等
按照交易客体	实物商品、数字商品、服务商品
按照交易阶段	交易前、交易中、交易后
按照开展电子交易的范围	本地电子商务、远程电子商务、全球电子商务
按照交易平台	基于 EDI、基于网络（如 Internet、电话网、电视网等）、三网合一

1. 按照交易的参与主体来划分

电子商务活动涉及各种类型的市场主体，不同主体之间开展的电子商务具体内容有所不同。据此，可以从电子商务交易的参与主体出发，归纳出电子商务的交易模式，包括企业对企业（B2B）、企业对消费者（B2C）、消费者对消费者（C2C）、企业对政府（business to government，B2G）、消费者对政府（consumer to government，C2G）等几种形式。

（1）B2B 电子商务指企业之间进行的电子商务活动，这种模式最早是以企业通过专用网或增值网采用 EDI 方式进行的商务活动。随着中国国内市场竞争日益激烈，商业环境不断完善，越来越多的企业采用这一模式。

（2）B2C 电子商务指企业对消费者之间进行的电子商务活动。这种模式主要是借助于网上销售模式，近年来发展较快，特别是企业的网页对于广大消费者并不需要统一标准的单据传输，只涉及信用卡、电子货币和电子钱包，且网上搜索浏览功能和多媒体界面使消费者更容易寻找商品。

（3）C2C 电子商务是消费者与消费者之间的交易。个人对个人的商务活动在传统上主要通过分类广告、收藏物品展、旧物出售和跳蚤市场这样的贸易方式或场所进行，或者通过拍卖行、当地分销商这样的中介进行。互联网电子商务的发展为 C2C 打开了方便之门，如网上拍卖网站即属于此类电子商务网站。[参见“2.4 C2C电子商务交易模式”]

（4）B2G电子商务指企业与政府机构之间进行的电子商务活动。政府将采购清单在网上公布，以网上竞价方式进行招标，企业可以通过网上投标。这种方式有利于政府节省费用，提高政府办公的公开性和透明度。这种商务活动覆盖企业与政府组织之间的各项事务。

（5）C2G电子商务指政府将电子商务扩展到福利费的发放、自我估税和个人税收的征收等方面。

2. 按照交易的客体来划分

电子商务的交易客体大致可分为三类：实物商品、数字商品和服务商品三类。

（1）实物商品电子商务。通过电子方式交易的实物商品和传统交易的实物商品是没有什么区别的，电子交易只是将商品的有关信息放在网络上，让用户来选择是否购买，然后通过送货公司再将货物送到用户的手上。当然，货款的支付方式是不同的，有在线支付、款到送货和货到付款等。

（2）数字商品电子商务。它是指通过网络传输数字商品，达成交易的电子商务形式。在数字商品交易过程中，没有实物商品流通过程，因此也就没有商品的储存、包装和运输费用。在传统的商贸中，数字商品一般都有实物载体，如磁带、光盘、纸张等，从而增加了数字商品的储存、包装、运输等成本，大大降低了数字商品的交易效率。事实上，文字、音像、文化商品、计算机软件等数字化商品都可以通过网络进行传输，这也是电子商务变革传统商务过程，是生产和消费过程的重要方面。

（3）服务商品电子商务。服务商品指在计算机网络上提供的各种服务，这类服务包括信息服务和中介服务等，例如，Internet上的许多网站提供的股市行情，这是典型的金融证券信息服务，用户可以在自己家中通过计算机获得即时的股市行情。中介服务也是网络提供在线服务最普遍的一种形式，目前常见的有代订飞机票、在线预订旅馆房间、医院预约、房地产中介等。服务商品提供的也是无形商品，但和数字商品电子商务不同的是，有的服务在商品电子商务流程中可能有实物部分，也可能有物流过程，如邮政电子商务等。

3. 按照交易阶段划分

（1）交易前电子商务。它是指将电子商务信息分类上网和组合查询，如用电子邮件查询商品的信息、双方或多方的交易、沟通等活动。

（2）交易中电子商务。它主要是指支持达成交易的电子商务系统，其功能是对各种业务文件或单证进行网上传递，保证数据交换的准确性和单证记录的不可更改性，如完成网上的谈判、签约等商务活动。

（3）交易后电子商务。它主要是指交易后进行服务的电子商务系统，涉及银行、金融机构、售后维修和物流配送等。

4. 按照交易覆盖的范围来划分

（1）本地电子商务。它是利用本城市或地区内的信息资源实现电子商务的活动。本地电子商务地域范围有限，它是利用局域网、Intranet、Internet 等网络系统。

（2）远程国内电子商务。它是指本国范围内进行的网上电子交易系统。其交易范围比较广，对网络软、硬件要求也相应较高，它要求国内的电子商务发展程度普遍要高，要求在全国范围内实现交易、支付、物流等方面的电子化、自动化，并要求电子商务的从业人员具有相应的技术能力和电子商务知识。

（3）全球电子商务。它是指在世界范围内进行的电子商务活动，不同国家的电子商务交易方通过网络进行贸易活动，其涉及各方的信息系统，复杂程度远远超过前两者。全球电子商务是电子商务发展的高级阶段，它要求电子商务系统安全、准确和及时。它是未来国际贸易的主流趋势，具有很大的潜力。

5. 按照交易平台来划分

（1）基于专用网的电子商务。它是利用 EDI 网络进行电子交易。EDI 是按照一个公认的标准和协议，将商务活动涉及的文件标准化和格式化，通过计算机网络，在贸易伙伴的计算机网络系统之间进行点对点的贸易、商务数据交换和自动处理。[参见“1.5.1 EDI 技术”]

（2）基于 Internet 的电子商务。它是利用 Internet 进行电子交易，采用 TCP/IP 协议组织起来的松散的、独立与合作的国际互联网络。在 Internet 上可以进行各种形式的电子商务活动，它涉及的领域广泛，发展速度快，所以成为目前电子商务的主要形式。

（3）内联网络电子商务。它是指在一个大型企业的内部或一个行业内开展的电子商务活动，形成一个电子商务活动链，可以大大提高工作效率，降低业务成本。

（4）电话网电子商务。电话网也是早期的电子商务活动的类型。电话网可以分为固定电话网络和移动电话网络，利用固定电话网，企业可以通过电话采访、电视的广告节目等达到推销企业和推销产品的目的；利用移动电话网络，企业不仅能提供互联网上的直接购物，而且能够提供“随时随地”和“个性化”服务。

另外，电子商务活动按照其运行方式分为完全电子商务和不完全电子商务，按照是否在线支付分为在线支付型电子商务和非在线支付型电子商务。

2.1.3 电子商务交易的参与主体

在电子商务模式分类中，按照交易的参与主体是最常见的分类标准。参与主体包括：企业、消费者、政府和中介机构，如图 2-1 所示。

1. 企业

企业是电子商务最主要的推动者和受益者。从电子商务应用的类别来看，所涉及的企业主要分为生产制造型企业、流通贸易型企业和服务型企业。

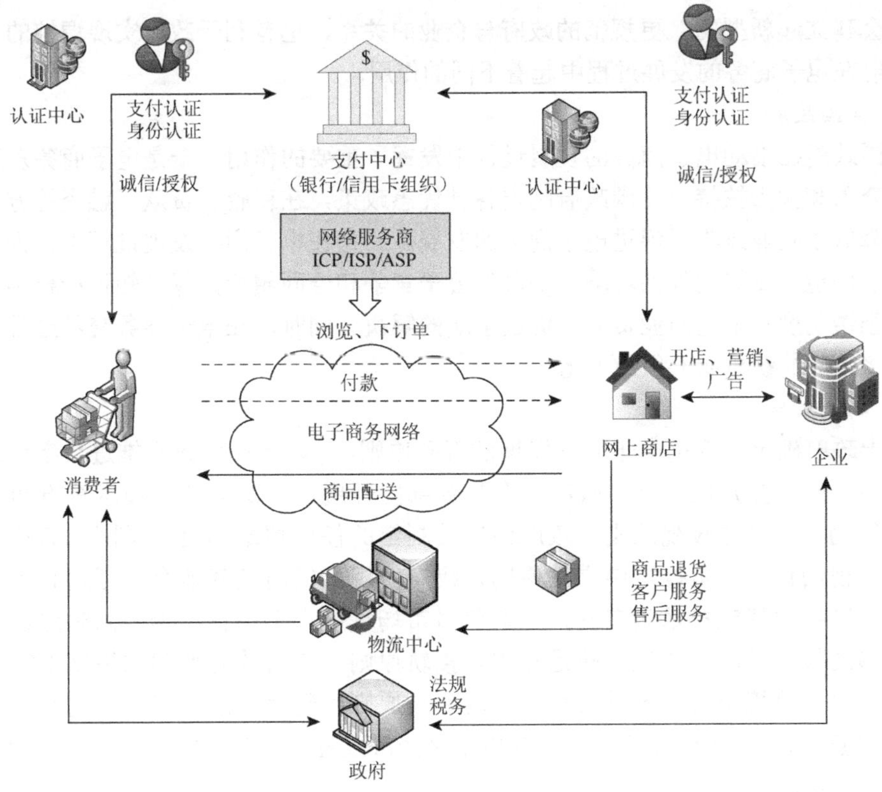

图 2-1 电子商务交易的参与主体

生产制造型企业在生产过程中要发生大量的商务活动，如采购、生产、销售等一系列的以生产产品为中心的活动。电子商务在这类企业的应用表现在电子化采购、零库存与及时生产、协同设计与生产、网络营销和客户关系管理等方面。

流通贸易是商务活动过程中必不可少的应用环节。各类商场、市场以及贸易公司是开展电子商务应用的首要场所，通过电子商务的应用，生产企业能够及时了解商场或贸易公司的库存或产品需求状况，进而及时调整产量和供货量，以免造成货物积压。对大型商场来说，也能减少库存成本。

服务型企业包括金融服务型、信息服务型、餐饮服务型、旅游服务型等。其中，金融服务型企业充当双重身份，一方面从资金流角度为电子商务的应用提供中介服务，另一方面也作为主体直接从事电子商务应用（如证券机构）。

2. 消费者

消费者在商务活动中是不可或缺的主体。这里的消费应当是公民为生活目的而进行的消费，而不是用于生产的；消费者应当是商品或服务的受用者；消费的客体包括商品和服务；消费者主要是指个人，也可包括单位或集体，这些都属于消费者范畴。

3. 政府

政府既是电子商务的推动者、政策制定者，也是主要的参与者。电子商务应用的发展不仅会建立起新型的、更规范的政府与企业的关系，也有利于政府实现调控的目标。各国政府在电子商务的发展过程中起着不同的作用。

1）美国政府

美国政府在推动电子商务的发展过程中发挥了重要的作用。一是电子商务发展的早期积极介入和大力扶持。美国政府制定各种优惠政策，在税收、贷款、融资等方面给予支持，降低了企业风险，促进电子商务的发展。二是在电子商务发展过程中，为电子商务的发展创造了良好的外部环境。如确保公平竞争和合同履行，保护知识产权和私有权利，增强透明度，增进商业贸易，促进争端的解决。同时，在电子商务交易过程中，尽可能地将政府的参与或干预最小化。

2）瑞士政府

瑞士政府确定了促进电子商务发展的五条原则，并以此作为政府推进数字化经济的行动准绳。一是补充性原则，政府仅在私营部门开展电子商务遇到技术等方面的困难时采取行动。二是非歧视原则，政府保证其制定的任何规章制度对于网上商务和非网上商务一视同仁。三是技术中立性原则，政府的规范措施及其他介入行为必须保证其有效性不以某种特定技术为前提，以避免对市场秩序产生不良影响，同时保证法律框架有足够的技术手段为依托。四是与国际接轨原则，国内政府部门的措施不得妨碍电子商务的自由跨境交易。五是公众的高度参与原则，现代信息技术的快速发展有利于打破旧的壁垒和社会分工，政府在建立数字化经济过程中行动的制定需要与私营部门及社会紧密合作。

3）新加坡政府

对于政府在电子商务中的作用，新加坡政府认为，没有一定程度上的政府管理，电子商务不可能发展这么快，没有规则的贸易是危险的。新加坡的所有电子商务活动都是由政府控制的，政府设立了一个项目“新加坡一号（Singapore One）”，目的是让所有人都可能使用电子通信。

4）中国政府

中国的体制决定了电子商务必须在政府引导和控制下进行，借鉴国外的成熟经验，可以从以下几个方面加强政府在电子商务发展中的作用。一是加强对电子商务的宏观规划和指导。政府必须发挥宏观规划与指导作用，通过宏观规划、组织协调，制定有利于电子商务发展的优惠政策，从宏观上引导企业向市场化和集约化的方向转型，打破地区保护和条块分割。二是加强对电子商务法律法规的制定。制定有关电子商务的法律法规是政府推进电子商务发展的基础性工作，是政府责无旁贷的责任。三是加强营造适合电子商务发展的环境。营造公平的竞争环境和良好的政策环境。鼓励竞争、防止垄断是一项政府始终应当遵循的原则。

4. 中介机构

电子商务环境中的中介机构是指一笔交易中，在买卖双方之间起桥梁作用的各种经济代理实体。其类型（表 2-4）大致可以分为如下几类：

（1）金融服务型。这类中介机构为商品所有权的转移过程提供服务，如银行、信用卡公司、保险公司、投资公司和基金机构等，它们从资金流角度为电子商务的应用提供中介服务保障。

（2）软硬件、通信和信息服务型。包括软硬件设备或系统提供商、集成商和服务商，以及信息发布、信息咨询、信息提供、信息增值等信息服务企业。

（3）物流服务型。在电子商务的实施中，物流配送中心的任务是要对消费者购买的商品实施合理配送。一些电子商务企业建立了自己的配送渠道，这里的物流配送中心作为独立的参与对象，主要指第三方物流，独立于供方和需方之外去完成物流服务的运作方式。

（4）其他中介类型。包括认证中心、经纪人、代理人、仲裁等为买卖双方提供其他服务的机构。

表 2-4　电子商务中介机构的类型

中介类型	定义和举例
结算/交易处理商	First Virtual、DigiCash、VISA、MasterCard 和中国银行
金融中介	支付宝、微信支付、财付通、Quicken 和 Microsoft Money
设备提供商	服务器（Sun）、客户机（HP）、路由器（Cisco）和网卡（3COM）
接入服务商	美国在线、CompuServe、NetCom、UUNET 和中国电信
信息访问提供商	Chrome、360 浏览器、火狐浏览器、微软（Edge）
应用服务提供商	Commerce One
信息检索服务提供商	百度、Google、Alta Vista、Excite、Lycos 和 InfoSeek
信息排名服务服务商	Consumer Reports 和 CNNIC

2.2　B2C 电子商务交易模式

B2C 电子商务是我国最早产生的电子商务模式，以 8848 网上商城正式运营为标志。它是一种电子化零售模式，采用在线销售，以网络手段实现公众消费和提供服务，并保证与其相关的付款方式电子化。它是随着信息技术和网络的发展而发展的，目前在互联网上遍布各种类型的网上商店和虚拟商业中心，提供从鲜花、书籍、饮料、食品、玩具到计算机、汽车等各种消费品和服务。网上有很多这一类型电子商务成功应用的例子，如全球最大的虚拟书店 Amazon.com。为了获得消费者的认同，网上销售商在“网络商店”的布置上往往煞费苦心。网上商品不是摆在货架上，而是做成了电子目录，里面有商品的图片、详细说明书、尺寸和价格信息等等。

2.2.1　B2C 电子商务的交易流程

以用户在线购物为例，B2C 电子商务具体交易流程如下：

（1）消费者使用自己的计算机或手机等终端，通过互联网搜索想要购买的商品。

（2）消费者在网上浏览，选购所需的商品放入购物车内，填写系统自动生成的订货单，包括商品名称、数量、单价、总价等，并注明将此商品何时送到何地以及交给何人等详细信息。

（3）通过服务器与有关商店联系并取得应答，告知消费者所购货物的单价、应付款数等信息。

（4）消费者确认上述信息后，用电子钱包、支付宝等方式付款。在系统中安装并打开支付工具，输入自己的密码口令，取出其中的电子信用卡进行付款。

（5）电子信用卡号码被加密发送到相应的银行，网上商店收到订购单，等待银行的付款确认。此过程中商店不知道顾客的信用卡信息，无权也无法处理信用卡中的钱款。

（6）如果付款不成功，则说明信用卡上的钱款已经超过透支限额，或者是消费者上了黑名单已不能使用该卡。消费者可再次打开电子钱包，取出另一张电子信用卡，重复上述操作。

（7）如果经银行证明信用卡有效并已授权，网上商店就可发货，同时销售商店留下整个交易过程中发生往来的财务数据，并出示一份电子收据发送给消费者。

（8）在上述交易成交后，网上商店就按照消费者提供的电子订单，将货物在指定地点交到消费者指定的收货人手中。

在购物过程中，顾客可以用任何一种浏览器进行浏览和查看。购物以后无论什么时候，顾客都可以登录网上商店网站利用浏览器查阅自己的订单状态。由于顾客的信用卡信息已经过加密，只有银行可以看到，因此保密性很好，整个购物过程自始至终都是十分安全可靠的。

2.2.2 B2C 电子商务模式的特点

（1）交易金额小。目前消费者网上购物以日用消费品和娱乐服务为主，所以与 B2B 电子商务相比，B2C 电子商务的交易金额相对较小。

（2）交易范围广阔。相对于 B2B、C2C 电子商务模式而言，B2C 电子商务不仅具有电子交易地域的广阔性特征，还具有商品种类的广阔性特征。

（3）个性化服务。在 B2C 电子商务中，卖方往往会按照客户要求的不同将商品进行精细地分类，而且由于数字产品具有可变形性，易于修改、重新组织和编辑，这些产品往往还可随各层次用户的不同要求而定制，因此 B2C 电子商务更多地体现为一种个性化的服务。

2.2.3 B2C 电子商务模式的分类

根据交易的客体将 B2C 电子商务分为有形商品的电子商务模式、无形商品和服务的电子商务模式以及综合模式。

1. 有形商品的电子商务模式

有形商品是指传统的实物商品，采用这种模式，有形商品和服务的查询、订购、付款等活动将在网上进行，这种电子商务模式也称为在线销售。目前，企业实现在线销售主要有两种方式：一种是在网上开设独立的虚拟商店；另一种是参与并成为网上购物中心的一部分。网上实物商品销售的特点主要是，网上在线销售在扩大市场的同时减少了交易中的摩擦，提高了交易效率。与传统的店铺市场销售相比，即使企业的规模很小，网上销售也可以将业务伸展到世界各个角落。例如，唯品会在中国率先开创了“名牌折扣＋限时抢购＋正品保障”的创新电商模式，通过深度折扣和最高性价比，为消费者创造最大的价值。

2. 无形产品和劳务的电子商务模式

网络具有信息传递和信息处理的功能，因此，无形产品和劳务（如信息、计算机软件、视听娱乐产品等）就可以通过网络直接向消费者提供。无形产品和劳务的电子商务模式主要有网上订阅模式、付费浏览模式、广告支持模式和网上赠予模式四种。

1）网上订阅模式

网上订阅模式（subscription based sales）指的是企业通过网页向消费者提供网上直接订阅、直接信息浏览服务的B2C电子商务模式。网上订阅模式主要适用于商业机构在互联网上销售报纸杂志和电视节目等。网上订阅模式有在线服务（online services）、在线出版（online publications）和在线娱乐（online entertainment）等几种主要方式。

在线服务是指在线经营商通过每月向消费者收取固定的费用而提供各种形式的在线信息服务。例如，美国在线（AOL）和微软网络（Microsoft Network）等在线服务商都使用这种形式，让订阅者每月支付固定的订阅费以享受其所提供的各种信息服务。

在线出版指的是出版商通过互联网向消费者提供除传统出版物之外的电子出版物。在线出版商在网上发布电子刊物，消费者可以通过订阅来下载该刊物所包含的信息，订阅网上专业数据库。目前我国各大传媒报刊和杂志也正以优惠的价格逐步推广在线出版业务。

在线娱乐是另一个无形产品和服务在线销售中令人瞩目的领域。一些网站向消费者提供在线游戏，并收取一定的订阅费。目前这一领域成功的实例有不少，如一度比较流行的传奇游戏、联众、中国游戏在线等。

2）付费浏览模式

付费浏览模式指的是企业通过网页安排向消费者提供计次收费性网上信息浏览和信息下载的电子商务模式。付费浏览模式让消费者根据自己的需要，在网址上有选择地购买一篇文章、一章书的内容或者参考书的一页。在数据库里查询的内容也可付费获取。另外，一次性付费参与游戏娱乐将会是很流行的付费浏览方式之一。统计报告、电子书、电子杂志、收费下载服务等都是付费浏览的实例。

3）广告支持模式

广告支持模式（advertising-supported model）是指在线服务商免费向消费者或用户提

供信息在线服务，而营业活动全部用广告收入支持。这是目前最成功的 EC 模式之一。如 Yahoo 和 Lycos 等在线搜索服务网站就是依靠广告收入来维持经营活动。上网人员在信息浩瀚的互联网上找寻相关信息是最基础的服务，企业也最愿意在信息搜索网站设置广告，特别是通过付费方式在网上设置旗帜广告（banners），有兴趣的上网人员通过点击“旗帜”就可直接到达企业的网址。

由于广告支持模式要求上网企业的商务活动靠广告收入来维持，因此，该企业网页能否吸引大量的广告就成为该企业是否能成功的关键，能否吸引网上广告又主要靠网站的知名度。而知名度又要看该网站被访问的次数。当初网景公司之所以取得广告收入第一名，主要是因为其浏览器包括信息搜索功能。可见为访问者提供信息的程度是吸引广告的主要因素。

4）网上赠予模式

网上赠予模式是一种非传统的商业运作模式。它指的是企业借助于国际互联网全球广泛性的优势，向互联网上的用户赠送软件产品，以扩大知名度和市场份额。通过让消费者使用该产品而下载一个新版本的软件或购买另外一个相关的软件。

由于所赠送的是无形的计算机软件产品，用户是通过国际互联网自行下载的，因此企业所投入的成本很低。这样一来，如果软件的确有其使用特点，那么是很容易让消费者接受的。

3. 综合模式

实际上，多数企业网上销售并不是仅采用一种电子商务模式，而往往采用综合模式，即将各种模式结合起来实施电子商务。例如，携程网凭借其提供的全面服务和丰富的信息，而成为受网民欢迎的旅游网站之一。携程网除了酒店预订、机票预订、度假预订等主营业务外，对于商旅客户，携程还提供差旅费用管理咨询、旅游资讯等服务。另外，携程还承做上海热线、21CN、央视国际等知名门户网站的旅游频道，收取广告费用。

2.3　B2B 电子商务交易模式

“十三五”时期，面对复杂严峻的发展环境，电子商务在带动创新创业、助力脱贫攻坚、提升对外开放水平等方面做出了重要贡献。电子商务是催生数字产业化、拉动产业数字化的重要引擎，成为我国现代化经济体系的重要组成，成为经济全球化的重要动力。

《中国电子商务报告（2020）》指出，2020 年中国全国电子商务交易额为 37.21 万亿元，同比增速 4.5%，其中，B2B 电子商务交易额达到 31.19 万亿，同比增长 20.2%。整体保持稳定的发展态势，如图 2-2 所示。

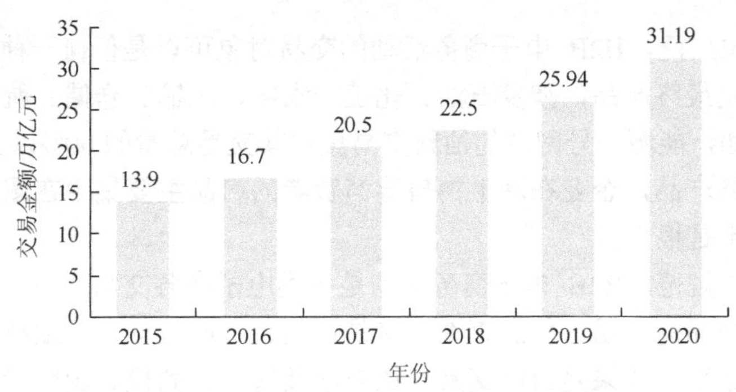

图 2-2 2015～2020 年中国 B2B 市场交易规模

数据来源于中国电子商务研究中心

2.3.1 B2B 电子商务的交易流程

B2B 电子商务的交易流程包括以下步骤：

（1）采购方向供应方发出交易意向，提出商品报价请求并询问想购买商品的详细信息。

（2）供应方向采购方回答该商品的报价，并反馈信息。

（3）采购方向供应方提出商品订购单。

（4）供应方对采购方提出的商品订购单做出应答，说明有无此商品及目前存货的规格型号、品种、质量等信息。

（5）采购方根据供应方的应答决定是否对订购单进行调整，并最终做出购买商品信息的决定。

（6）采购方向供应方提出商品运输要求，明确使用的运输工具和交货地点等信息。

（7）供应方向采购方发出发货通知，说明所用运输公司的名称、交货时间、交货地点、所用的运输设备和包装等信息。

（8）采购方向供应方发回收货通知。

（9）交易双方收发汇款通知。采购方发出汇款通知，供应方告知收款信息。

（10）供应方备货并开出电子发票，采购方收到货物，供应方收到货款，整个 B2B 交易流程结束。

如果是外贸企业，中间还将涉及海关、商检、国际运输、外汇结算等业务。

2.3.2 B2B 电子商务模式的特点

与 B2C 电子商务模式相比，B2B 模式主要有以下几个特点：

（1）交易次数少，交易金额大。B2C 是企业与消费者通过网络进行的商品销售与购买活动，发生较为频繁，交易次数较多；同时 B2C 属于一种个体消费行为，其交易金额一般不会太大。而 B2B 是企业与其供应商、客户之间大宗货物的交易与买卖活动，其规模远大于 B2C，但其交易次数相对较少。

（2）交易对象广泛。B2B 电子商务活动的交易对象可以是任何一种产品，可以是中间产品，也可以是最终产品，涉及石油、化工、水电、运输、仓储、航空、国防、建筑等许多领域。例如，能源一号网站的油料交易量占其交易总量的 60%以上。而 B2C 交易的对象一般是最终产品，企业在网上销售给消费者的产品主要集中在图书、服装、箱包等产品，交易额不是很大。

（3）交易操作规范。B2B 电子商务活动是各类电子商务交易中最复杂的，主要涉及企业间原材料和产品的交易、信息查询、交易谈判、合同签订、货款结算、单汇交换、库存管理和物品运输。如果是跨国交易，还要涉及海关、商检、国际运输、外汇结算等业务，企业间信息交互和沟通比较多。因此在交易过程中，对合同及各种单证的格式要求比较严格，操作比较规范，同时比较注重法律的有效性。与之相比，B2C 电子交易操作简单，涉及部门和人员相对较少，操作的随意性较大，相关的法律条文相对较少。

2.3.3 B2B 电子商务模式的分类

随着 IT 技术的成熟和互联网的迅猛发展，基于 Internet 的 B2B 应用得到了广泛的支持和普及。2000 年，电子商务的焦点由 B2C 迅速转为 B2B，这并非偶然。从参与交易的主体看，企业间的交易规模远大于企业与消费者之间的交易，两者相差一个数量级。企业与企业之间的交易主体是中间产品，而企业与消费者之间的交易主体是最终产品，前者的交易额显然要比后者大得多。B2B 的发展给企业带来了许多新的商务关系和活动，通过分类可以清晰地看出企业间商务关系和活动的变化。

1. 根据买方和卖方在交易中所处的地位不同划分

1）以买方为主的模式

这是指一个卖家与多个买家之间的交易模式，其结构如图 2-3 所示。卖方发布欲销售的产品信息（产品名称、规格、数量、交货期、参考价格），吸引买方前来认购。

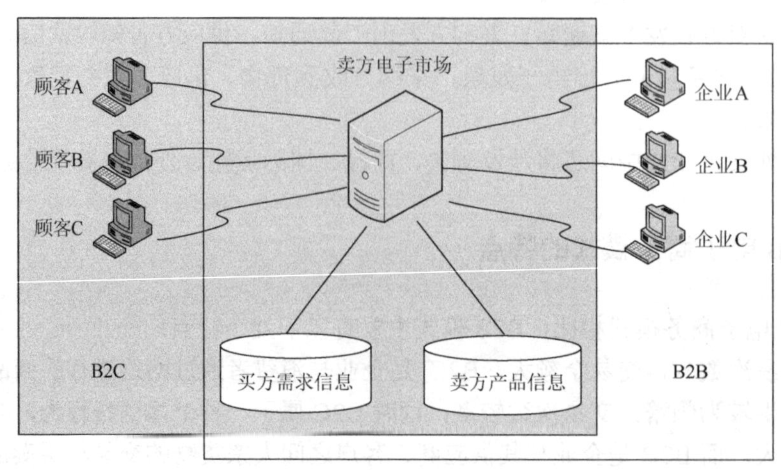

图 2-3 以买方为主的模式

买方模式可以加快企业实现产品的销售过程，特别是新产品的推广，降低销售成本、扩展卖方渠道（包括数量、区域）等目的。这种模式的一个显著特征是，它比较偏向于为卖家提供服务，而不会更多兼顾到买家的利益。

从图 2-3 可以看出，以买方为主的 B2B 模式的结构与 B2C 方式非常相似，而且其采购流程也基本相同。但目前也出现将传统的拍卖形式运用到此种模式中的尝试。

买方竞价的动态模式，则属于卖方发布销售信息、买方竞价拍卖的集中销售模式，具体可以分为两种。

（1）拍卖模式，即卖方首先确定一个最低价，在事先规定的期限内，买方参与竞价，价格只能从低到高，在拍卖的截止日期，最后一个出价者即最高出价者，被确定为买主。此模式对卖方而言，买方参与得越多、比价范围越宽、利用互动效应越大、选择交易余地越广，或薄利多销，或视需求情况适当抬高价格，效益效果均能加以控制。此模式原系艺术品等难以确定市场价值的商品的销售模式，一般的商品不宜采用此模式，但有些技术含量极高、小批量生产的高科技产品或者紧缺商品则可使用这种模式，以创造高额利润。此种模式的致命弱点在于卖方处于垄断地位，对买方的吸引力有限，买方甚至处于十分不利的地位。因为卖方不会因为互相无关联的买方总购买量的增加而统一给所有的买方折扣。相反，卖方在需求旺盛时更可能提高价格。这种模式是卖方的“理想”模式，一般只适用于大型企业的集中分销订货中。对中小型企业而言，采用此模式会因为难以建立良好的客户关系而丧失商机。

（2）集体竞价模式。即首先由卖方设定拍卖数量和最高价，价格阶梯由高到低依次递减，拍卖截止时，所有高于最后价格的买受人都是以最后的价格成交。具体操作流程：卖主根据销售数量大小确定一个从高到低的价格阶梯，在规定的期限内，买方可集体参与竞价，随着人数和购买数量的增加，价格由高走低，最后由一定的数量决定一定的成交价格。

在这种集体竞拍模式中，卖方事先确定一个期限，期限到期时系统自动结束竞拍。与前一种不同，此方式实行的是阶梯价格，且价格由高走低，是数量的反函数。随着购买方的购买数量增加，价格不断下降，具体价格变化表由卖方决定，并予以公告。集体竞价充分体现了集体购买的优势，购买方可以以集体的力量，获得更低的成交价格，因为商品的成交价格取决于集体购买数量，最终购买的数量决定最后的成交价格。此外，购买方（集体）可以选择自己可以接受的价格和数量，当集体购买数量达到代理价格的水平时，系统会自动成交，如果集体购买的数量达不到，则不能成交，如果集体购买的数量超过自己的代理价格对应的数量，则系统自动按照最后的成交数量对应的价格成交。选择代理价格充分体现了购买方个性化的要求，买方可以选择自己可以接受的代理价格，并有可能低于这个价格成交。

集体竞拍模式适合于很多商品，而且与传统的“薄利多销”的思想相同，对于卖方可以利用此方式来吸引买方，对于买方则可以以更低的价格购买其所需要的产品。这种模式不单单可以运用于 B2B 电子商务模式中，同样也适用于 B2C 电子商务模式中。

2）以卖方为主的模式

以卖方为主的模式类似于项目招标，是指一个买方与多个卖方之间的交易模式。买方发布需求信息，如需求的产品名称、规格、数量和交货期等，召集供应商前来报价、洽谈、交易。中国信息技术商务网（如中国纺织商务网、中国石油商务网等）就是采用这种模式通过网上招标来购得商品或服务的。以卖方为主的模式结构如图 2-4 所示。

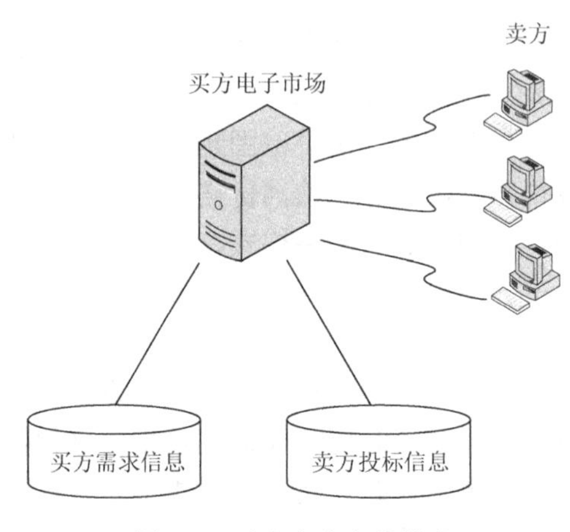

图 2-4　以卖方为主的模式

这种方式也可以由几家大买主共同构建以用来联合采购，因为投资者希望通过联合买方的议价力量得到价格上的优惠，如零售业交换市场就是由 27 家零售商联合创办的，通用电气公司通过网上采购也取得了良好的效益。这类电子商务运作模式的显著特征是它比较偏向于为买方提供服务，而不会更多兼顾到供应商的利益。它汇总诸多的卖方企业及其产品的信息，便于买方综合比较，绕过分销商和代理商，加速买方的业务开展，同时买方可以获得透明的价格。由于卖方一般不降低价格，所以在各卖方提供的商品或服务相当的情况下，通常是买方与价格最低的卖方成交，如最低价卖方在数量上不能满足，则依据价格依次递补。

一般企业自建的服务于本企业的电子采购就是这种模式，它适用于大型企业。大型企业负责管理其下属所有企业的统一采购，通过网络来采购能使采购过程公开化、规范化，加快信息流动的速度，扩大询价比价的范围，降低交易费用，强化监督控制体系，提高整个运营环节的工作效率。这种运作方式不仅能产生规模效益，而且企业能够掌握整个数据流的全过程，对整个交易的监督、管理、考评、分析等工作有着无法估量的价值。此外，此模式非常适用于政府采购和大型工程项目的招标。

3）中介模式

中介模式是指由买方、卖方之外的第三方投资而建立起来的中立的网上交易市场。每一个会员只要借助于统一的技术平台与交易标准，就可以自由进入网上交易市场，具有服务性、公平性和规模性等特点，是一对多卖方集中和多对一买方集中交易模式的综合，其结构如图 2-5 所示。

与一般概念上的交易市场不同，网上交易市场并不意味着一堆厂商的简单排列。事实上，进入网上交易市场的企业必须获得一定的资格，这个资格就是企业内部必须有一套合格的电子化管理系统，并且这套系统能与外部实现无缝对接，从而实现企业生产、采购、销售全过程的信息化整合。这是网上交易市场有别于某些以供需信息为主导的B2B网站的根本所在，这意味着网上交易市场中的每个成员都拥有自己的交易系统，可实现内部运作与交易的一体化，从而明显提高信息的价值。

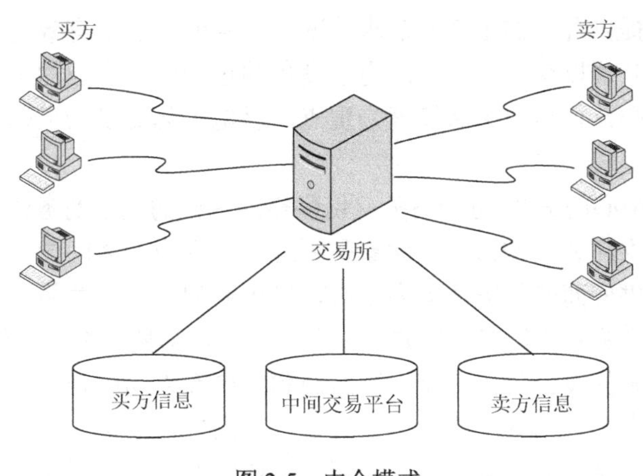

图 2-5　中介模式

扩展阅读 2-2　中国制造网内贸站的创新表现

由中国电子商务协会在北京主办的 2018 世界移动互联网大会上，中国制造网内贸站凭借在内贸B2B 领域的创新表现，荣膺“移动互联网 B2B 最具创新奖”。中国制造网内贸站由焦点科技股份有限公司于 1998 年开始运营，专注服务于内贸领域。通过持续的技术与服务升级，中国制造网内贸站从最初的信息展示平台，逐渐发展为集商贸信息展示、商贸交流及供应链金融为一体的贸易平台，用互联网技术及营销模式让国内贸易变得更简单。

中国制造网内贸站在垂直细分行业内发力的同时，在机械、工业设备等领域也形成了自己独特的优势。与多家知名大型企业的采购部门建立了深度合作，将一手采购需求直接推送给平台的供应商会员，帮助供应商在第一时间发现商机、把握商机、达成订单。在供给侧改革的影响下，互联网信息和技术对传统生产制造、渠道流通带来深刻变革，帮助中小企业拓展市场、降低成本、提高效率成为中国制造网内贸站的发展方向。［资料来源：中国制造网内贸站获移动互联网 B2B 最具创新奖[EB/OL]. 中国网科技.（2018-08-20）[2021-06-01].http://tech.china.com.cn/roll/20180820/344902.shtml］

网上交易市场的另一个显著特色是强调开放性和标准化，只有满足这两个条件，网上交易才能真正开展起来，企业才能真正参与到网上交易市场中去。当然，网上交易市场的发展初期可能更多地表现为一种买卖企业信息发布和交易撮合的信息平台。随着企业信息化应用的不断深入，将企业内部运作的业务系统通过网上交易市场与合作伙伴联系起来，这将是中小企业信息化应用的未来发展方向。

2. 根据交易企业间的商务关系划分

（1）以交易为中心的 B2B 电子商务。以交易为中心的电子商务的主要形式为在线产品交易和在线提供产品信息。在企业间的在线交易中，交易的对象既可以是产品，也可以是原材料、中间产品或其他生产资料；交易的内容一般以一次性的买卖活动为中心。因此，在线产品交易模式所关注的重点是交易本身而不是买卖双方的关系。在线产品交易的进一步发展是提供产品的综合信息。也就是说，除了产品和价格之外，买卖双方的企业在交易平台上提供各自的生产和需求状况，这样便可以更有效地平衡供需之间高峰和低谷的差距。在开展以交易为中心的电子商务的过程中，企业的电子商务化转型以采购和销售渠道为中心，以客户关系管理为重点，以电子化交易为手段，以降低买卖过程中的成本为目的。

（2）以供需为中心的 B2B 电子商务。以供需为中心的电子商务的主要形式为由制造商与供应商组成的供应和采购市场，对象是制造商和供应商之间的供需活动。此类电子商务，以制造商和供应商的供需活动为中心，以企业间的合作关系为重点，这种合作关系比单纯的买卖关系要复杂得多。例如，在汽车行业，车型的更新换代周期是 4～5 年。事实上，从每款新车的设计阶段开始，制造商和供应商之间的合作关系就已经形成，这种关系贯穿设计、生产、销售和售后维护等整个产品生命周期。因此，以供需为中心的电子商务关注的重点是企业内部的生产过程和企业间的供应链，而不仅仅是交易活动本身。通过互联网将合作企业的供应链管理（SCM）、企业资源计划（ERP）、产品数据管理（PDM）和客户关系管理（CRM）等有机地结合起来，从而实现产品生产过程中企业与企业之间供应链的无缝连接。这种以供需为中心的电子商务通常围绕某个大型企业，针对最终市场需求对上下游厂商进行整合。

（3）以协作为中心的 B2B 电子商务。这种模式以企业之间的虚拟协作为主，不仅重视生产过程与供应链，而且更加关注协作企业虚拟组织中价值链的整体优化。其主要形式是企业协作平台，业务活动涉及围绕协作而形成的虚拟组织内价值链的各个环节。这种模式是在世界范围内产生相关企业间最佳协作的组合，并且通过企业协作平台对整个产品生命周期（产品的规划、设计、生产、销售和服务）中的业务活动提供有效的管理环境。而业务活动则通过虚拟组织的形式在全世界范围内同步实施。这种模式集成了并行设计、敏捷制造、精益生产、大量定制等生产技术和 SCM、ERP、PDM、CRM 等管理方法。

3. 按企业间的交易机制划分

（1）产品目录式（product catalogue）。集中了大量产品和服务，为卖方提供低成本的销售渠道，为买方提供一站式的采购站点。产品目录式产生价值的根源在于将高度分散在市场中的需求方与供给方聚集到一起，提供“一店买全”服务。通过产品目录式，可为卖方带来更低的销售成本和处理费用，更高的顾客满意度和新的销售渠道和收入来源；可为买方带来更低的采购成本和库存成本，扩展潜在的供应商来源，使买方更容易获得多种产品的比较信息。

（2）拍卖式（auction）。提供一个销售和购买特殊商品的场所，如多余的存货、使用过的固定资产、中止生产的产品和可翻新产品等。拍卖式为买卖双方带来的主要好处在于提供更多的选择与机会。通过拍卖式，卖方可以吸引更多的竞价者，获取更高的销售价和存货周转速度；买方可以找到更简便的购买特殊产品和服务的方法，获得更多的选择余地，并在卖方竞标的反向拍卖中获得更低的采购价格。

（3）交易所式（transaction）。一般为按产业或行业细分的“大宗商品”（如农产品）提供的交易市场。由于采取相对标准的合约与严格的交易管理方法，安全和交易量问题都比较容易解决。通过交易市场提供的价格信息，卖方可及时削减过量存货；买方也可通过快捷、方便、规范化的交易，满足立即购买的需求。

（4）社区式（community）。聚集一群买方和卖方的目标用户，为他们提供行业或产业专门信息以及与业内专业人士相关的社区式服务。通过提供行业新闻、评论、市场信息、工作机会、在线聊天、公告板以及专家服务等方式，吸引特定行业的买卖双方。

2.4 C2C 电子商务交易模式

C2C 电子商务交易模式是用户对用户的模式，C2C 商务平台就是通过为买卖双方提供一个在线交易平台，使卖方可以主动提供商品上网拍卖，而买方可以自行选择商品进行竞价，类似于现实商务世界中的跳蚤市场。其构成要素除了包括买卖双方外，还包括电子交易平台供应商，类似于现实中的跳蚤市场场地提供者和管理员。在 C2C 交易中，电子交易平台供应商的作用举足轻重。原因在于：第一，它把 Internet 上无数买家和卖家聚集在一起，为他们提供了一个平台；第二，它往往还扮演监督和管理的职责，负责对买卖双方的诚信进行监督和管理，负责对交易行为进行监控，最大限度地避免欺诈等行为的发生，保障买卖双方的权益；第三，它还能够为买卖双方提供技术支持服务，包括帮助卖方建立个人店铺、发布产品信息、制定定价策略等，也包括帮助买方比较和选择产品以及进行电子支付等；第四，随着 C2C 模式的不断成熟发展，它还能够更好地为买卖双方提供保险、借贷等金融类服务。目前国际上最有名的 C2C 网站是 eBay，国内则有闲鱼、拍拍网等。

2.4.1 传统拍卖和网上拍卖的区别

拍卖是指以公开竞价的形式，将特定物品或者财产权利转让给最高应价者的买卖方式。拍卖活动中涉及的主体包括竞买人、买受人、委托人和拍卖人。竞买人是指参加竞购拍卖标的公民、法人或者其他组织。买受人是指以最高价购得拍卖标的竞买人；委托人是指委托拍卖公司拍卖物品或者财产权利的公民、法人或者其他组织。

网上拍卖（online auction）是指网络服务商利用 Internet 通信传输技术，向商品所有者或某些权益所有人提供有偿或无偿使用的 Internet 技术平台，让商品所有者或某些权益所有人在其平台上独立开展以竞价、议价方式为主的在线交易模式。目前在 Internet 上出现的网络拍卖交易方式中有一些是从传统拍卖中某些交易方式演变而来，另一些是针对Internet本身的特点和消费者的喜好而出现的新的交易方式。

作为一种新型的网上交易模式，与传统意义上的拍卖相比，网上拍卖有诸多引人瞩目的特点。传统拍卖与网上拍卖的区别如表2-5所示。

表2-5 传统拍卖与网上拍卖的特点对比表

特点	传统拍卖	网上拍卖
拍卖标的物范围	一般价值昂贵物品	弹性区间非常大，包罗万象
拍卖的参与空间	共处一室，并且实时投标	分布在世界各地，一般都是异步投标
拍卖结束方式	拍卖师三声询问无人答应后即宣布拍卖结束	在预定的截止时间结束拍卖
拍卖成本	成本较高，并且有人为因素干扰	成本低廉，方便快捷并稳定
中介机构的服务	中介机构有义务保证拍卖的公正性和公平性	风险由买卖双方共同承担

（1）拍卖标的物范围不同。传统的拍卖物品（比如艺术品、不动产、大型机器设备等）一般价值昂贵。而网上拍卖物品的价格区间却非常有弹性，从几元到上千万元不等，拍卖物品的种类从电脑软件到生活用品、玩具、艺术品、大型机器设备等，种类繁多。

（2）参与拍卖活动的空间不同。传统拍卖一般在一定的场所和环境中进行，一般要求参加拍卖活动的投标者共处一室，并且实时投标。而在网上拍卖中，参加拍卖的投标者分布在世界各地，并且一般都是进行异步投标，更自由灵活。

（3）拍卖活动结束方式不同。传统拍卖中，拍卖师三声询问无人应答后即宣布拍卖结束，出价最高或最低者获胜。而在网上拍卖中，一般是在预定的截止时间结束拍卖，确定获胜者。

（4）拍卖活动的成本不同。在网上拍卖中，买者和卖者可以方便地通过网络参与拍卖过程，不受时间和空间的限制，降低了他们的参与成本，而且拍卖仲裁人可以由先进的网上拍卖程序来代替，不仅方便快捷，不易出错，而且可以24小时仲裁拍卖。

（5）中介机构的服务不同。传统拍卖一般由实业性质的拍卖中介机构（拍卖行或者拍卖公司）来承担，中介机构同时代表买卖双方的利益，必须依照法律和章程的规定来进行拍卖活动，中介机构有义务保证拍卖的公正性和公平性。而网上拍卖的中介机构则是拍卖网站，它一般不对买卖双方的拍卖行为承担法律责任，网上拍卖风险由买卖双方共同承担。

2.4.2 网上拍卖的分类

网上拍卖有不同的分类标准，可以按专业程度、拍卖标的种类、网站的经营者划分。

1. 按专业程度划分

（1）专门的拍卖网站。网站从事的主要活动就是专门进行各种物品的网上拍卖，以竞价方式为主要的交易方式，网站的主要收入来源于网上拍卖业务。例如，美国的eBay、中国的嘉德在线等网站都属专门的拍卖网站。

（2）门户网站上的拍卖服务或拍卖频道。互联网上的大部分网站原本向网上用户提供的主要服务并不是网上拍卖。越来越多的人对网上拍卖感兴趣，积极点击拍卖网站网页，浏览拍品信息，甚至注册成为网站用户。所以，这些网站才争先恐后地在自己的网页中加入了拍卖服务或开通拍卖频道，开展网上拍卖业务，想与 eBay 分一杯羹。例如，Amazon.com 自身是大型网上书店，在网上书籍销售中占领大部分的份额，在网上零售业排名中名列前茅。它开设拍卖频道就是为了通过网上拍卖吸引更多的网上注册用户，以此作为营销手段，增加其网上零售的交易额。而 Yahoo 是全球知名的门户网站，本身就拥有众多的注册用户，众多的用户点击率为网上拍卖业务发展提供了客户基础，同时，Yahoo 上的拍卖业务又为它带来了更多的用户点击率，并创造了一项可观的收入。

2. 按拍卖标的种类划分

（1）综合消费品拍卖网站。综合消费品拍卖网站上的拍品种类繁多，拍品的数量也大。大多数综合消费品拍卖网站都会邀请其他的卖家在其拍卖网站上拍卖物品，也有拍卖网站出售自己传统商店中的各类商品，如荷兰式拍卖网站 klik-klok。eBay 最初就将自己定位于综合消费品拍卖网站。它网上的拍品从电脑、玩具、硬币、邮票到古董、杂志、音像制品、陶器珠宝和家具塑像等，五花八门的物品几乎无所不有。丰富的拍品和交易机会，吸引了更多的买主，而众多的买主又会吸引更多的网上拍卖卖方。

（2）特定消费品拍卖网站。同 eBay 在综合消费品网上拍卖不同，为了不与 eBay 这样强大的对手竞争综合消费品拍卖市场，许多拍卖网站主要针对某一特定的目标市场进行特定消费品拍卖，如专门拍卖计算机及其配件、照相器材、消费电子商品等。1996 年 9 月，多哥萨洛特（Doug Salot）创立了 Haggle Online 拍卖网站，拍卖计算机设备，紧跟其后出现了许多专门拍卖其他某一类物品的拍卖网站，如 Stamp Auction 网站进行邮票拍卖，Coin Universe（钱币世界）拍卖钱币，而 Bid for wine 则是葡萄酒拍卖网站。

3. 按网站的经营者划分

（1）无拍卖主体资格的拍卖网站。一般称“竞价网站”，是由网络技术公司经营的，只是一个虚拟的全天候服务的网上拍卖交易载体。不具备拍卖法中所要求的拍卖人资格，网上拍卖交易多以一般消费品和二手货为主，网络技术公司通常不承担拍卖交易中的法律责任，也不对拍卖商品的品质作担保。这类拍卖站点目前广告宣传投入巨大，在社会上拥有较多的访问客户，社会影响较大。这类拍卖网站以 eBay 为主要代表。

（2）有拍卖主体资格的拍卖网站。这些拍卖网站由传统拍卖公司经营。经营者具有拍卖法规定的拍卖主体资格。强调拍卖过程的合法性和对拍品的品质保证。这类拍卖网站目前数量极少。专业型的拍卖网站又可细分为两种：一种是仅将网站当作企业传统拍卖业务的宣传窗口，如佳士得网站仅是对佳士得传统拍卖行的历史、组织机构、拍卖事务的相关内容进行介绍；另一种则是在网上推行实时的拍卖，使网上拍卖与传统拍卖相结合，如苏富比网站、嘉德在线、中拍网等都属于此类拍卖网站。

2.4.3　网上拍卖的方式

目前常见的网上拍卖方式有英式、荷兰式、封标拍卖，此外，还有双向拍卖和逆向拍卖等。随着网上拍卖的发展，最近又出现了更加适应于互联网的集体议价方式和多属性拍卖。许多拍卖网站并不是仅仅使用一种拍卖方式，而是多种拍卖方式相结合。网上拍卖类型及规则如表 2-6 所示。

表 2-6　不同网上拍卖类型的规则

类型	规则
英式拍卖（递增价格、公开）	拍卖标的物的竞价由低到高，依次递增，直到以最高价格成交为止
封标拍卖	不公开价格，密封投标。价格以密封邮件形式提供。其他出价者不知道彼此的价格。第一价格密封式拍卖，赢家付出实际所出的价格，第二价格密封式拍卖，赢家付第二高价
荷兰式拍卖（递减价格、公开）	拍卖标的物的竞价由高到低，依次递减，直到以适当的价格成交的一种拍卖。对一定价格的第一个应价者即成为获胜者
双向拍卖	买卖双方实时在线到达市场，观察价格，然后双方同时提供公开的或者秘密的买卖价格，进行实时交易，拍卖商宣布投标价及出清价格。同时拍卖物品的成交价格成为即时的市场价格
逆向拍卖	由买者列出想要购买的商品，而由卖者对买价进行投标。可以使个人或者组织能够以最低价格获得商品或服务的专门拍卖方式
集体议价	利用互联网将零散的消费者及其购买需求聚合起来，形成类似集团采购的庞大的订单，从而与供应商讨价还价，争取最大最优惠的折扣
多属性拍卖	允许买卖双方就拍卖品的多个属性同时进行谈判
Yankee 拍卖	根据投标价格高低顺序，价高者获胜；如果最高价格相同，则根据最大购买量而定。如果最高价格和购买量相同，则根据投标时间的早晚确定

1）英式拍卖（English auction）

英式拍卖也称为公开拍卖或者增价拍卖，是最流行的网上拍卖方式，它使投标者的参与变得相对容易。一旦买者发现自己感兴趣的物品，就可以浏览当前的最高出价，然后决定自己是否出最高的价格。在提供投标价后，就可以看到拍卖状态的一个自动更新，显示是否成功地成为当前的最高出价者。

2）封标拍卖（sealed auction）

封标拍卖是指竞买人将出价通过密封邮件发送给拍卖人，再由拍卖人统一开标后，比较各方递价，最后确定中标人。封标拍卖多用于房屋建筑工程、大宗货物、土地等不动产交易以及资源开采权出让的交易。目前，这种拍卖方式已越来越多地被各国政府用来在网上销售库存物资以及海关处理的货物。密封拍卖可分为一级密封拍卖和二级密封拍卖。在一级密封拍卖中，出价最高的竞买人中标。如果拍卖的是多件相同物品，出价低于前一个的竞买人购得剩余的拍卖品。二级密封拍卖和一级密封拍卖类似，只是出价最高的竞买人是按照出价第二高的竞买人所出的价格来购买拍卖品。这种拍卖方式能使卖方获得更高的收益，因它鼓励所有的竞买人都按其预估价出价，降低了竞买人串通的可能性。

3）荷兰式拍卖（Dutch auction）

荷兰式拍卖是英式拍卖的逆行。它是先由拍卖人给出一个潜在的最高价，然后价格不断下降，直到有人接受价格。荷兰式拍卖成交的速度特别快，经常用来拍卖易腐的农副产品，如水果、蔬菜、鲜活产品等。如果拍卖的是同类多件物品，竞买人一般会随着价格的下降而增多，拍卖过程一直进行到拍品的供应量与总需求量相等为止。有的拍卖站点，当价格下降到某个特定值（如保留价）时，价格再从最高价不断下降。荷兰式拍卖的缺点是拍卖速度太快，而且需要所有竞买人在某一时段竞买。

4）双向拍卖（double auction）

双向拍卖就是买卖双方实时在线到达市场，观察价格，然后双方同时提供公开的或者秘密的买卖价格，进行实时交易，拍卖商宣布投标价及出清价格。同类拍卖物品的成交价格成为即时的市场价格。

5）逆向拍卖（reverse auction）

在传统拍卖中，由卖者公布要出售的商品，潜在的买者进行投标。而在逆向拍卖中，由买者列出想要购买的商品，而由卖者对买价进行投标。这是一种可以使个人或者组织能够以最低价格获得商品或服务的专门拍卖方式。

6）集体议价拍卖（group-buying auction）

这是一种创新的网上拍卖方式，通过Internet集合买家的购买力从而使得集合中的每个成员都可以获得价格折扣。集体议价充分利用了互联网的特性将零散的消费者及其购买需求聚合起来，形成类似集团采购的庞大的订单，从而与供应商讨价还价，争取最大最优惠的折扣。

7）多属性拍卖（multi-attribute auction）

多属性拍卖允许买卖双方就拍卖品的多个属性同时进行谈判。

8）Yankee 拍卖（Yankee auction）

这是多物品拍卖的一种形式，确定成功投标者的依据多种多样。首先，根据投标价格高低顺序，价高者获胜；其次，如果最高价格相同，则根据最大购买量而定；最后，如果最高价格和购买数量相同，则根据投标时间的早晚确定。

2.5 电子商务模式创新

2020年，移动互联网、人工智能、大数据、小程序等技术得到广泛应用，电子商务新模式新业态不断涌现，移动商务、社交商务、直播电商、跨境电商海外仓、农村电商等模式深化创新，顺应了多元化、个性化、重视体验的消费需求。

2.5.1 移动商务

2009年以来，中国移动互联网进入了快速的发展时期，通信技术演进、网络资费下调、终端硬件性能的提升和应用服务的改善，为用户通过移动终端上网提供了良好的先决条件。3G牌照的发放明确划分了三大电信运营商的业务领域，大规模的3G网络基础设施建设运动随即拉开，网络带宽扩展，数据传输提速，应用服务提供商能够提供内容更加丰富和互动性更强的服务，移动电子商务就是其中重要的应用服务之一。

1. 移动商务的定义

我国移动互联网用户的规模正在快速地增长，CNNIC 的统计数据显示，截至 2020 年 12 月，我国网民规模达 9.89 亿，较 2020 年 3 月增长 8540 万，互联网普及率达 70.4%，较 2020 年 3 月提升 5.9 个百分点。我国手机网民规模达 9.86 亿，较 2020 年 3 月增长 8885 万，占整体网民的 99.7%，较 2020 年 3 月提升 0.4 个百分点。手机网民在总体网民中的比例进一步提高。移动互联网正逐渐渗透到人们生活、工作的各个领域，手机游戏、社交网络、微博、手机支付、位置服务等丰富多彩的移动互联网应用正在不断地涌现，深刻改变信息时代的生活。移动互联网应用的快速发展，为移动电子商务的发展奠定了坚实的基础。

移动电子商务是指利用手机、掌上电脑等移动通信设备与Internet有机结合进行B2B、B2C 或 C2C 的电子商务活动。它将因特网、移动通信技术、短距离通信技术及其他信息处理技术完美地结合，使人们可以在任何时间、任何地点进行各种商贸活动，实现随时随地、线上线下的购物与交易、在线电子支付，以及各种交易活动、商务活动、金融活动和相关的综合服务活动等。无线技术成为传统电子商务的有益补充，加上互联网数量可观的用户群，这给无线商务带来了无可比拟的巨大潜在商机，将引领移动电子商务和无线金融的发展。移动电子商务的应用主要包括：信息服务、移动金融、移动购物、移动教育、移动娱乐、移动医疗等。

2. 移动商务的特点

与传统电子商务相比，移动电子商务是移动信息服务和电子商务融合的产物，具有用户规模大，可随时随地进行商务活动，移动支付方便快捷、成本低，服务个性化等优势。无线系统允许用户访问移动网络覆盖范围内任何地方的服务，通过对话交谈和文本文件直接进行及时的沟通。另外，由于移动电话的广泛使用，小的手持设备将比个人计算机具有更广泛的用户基础。具体说来，与传统电子商务相比，移动电子商务的特点主要体现如下。

1）移动性

移动性指从任何地点用户都能进入一个或多个通信网进行通信的特性。网络能够以某种方式找到在任何位置的用户，可以分为终端移动性和个人移动性。终端移动性是指用户可以在移动中使用某一终端，用户访问业务的接入点不是固定的，网络具有标识和定位终端的能力。个人移动性是指用户通过个人标识可以使用任何终端访问同一业务，用户访问业务与终端无关，网络具有标识和定位用户的能力，个人移动性支持特定终端设备和地点的独立性。不能片面地把移动商务理解为移动的电子商务，因为移动的不仅仅是移动终端，更应该看到人和服务的移动。

2）及时性

一般来说，移动商务的客户要求信息获取的及时性。与传统的 Internet 访问设备不同，移动电子商务中使用的移动终端设备更加灵活方便，用户可以随身携带。通过移动电子商务，用户可随时随地获取所需的服务、应用、信息和娱乐、选择及购买商品和服务，采购可以即时完成，商业决策也可即时实施。

移动电子商务中用户可实现信息的随时随地访问，这就意味着信息获取的及时性。同传统的电子商务系统相比，用户终端更加具有专用性。从运营商的角度看，用户终端本身就可以作为用户身份的代表。因此，商务信息可以直接发送给用户终端，这增强了移动用户获取信息的及时性。

3）广泛性

移动电子商务具有很高的冗余度，能够应付数百万个用户和成千上万笔的同步交易。与通过电脑平台开展的传统电子商务相比，拥有更为广泛的用户基础。中国三大移动运营商公布的数据显示，截至2020年12月底，中国手机用户总数已达15.988亿户。其中，中国移动的用户已经累计达9.42亿（包括1.65亿5G手机用户）；中国联通用户累计达3.058亿（包括2.7亿4G手机用户）；中国电信用户累计达3.51亿（包括8650万5G手机用户）。从电脑和移动电话的普及程度来看，移动电话远远超过了电脑。而从用户群体来看，手机用户中基本包含了消费市场中的高端用户，而传统的上网用户则以缺乏支付能力的年轻人为主。在某种程度上说，以移动电话为载体的移动电子商务不论在用户规模上，还是在用户消费能力上，都优于传统的电子商务。

4）个性化

与传统的电子商务相比，移动电子商务能更好地实现移动用户的个性化服务。移动计算环境能提供更多移动用户的动态信息（如位置信息、手机信息等），这为个性化服务的提供创造了更好的条件。依据自己的需求和喜好，移动用户可以更加灵活地定制服务与信息，如用户可以结合自己所处的城市，调整商品递送的时间，实现自己的个性化服务。目前，彩铃、WAP手机上网等业务蓬勃发展，手机音乐初显潜力，并逐步成为移动通信收入增长的重要部分，移动商务领域也随之迅速发展。

此外，个性化与人性化移动电子商务还能提供一种全新的促销渠道。用户可以根据他们的个人需要，在进行电子商务活动中，灵活地选择访问和支付方法，并且可以根据用户的爱好设置个性化的信息格式。

5）灵活性

同传统电子商务相比，移动电子商务的最大优势就是移动用户可随时随地获取所需的服务、应用、信息和娱乐。

由于移动终端，尤其是手机按键的限制，移动商务的服务要求操作简便，响应时间短，用户可以在自己方便的时候，使用智能电话或PDA查找、选择和购买商品和服务。在进行商务活动的过程中，用户可以在任何时间、任何地点进行电子商务交易和支付，并且根据他们的个人需要灵活地选择访问和支付方法。通过个人移动设备进行可靠的电子交易能力被视为电子商务业务的一个重要方面。

3. 移动商务的商业模式

移动互联网的商业模式分为内容类、服务类和广告类三种。

1）内容类商业模式

内容提供商通过对用户收取信息、音频、视频、游戏等内容费用而盈利。内容提供商可分为官方内容提供商和独立内容提供商。官方内容提供商通过运营商建立的网站为用户提供信息内容，并由运营商代为收费，运营商提取一定比例的利益分成。计费方式分为包月收费和按次收费两种。独立内容提供商则通过自己独立的 WAP 网站为用户提供信息内容，通过第三方进行结算，并支付一定的佣金，如图 2-6 所示。

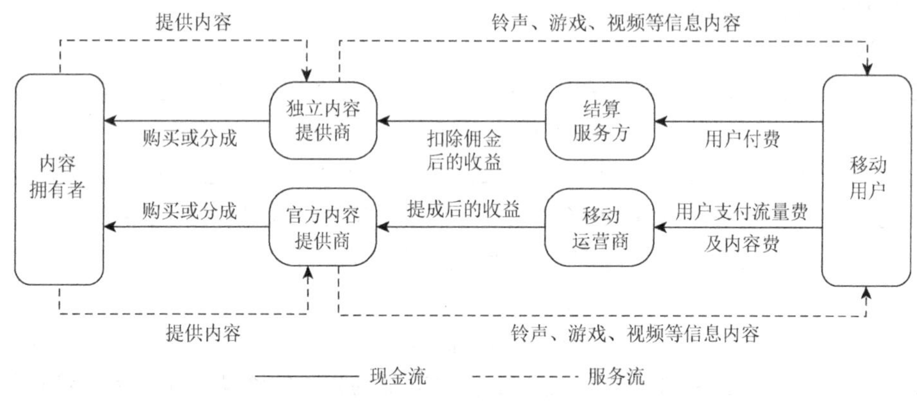

图 2-6　内容类商业模式

这种模式中的内容形式多种多样，所有内容目录下的服务都可以收费。用户愿意支付费用的项目包括音乐下载、视频下载、电子杂志订阅和游戏下载等，每个收费网站都会提供一部分免费内容或免费时段，这有助于用户试用后再决定是否为此服务或内容收费，也是目前移动互联网最主要的盈利模式。

2）服务类商业模式

基本信息和内容免费，用户为相关增值服务付费的盈利方式。手机网游就是很好的例证。手机网游通过手机终端实现随时随地游戏与娱乐，大部分的服务提供商采取免费注册的方式吸引游戏玩家。其收入主要来自增值服务，包括销售道具、合作分成、比赛赞助、周边产品销售等。以手机腾讯为例，手机 QQ 服务免费，但对虚拟物品销售，包括 QQ 秀、宠物等进行收费，并已成为主要收入来源，它是互联网 QQ 业务盈利模式的顺延和扩展。服务类商业模式如图 2-7 所示。

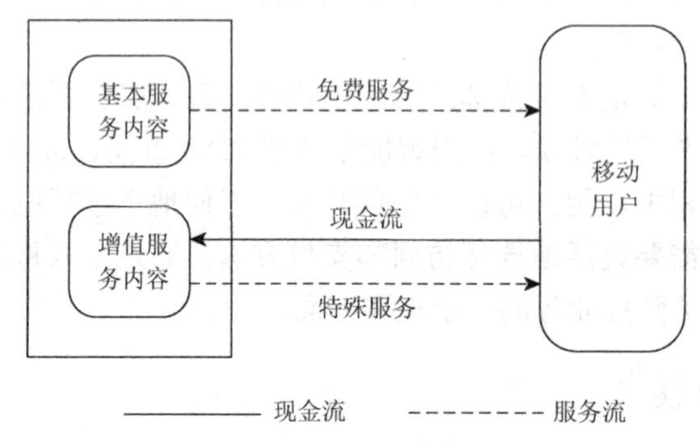

图 2-7　服务类商业模式

3）广告类商业模式

免费向用户提供各种信息和服务，盈利则是通过收取广告费来实现，广告主为付费对象，用户免费使用内容或服务，只需向网络提供商付出一定的流量费用，典型的例子如门户网站和移动搜索。由于移动互联网的特性，在广告的投放方式上不断推陈出新，既有与传统互联网广告类似的页面广告，也出现了根据手机用户的不同属性、特点进行针对性投放的点告（即点对点广告），以及根据用户的定制信息，定向投放的直告。

和传统互联网一样，WAP 门户网站和广告主之间通过页面浏览和点击率来构建双方的合作模式。相比于传统互联网，移动互联网在广告方面有很多的限制因素，最人的限制来自手机的屏幕尺寸，过小的尺寸和较慢的传输速度无法向用户展示有吸引力的图片，同时用户支付流量费来阅读广告也并不符合商业常理。这就要求手机广告的内容一定要对用户有吸引力，同时通过手机用户深度参与讨论，直接促进广告产品的营销。互联网的搜索业务主要靠竞价排名和广告链接收费，网络架构的差异以及手机屏幕和带宽的限制决定了移动搜索无法完全复制互联网搜索盈利模式，目前，移动搜索市场的盈利模式尚未成熟。移动搜索服务商可以利用手机的便携性、移动性向用户提供简洁而有针对性的实用信息内容，从而不断创新盈利模式。广告类商业模式如图 2-8 所示。

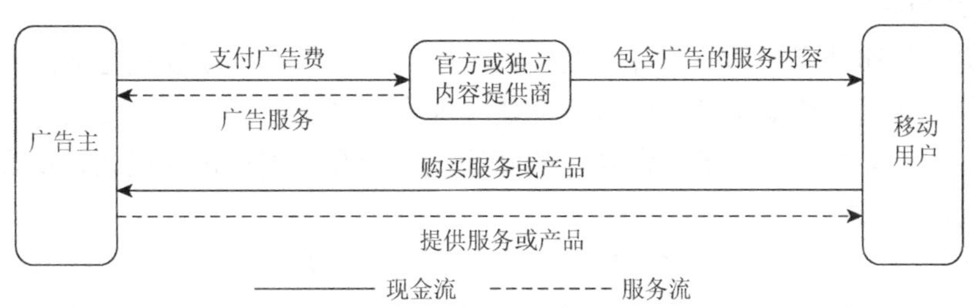

图 2-8　广告类商业模式

4. 移动商务的应用

1）移动信息服务

所谓信息服务业，是指从事信息资源的获取、存储、处理、传递及利用等服务工作，并以信息产品向社会提供服务的各种行业。包括以印刷文本为载体的传统的信息服务业和新兴的以计算机应用、网络服务为主的现代电子信息服务业。

信息服务业已成为当今世界信息产业中发展最快、技术最活跃、增值效益最大的一个产业。艾瑞咨询（iResearch）整理 Google 和移动营销协会（Mobile Marketing Association，MMA）发布的最新调研数据发现，全球智能手机用户热衷于使用本地信息服务。数据表明，全球搜寻本地信息的智能手机用户比例超过八成，其中日本、美国搜寻本地信息的用户比例均高达 90%。在搜寻本地信息的智能手机用户中，约有八成的用户会根据搜索到的本地信息采取相应的行动。

移动电子商务提供的信息服务可以为企业和单个消费者带来不少便利，同时，支撑这些信息服务的技术和设施的发展也促进了整个社会的进步。政府机关能有效地互相连接、通信，提高工作效率，节省通信费用，降低政府成本；企业也由此提高劳动生产率，并依托无线宽带基础设施拓展电子商务；公众能方便快捷地实现宽带接入，获取社会公共服务、电子商务服务以及基于位置的服务；城市访客和旅游者也能在逗留期间享受服务；无线宽带支持的视频监控系统能随时随地灵活配置，显著增强公共安全等。

2）*移动金融服务*

无线通信技术的飞速发展，使用户能够以更低的价格获得更快的宽带。无线通信技术正在快速进入实用阶段，并且深入各个领域，给整个社会带来巨大的变革，影响社会经济生活的运作模式和发展模式。其中，金融业作为应用新技术的先锋，与移动商务技术相结合，实现了移动金融。

在家庭银行、企业银行大发展的时代，人们要求不受时间、地点的限制，交互式地进行金融活动。移动金融应用的产生无疑为满足此类要求提供了发展契机。数字化电子货币的使用与发展为人们进行跨地域的商务金融活动提供了方便条件。因此，目前金融业最有影响和发展潜力的应用是移动支付，同时在移动支付的基础上将会发展出更多的移动金融应用。移动金融主要包括移动支付、移动银行、移动证券、移动理财等多种典型的移动金融应用业务。

3）*移动购物*

移动购物是移动商务的一部分。在移动电子商务中，购物主要是指通过移动电话完成电子商务，即通过移动电话完成电子商场（即虚拟商场）的订单、支付、购买商品或服务。另一个可能的购物业务是在真正的商场里对商品的支付进行确认，如在商场里用户直接与收银员或销售机交互操作。

移动购物将允许消费者在线从传统商店订购商品并要求送货，也可在线从虚拟商店购买数据或信息（包括消息、票务、音乐、视频和游戏）并接收。用户还可以将移动电话作为支付终端，在零售商或者公共接入点即时购买。例如，Donatos Pizzeria 从 2002 年开始向顾客提供无线设备，使顾客在任何时候、任何地点都能进行订餐，成为使用这一系统的首家餐馆连锁店。

4）*移动教育*

移动教育是在移动的学习场所或利用移动的学习工具所实施的教育，是指依托目前比较成熟的无线移动网络、国际互联网以及多媒体技术，学生和教师使用移动设备（如手机、平板电脑等）通过移动教学服务器实现交互式教学活动。一个实用的移动教育系统必须同时兼顾学生、教师和教育资源这三个方面，通过该系统将他们有机地结合起来。

其中，面向学生的功能包括：向教师提问，学生的一些比较简单或比较紧急的问题可以通过移动设备随时向教师提出，而不一定要等到上课的时候，或是在指定的时间专门到指定的地点；自动回复问题，收到学生问题后，按照关键词匹配的方法检索数据库，如果发现已经有类似的问题被回答，则自动将答案返回给用户；浏览问题和解答，学生可以通过本系统浏览一段时期内其他同学提出的问题和相应的解答，在别人的问题中得到提高；查询作业提交情况、成绩、接收教学活动通知等。

面向教师的功能包括：查看并回答学生的问题；向学生发布教学活动通知，可以通过移动设备发送一些比较重要和紧急的教学活动通知；接收学校发来的教学活动通知等。

5）移动娱乐

移动娱乐业务的种类分为移动游戏、移动电视、移动音乐等。以移动游戏为代表的移动娱乐业务能够为运营商、服务提供商和内容提供商带来附加业务收入。移动娱乐有机会成为移动产业最大的收入来源，同时也是鼓励移动用户消耗剩余预付费通话的移动增值业务，也是防止客户流失的有力武器。

6）无线医疗

5G 时代的到来，使得医生有了更多的技术手段实现对病人的实时监测和诊治。“望闻问切”越来越无线化，无线医疗开始从梦想变成现实。从治疗走向预防，是现代医学发展的趋势。从现有的预防手段上看，人们预防疾病的措施依然局限于完善饮食、规律生活和适当娱乐等基本手段。普通人很难做到高层次的预防，如实时监测血压、心跳等。采用无线网络和医疗终端模式的无线医疗可以克服这些困难。现在越来越多的医疗终端被应用在人们的生活中，医疗人员能够利用这些终端完成以病人为中心的各种医疗项目，如无线指示病人用药，对居家病人的健康状况进行远程监控等。无线医疗就像一位随身医生，让健康监测与诊断无处不在。

无线医疗技术在快速推进，无线医疗产业面临着前所未有的机遇。例如，南方医科大学南方医院和中国联通有限公司广东分公司联合打造的远程医学中心。该中心能够为广东省内的 140 余家基层医院提供专家与病人、专家与医务人员之间的异地“面对面”会诊，南方医院的急救医疗队还可通过安装有无线通信模块的救护车，将病人的心电图等数据传输到医院，让医院里的医生能够第一时间设计抢救方案。再如，针对亚健康、慢性疾病、突发性疾病的中老年人群，东莞市推出了移动健康监护系统，这套系统可以利用终端设备随时随地测量心电、呼吸、血压、体温、心率、脉搏、血氧等生命体征，实现对身体隐患的早发现和早治疗。

2.5.2　社交商务

《中国社交电商行业发展白皮书（2020）》显示，“社交 + 电子商务”模式已经成为电商行业创新发展的新蓝海，2019 年社交电商交易规模占网络零售总规模 19.4%，并且涌现出了拼多多、爱库存（梦饷集团）、小红书等一大批代表企业。社交电商的逆势增长备受关注，特别是在当前阶段展现出了巨大的社会价值。eMarketer 预测，2021 年中国社交电子商务销售额将达到 3632.6 亿美元，同比增长 35.5%，是 2018 年的 3 倍多。

1. 社交商务的定义

社交商务指的是通过社交网络或者 Web 2.0 软件工具开展的商务活动。社交商务利用网络社交媒体开展用户间的互动以及内容分享等，促进了产品和服务的交易。社交商务是电子商务的一个分支，是电子商务、电子营销、支持技术和社交媒体的融合，这种融合基于社会资本、社会心理、消费者行为以及在线协作等理论。社交商务有助于社会交往和用户的内容创造。电子商务与社交商务的主要区别如表 2-7 所示。

表 2-7　电子商务和社交商务的主要区别

属性	电子商务	社交商务
主要目标	达成交易	社会交流
主要活动	发布信息	参与交流
内容主体	公司产生信息	用户生成信息
问题解决方式	公司专家、咨询顾问	众包
协作方式	传统的、统一方式	依托 Web 2.0 工具
产品信息	网站上的产品说明	用户的产品评论
交易市场	电子零售商和直营店	社交网络、协作市场
定位	大众营销、细分市场	行为目标定位、微细分
CRM	卖方或制造商提供支持	用户、供应商议价员工等的社会支持
网络营销策略	网站销售	多渠道策略、在社交网站上直销
集成方式	系统集成	混搭和系统集成
数据管理	报告和分析	分析

2. 社交商务的特点

虽然传统电子商务与社交商务均以商品或服务的销售为目的，但传统电子商务将重心放在商家管理，用户根据商家公布的信息被动地挑选商品，而社交商务将重心放在用户管理，关注用户价值的创造。与传统电子商务相比，社交商务更看重高质量的内容创造，强调用户的交流互动。总体来说，社交商务具有以下三点特征。

1）用户多来源于社交网络

传统电子商务大多凭借多样的产品、优质的服务和诱人的优惠措施吸引用户注册和购物，而大部分社交商务是依靠用户在社交网络中的自发推荐，实现活跃用户的裂变增长。社交商务不断优化自身内容，提高用户使用体验，使用户自发在线上或线下的社交网络中进行推广宣传，利用人际信任实现社交商务中用户数量的增长。

2）注重商品以及服务信息的分享

传统电子商务是为商家提供一个发布产品或服务的信息平台，用户只能根据商家提供的信息进行被动地购买，很难通过他人获取与产品或服务相关的信息。而社交商务发挥用户的主观能动性，为用户提供经验分享和交流的平台，打破商家与用户信息不对等的现状，使用户能自主地获取商品以及服务信息。

3）关注高品质内容的生成

传统电子商务以类型丰富的产品或服务吸引用户购物，依靠不定期的优惠措施留住用户，而社交商务是以高品质的内容分享激发用户产生兴趣，通过满足用户的兴趣需求，增加用户的留存率。对于社交商务而言，各种类型的高品质内容分享是使其有别于其他平台，吸引用户的主要方式，也是其关注高品质内容生成的主要原因。

3. 社交商务的商业模式

传统电商以货为中心，围绕商品、供应链的传统卖货平台；而社交电商以人为中心，是社交关系形成的电商形态，不以产品搜索、展示为销售模式，而是通过社交，用户分享传播，形成口碑效应，从而激发消费需求。

按照流量获取方式和运营模式的不同，目前社交电商可分为拼购模式、会员分销模式、社区团购以及内容电商四种典型的商业模式。其中拼购模式、会员分销模式及社区团购以强社交关系下的熟人网络为基础，通过价格优惠、分销奖励等方式引导用户进行自主传播。内容电商则起源于弱社交关系下的社交社区，通过优质内容与商品形成协同，吸引用户购买，具体模式分类如表 2-8 所示。

表 2-8 社交商务的商业模式分类

商业模式	场景	优势	劣势	代表企业
拼购模式	有大量粉丝的商户，高性价比产品，粉丝自发拼团，引导好友转化率	裂变速度快，拉新速度快	对品牌、粉丝量、供应链等有较高的要求	拼多多、苏宁拼购、京东拼购
会员分销模式	有流量来源，提升用户认知，加大用户关注	让用户主动邀请熟人加入，形成关系链	有政策风险，后期裂变能力容易遇到天花板	云集、贝店、国人健康等
社区团购	销售满一定金额，招募团长，团长拉用户入群，群里特卖产品	裂变速度快，模式简单易懂	竞争激烈，供应链越来越透明，同质化越来越严重，平台对利润要求比较高	每日一淘、美家优享、嗨团
内容电商	高质量的内容吸引粉丝	优质内容，精准地把流量变现	对内容创作者要求高，粉丝和流量也有要求	小红书、蘑菇街、抖音

1）拼购模式

拼多多是拼购类社交电商的代表，它们聚集两人及以上用户，以社交分享的方式进行组团，用户组团成功后可以享受更大的优惠，通过低价的方式提升用户参与积极性，让消费者自行传播。拼购类平台只需要花费一次引流成本吸引用户主动开团，用户为了尽快达成订单会自主将其分享至自己的社交关系链中，拼团信息在传播的过程中也有可能吸引其他用户再次开团，传播次数和订单数实现裂变式增长。

拼购模式是基于社交关系的团购低价和分享导向型电商。其目标用户是小城市的价格敏感性用户，2020 年拼多多平台整体平均客单价仅 44 元，远低于传统电商平台 100～500 元的平均客单价。拼购商品以生活用品、服饰等消费频次高、受众广的大众流通性商品为主，大部分商品价格不超过 100 元，低价是拼购类社交电商吸引用户进行分享传播的关键，而拼购类社交电商能够实现低价的主要原因体现在以下三方面：①通过拼团的方式引导用户进行分享，降低获客成本，并通过游戏化营销来增加用户黏性；②拼购类社交体现出“发现式”购物的特点，在拼多多的首页甚至未设置搜索框，平台通过反向推荐算法，将大量流量汇集到少数爆款产品；③平台通过拼团集中大量订单，获取对上游的溢价权。同时，入驻平台的商家主要是工厂店，大大缩短了供应链，降低了中间成本。

拼购模式迅速渗透三线及以下城市，实现爆发式增长。但随着行业逐渐发展趋向成熟，获客成本将迅速上升，拼购模式的低价优势将逐步丧失，依然要面对品牌化转型过程。

2）会员分销模式

会员分销模式指在社交的基础上，以 S2B2C 的模式连接供应商与消费者实现商品流通的商业模式。会员分销模式是个人微商的升级版，早期个人微商模式下，个人店主需要自己完成商品采购、定价、销售、售后等整个消费流程。而在会员制电商模式下，店主（B 端）不介入供应链，仅承担获客与用户运营的职责，由分销平台（S 端）提供标准化的全产业链服务，店主只需要利用社交关系进行分享和推荐就可以获得收入。会员分销模式的优势来自分销裂变带来的获客红利。平台通过有吸引力的晋升及激励机制让店主获益，推动店主进行拉新和商品推广，有效降低了平台的获客与维护成本。

会员分销模式发展初期，大量微商从业者纷纷涌入，促使行业快速发展。众多品牌商与电商企业加入该模式，借力 B 端实现快速裂变。此阶段对 B 端的争夺与培养是各大平台的主要任务。但随着行业走向成熟，一方面，会员分销模式类似传销，有极大的政策风险，平台将向合规化转型，降低分销层级，专注带货能力将是关键；另一方面，拥有分销能力及意愿的 B 端毕竟有限，当平台对这部分人的渗透到达一定程度后，平台的裂变能力将遇到天花板，此时行业的竞争又将回归中后端的供应链及服务能力。

3）社区团购

社区团购模式也是 S2B2C 的一种，社区团购平台提供仓储、物流、售后支持，由社区团长负责社区运营，主要包括社群运营、订单收集、商品推广及货物分发。社区居民加入后，通过微信小程序或 App 下单，社区团购平台将商品统一配送至团长处，消费者上门自取或由团长完成最后一公里配送。

微信商业化带来电商红利，小程序兴起，商业功能逐步完善，为社区团购发展奠定基础。社区团购模式的核心价值主要体现在以下三个方面：①以团长为中心的轻熟人社交网络，便于产品在社区内自然传播，可以有效降低获客成本；②社区居民在拼团时需提前在小程序或 App 上下单，并完成支付。平台通过预付制锁定订单，汇集大量订单以获取与上游供应商的议价权，同时以销定采，降低损耗与库存成本；③在物流阶段，供应商将货物运送至平台的仓库，平台负责将货物运送到各社区团长处，由团长完成最后一公里配送或由用户自取。中间环节少，且有效地控制了终端配送成本。

社区团购平台以生鲜引流，切入社区居民日常消费中，生鲜是高频高复购的消费品，同时也是低毛利、高损耗、高物流成本的品类。社区团购通过预售制，集采集配，能有效降低周转资金、减少配送储存成本，提升了生鲜供应链的效率。

社区团购模式较为简单，行业门槛不高，2016 年出现以来，已有上百家企业进入，行业发展迅速。“集采集销”的模式导致行业不存在“小而美”，集中化、规模化是提升对上游供应商议价权和降低物流成本的关键。行业发展初期，多数平台通过提高佣金抢夺团长资源，打“价格战”来抢夺市场。但实际上，在社区团购这种模式下，团长和用户的转移成本都不高，对平台并没有太高的忠诚度。吸引用户购买的关键还是物美价廉的商品，而订单的规模化增长也能反向推动成本的降低。因此归根结底行业比拼的还是供应链与精细化运营的能力，烧钱的模式不太可能长期持续。

4）内容电商

波士顿咨询公司（The Boston Consulting Group，BCG）经过调查发现，近一半的消费者主要通过关键意见领袖（key opinion leader，KOL）、品牌自有广告和社交广告为代表的社交媒体和其他数字媒体关注到品牌动态，30 岁以下的年轻人中有 70%以上容易受到不同类型 KOL 的影响。而年轻人正逐渐成为网络购物消费的主力军，为了满足他们碎片化、个性化的消费需求，电商和内容产业链正逐渐走向融合，通过内容来影响消费者决策，引导消费者的购物行为。内容社交电商即指通过形式多样的内容引导消费者进行购物，实现商品与内容的协同，从而提升电商营销效果的一种电商模式。

电商和内容产业链融合是一个互补的选择，对于电商平台而言，流量红利将尽，急需新的流量入口，内容作为介质，在提升电商用户黏性和消费者体验上作用明显。在内容社区中平台可通过帖子、直播、短视频等丰富的形式吸引用户，部分用户在购买后还会将自己的使用情况制作成内容再次上传到平台上，进一步丰富平台内容，形成“发现—购买—分享—发现”的完整闭环，有效提高用户黏性与转换率。

而对内容生产方而言，坐拥大量流量后，也需寻求变现途径。近年来，用户对时尚穿搭内容、美妆内容的认可，让品牌方和零售商意识到时尚内容的传播效果，宣传渠道逐渐向专业生产内容（professional generated content，PGC）平台及自媒体转移，电商已成为内容方重要的变现途径。

内容电商化与电商内容化，两者的融合是行业必然的发展方向。内容平台电商化为内容平台和内容创作者提供了良好的变现渠道，内容行业的商业化会更好地促进优质内容的产出，推动整个行业发展。而电商平台内容化则丰富了电商行业的营销方式，为平台提供了新的获客方式。

2.5.3 跨境电商

2020 年受新冠肺炎疫情影响，跨境电商是推动外贸转型升级、打造新经济增长点的重要突破口。《2020 年度中国跨境电商市场数据报告》显示，2020 年中国跨境电商市场规模达 12.5 万亿元，同比增长 19.04%，预计 2021 年市场规模将达 14.6 万亿元。

1. 理解跨境电商

跨境电子商务（cross-border electronic commerce），是指分属不同国家或地区的交易主体，通过电子商务平台实现商品交易的各项活动，并通过跨境物流实现商品从卖家流向买家以及相关的其他活动内容的一种新型电子商务应用模式。跨境电商既包括海淘、代购、跨境零售，又包括跨境 B2B 模式等，凡是借助电子商务模式实现跨越关境的商业活动都归属于跨境电商的范畴。

国际贸易进出口环节一般要涉及国际货款结算、进出口通关、国际运输、保险等，同时还有安全性及风险控制等方面的考虑，这使得跨境电子商务和境内电子商务存在差异：①交易主体差异。境内电商的交易主体一般在同一国家（地区），如境内企业对企业、境内企业对个人或者境内个人对个人，而跨境电商的交易主体突破了同一关境的界限，强调不同关境，可能是境内企业对境外企业、境内企业对境外个人或者境内个人对境外个人。②支付环节差异。境内电商由于交易主体同属一个关境，使用同一币种实现商品交易，而跨境电商由于交易主体不在同一关境，使用不同币种，涉及不同国家或地区的金融政策以及不同货币的汇率问题。③物流环节差异。境内电商只涉及同一国家（地区）内的物流与配送，路途近，到货速度快，货物损坏概率低，而跨境电商则需要通过跨境物流来实现，不仅涉及输出关境与商检、输入关境与商检，还涉及输入国家或地区物流与配送，退换货而产生的逆向物流更是一种严峻的挑战。④适用规则差异。跨境电商比境内电商所需要适应的规则更多、更细、更复杂，特别是平台规则，而跨境电商除了借助境内的平台经营，还可能在国外平台上开展交易，各个平台均有不同的操作规则。

相对于同一国家（地区）而言，按照商品进出口类型，跨境电商业务可以分为跨境出口与跨境进口业务，业务属性不同，业务流程也不同。下面以商品进出口形成的跨境进口与跨境出口为例，介绍跨境电商的具体业务流程。

从跨境电商进口业务流程看，跨境电商企业通过事前备案，将企业信息、商品信息进行备案，将生产的商品在跨境电商企业的平台上在线展示。当境内消费者成功支付订单后，跨境电商企业将订单信息发送至服务平台进行申报；支付企业将订单支付信息发送至服务平台进行申报；跨境物流企业在成功预订舱单信息后，将对应的与跨境贸易相关的舱单信息（含运单信息）发送至服务平台进行申报。服务平台集齐三单信息后，自动生成清单供有报关报检资质的企业进行申报。清单经审核后，若无异常，则放行进入终端配送环节，最终送达消费者或企业手中。有的跨境电商企业直接与第三方综合服务平台合作，让第三方综合服务平台代办物流、通关商检等一系列环节，从而完成整个跨境电商交易的过程。跨境电商出口的流程除了与进口流程的方向相反，其他内容基本相同。

2. 跨境电商的特点

1）多边化

传统的国际（地区间）贸易主要表现为两国（地区）之间的双边贸易，即使有多边贸易，也是通过多个双边贸易实现的，呈线状结构。跨境电子商务，可以通过 A 国（地区）的交易平台、B 国（地区）的支付结算平台、C 国（地区）的物流平台，实现其他国家（地区）间的直接贸易。贸易过程相关的信息流、商流、物流、资金流由传统的双边逐步向多边演进，呈网状结构，正在重构世界经济新秩序。

2）直接化

传统的国际（地区间）贸易主要由一国（地区）的进/出口商通过另一国（地区）的出/进口商集中进出口大批量货物，然后通过境内流通企业的多级分销，最后到达有进/出口需求的企业或消费者。进出口环节多，时间长，成本高。跨境电子商务，可以通过电子商务交易与服务平台，实现多国（地区）企业之间、企业与最终消费者之间的直接交易，进出口环节少，时间短，成本低，效率高。

3）小批量

跨境电子商务，通过电子商务交易与服务平台，实现多国（地区）企业之间、企业与最终消费者之间的直接交易。由于是单个企业之间或单个企业与单个消费者之间的交易，相对于传统贸易而言，大多是小批量，甚至是单件。

4）高频度

跨境电子商务实现了单个企业或消费者能够即时按需采购、销售或消费，因此，相对于传统贸易而言，交易双方的交易频率大幅提高。

5）数字化

传统的国际（地区间）贸易，主要是实物产品或服务交易。随着信息网络技术的深化应用，数字化产品（软件、影视、游戏等）的品类和贸易量快速增长，且通过跨境电子商务进行销售或消费的趋势更加明显。目前，数字化产品的跨境贸易还没有纳入海关等政府相关部门的有效监管、贸易量统计、收缴关税的范围。

3. 跨境电商的商业模式

1）跨境进口电商的商业模式

按照商品来源，可以将跨境进口电商的商业模式分为M2C模式、B2C模式和C2C模式；按照物流类型，可以将跨境进口电商的商业模式分为直邮、保税仓等。另外，按照其他分类标准，可以将跨境进口电商的商业模式分为返利导购/代运模式、内容分享/社区资讯、闪购模式、线下转型O2O等模式。

（1）M2C模式。M2C模式的特点是开放平台引入国际品牌，由制造商或品牌商开展商品售卖，用户信任度高，支持本地退换货服务，劣势在于价位高，品牌端管控力弱。采用这种模式的有天猫国际。

（2）B2C模式。B2C模式的特点是“保税自营＋直采”，与品牌建立稳固关系，由平台开展商品售卖，销售流转高，正品真货；其劣势在于这种模式属于重资产模式。采用这种模式的有网易考拉等。

（3）C2C模式。C2C模式的特点是采取海外买手制，以长尾非标品为主，满足消费者的个性化需求；其劣势在于产品真假难辨。采用这种模式的有洋码头等。

（4）直邮。直邮是从海外直接代顾客采购，通过国际快递直接发到顾客手上，不经过任何第三方中转，消费者可以快速准确选购自己需要的商品，成本低、认可度高。

（5）保税仓。保税仓的特点是仓储管理的地点是保税区，商品的运输都是在国内完成的，物流时间短。采用这种模式的有网易考拉等。

（6）返利导购/代运模式。这种模式的特点是提供海量中文SKU，成本低，能够有效解决信息流处理问题；其劣势在于企业缺乏核心竞争力。采用这种模式的有么么嗖等。

（7）内容分享/社区资讯模式。这种模式的特点是通过内容引导用户，实现自然转化，有效降低用户的搜寻成本，用户体验好；其劣势在于这种模式的长远发展需要具备强大的供应链能力。采用这种模式的有小红书等。

（8）闪购模式。闪购模式的特点是凭借积累的闪购经验及用户经验，采用低价抢购策略，产品更换快，新鲜度高；其劣势在于物流成本高、竞争激烈。采用这种模式的有唯品国际等。

（9）线下转型 O2O 模式。这种模式的特点是依托线下门店资源，布局线上平台，形成闭环，使富有经验的采购团队与线上团队形成协同效应；其劣势在于线上引流能力有限。采用这种模式的有苏宁易购、国美在线等。

2）跨境出口电商的商业模式

（1）信息服务模式。这种模式通过第三方跨境电子商务平台进行信息发布或信息搜索，完成交易撮合的服务；其主要盈利模式包括会员服务和增值服务。采用这种模式的有阿里巴巴、环球资源网、中国制造网等。

（2）交易服务模式。这种模式是能够实现买卖双方之间的网上交易和在线电子支付的一种商业模式；其主要盈利模式包括收取佣金费以及展示费用。采用这种模式的有敦煌网、大龙网等。

（3）开放平台模式。开放平台开放的内容涉及出口电子商务的各个环节，除了开放买家和卖家数据外，还包括开放商品、店铺、交易、物流、评价、仓储、营销推广等各个环节和流程的业务，实现应用和平台的系统化对接，并围绕平台建立自己的生态系统。采用这种模式的有 eBay、亚马逊、全球速卖通、Wish 等。

（4）自营平台模式。自营平台对其经营的产品进行统一生产或采购、产品展示、在线交易，并通过物流配送将产品投放到最终消费群体的行为。采用这种模式的有环球易购、兰亭集势等。

课后题

一、复习思考

1. 什么是电子商务模式？它有哪些分类标准？
2. 阐述电子商务交易参与主体的组成。
3. B2C 电子商务交易模式包括哪些类型？
4. B2B 电子商务模式有哪些特点？与 B2C 模式有什么不同？
5. 按照买卖双方在交易中所处的地位，B2B 电子商务模式如何划分？
6. 网上拍卖和传统拍卖的区别在哪里？
7. 网络拍卖的主要方式有哪些？
8. 试举例说明移动电子商务的特点。
9. 举例说明移动电子商务在行业中的应用。
10. 如何理解社交商务？举例说明其主要特征。
11. 社交商务与电子商务的区别有哪些？
12. 阐述社交商务的主要商业模式。
13. 简述跨境出口电商的商业模式。

二、问题讨论

1. 京东和天猫是典型的B2C购物平台，但是这两个平台存在很大差异，不能用运营京东的思路去运营天猫，也不能用运营天猫的思路去运营京东。试从入驻条件、盈利模式、物流配送、售后服务等方面讨论两个B2C平台运营模式之间的差异。

2. 随着大数据、人工智能、小程序等技术的广泛应用，电子商务新模式新业态不断涌现，京东和淘宝也不再是“双十一”和“618”的主战场。传统的电商平台应该如何应对挑战？谈谈你的看法。

3. 社交电商拥有体验式购买、用户主动分享、销售场景丰富等独特优势，受到不少消费者欢迎。目前，社交电商赛道愈加拥挤，试以云集为例，分析社交电商如何从赛道中脱颖而出？

三、实践训练

1. 搜索国内外知名的B2B、B2C、C2C电子商务网站，各选择2～3家，比较三种不同模式下的多种网站特点，包括页面布局、提供的功能及网站特色、经营模式、支付方式、安全保障等，掌握三种不同模式的电子商务运作过程。

2. 登录阿里巴巴网站，了解阿里巴巴为买家和卖家提供了哪些服务？描述阿里巴巴的商业模式，并分析其收入来源。

3. 在淘宝网上开设自己的店铺。首先登录淘宝网，注册成为会员，了解淘宝网上开设个人网店的条件及步骤，然后点击“免费开店”，搭建淘宝店铺。思考：淘宝网为商家提供了哪些服务？有什么特色？

3 电子商务网络支付

本章内容要点：资金流是实现电子商务交易达成的一个重要部分。本章第一节分析了网络支付特点、结构、流程，以及介绍了电子支付系统和电子货币的相关内容。第二节介绍了网络银行的发展，分析了网络银行的特点、结构、运营模式、服务业务和存在的问题，并介绍开放银行的发展、服务对象与标准等内容。第三节阐述了在线第三方支付的发展状况、特点、支付流程和监管等问题。第四节介绍了移动支付和跨境支付，讨论了移动支付的特点、分类、发展状况、跨境支付的发展、特点以及现存的问题等。

学习引导案例

数字人民币加快试点推广

2021 年 3 月 22 日，国家发展改革委等多部门印发《加快培育新型消费实施方案》(简称《方案》)。《方案》指出，鼓励商业银行、非银行支付机构、清算机构等创新措施优化移动支付等相关收费，降低中小商户支付服务成本。加快数字人民币的试点推广，优先选择部分新型消费活跃的城市进行试点，着力提高金融运行效率、降低金融交易成本。同时，将所有互联网保险业务纳入监管。加快推进保险线上化进程，丰富保险产品供给，为互联网场景下的交易、支付、出行等提供更多风险保障。

《方案》提到，制定发布跨境支付服务管理办法，完善跨境支付服务相关监管制度。组织市场主体开展日韩等境外个人境内移动支付便利化试点工作，提升入境游客境内支付体验。进一步优化跨境人民币政策，支持跨境电商等贸易新业态开展跨境人民币结算业务。

《方案》中还包括，推进“丝路电商”，加强双边电商合作机制建设，促进电商企业对接合作；推动 B2B 直接出口和出口海外仓享受跨境电商通关便利，培育国家进口贸易促进创新示范区；发展直播经济，鼓励政企合作建设直播基地，加强直播人才培养培训。[资料来源：关于印发《加快培育新型消费实施方案》的通知（发改就业〔2021〕396 号）[EB/OL]. 中华人民共和国人民政府网站.（2021-03-22）[2021-06-28].http://www.gov.cn/zhengce/zhengceku/2021-03/25/content_5595689.htm]

3.1 网络支付与电子货币

在信息流、资金流、物流信息等基本可在网上进行方便快捷地传递、处理的情况下，资金流的处理成了电子商务业务流程中的瓶颈。伴随互联网应用的普及和电子商务日益发展，作为电子商务关键环节的网络支付愈发显示其重要性。随着计算机技术和网络技术的进步及人们对电子商务的迫切需求，越来越多的更加安全、可靠、方便、快捷的网络支付手段正不断投入实践，这也是新时代商务支付结算方式的发展趋势。

3.1.1 网络支付概述

互联网络的随时随地、方便易用、即时互动并且结合多媒体传递等特点，为电子商务的信息流、物流信息的交互与共享、全天候跨区域与低成本处理提供了很好的技术支撑。然而，只有在线快速、自动的资金流处理，才能在整体上体现电子商务的低成本、高效率与个性化等特点。因此，在电子商务过程中，资金流可谓是直接影响到商务处理效果的核心环节，决定电子商务能否安全顺利、方便快捷、低成本开展的关键，其流动与处理的效率、成本高低直接关系到电子商务的开展效果。[参见“1.3.2 电子商务微观环境”]

1. 网络支付的发展

20 世纪中后期以互联网为代表的信息网络技术在各行各业大规模普及应用，促使完成资金流的支付结算系统不断从手工操作走向电子化、网络化与信息化。传统支付主要利用传统的各种纸质媒介进行资金转账，如通过纸质现金或纸质单据等方式。传统的支付结算方式不能充分满足高水平的电子商务的发展需求，传统货币的应用范围有限，结算速度较慢，而且不太安全。在讲究效率、成本与个性化的电子商务环境中，如果依赖传统的支付结算方式，付款及清偿的流程将成为网上交易的瓶颈。

自从 20 世纪 70 年代计算机和网络通信技术广泛应用之后，银行业务开始以电子数据的形式通过电子信息网络进行办理，诸如信用卡、电子汇兑等一些电子支付方式开始投入使用，从而步入电子支付阶段。电子支付（electronic payment）是单位、个人直接或授权他人通过电子信息化的手段发出支付指令，实现货币支付、资金转移的行为和过程。传统的电子支付很大程度上不能满足随时随地、低成本、易用自助、个性化与大量即时在线支付等特征。特别是在 B2C 电子商务中，这意味着商务交易环节与支付结算环节脱离，很多时候增加了商务的运作成本与不确定性。

随着 20 世纪 90 年代全球范围内互联网的普及和应用，电子支付结算方式逐渐采用费用更低、应用更为方便的互联网作为运行平台，网络支付应运而生。网络支付（Internet payment）指以金融电子化网络为基础，以银行所支持的数字金融工具为媒介，采用安全的现代计算机技术和通信技术作为手段，通过互联网平台以电子信息传递形式来为交易的客户提供货币流通和支付等服务的现代化支付结算手段。网络支付是基于电子支付的基础发展起来的，它是电子支付的一个最新发展阶段。

随着电子商务的不断完善和信息安全技术的进步，网络支付类型也越来越多，主要包括信用卡网络支付、智能卡、电子现金、电子支票、电子钱包、电子汇兑、网络银行等方式。这些网络支付工具的共同特点，都是将现金或货币无纸化、电子化和数字化，应用以 Internet 为主的网络进行资金信息的传输、支付和结算，辅以网络银行，实现完全的网络支付。它们既具有纸质现金的价值特征，又能在网络上方便传送支付指令，还满足现代人们的高效率快节奏的商务需求。因此，网络支付充分发挥电子商务的高效率与低成本运作等特点，是电子商务业务流程中最为关键的组成部分，将是一个极有潜力的发展点。

2. 网络支付的特点

网络技术的快速升级，使电子商务逐渐成为企业信息化与网络经济的核心，网络支付的发展已经呈现出加速趋势。相比较传统支付，以 Internet 为主要平台的网络支付在处理效率、方便易用、安全可靠、运作成本等多方面显示出极大优势。网络支付的这些优势为银行与电子商务企业实现良好的客户关系管理提供了支持，提高了客户的满意度和忠诚度。

（1）结算方式的数字化。传统支付方式是通过纸质现金等物理实体的流转、汇兑来完成款项支付的，需要在较为封闭的金融网络系统中运行，以保证资金流转的安全性，且大多需要面对面处理。而网络支付主要在开放的公共网络系统中以数字流的方式完成相关支付信息传输，即采用的是数字化支付结算。这种支付形式体现出来的是方便、快捷、安全等优势。

（2）支付过程便捷、高效、经济。随着社会的进步和商品经济的发达，人们对随时随地的支付结算、个性化信息服务需求日益强烈。网络支付的客户可足不出户，在很短的时间内就可以完成整个支付过程，且支付成本很低。而传统的支付方式，由于票据运输和手工处理的限制，交易双方的资金周转速度很慢，且不易为客户提供全天候、跨区域的支付服务。而且，不同的传统支付系统所使用的辅助工具、处理流程与应用规则等均不相同，给客户的系统应用带来困难。

（3）高效率，低成本。大多数传统支付牵扯中间环节众多，手工处理造成支付效率低下，复杂的业务处理流程造成运作成本偏高。而且传统货币（如纸质货币和硬币）在搬运过程中费用巨大。而网络支付方式不存在这些问题，支付系统的开发构建和维护管理方面开销很小，人力资源需求重在能力素质而非数量，从而提高了工作效率，降低了运营成本。

（4）较高的安全性。网络支付系统提供的电子票据利用尖端加密与认证技术，保证安全、可靠，维护了买卖双方利益。而且由于网络支付应用的电子货币具有非接触性，不会带来人身安全威胁问题。而大多数传统支付方式在支付安全存在伪币、空头支票等问题，使商务风险增加。传统支付必须亲自携带现金、支票等货币，容易造成人身安全风险。

3. 网络支付基本构成与流程

网络支付基本构成主要包括交易双方、开户行、支付网关、金融专用网、认证机构等要素。电子商务系统中的网络支付体系可以说是融购物流程、支付工具、安全技术、认证体系、信用体系等为一体的综合系统。

基于 Internet 公共网络平台的电子商务网络支付的基本构成如图 3-1 所示，其主要构成要素包括：①“客户”利用自己拥有的网络支付工具（如信用卡、电子钱包、电子支票等）完成支付，是网络支付运作的原因和起点；②“商家”根据客户发起的支付指令向中介的金融体系请求结算，其利用专门的后台服务器来处理该过程，并协助身份认证及不同网络支付工具的处理；③“客户开户行”是指客户在其中拥有资金账户的银行，客户的网络支付工具由其提供，又被称为发卡行；④“商家开户行”是商家在其中开设资金账户的银行，其账户是整个支付过程中资金流向的目的地，又称为收单行；⑤“支付网关”（payment gateway）是公用网和金融专用网之间的安全接口，网络支付的交易信息（如商品类型、商品价格、优惠折扣等）与支付信息（如客户信用卡号、授权密码等）必须经由支付网关处理后，才能由公用网进入银行内部支付系统；⑥“金融专用网络”是银行内部及银行间进行通信的专用网络，安全性很高；⑦“认证中心”负责确认各方（包括客户、商家、银行等）相关信息（如银行账户状况、信用记录等），为参与各方发放身份数字证书，发放公共密钥及提供数字签名服务的支持等，从而保证电子商务网络支付的合法性和安全性。［参见“6.2.3 公钥基础设施”］

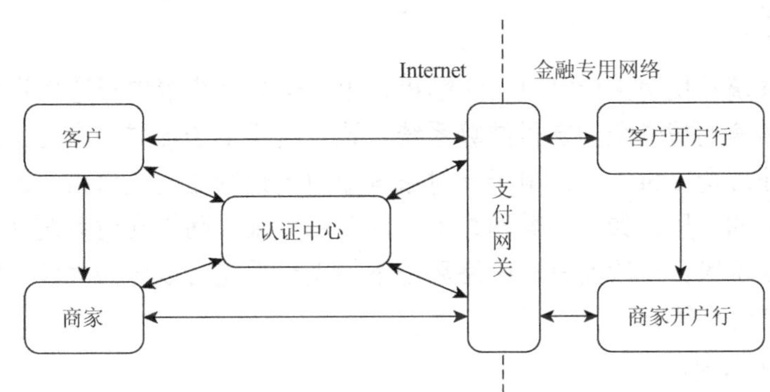

图 3-1　电子商务网络支付体系的基本构成

除以上构成要素，还包括网络支付工具（如银行卡、电子现金、电子支票等）及遵循的支付通信协议。以 Internet 为基本平台的网络支付一般流程如图 3-2 所示。

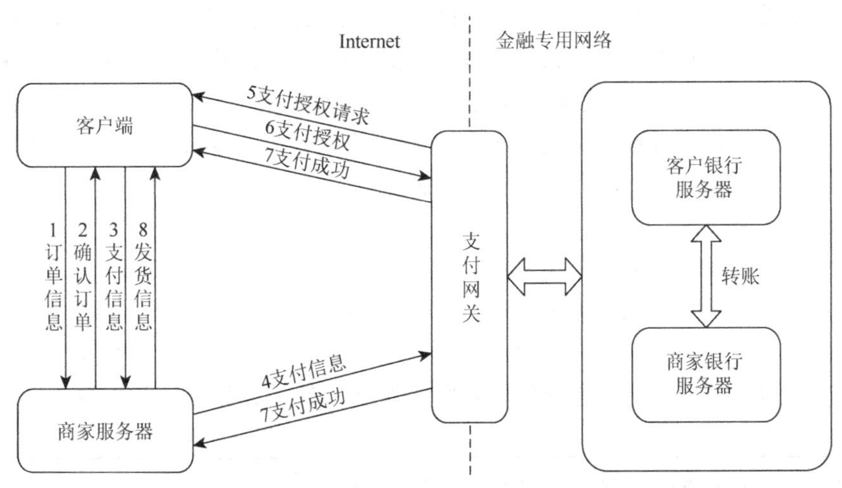

图 3-2　网络支付一般流程图

首先，客户通过互联网络浏览、选择与订购商品，下订单并选择自己使用的网络支付工具；同时对相关订单信息如支付信息进行加密，将订单提交。接下来，商家电子商务服务器对客户的订购信息进行确认，并把加密的客户支付信息转发给支付网关，送到金融专用网络的银行后台服务器进行确认，以期从银行等得到支付资金的授权。然后，银行验证确认后，经由支付网关给商家服务器回送确认信息和支付信息，并给客户发送支付授权请求；银行得到客户的授权信息后，把资金从客户开户行账号转拨至电子商务商家开户行账号上，银行间通过金融专用网络进行后台结算，并分别给商家、客户发送支付成功信息。最后，商家接收到银行的支付成功信息后，给客户发送网络付款成功信息和发货通知。至此，一次网络支付流程结束。在实际应用中，网络支付的应用流程由于技术、资金数量、管理机制上的差异而有所区别。

4. 电子支付系统

电子支付系统是使用主计算机、终端机、电子信息网络等电子通信设备及手段，在不同账户之间高速划拨资金的支付结算系统。该系统用电子形式的支付工具取代纸凭证形式的现金和非现金支付工具。电子支付系统缩短了银行之间支付指令的传递时间，并减少了在途资金的占压。如今随着网络电子商务的繁荣，网络支付系统使得电子支付系统发展到一个新阶段。一般而言，网络环境下的支付系统可以分为大额支付系统、小额支付系统和微支付系统。

1）大额支付系统

大额支付系统能够把各个地方的经济和金融中心联结起来，形成全国统一的市场，同时为重要的跨国市场提供多种货币交易的最终结算服务。大额支付系统主要针对商业贸易领域，金额一般较大，适用于证券交易、外汇交易及企业间贸易等的支付。大额支付系统的特点表现在它处理支付业务的范围上和资金的额度上。银行的金融专用网络与公用计算机网络并不自然连接，而不同银行的金融专用网络之间互联还需要设置特定的网关技术。这使得大额支付系统所赖以运行的网络具备较好的专用性和封闭性，可以安全、可靠、有效、及时地处理金额巨大、时间紧迫的业务。由于大额支付的特点和特殊重要性，一般而言，只有那些在中央银行开设储备金账户的金融机构才能参加大额支付系统。

大额支付系统是中国现代化支付系统的重要应用系统和组成部分，在现代支付体系中，大额支付系统是金融基础设施的核心系统，是连接社会经济活动及其资金运行的“大动脉”“金融高速公路”。

大额支付系统加速了社会资金周转，保证了货币政策的执行，密切了各金融市场的有机联系，促进金融市场繁荣发展，并在防范支付风险、维护金融稳定等方面发挥重要作用。人们所熟悉的中农工建交等各大商业银行，以及中国银联、外汇交易中心、中央结算公司、上海清算所、上海票交所、网联公司等，都是大额支付系统的一员。

扩展阅读 3-1　央行延长大额实时支付系统运行时间

央行自 2018 年 1 月 22 日起，大额实时支付系统实行 5×21 小时运行。也就是说，开始受理业务的时间由每个法定工作日（T 日）8:30 调整为前一日（T–1 日）23:30，业务截止时间（清算窗口开启时间）由每个法定工作日 17:00 调整为 17:15，清算窗口时间调整为 17:15～20:30。发生在 23:30 以后的大额汇款，在商业银行正常开展夜间服务的前提下，也能够实现实时到账。

大额支付系统延长运行服务时间，有效地支持了社会大众、各企事业单位和各金融机构夜间资金汇划需求，以及实体经济的发展，为社会经济活动、社会资金流通提供更加安全、便捷、高效的汇划服务。同时，大额支付系统延长运行时间，有效地满足了人民币跨境支付系统（CIPS）的运行时序需求，是人民币跨境清算服务覆盖全球主要时区的基础，能有效推动人民币国际化进程。[资料来源：大额支付系统延长运行时间[EB/OL].中国人民银行清算总中心.（2018-01-19）[2021-06-15].http://www.cncc.cn/ywfw/xxgg/201811/t20181107_556.html]

2）小额支付系统

小额支付系统对经济活动中每一个参加者提供支付服务。小额支付系统是满足个人消费者和商业（包括企业）部门在经济交往中一般性支付需要的支付服务系统。跟大额转账系统相比，小额支付系统处理的支付交易金额较小，但支付业务量较大。

根据中国人民银行支付结算司的《2021 年支付体系运行总体情况》提供的数据，我国 2021 年大额实时支付系统处理业务 4.82 亿笔，同比下降 5.95%，金额 6171.42 万亿元，同比增长 9.27%；小额批量支付系统处理业务 38.81 亿笔，金额 162.55 万亿元，同比分别增长 12.21%和 10.67%。由此可以看出，我国 2021 年大额实时支付系统体现在业务金额保持增长，而小额批量支付系统主要体现在业务量的持续增长。

小额支付系统直接服务于广大消费者和商业（包括企业）单位，所覆盖的用户范围广、黏性强，这类系统提供服务的质量极大地影响着人们对国家金融体制的信心。小额支付系统最大的优点是使客户摆脱了原来持有哪家银行的存折或卡就只能在哪家银行的网点柜台办理存取业务的束缚，比如跨行还房贷、交水电气费、领取养老金等。

2020 年 2 月 7 日，中国人民银行官方发布为方便金融机构和客户办理大额资金汇划，继续在每周末放开小额支付系统业务限额，具体时间为每周五大额支付系统日终（17:30）开始，至周日大额支付系统开始处理业务（20:30）后结束。

扩展阅读 3-2　香港金融管理局启用“转数快”小额支付系统

香港金融管理局自 2018 年 9 月 30 日起全面启用“转数快”小额支付系统。“转数快”是香港金融管理局推出的快速支付系统，只需收款人的手机号码或电子邮箱地址，就可以即时进行跨银行和跨储值支付工具的转账和支付，并可支持港元和人民币两个币种。用户可享用全年无休、跨行互通、即时到账的转账、支付服务。

截止到 2020 年 11 月，快速支付系统“转数快”的交易量持续录得稳定增长，已录得 654 万个登记，共处理 1 亿 6000 万宗实时交易（涉及交易额约 19 000 亿港元及 340 亿元人民币）。为了推广“转数快”及更便利市民，香港特别行政区政府已于 2019 年 11 月起接受市民以“转数快”缴交税款、地租和水费等。

2020 年底“转数快”推出新功能，香港市民以身份证号码绑定银行账户后，不用提供银行账户号码，即可利用身份证号码收取由机构发出的款项，比通过支票收款更有效率。由于身份证号码属个人敏感资料，此项新功能不会用于个人对个人转账，只会供已有收款人身份证号码的机构发放款项之用，如发放薪酬。未来香港金融管理局会继续提升系统的功能，进一步探索开拓更多应用场景。[资料来源：“转数快”开通仪式[EB/OL]. 香港金融管理局网站.（2018-09-28）[2021-05-20].https://www.hkma.gov.hk/gb_chi/news-and-media/press-releases/2018/09/20180928-3/；“转数快”付款功能扩展至政府缴费柜台及自助服务机[EB/OL]. 香港特别行政区政府新闻公报.（2020-12-21）[2021-05-20].https://sc.isd.gov.hk/TuniS/www. info.gov.hk/gia/general/202012/21/P2020121800518. htm？ fontSize = 1]

3）微支付系统

微支付指在互联网上进行的小额资金支付。这种支付机制有比较特殊的系统要求，即要具有交易金额小、效率高、成本低、安全性需求不高等特点。微支付系统（micropayment system）是针对国际网络中电子商务的不断发展而提出的。但随着国际网络中一些中小商家的不断加入，其交易额有时只有几美元或美分，如果采用信用卡支付，其交易收取的手续费可能超过所购商品的费用，因此支付低交易额的、交易手续费较小的微支付系统应运而生。

微支付系统需要在满足一定安全性的前提下，尽量减少信息传输，提高速度和效率。微支付系统适用于 B2C、C2C 最活跃的商品交易，特别是网络娱乐、移动应用中的数字产品，如数据搜索服务、MP3 歌曲、视频片段、应用程序等，需要支付的费用很小，往往只要几分钱、几元钱或几十元钱。

3.1.2 电子货币

在网络零售支付机制中，需要一种以金融电子化网络为基础，以电子计算机技术和通信技术为手段，以电子数据形式存储在银行的计算机系统中，并通过计算机网络系统以电子信息传递形式实现价值转移的、具有支付功能的、功能上接近传统货币的货币，即电子货币。电子货币种类较多，并且新的产品还在不断出现。当前的电子货币包括以卡类为基础的电子货币和以软件或计算机网络为基础的电子货币。

1. 电子货币的特点

电子货币具有传统货币的一般属性，具有容易分割、便于携带等特性。然而，电子货币还具有许多特点，使现有各种货币政策和传统货币面临着挑战（表 3-1）。

表 3-1　电子货币与传统货币的比较

项目	电子货币	传统货币
货币发行主体	不唯一，非金融机构亦可发行电子货币	唯一，国家中央银行发行
法律特点	自行设计的个性化货币，无合约可拒收	法币，法律上强制通用，不得拒收
匿名性	既可完全匿名，也可将详细交易信息全部公开	有匿名性，但做不到完全匿名
地域性	无地域限制	存在地域限制
防伪措施	加密技术和认证系统	依赖物理设置
交易成本	较低	较高
支付速度	快	慢
数字商品计价	数字商品零售细分化程度高，小额交易成本降低	数字商品零售不易细分，小额交易成本高
信息性	属信息货币，存有身份、密码、使用范围等信息	不能传递过多的信息

电子货币具有如下特点：

（1）发行主体不唯一，属于二次性货币。传统货币是由中央银行或特定机构垄断发行的法币，由各个货币当局设计、管理和更换，被强制接受和广泛使用。而电子货币的发行更多的是后者。电子货币的发行主体具有多样化特征，既有中央银行，也有一般金融机构，甚至更多的是非金融机构。电子货币担保主要依赖于各个发行主体自身的信誉和资产，其流通取决于发行主体和货币使用者间的合同协议，存在使用范围受限和使用安全保证等风险问题。

（2）支付成本低，营运效率高。传统货币的支付是商家与客户或商家授权的银行与客户面对面的人工处理，或借助于邮政、电信部门的委托传递进行，支付速度慢、成本高、效率低。电子货币本质上是电子数据，采用先进的数字签名等安全防护技术，商家或客户经由网络快速轻松地完成款项支付或资金调拨，从而提高了资金的流动性及运营效率。电子货币为数字商品零售的细分化和计价单位的小额化创造了条件，能实现数字商品细分化营销。例如，可以针对一页书、一篇文章、一则消息、一首歌、一张图片进行细分化营销。

（3）匿名性强。传统货币在交易过程中，具有一定匿名性。但是由于交易的面对面特性，交易双方或多或少可以了解到货币使用者的一些个人信息（如性别、相貌等），不可能做到完全匿名。电子货币是信息货币，是由一组含有用户身份、密码、金额、使用范围等内容的数字构成的特殊信息。因此，电子货币既可以是非匿名的，可以详细记录交易过程和交易双方的具体信息，也可做到完全匿名，利用加密技术便无法追踪到货币使用者的所有信息。

（4）无地域限制。传统货币的使用一般都具有严格的地域限定（尤其是国家），只能在本国使用唯一的货币。而电子货币打破了物理地域限制，在虚拟的网络环境中，即便是不同国家的交易者，只要交易双方认可，随时进行货币支付。

（5）货币防伪技术性强。传统货币的流通、防伪、更新可依赖于物理设置（如水印），而电子货币只能采取技术上的加密算法或通过认证系统的认证来实现。

对国家而言，电子货币可减少发行费用；对银行而言，则可极大地提高运营效率，有效管理监督客户账户，灵活快捷地进行转账划拨与清算；对于客户来说，利用电子货币方便快捷、安全高效。同时，电子货币的快捷、低成本和无限细分的优点，促进了结算方式由传统的结算方式向网上小额结算方式的创新。

扩展阅读 3-3　PingPong 获得欧盟电子货币机构牌照，护航中国企业走出去

2020 年以来，全球贸易摩擦叠加新冠肺炎疫情冲击，小额、分散、高频、B2C、F2B、F2C 的跨境电商逆势增长，为更多中小微企业走出国门带来更大机遇和空间，世界商业格局也逐渐从全球贸易向全球零售演进。这对现有跨境支付体系与技术提出了安全、快速、小额、多频次的更高支付结算需求。

2020 年 12 月 3 日，跨境基础设施服务商、国内跨境支付领域头部企业乒乓集团（后称为 PingPong），获得卢森堡颁布的电子货币机构（Electronic Money Institution，EMI）牌照，成为申请之后最快获得 EMI 的中国科技企业。2016 年，PingPong 就在卢森堡设立了子公司。2017 年，PingPong 率先拿下欧洲支付牌照（payment institutions，PI），为本次快速拿下 EMI 牌照打下了基础。

PingPong 获得 EMI 牌照后，可以在现有跨境收单、收款等传统服务基础上，向中欧跨境支付客户提供资金存储和出金等服务，进而开展支付交易、法币汇兑、执行支付交易等类似商业银行的完整跨境金融服务。通过减少跨境支付中间环节、提高支付结算效率、集成式处理跨境支付业务，可以降低 PingPong 客户跨境支付结算成本，并提高安全性。[资料来源：PingPong 获得欧盟电子货币机构（EMI）牌照 护航中国企业走出去[EB/OL]. 中国证券报・中证网.（2020-12-04）[2021-04-18]. https://www.cs.com.cn/cj2020/202012/t20201204_6117276.html]

2. 电子货币的种类

在电子商务交易过程中，经常使用的电子货币无非就是电子支票、电子现金、信用卡等。

1）电子支票

电子支票（electronic check，E-check）是将纸质支票的全部内容电子化，由客户向收款人签发的、无条件的数字化支付指令，能将纸质支票改变为带有数字签名的电子报文，从而把资金从一个账户转移到另一个账户的电子付款形式。它与纸质支票一样是用于支付的一种合法方式，数字签名和自动验证技术能确保其合法性，并保证信息真实性、保密性、完整性和不可否认性。

电子支票的支付流程（图 3-3）可简要描述为电子商务交易双方都在银行拥有账户，而客户应在开户行有一定的存款；在双方开始交易以前，客户先从银行得到授权的电子支票；客户把授权的电子支票交给商家，商家验证电子支票的有效性后，继续交易过程；商家将收到的电子支票转给自己的开户银行，请求资金兑换；银行收到商家的电子支票，验证后进行后台的资金清算，并给交易双方反馈支付成功信息。

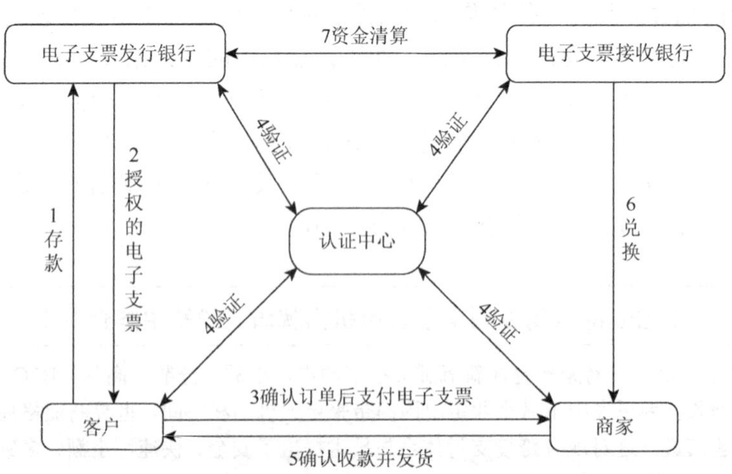

图 3-3 电子支票的支付流程图

电子支票可为新型的在线服务提供便利，可以自动证实交易各方的数字签名，增强每个交易环节上的安全性。电子支票保留了纸制支票的基本特征和灵活性，在支付运作上易于理解与学习。电子支票系统减少了材料、运输等费用，应用快捷方便，可支持各种额度的支付，但每次支付结算都需要银行的支持与中介服务，成本比较高。电子支票不具备匿名性，不易保护交易双方的身份。电子支票支付系统是典型的基于电子支票、电子票证汇兑等方式的网络支付系统，类似于传统的纸质支票应用系统。

2）电子现金

电子现金（electronic cash）是一种基于互联网的以数据形式流通的货币，可以看作是现实货币的电子或数字模拟。它把现金数值转换为一系列的加密序列数，通过这些序列数来表示现实中各种金额的币值。用户在开展电子现金业务的银行开设账户，并在账户内存钱后就可以在接受电子现金的实体商店或者网络商店购物。

电子现金是一种数字信息，其在网络上传送速度快捷，能从消费者终端直接送到商店终端，而不必向中间的清算机构支付手续费。电子现金具有可分性，可以进行任意金额的支付，因此电子现金系统基本上都能为在线交易提供快捷、方便、灵活的小额支付。电子现金最大的特点就是支付的匿名性，无法将电子现金的用户的购买行为联系到一起，进而极大地保护了电子现金用户的隐私信息（如个人信息、购买历史信息等）。然而，完全匿名的电子现金又会为不法分子进行违法犯罪活动（如贪污、洗钱、敲诈勒索等）提供方便。

电子现金支付流程（图 3-4）可简要描述为客户先在开户银行中有一定的存款，且拥有电子现金账号，并从银行兑换电子现金；同时，商家也要和银行针对电子现金签订协议、获得授权；双方交易达成，客户利用电子现金支付，商家到银行验证此电子现金的有效性后，确认收款并发货；商家可把收到的电子现金到银行清算，也可以支付给另外的商家。

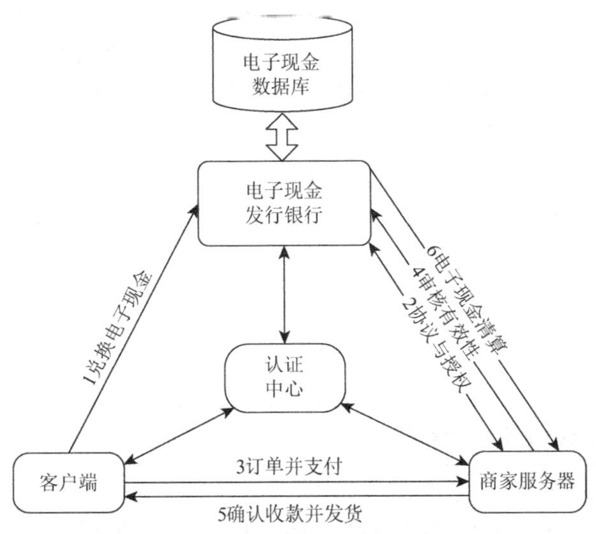

图 3-4 电子现金的支付流程图

银行往往只需要在发行、兑换电子现金时参与整体支付过程。因此，电子现金的支付速度要快于电子支票，运作成本更低，但不宜进行较大数额资金的支付与结算。

知识链接 3-1 电子现金起源

为了解决 Internet 因为缺乏标准的安全机制，难以保证在电子化交易中交易双方的身份认证、交易数据的保密性、匿名性、不可否认性以及交易的公平性等这些问题，计算机专家和密码学专家们利用密码技术，在 Internet 标准协议基础上提出了各种电子现金方案。电子现金可以看作现实纸币的电子或数字模拟，但比现实纸币更方便经济。电子现金的最简单形式包括三个主体（商店、用户、银行）和四个安全协议过程（注册协议、提款协议、支付协议、存款协议）。根据电子现金在花费时是否与银行进联机验证，分为在线电子现金系统和离线电子现金系统。

第一个电子现金方案是由被誉为电子现金之父的 David Chaum 在 1982 年提出并且发行的。他利用盲签名技术，可以完全保护用户的隐私权。1995 年，Stadler 等提出了公平盲签名的概念，可以用于条件匿名的支付系统。到了 1996 年，Camenisch 等和 Frankel 等分别独立地首次提出了公平的离线电子现金的概念。公平电子现金中用户的匿名性是不完全的，它可以被一个可信赖的第三方撤销，从而可以防止利用电子现金的完全匿名性进行的犯罪活动。[资料来源：李继国，曹珍富，李建中. 2004. 电子现金技术[J]. 计算机科学，31（1）：5-10]

3）信用卡

信用卡（credit card）是一种非现金交易付款的方式，是银行或专门的发行公司发给消费者使用的一种信用凭证，可以把支付与信贷两项银行基本功能融为一体。信用卡是由银行或信用卡公司依照用户的信用度与财力发给持卡人，持卡人持信用卡消费时无须支付现金，待结账日时再行还款。信用卡就是银行提供给用户的一种先消费后还款的小额信贷支付工具。

信用卡支付在网络支付过程中风险较大。利用信用卡进行网络支付时，需要输入卡号、信用卡有效期、卡背面签名栏旁的安全码［如万事达卡（master card）的安全码为 CVC2（card validation code 2）］、网上交易密码等，有时需要输入姓名、网页随机生成的验证码等，而不怀好意的人可能使用网络钓鱼、窃听网络信息、假冒支付网关等手段窃取用户资料。

信用卡的支付有多种模式，主要包括账号直接传输方式、专用账号方式、安全电子交易（secure electronic transaction，SET）方式等。目前已经比较成熟的支付协议［如 SET 协议、安全套接层（secure sockets layer，SSL）协议等］的应用，使得信用卡支付系统能够保证在复杂的公用网中交易双方快速、有效、安全地实现支付与结算。［参见“6.2.5 安全协议技术”］

知识链接 3-2 电子钱包的支付特性

电子钱包的支付特性主要包括：

（1）非实名制。为了减少钱包的维护成本，简化交易机制，加快交易速度，大部分电子钱包都是不记名、不挂失的。

（2）脱机交易。出于对成本和交易速度的考虑，大部分电子钱包选择了脱机交易的方式。这种方式验证较连线交易简单，本地验证的内容主要是电子钱包的真实性（是否伪卡），交易过程中无须密码、签名，使得交易处理时间较短。且电子钱包无须找零，因此其交易快于现金。

（3）小额支付。电子钱包主要是用于不适合银行卡交易的小额支付领域。电子钱包具备脱机、无须密码、机具成本小、交易结算费用低等小额支付所需要的优点，填补了银行卡遗漏的市场盲点。

（4）使用环境相对封闭。由于电子钱包不是法定货币，其使用范围与发卡机构的营销手段及受理环境的建设密切相关，大面积推广牵涉到更多的利益平衡，因此开放度有限，一般在小范围、相对封闭的环境中应用比较成功。[资料来源：曹凌宇. 2011. 电子钱包业务发展探析[J]. 银行家，(11)：17-20]

3. 电子货币的安全问题

电子货币的使用不可能改变支付服务的本质和参与支付过程各主体的角色，但改变了完成支付的方法和途径，因而会对支付安全性产生一定的影响，同时具有安全保护和安全风险两面性。

在安全保护方面，电子货币采用了极为复杂的加密算法、数字签名、数字证书和身份认证等技术手段，具有高效的防伪功能，能避免假币的产生，保护交易双方不被非法支付和抵赖，也可以避免双方被冒名顶替的欺诈行为出现。另外，电子货币利用先进的信息技术，使支付作业流程化、简单化、自动化，减少了人工操作过程中所固有的人为错误的概率。而且电子货币支付还可以使人们不必携带大量现金，保证了人身和财产安全。

在安全风险方面，表现在以下几个方面：

（1）电子货币的发行主体的安全风险。电子货币的发行主体本身是否健全与可靠在很大程度上影响到网络支付的安全性。一旦电子货币的发行主体出现问题或倒闭，可能为网络支付带来系统性风险。

（2）电子货币支付系统的安全风险。电子货币的支付与结算是建立在先进计算机、信息网络技术发展的基础上的。由于电子货币具有匿名性、虚拟性，一旦电子货币支付系统在某一环节或某几个环节出现问题，便会导致电子货币丢失、被盗、被非法支付等涉及支付安全的问题，给消费者和银行带来损失。例如，消费者在电子货币支付过程中，因网络中断、操作失误等原因导致参与支付主体的财务损失。而且，当某一电子货币系统失败，也将会威胁到其他电子货币系统的生存。电子货币不具有真实的物理形态，而是依赖于信息技术的、虚拟化的电子数据，电子货币存在低成本发行、鉴别困难等特点，容易造成新的犯罪行为（如伪造货币及支付工具成为洗钱、逃税或赌博的工具等）。

（3）金融监管缺位的安全风险。由于电子货币的发行主体多样化，甚至非金融机构都可发行电子货币，致使无法对其进行长期有效的金融监管与检查。消费者会面临电子货币发行主体信誉不良的风险。一旦发生问题，利用电子货币的交易活动就会面临无款可付的尴尬局面。[参见“8.2.2 电子商务支付中的法律问题”]

扩展阅读 3-4　比特币钱包 Electrum 遭遇大规模 DDoS 攻击

2019 年 4 月，一个拥有 14 万台机器的复杂僵尸网络对知名比特币钱包 Electrum 的服务器发起了拒绝服务（distributed denial of service，DDoS）攻击，意图引导用户跳至虚假网站来窃取他们的比特币。黑客攻击者甚至部署了集成“后门”版 Electrum 客户端的自家服务器。一旦用户成功和恶意服务器（目前已经检测到数百起）同步，那么就会升级至有后门的 Electrum 客户端。如果用户安装问题版 Electrum 客户端，那么此前旧版本上的所有比特币资金都会被迁移。此次攻击达到了新的安全级别，导致失窃的比特币价值数百万美元，其中有一位用户丢失了价值 14 万美元的比特币。［资料来源：每日安全资讯：比特币钱包 Electrum 遭遇大规模 DDoS 攻击，已造成数百万美元损失[EB/OL]. 新浪网.（2019-04-10）[2021-03-06].http://k.sina.com.cn/article_1772191555_69a17f4301900fglb.html］

3.2　网络银行与开放银行

银行的发展经历了多个阶段，从最初的手工操作、局部计算机处理、银行系统内部网络化发展到方便客户的无人银行、自助银行、电话银行、网络银行、手机银行等各种形式。所有这些发展变化，最终都通过网络银行系统集成为一个统一的整体，为客户提供全方位的银行服务，消除了地域的界限和时间差别。随着网络技术、信息技术和电子商务技术的不断革新和发展，特别是国际互联网的不断普及，金融服务逐步向电子化、自动化、网络化的趋势发展，网络银行的产生就是这个趋势的必然结果。

3.2.1　网络银行概述

网络银行，又称网上银行，其依托信息技术和互联网的发展，借助互联网遍布全球及其不间断运行、信息传递快捷并多媒体化的优势，实现将银行服务直接送到客户办公室或家中的服务系统，使客户足不出户就能够安全快捷办理业务，享受到综合、安全、全天候、高质量的在线金融服务。

1. 网络银行的产生与发展

资金流作为电子商务以及传统商务流程中的一个关键环节，其高效率、低成本、安全可靠的运作是商务发展的需求。网络的开放性和社会需求的个性化，使得在电子商务发展过程中，社会和客户对支付服务层次和质量的要求越来越高，这对传统银行提出了新的挑战。一方面，需要借助四通八达的互联网将银行支付系统的接口铺设到政府、企业、家庭和个人的电脑终端上；另一方面，由于电子商务具有实时交易和跨地域等特点，银行需要提供高效率、零时差的资金清算服务，并且安全、高效地实现跨国界的资金划拨和清算。另外，银行还必须担当起新的角色和职能：成为金融平台的创建者，提供金融交易的基础设施服务；建设更有效的资金转移体系；改进公司客户的商业模式；帮助消费者完善自我服务等。

网络银行运行模式早在 20 世纪 50 年代就有类似雏形，只是那时并没有互联网，而是在专用网络上进行，它的发展是伴随着银行的电子化与信息化的发展进程而发展的。大致可以分为以下三个发展阶段。

1）计算机辅助银行管理阶段（20 世纪 50 年代至 80 年代中后期）

20 世纪 50 年代末，计算机逐渐在美国和日本等国家的银行业务中得到应用。早期的金融电子化基本技术是进行简单的计算机银行数据处理和事务处理，以解决手工记账速度慢的问题，同时可以提高财务处理能力和减轻人力负担，主要用于分支机构及各营业网点的记账和结算。60 年代末兴起的电子资金转账技术及应用，可以快速有效地处理支付信息，降低处理成本及票据纸张费用等交易成本，有效地降低了支付时间的不确定性。

2）银行电子化或金融信息化阶段（20 世纪 80 年代中后期至 20 世纪 90 年代中期）

20 世纪 80 年代中后期，在世界各国已有网络化金融服务系统的基础上，形成了全球金融通信网络。各种新型的电子网络服务随之出现，如以自助方式为主的在线银行服务（PC 银行）、自动柜员机（ATM）、家庭银行系统和企业银行系统等。银行电子化使传统银行提供的金融服务变成了全天候、全方位和开放型的金融服务，电子货币成为电子银行依赖的货币形式。

3）网络银行阶段（20 世纪 90 年代中期至今）

20 世纪 90 年代中期以来，银行借助 Internet 及其他网络开展各种金融业务，以达到拓展业务触角、降低运营成本、满足顾客个性化需要的目的，出现了基于 Internet 平台的网络银行，使得网上消费真正变为现实。网络银行是电子银行发展的高级阶段，是互联网时代的产物。

扩展阅读 3-5　电子银行移动化趋势明显

2021 年 3 月 15 日，中国银行业协会发布的《2020 年中国银行业服务报告》指出，据不完全统计，2020 年，银行业金融机构离柜交易达 3708.72 亿笔，同比增长 14.59%；离柜交易总额达 2308.36 万亿元，同比增长 12.18%；行业平均电子渠道分流率为 90.88%。而 2017～2019 年，银行业离柜率分别为 87.58%、88.67%、89.77%，这是该数据首次突破 90%。

2020 年我国银行业金融机构离柜交易中，手机银行交易达 1919.46 亿笔，同比增长 58.04%，交易总额达 439.24 万亿元，同比增长 30.87%；网上银行交易达 1550.30 亿笔，交易总额达 1818.19 万亿元，同比增长 9.68%。

对比来看手机银行、网上银行的交易数据变化，手机银行增长迅速，网上银行的增长幅度要低很多。2020 年，手机银行交易笔数增速创新高，这在一定程度上反映银行业电子银行服务渠道的发展是朝移动化的方向前进的。［资料来源：中国银行业协会发布《2020 年中国银行业服务报告》[EB/OL]. 中国银行业协会官网.（2021-03-15）[2021-06-02]. https://www.china-cba.net/Index/show/catid/14/id/39076.html］

2. 网络银行与传统银行的区别

传统银行的经营理念是以物（资金）为中心，注重地域、资产数量、分行和网点的数量，通过不断追加投入，多设网点获得规模经济效益。传统银行的组织体系呈现垂直式结构，其竞争格局是同业竞争、国内竞争、服务质量和价格竞争。传统银行的优势在于能够进行面对面的客户服务，加深对客户的了解。

网络银行突破了时空限制，改变了银行与客户之间的沟通模式，削弱了传统银行分支机构网点的重要性，其经营理念重心由如何获取信息并最好地利用这些信息为客户提供多角度、全方位的金融服务，逐渐转向以人为中心，主要是通过对技术的重复使用或对技术的不断创新带来高效益（图 3-5）。由于网络银行技术的复杂性、信息的多样化和竞争压力加大等原因，系统安全性、效率、传输速度等因素显得非常重要。网络银行的组织体系呈现的是扁平式结构，面对的是一个金融业与非金融业、国内与国外、网络银行与传统银行等多元竞争格局，构架起全新的银行竞争规则。

图 3-5　中国工商银行网络银行

网络银行的业务包含的内容要比传统银行丰富得多，由于采用数字化、开放式的服务方式，其工作效率与服务质量也是传统银行无法比拟的（表 3-2）。

表 3-2　网络银行与传统银行的比较

项目	网络银行	传统银行
组织体系	扁平化、虚拟空间	垂直型、物理实体
地域限制	无	有
设置成本	较低	较高
营销理念	以客户为导向	以产品为导向
销售渠道	计算机网络系统以及基于该系统的代理商制度	分行及其广泛分布的营业网点
业务服务模式	“AAA”式服务，业务多样化、个性化、跨境服务等	传统业务结构，服务成本高，面对面服务
信息服务	全面、实时、高效、个性化、主动	发布范围有限、受服务人员数量及素质的影响、被动
人力资源培养	侧重人才的综合商业服务理念和全面服务素质培训	单纯的业务技能培训
经济效益的获得	对技术的重复使用和不断创新；利差收入与中间业务收入并存	不断追加投入，多设置网点；以利差收入为主
竞争格局	行业间竞争、全球化竞争、多元化竞争等	同业竞争、国内竞争、服务质量和价格竞争等

3. 网络银行的特点

网络银行是在网络技术和网络经济迅速发展的基础上产生发展的，与传统银行相比，其具有以下一些基本特征。

1）虚拟的运作模式

网络银行作为虚拟化的金融服务机构，不再依赖在各地区遍设物理分支机构来扩展业务，只需连入互联网的终端即可为世界各地客户提供金融服务。因此，网络银行的分销渠道发生了重大变化，企业组织结构和人力资源构成与传统银行迥然相异。传统银行主要借助物质资本和人力资本向客户提供服务，而网络银行主要借助智能资本，靠少数智力劳动者提供服务。在虚拟空间中，网络银行需要依赖技术手段（如加密、认证、数字签名等）来支持网络银行和客户相互间的身份确认；加强保护交易信息的机密性和完整性；能够借助网络的开放性和全球连通性，轻而易举地挖掘潜在客户等。

2）运营成本低、效率高

网络银行建设的成本较低，能够节省大量营业网点和自动柜员机所需的构建、维护、管理等费用，成本远远低于传统银行分行机构，同时还可节省大量人力资源。网络银行可将资金在途时间压缩为零，一切交易、信息的发布以及各种业务和办公完全实现无纸化、电子化和自动化，能有效实现成本控制，进而提升产品价格竞争力，提高服务质量，以廉价的营销成本、快捷的营销渠道吸引客户。同时，网络银行将一些业务（如对网上审批贷款和信用申请等业务）外包出去，通过与多家金融服务供货商合作，以较低的成本快速扩展业务品种。

3）客户服务方便快捷，呈现多样化个性化

网络银行的用户，只需到银行营业网点填一张表并签名，就可获得网络银行提供的功能强大的金融服务，或者在线申请，即时开通。网络银行不受时间、地点和业务类别的限制，能为客户提供任何时间（anytime）、任何地点（anywhere）、以任何方式（anyhow）的、每年 365 天、每天 24 小时的“AAA”式全天候金融服务。网络银行能为客户提供多角度、全方位、“以人为本”的金融服务，根据每个客户不同的金融和财务需求“量身定做”相应的金融产品服务，满足市场和客户对多样化、个性化金融产品和金融服务的需求。

4）服务功能丰富，可拓展性强

网络银行是传统业务的延伸和补充，如个人财务查询，支持同一户名下不同存期、不同卡种之间的转账，支持不同户名的资金划拨，实施个人网上支付，或者是代收公共费用。网络银行能够融合银行、证券、保险等行业经营的金融市场，减少各类金融企业针对同样客户的劳动重复，拓宽金融企业的创新空间，向客户提供更多量体裁衣式的金融服务。［参见“3.2.2 网络银行的业务内容”］

5）提供完善的信息服务

网络银行能够为客户提供更高效便捷的资讯服务。网络银行也是信息发布中心、商品交易中心和报价中心。同时，网络信息技术的迅猛发展，改变了信息搜寻、传播和处理的方式与成本，网络银行可以让客户随时随地查询交易记录，提供免费的个人理财分析服务，提供利率、汇率、股票指数等金融市场信息，向客户提供金融信息增值服务、信息交互服务等，大大改善了客户的信息结构，增强其信息优势。另外，网络银行获取信息的速度和对信息的优化配置成为银行信用评估标准中的重要指标。

4. 网络银行的构架和运营模式

1）网络银行的构架

网络银行系统是一个业务信息系统，或者说是一个综合的金融管理信息系统，并具有更强的数据统计分析、多维分析甚至数据挖掘功能。一般而言，网络银行系统架构包括：

（1）网络银行客户端。外部用户是使用网络银行提供业务的银行客户，包括个人用户和企业用户。他们需要通过银行外层防火墙的检验以及支付网关的认证，才能登录到网络银行系统完成各种业务操作。银行工作人员作为内部用户可以利用银行内部网络，经由内层防火墙的认证来访问网络银行系统。

（2）内外层防火墙。外层防火墙将 Web 服务器及内部网段同外部网段隔离，以阻止非法访问者和数据进入。内层防火墙用于隔离网络银行的应用服务器与数据库系统。这两层防火墙形成对互联网的双重隔离。[参见“6.2.4 网络防火墙技术”]

（3）支付网关。支付网关是在公用网（如 Internet）和金融专用网之间的接口，是金融专用网面向公用网的安全屏障，一般都支持 SET 协议。支付网关的基本功能主要有交易管理、证书管理、密钥管理、加密服务、翻译功能、应用管理。

（4）Web 服务器。网络银行系统的 Web 服务器位于应用服务器和外部客户端之间，是网络银行系统的内部应用逻辑与外部公众网络之间的接口。

（5）应用与数据库服务器。应用和数据库服务器与 Web 服务器一起构成了网上结算支付应用系统的运行环境，实现网上交易业务的逻辑控制和流程处理，完成与 Web 服务器之间和数据库服务器之间的跨平台信息交互。

（6）网络银行数据库。网络银行数据库存放各种类型的应用数据，包括各种系统参数、客户信息、账户信息、交易信息等。网络银行数据库往往具备分布式数据处理能力，能提供安全可靠、便捷高效的网络通信、数据复制、数据传输监控、审计功能等支持。

网络银行的这种架构能够提供高质量的安全保障。防火墙将公用网和金融专用网络隔离，同时 Web 服务器和支付网关被设置在内外层防火墙之间，形成双重隔离。来自公用网的网络银行查询请求，只有通过外层防火墙的安全检查，才能到达 Web 服务器；而支付请求还要经由内层防火墙的二次验证和检查，才能进入银行内部网络的结算支付处理系统，完成账户借贷等操作，更新数据库后，最后将结果反馈给客户。

2）网络银行的运营模式

网络银行在运营模式方面呈现出渐进式和多样化的特征。在网络银行发展初级阶段，主要表现为传统银行在互联网上设立网站，介绍银行自身情况，发布有关金融信息，完成基本的交易类服务，并不具备账务管理系统、后台数据处理等功能。网络银行的运营模式主要分为纯网络银行、传统银行的虚拟分支、网络金融门户等。

（1）纯网络银行。纯网络银行是指没有传统的营业网点，仅仅凭借互联网来开展银行业务的独立经济组织，其目标就是将从传统经营管理节省出来的费用（如更高的利息和较低的手续费）部分返还给客户。美国的安全第一网络银行（Security First Network Bank，SFNB）就是一家典型的纯网络银行。独立的纯网络银行可以说是一种未来的颇有发展潜力的经营模式，属于全方位的金融革命。纯网络银行的发展模式可分为全方位发展［向客户提供各种类型的方便而集中的金融服务，以印第安纳州第一网络银行（First Internet Bank of Indiana，FIBI）为代表］和特色化发展［更专注于具有核心竞争力的业务，以休斯敦的康普银行（Compu Bank）为代表］。

扩展阅读 3-6　美国纯网络银行的发展模式

美国纯网络银行的发展，存在两种不同的理念，相应形成了两种发展模式：全方位发展模式和特色化发展模式。

（1）全方位发展模式。该发展模式并不认为缺少物理网点的纯网络银行具有任何局限性。因此，这类纯网络银行提供传统银行所提供的一切金融服务，以对传统银行产生替代效应。此外，这些纯网络银行还致力于开发新的电子金融服务，以满足客户的多样化需要。

（2）特色化发展模式。该发展模式承认纯网络银行无法提供传统银行所能提供的部分服务。例如，因为缺乏分支机构，他们无法为小企业提供现金管理服务，也不能为客户提供安全保管箱；也不适合销售过于复杂的金融产品等。因此，纯网络银行若想在竞争中获得生存必须提供特色化的服务，如通过精准的客户定位，以有限的资源提供独特的金融服务，满足特定客户群体的金融需求；提供结构简单的金融产品，既减少银行自身的网络维护成本，又能降低客户的时间成本，从而保证银行经营保持相对优势。［资料来源：陈一稀. 2014. 美国纯网络银行的兴衰对中国的借鉴[J]. 新金融，（1）：58-62］

（2）传统银行的虚拟分支。这种模式是在传统银行的基础上扩建其网上业务渠道，为客户提供在线的账户查询、资金转账、网上支付等金融服务，以达到稳固客户关系基础、降低经营成本、提高服务效率的目的。在这种经营模式下，传统银行可以在互联网络上充分延伸原有的品牌优势，利用网络渠道在速度和交互性方面的优势来优化形象、改善客户关系、扩大金融产品的市场占有率，进而达到传统金融业务与网络银行发展的协调。传统银行一般是通过发展自己的网络银行业务来实现，如美国的国民银行（NationsBank）、卫法银行（WellsFargo）、花旗银行（Citibank），以及我国现有的网络银行。有些传统银行通过收购纯网络银行而迅速获得在互联网上的优势。例如，1998 年加拿大皇家银行收购了安全第一网络银行除技术部门以外的所有部分。使加拿大皇家银行立即站在网络银行发展的最前沿。

（3）网络金融门户。网络金融门户是指将银行、证券和保险所提供的金融产品和服务整合在网络平台上，实现一揽子网络金融服务。其目的是留住客户，获得专业加工的附加价值和市场集中的规模效益。网络金融门户是多家金融机构网上服务的结合，与各金融机构的交易系统存在直接的物理连接，从而提供高效的一站式服务。这不同于只提供特定金融机构链接的中转式服务的金融信息门户。

3.2.2　网络银行的业务内容

网络银行的业务内容是一致性和差异性共存。网络银行一方面要提供一致性业务来满足银行间结算往来和客户需求，如存贷款业务、汇兑业务、投资业务、支付业务等。另一方面，网络银行必须面对激烈的竞争，开发个性化服务以谋求更大的利润空间。

随着网络技术的不断发展和提升，以及网络银行对业务品种的开发技术的日益成熟，网络银行提供的业务品种也越来越丰富、完善。按照网络银行的业务内容分为信息服务类、数据查询类、在线交易类、其他金融业务类等。根据商务的不同性质，网络银行的业务内容主要分为对企业业务和对个人业务。

1）网络银行的对企业业务

企业网络银行的金融业务主要针对企业与政府部门等企事业组织，几乎涵盖并延伸了现有的对公银行业务。企事业组织可以随时掌握自己的财务状况，轻松处理大批量的网络支付、工资发放、安全进行大额转账等业务。不同的企业网络银行根据自身的业务倾向和运营特色，在对企业的金融业务的内容上或名称上均有差异。中国工商银行网络银行发挥其资金实力、信息资源、服务网络等方面的优势，为各类公司、企业、金融机构、政府机构、中介机构以及其他非法人性质机构等各行业的客户提供丰富的在线金融服务。中国工商银行企业网上银行业务功能分为基本功能和特定功能。基本功能包括账户管理、网上汇款、在线支付等功能；特定功能包括贵宾室、网上支付结算代理、网上收款、网上信用证、网上票据和账户高级管理等业务功能（表 3-3）。

表 3-3　中国工商银行的对企业业务

业务分类	具体业务
账户管理	账户管理、账户对账等
收款业务	批量扣企业、批量扣个人、在线缴费商户服务等
付款业务	网上汇款、向证券登记公司汇款、新股网下申购汇款、金融期货、电子商务、外汇汇款、企业财务室、在线缴费、网上保付、代发工资、银税通等
集团理财	集团理财、票据托管等
信用证业务	进口信用证、出口信用证、样本维护等
贷款业务	贷款查询、委托贷款、网上还贷等
投资理财	基金业务、国债买卖、工行理财产品、代理实物黄金、实物黄金递延、通知存款、定期协定存款、第三方存管等
贵宾室	企业财务室、自动收款、预约服务、客户账务提醒、代发工资等
代理行业务	代签汇票、代理汇兑等
企业年金	计划信息查询、企业信息管理、员工信息管理、缴费信息管理、投资信息管理、支付信息管理、文件传输服务、受托业务管理、年金信息通道等
商务卡管理	商务卡业务、运通商务卡业务等
客户服务	首页定制、相关下载、客户资料、证书管理、电子工资单上传、工银信使、账户别名管理、汇款用途维护、功能定制、待处理授权业务、上门收款身份验证等

资料来源：中国工商银行官方网站（http://www.icbc.com.cn/icbc/）。

2）网络银行的对个人业务

随着互联网的快速发展，网上银行对于个人客户而言已经成为一项重要的银行业务。网络银行的对个人业务主要针对个人与家庭的日常消费支付与转账，以满足个人客户在网络支付时代的个性化需求。借助个人网络银行，客户可完成实时查询、转账、网络支付和汇款功能，随时掌握自己的财务状况，处理大量的生活费用支付、消费、转账等业务。

招商银行“一网通”个人网络银行为个人客户提供各种类型的网上自助金融服务（表 3-4），且网络银行业务的手续费用要低于国内四大银行。从客户数量、户均资产、资产管理规模（asset under management，AUM）等硬指标和市场口碑、专业机构认定等软指标来看，招行私人银行可以说是排在国内前列的。

表 3-4　招商银行网络银行对个人业务（部分）

业务分类	具体业务
私人银行	投资视点、产品平台、品质服务、工作范式、首页推荐、中心地图、联系我们、媒体报道等
个人贷款	住房贷款、小微贷、闪电贷、消费贷、商业用房贷款、个人贷款、特色创新功能、全国个贷中心、按揭贷款月供计算器等
储蓄业务	境外汇款、个人通知存款、教育储蓄、个人结汇/购汇业务、大额存单、结构性存款、创新型存款产品、VISA/MASTERCARD、外卡收单业务、定期储蓄、转账汇款、活期储蓄、存单、存折等
投资理财	黄金账户、招行金、开放式基金、招财金、纸黄金白银、储蓄国债（凭证式）、第三方存管业务、金葵花理财产品、黄金回购、个人金银投资品代购业务、招行金生利 2 代、外汇买卖、外汇期权、记账式国债柜台交易等
跨境金融	境外留学、境外旅游、商务出行、特色签证服务、常见问题解答等
居家生活	自助境外汇款业务、个人自助结售汇业务、生活缴费、国际收入自助申报、保管箱业务、一卡通账户余额证明、招商银行账户证明书、存款证明业务等

资料来源：招商银行一网通（http://www.cmbchina.com/）。

扩展阅读 3-7　招商银行的私人银行业务

招商银行的私人银行品牌经过 14 年打磨，已经构建了以专业的投资顾问服务为核心竞争力的服务体系，搭建起了品种齐全的开放式产品平台，打造了从“市场研究观点”到“投资策略”到“大类资产配置”到“产品组合选择”以及“绩效跟踪检视”的全面资产管理与产品服务体系。为客户精选真正有价值的投资产品、帮助客户做出理性选择，陪伴客户努力实现投资目标，是招行私人银行服务的目标。

截至 2020 年末，招商银行私人银行资产管理规模达 27 746 亿元，领先于同业水平。在国内财富管理市场竞争更趋白热化的当下，招商银行私人银行乘风破浪，在英国《银行家》及《专业财富管理》杂志评选的“2020 年全球私人银行”中，荣获“中国最佳私人银行”奖；在《欧洲货币》“2021 年全球私人银行和财富管理评选”中，招行私人银行再度凭借优质的服务和过硬的综合实力，第 11 度荣膺“中国最佳私人银行”综合大奖。［资料来源：“观全球大势 论财富之道”——招商银行宁波分行举办 2021 年上半年私人银行投资策略报告会[EB/OL]. 招商银行宁波分行网站.（2021-05-06）[2021-06-27].http://gb.cmbchina.com/gate/gb/branch.cmbchina.com/0574/ branchnews/20210506.htm］

3.2.3 网络银行存在的问题

网络银行代表着银行业未来发展的主流趋势，然而其发展之快使人们不得不面临许多现实的、有待解决的问题。只有正确面对这些问题，建立相应的法律法规，在实践中加强管理、规范操作，才能促进和推动网络银行的健康和快速发展。

1. 网络银行安全问题

由于网络技术以及内部人员等方面的问题，使得网络银行系统存在故障风险、黑客攻击风险、认证风险、操作风险、欺诈风险等，从而导致网络银行服务中断、数据外泄、数据差错、客户认证和数字签名被破解等威胁客户交易安全和资金安全问题。网络银行系统的安全问题主要包括资金安全问题、交易安全问题、客户隐私保护问题，以及由网络银行业务风险带来的经营安全问题等。

如何确认用户合法身份，如何保证客户资料和交易信息不被窃取和篡改，如何阻止不法分子对银行数据库系统的非法侵入等问题，已经成为网络银行安全保护关注的焦点。这不仅需要互联网通信技术和安全技术的不断发展而完善，如可靠而有效的数字认证技术、网关技术、完善信息加密技术等。同时，还需要加强风险环境监管和技术监管，并利用法律法规对金融网络和计算机系统犯罪分子进行严厉打击。［参见“6.2 电子商务安全技术”］

扩展阅读 3-8　日本网银被盗案件频发

日本网银存款被盗案件频发，2019 年 11 月受害金额就超过了 7.7 亿日元。统计数据显示，日本 2019 年 9 月共发生网银被盗案件 441 起，在 10 月和 11 月分别为 397 起和 573 起；在受害金额方面，也从 9 月的 4.08 亿日元激增到了 10 月的 5.19 亿日元，在 11 月甚至达到了 7.76 亿日元。

在这些案件中，犯罪分子大多以金融机构的名义，向事主的手机或电脑发送电子邮件等信息，诱导事主访问与网上银行登录页面几乎一模一样的“钓鱼网站”，在窃取事主的登录名和密码等信息后，再从事主存款账户转走资金。

日本金融机构称，绝不会通过电子邮件等方式向存款人询问账户信息，警察厅也呼吁民众不要打开可疑电子邮件，在登录网上银行时，一定要确认是否为金融机构的官方网站或官方提供的网银软件。

［资料来源：要警惕！日本警方称该国 11 月网银被盗存款创新高[EB/OL].中国新闻网.（2019-12-20）[2020-12-15].https://www.chinanews.com.cn/gj/2019/12-20/9038780.shtml］

2. 网络银行信用问题

在开展业务的过程中，网络银行作为虚拟银行更重视信用。网络银行虚拟的环境加剧了信息不对称的态势，这容易引发网络银行的信用危机。信息传递安全性、系统的稳定性、对信息处理的准确性等都直接影响着银行的信用。例如，客户个人资料与隐私信息安全保护不够，使客户利益遭受侵犯，进而担心网络金融服务的安全与质量等。因此，需要尽快出台网络银行信用的评估标准以及信用体系建设的相关法律法规，以实现信用信息共享，保证网络银行在统一的信用标准条件下开展业务，体现网络银行的竞争优势。

3. 网络银行跨境业务风险问题

网络银行能够利用境内的网络银行系统，向境外居民和企业提供的网络银行业务服务，网络银行跨境业务应运而生。然而，跨境业务自然会产生各种问题，从而挑战传统的建立在自然疆界和纸质合约基础上的法律法规。例如，网络跨境金融服务和交易合约的合法性问题；跨境网上交易和金融服务的管辖权问题与法律适用性问题；跨境品牌和知识产权问题；境外交易信息的有效性与法律认定问题；客户使用境外网络银行时对安全和信用的顾虑等。网络银行跨境业务虽然拓展了银行业务覆盖的区域范围，但由于要面对不同国家的法律环境、金融监管环境和商务环境等因素，使得网络银行跨境业务面临新的、复杂的风险。[参见“8.5 跨境电子商务的相关法律”]

4. 网络银行监管问题

网络银行的跨地区、跨国境经营使客户可以选择接受异地银行提供的金融服务。网络银行的这种跨界的运作方式，也跨越了各国的法律和金融法规，从而对网络银行的监管制度提出挑战。例如，对网络银行进行信息跟踪与监测；对网络银行电子货币的监管；对网络银行支付系统的效益性、安全性与稳定性的监管；避免新的支付工具被用来逃税、洗钱等犯罪活动等。因此，各国政府需要进行谈判合作，从网络银行的特点出发，在总体上把握其未来发展方向，达成网络银行的监管共识，共同制定完善的法律法规，保证网络银行良性发展。

3.2.4 开放银行

如今银行面临着流量、产品与客户服务的困局，使得银行业需要面对跨界融合，实现银行与银行之间、银行与非银金融机构甚至与跨界企业间的数据共享与场景融合。开放银行（open banking）应运而生。开放银行是一种利用开放应用程序编程接口（application programming interface，API）技术实现银行与第三方之间数据共享，从而提升客户体验的平台合作模式。

1. 开放银行发展历程

英国和欧盟最早提出开放银行，可以说是开放银行发展的先驱者。随后，开放银行模式呈现快速发展态势，诸多开放银行模式相关的监管政策、机构创新案例纷纷落地。

英国对于开放银行理念的发展和推动起到了引领和示范作用。根据英国竞争和市场管理局（Competition and Markets Authority，CMA）发布的零售银行市场业务调查报告，大中型银行在市场竞争中占据支配地位，无须努力即可获得并留住客户，限制了英国金融业的市场创新和客户体验。由此，英国政府当局主导，以促进竞争、改善客户权益、打破大银行垄断为目的，采取以开放银行为核心的一系列改革措施，大力推动金融机构之间以开放数据发展金融业务。随之而来的是金融科技企业通过标准接口获取客户数据，个人及小企业用户拥有更多的金融选择，客户体验显著提升。

欧盟开放银行起始于银行传统的支付业务。2015 年 11 月发布了《新支付指令》，出台了《支付服务指令 2》（*Payment Service Directive* 2，PSD2）。该法案纳入两类新兴第三方支付服务提供商，并制定支付账户开放规则，要求银行必须把用户账户、交易数据开放给客户授权的第三方机构。PSD2 要求欧洲经济区各国必须在 2018 年 1 月之前将 PSD2 转化为法律，这为欧盟的开放银行提供了立法基础。2016 年，欧盟通过赋予欧盟居民对个人数据的更多控制权，对包括银行在内的网络安全、数字经济提出严格监管，同时对违反条例行为制定巨额处罚机制。这为欧盟开放银行的规范、有序的发展，以及欧盟个人数据的保护提供保障。在美国，金融科技企业和账户整合者（如 Mint.com）逐渐兴起。

我国明确提出"开放银行"一词的时间较短。如今，金融科技公司与商业银行加速融合，传统的金融展业模式不断渗透，金融监管者、商业银行、新兴金融机构，在创造新的产品和商业模式的同时，也推动着行业监管和标准的演进。

2. 开放银行的服务对象与标准

一般来说，开放银行是信息网络化、数据化以及客户行为变化发展到一定阶段的产物，主要是为了提升银行在未来的竞争能力以及为数字化转型做准备。

银行的开放经历了从线下到线上，从运营线上渠道到运营线上客户，从本行物理网点、网站、App 到第三方网站、App 的过程。按照发展趋势来看，未来银行提供的将不仅是一个个具象的物理网点，而是通过把自身金融产品、服务以及科技能力等与合作平台、场景嵌入融合，为用户提供更易触达、更易使用、体验更佳的一整套金融服务解决方案。

开放银行服务的对象主要包括对大型综合性互联网平台、行业垂直性领域平台及供应链领域上下游企业。大型综合性互联网平台可以借助互联网的大数据和场景优势，强化经营长尾客户的能力，典型案例包括蚂蚁借呗、腾讯微业贷、京东理财等。行业垂直性领域常精于某一特定领域的产品或服务，需要依赖持牌金融机构提供支持，典型的场景是银行提供收单、聚合支付、账户存管等服务。而供应链企业的业务特点决定了其有大量的上下游客户支付结算、信用证业务、票据保理业务需求。

严格意义上的开放银行一般需要满足三项标准：①以开放 API 为核心技术。API 可以分为三类，即内部 API、伙伴 API 以及开放 API。每一种类型特点不同，适用范围也不同。②以数据共享为发展本质。开放银行可以理解为银行领域的共享现象，而其共享的内容就是客户数据，这是由支付、信贷、储蓄等一系列行为产生的。③以平台互联协作为基本模式。开放银行采用的是银行即平台（bank-as-a-platform，BaaP）的形式。银行将各种不同的商业生态嫁接至平台之上，再通过这些商业生态间接为客户提供各类金融服务，从而形成共享、开放的平台模型。

扩展阅读 3-9 开放银行中的 API 技术

API 本质是一些预先定义的函数，目的是给予开发人员基于某软件或硬件得以访问一组例程的能力并且无须访问源码，或理解内部工作机制的细节。换言之，API 在供应方和需求方之间，扮演着“技术胶水”的作用。目前国际范围内较为知名的 API 软件管理公司有 Apigee、Yodlee、MuleSoft、Xignite、TibcoMashery 等。

开放银行是 API 经济在银行业的具体应用，即指银行把自己的金融服务，通过 Open API 或 SDK（software development kit，软件开发工具包）等技术方式开放给合作伙伴乃至客户。例如，一个电商平台希望银行为其客户提供账户查询、支付、消费贷款等服务，银行开放若干个金融服务接口供电商平台调用，那么客户就可以直接从该电商平台在线获得上述银行服务而无须再到银行办理。

银行将自己的特定技术服务用 API 的形式开放出来供第三方使用时，第三方只能使用服务内容却不会得到生产内容。在这种各取所需、知其然而不知其所以然的方式下，银行既能让自己的技术输出服务于第三方，又不用担心核心技术与机制细节遭泄露。第三方则仅需从银行处获取所需的 API，而不用自行开发研究该特定技术服务。此外，API 在极大增强了数据安全性的同时，又不必对银行原有的核心系统进行大刀阔斧的变革，有效节约了数据共享的时间与成本。［资料来源：陈翀. 2017. 第三方开放银行平台模式[J]. 中国金融，（20）：78-79］

3. 开放银行的未来发展

近些年来，各国监管机构陆续出台了若干开放银行 API 相关政策。2015 年 11 月，欧洲议会和欧盟理事会在 PSD 的基础上进行修正，发布了 PSD2，要求欧洲经济区内各国银行必须在 2018 年 1 月 13 日之前将客户数据以 API 的形式开放给第三方机构。英国竞争和市场管理局（CMA）于 2016 年提出了一套银行改革措施，要求大不列颠和北爱尔兰市场份额最大的九家银行建立、采用统一的 API 标准。其他国家如美国、澳大利亚、新加坡等，也都在积极主动地制定类似规定，以促进银行与第三方之间的有效协作。虽然在互联网金融业态发展更为丰富超前，我国的监管方也开始思考银行业开放标准、互联网公司巨量且复杂的金融业务、金融控股集团的监管问题等。

之前，当美国的 GAFA（Google、Apple、Facebook、Amazon）与中国的 BATJ（百度、阿里巴巴、腾讯、京东）进军金融业之时，银行对合作与开放是抵触的。但随着时间的推移，银行开始逐渐摈弃视科技巨头为洪水猛兽的旧观念，寻求跨界合作。2017 年，中国农业银行与百度达成战略合作；中国银行与腾讯成立金融科技联合实验室；中国建设银行宣布与蚂蚁金服合作等。

进入数字金融时代以来，客户需求从以往单独割裂的阶段演变成了高度联通的状态，这也迫使银行需要变革开放。例如，置业的过程中，贷款服务将会被整合进去，客户不需要单独跑到银行网点去办理房贷业务。要做到这点就必须借助开放银行 API 与商业生态圈内的大量合作伙伴建立联系。

当然，开放银行的发展还将面临很多问题。一是银行自身传统体制文化的约束，体现在银行对开放、共享的文化整体持保守态度。不过如今一些有实力的银行正在尝试通过设立内部实验室、建立孵化器、并购或者成立金融科技子公司等方式寻求变革。二是客户隐私与数据安全的危机。API 技术安全性较强，但并不能完全杜绝安全方面的隐患，例如，第三方机构从银行处获取用户相关数据后有对外泄露的可能。三是变现模式有待明确。银行可能会将更多的焦点放在提供多样、便利的客户体验之上，对开放银行的变现模式缺乏明确的思路。这些问题的解决都需要一个长期而缓慢的过程，毕竟构建一个完整的开放银行是一项巨大的工程，需要消耗大量资金、时间与人力。

3.3 第三方支付与监管

银行在提供网上支付结算服务方面往往出于服务能力和成本的考虑，通常只面向有规模的企业，而很难满足中小企业和个人用户的小规模网络支付需求。第三方支付是由与所在国家以及国外各大银行签约、具备一定实力和信誉保障的第三方独立机构提供，通过更有针对性的支付平台和产品服务于中小企业和个人用户。第三方机构与银行依据有关协议，可以进行某种形式的数据交换和相关信息确认。相比较网络银行、电子信用卡、电子现金等支付方式，第三方支付方式减少了和多家银行关联的成本，满足了企业和个人在线业务的收付需求，相对降低了网络支付的风险，因此发展势头异常迅猛。可以说，第三方支付平台的迅速成长与扩张，与银行背景的支付企业形成了微妙的竞争互补关系。

3.3.1 我国第三方支付的发展

早在1998～2005年，首信易、支付宝、连连支付、快钱、财付通等第三方支付机构相继成立，开始为线上化商业活动提供支付渠道。2010年，中国人民银行发布了《非金融机构支付服务管理办法》，并向符合条件的机构颁发支付业务许可证，这些举措确认了非金融机构支付业务的合法性地位，通过将其纳入监管规范了企业经营、保障行业长期有序发展。自2010年起，在网络购物、社交红包、线下扫码支付等不同时期、不同推动力的作用下，第三方支付交易规模经历高速发展，在2020年，第三方移动支付与第三方互联网支付的总规模达到 271 万亿元支付交易规模。第三方支付凭借其便捷、高效、安全的支付体验，使得中国的支付市场成为国际领先的支付市场之一。

知识链接 3-3　我国第三方支付存在梯队发展态势

2020年，我国第三方支付第一梯队的支付宝、财付通以较大领先优势占据市场头部地位。第二梯队的支付企业在各自的细分领域发力。其中，壹钱包位居第三，依托场景、技术、资源等优势，提升客户端服务体验，推进企业端合作赋能；联动优势位居第四，推出面向行业的支付 + 供应链金融综合服务，促进交易规模平稳发展；快钱位居第五，向保险、航空领域持续提供金融科技能力输出服务，实现商户综合解决方案定制化；银联商务位居第六，围绕商户营销拓客、账务管理、终端运维、资金服务等方面的需求，为合作伙伴创造价值；易宝支付位居第七，连接航空、铁路、租车全交通生态，并涉及旅游、酒店到景区的全旅游服务，实现这一生态下的完全布局；苏宁支付位居第八，积极助力城市绿色出行，深耕场景服务，重点挖掘出行领域，打通线上线下多渠道，提高用户参与度。［资料来源：艾瑞咨询. 2021年中国第三方支付行业研究报告[EB/OL]. 艾瑞网.（2021-05-28）[2021-06-20]. https://report.iresearch.cn/report/202105/3785.shtml］

我国第三方支付市场发展快速，在互联网细分行业得到有效拓展，包括C2C网上零售市场在内的电商、网络游戏、航空机票零售和分销、电信充值、公共事业缴费、信用卡还款、网络彩票、基金保险等细分行业里第三方支付业务都取得快速渗透。同时，第三方支付迎来了包括互联网支付企业、移动支付企业、预付卡企业、银行卡收单企业在内的更多的运营主体。

第三方支付行业的未来趋势将是逐渐向移动化、全球化、多元化发展。虽然移动化是移动网络技术快速发展的结果，也是第三方支付用户对支付便捷性的需求，但是用户面对支付安全、信用、监管等问题时经常会望而却步。同时，《商务部“十二五”电子商务发展指导意见》中明确提出，要支持跨境电子商务平台建设，鼓励中小企业利用跨境电子商务平台拓展海外市场，树立中国品牌形象，开展国际合作。面对竞争激烈的国内外第三方支付市场，我国第三方支付企业势必会把握自身所拥有的良好的政策环境、庞大的网络支付市场和飞速增长的跨境交易规模等优势，建立跨境支付平台，实现全球化。随着网络支付政策环境的规范化，第三方支付多元化则表现在支付运营主体与支付业务方面。

总之，我国第三方支付行业必须及时应对国际国内的政策、经济、社会等环境的变化，不断创新，在支付业务方面保持差异化、多样化、个性化等竞争优势，进而保持良好的企业竞争态势，使自身获得利润最大化。

3.3.2 第三方支付的支付流程和特点

第三方支付的典型流程（图3-6）是交易双方均在第三方支付平台上开通账户，买方通过银行往自己账户中充值后可以任意支付使用，卖方可以把自己账户中收到的电子现金提现到收单银行账户。在通过第三方支付平台的交易中，买家选购商品后，使用第三方平台提供的账户进行货款支付，由第三方通知商家货款到达、进行发货；买家检验物品后，就可以通知付款给商家，第三方再将款项转至商家账户。整个支付过程中，第三方支付起到了连接银行和买卖交易双方的作用，并为交易双方提供公正和仲裁服务。

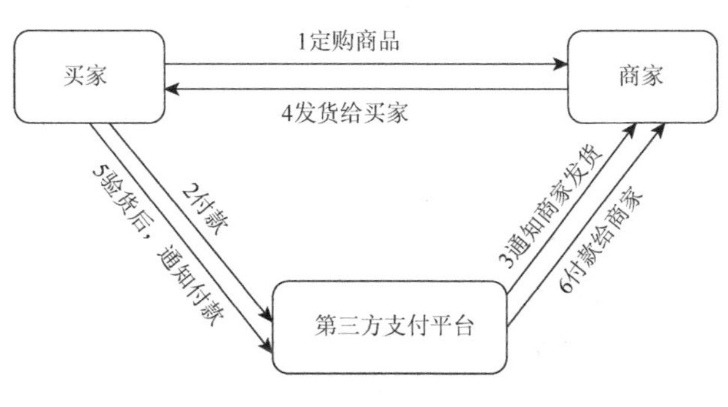

图3-6 第三方支付流程图

第三方支付具有以下显著的特点：

（1）方便快捷。第三方支付平台提供一系列的应用接口程序，将多家银行的银行卡支付方式整合到一个界面上，客户不必面对复杂的技术操作，使网上购物更加快捷、便利。第三方支付能够简化多方的身份认证程序，提高效率。第三方支付其实构建的是一个虚拟账户，并非在银行专门为每一个用户开设银行账户，而是所有资金都存储在第三方支付开户行的账户中（图 3-7）。如此在转账过程中省去多次和银行打交道的程序，提高了支付效率。

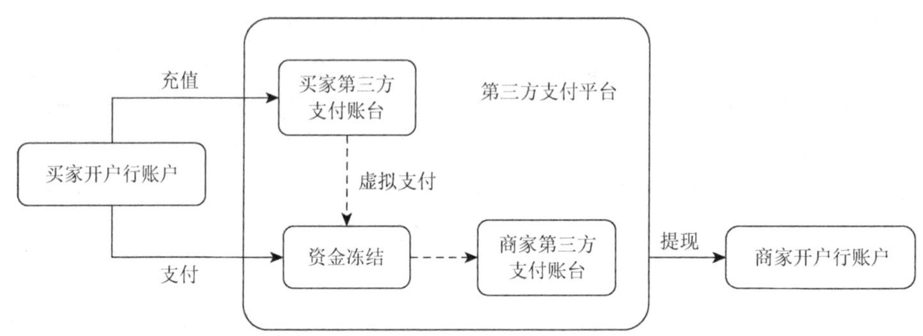

图 3-7　第三方支付平台的结算模式

（2）降低成本。买家和商家不需要在不同的银行开户，这既降低了买家网络购物的成本和银行发展商户及收单成本，也减少了商家与多家银行网关连接的开发费用和系统开销，同时也可避免每次交易都经过银行网络交付手续费的过程，也免去了在传统银行柜台转账或网银转账的手续费用，节省了来回奔波的时间。例如，只要信用卡开户行与支付宝达成协议，便可以通过支付宝免费进行跨行的信用卡还款；还有支付宝的生活缴费功能，为用户提供安全便捷的水电煤、固话、宽带、有线电视、热力、物业等便民生活服务，给人们日常缴费提供了方便（图 3-8）。

图 3-8　支付宝的“生活缴费”服务页面

（3）个性化服务。第三方支付机构在市场竞争中不断创新业务。客户可根据自身需要进行支付结算服务的个性化定制。例如，支付宝的个人服务非常丰富，并且根据市场需求还在不断扩展，其中包括付款收款（可细分为银行卡转账、担保收款、担保付款、找人代付、团体收款等）、生活助手（如水电煤缴费、手机宽带充值、信用卡还款、还贷款等）、网购导航（如商家大全、优惠促销、海外购等）、账户管理（如交易记录、支付方式管理、VIP 俱乐部、集分宝等）等服务。

（4）安全保证。在第三方支付流程中，买家只和第三方独立机构联系，不用将自己的银行信息直接透露给商家，同时避免银行信息多次在网上公开导致信息被窃取。另外，第三方支付的担保功能在很大程度上给交易双方提供了公正仲裁服务，保障了买家的利益，降低了商品交易中的风险，提高了电子商务交易的成功率。支付宝也不断推出安全产品以保证客户的资金安全，如数字证书、宝令、支付盾、第三方证书、手机动态口令、手机宝令等。

3.3.3 第三方支付的风险

第三方支付本身还是存在一些不足的。例如，第三方支付平台之间的流通壁垒，导致第三方支付平台的电子现金彼此不互通，限制了交易的广泛展开。而且第三方支付还存在安全风险和法律风险，有待进一步利用技术创新和法律法规监管来解决。

1）用户资金的安全风险

第三方支付机构一般都存在资金吸存行为。一方面是支付在途资金，即当买家把钱付给第三方机构，只有当买家确认收货，第三方机构才将资金付给卖家，因此资金往往需要在第三方机构账户中滞留一段时间，此时该类资金沉淀在支付机构里。另一方面，在第三方机构和客户之间签约的虚拟账户资金清算周期内，资金沉淀随着业务量的增加而逐渐增大。资金吸存、资金沉淀这种行为必然存在着资金安全隐患或者支付风险。一旦第三方机构的支付系统出现故障，或者是客户账户信息被窃取，就会出现资金丢失或被盗用的情况，给第三方支付机构的客户带来经济上的损失。

知识链接 3-4 第三方支付安全标准的制定

2015 年，我国推出了《信息安全技术电子支付系统安全保护框架》（GB/T 31502—2015）。该标准以国际通行的信息技术安全性评估准则为基础，结合我国现阶段电子支付系统的特点，按照我国有关法律、法规和政令的要求，以自主可控为原则，为公共类电子支付系统的信息安全提供一个公共框架，是进一步完善相关国家标准及行业标准的重要步骤，为构建、运行安全的公共电子支付系统，包括第三方支付的模式，提供了基本框架。

2018 年，《第三方支付信息系统的安全目的》（ISO/NP 23195）国际标准提案通过 ISO 立项。为推动 ISO/NP 23195 标准编制工作，ISO/TC68/SC2 组建第三方支付服务供应商的相关安全工作组（ISO/TC68/SC2/WG16）。同时，为保持该编制工作的延续性和一致性，金标委秘书处组织推荐农业银行、网联清算有限公司、蚂蚁金服、财付通的 5 名专家加入该工作组，其中农业银行的专家已经由 ISO 注册为工作组秘书支持团队。[资料来源：李宽，王鹏. 2018. 借船出海 标准远航——记《第三方支付服务信息系统的安全目的》标准草案进程[J]. 金融电子化，(10)：41-42]

2）第三方支付的法律风险

第三方支付系统可能会成为资金非法转移和信用卡套现的工具，由此也会带来一定的金融风险。根据第三方支付平台的支付流程，买方如果使用信用卡向卖方支付，交易完成后卖方收到买方货款后从银行提现，这是一个合法的交易过程。但是如果买方和卖方之间没有真实的交易关系，买方只是利用交易达到从信用卡中免费提现的目的，这却很难被发现，而且很容易避开信用卡取现控制制度。另外，由于第三方支付平台很难查证买卖双方是否存在真实交易以及资金划转当事人之间的真实目的，这容易成为犯罪分子洗钱的途径。随着线上交易的不断发展，洗钱犯罪方式逐渐从传统线下向线上发展，且洗钱套路不断翻新。无论是从主观还是客观来看，第三方支付机构反洗钱将面临巨大而复杂的挑战。利用第三方支付平台洗钱也成为监管机构关注的重点。2020 年，第三方支付行业收到央行开出的涉及反洗钱罚单的就有近 40 张，罚款金额近 2.99 亿元。未来大数据、区块链等金融科技手段，将成为加固反洗钱防线的破题关键。[参见“8.2.2 电子商务支付中的法律问题”]

扩展阅读 3-10　利用银行卡支付宝微信帮网络犯罪洗钱

2021 年 3 月初，纳雍县公安局反诈专班根据前期工作侦查到：陈某鹏等人涉嫌帮助犯罪团伙洗钱，金额高达 2000 余万元，并依法将涉嫌帮助信息网络犯罪的嫌疑人陈某鹏、邹某、陈某鑫、洪某、陈某龙等 6 人先后抓获。经审讯，陈某鹏等人如实供述：因经不住利益诱惑，明知他人诈骗，仍介绍他人提供支付结算工具，如银行卡，微信，支付宝，帮助犯罪嫌疑人转钱，从中收取“租金”，支付账户涉案 6 起。

《中华人民共和国刑法》第二百八十七条之二，帮助信息网络犯罪活动罪 明知他人利用信息网络实施犯罪，为其犯罪提供互联网接入、服务器托管、网络存储、通讯传输等技术支持，或者提供广告推广、支付结算等帮助，情节严重的，处三年以下有期徒刑或者拘役，并处或者单处罚金。单位犯前款罪的，对单位判处罚金，并对其直接负责的主管人员和其他直接责任人员，依照第一款的规定处罚。有前两款行为，同时构成其他犯罪的，依照处罚较重的规定定罪处罚。[资料来源：出租银行卡支付宝，纳雍公安抓获涉“两卡”嫌疑人六名[EB/OL]. 多彩贵州网.（2021-03-08）[2021-05-17]. http://bj.gog.cn/system/2021/03/16/017857991.shtml]

3.3.4　第三方支付的监管

第三方支付作为一种由独立非银行社会机构提供资金结算服务的支付模式，已从网络支付延伸至移动支付、电视支付、电话支付等，经营模式、运营方式的创新也方兴未艾，已逐渐成为金融生态系统中越来越重要的一环。然而，第三方支付长期在政策模糊、法律真空与监管缺位中摸索着发展，埋伏着巨大的金融风险与经济安全隐患，迫切需要第三方支付监管体系和监管制度的出台。

1. 欧美第三方支付监管状况

欧盟对第三方支付的监管是从电子货币入手的。1998 年欧盟规定，网上第三方支付媒介只能是商业银行货币或电子货币，第三方支付公司必须取得银行业执照或电子货币公司的执照才能开展业务。欧盟制定了《电子签名共同框架指引》、《电子货币指引》和《电子货币机构指引》，要求非金融机构的网络支付平台必须取得与金融部门有关的营业执照，且在中央银行的账户中留存大量资金，才能进行相关业务。

美国第三方支付行业监管机制为联邦和州政府的双线多元监管机制，各有分工与管辖重点。美国对于第三方支付机构的监管部分依靠于过往对传统金融机构的监管条例。美国对第三方网上支付平台实行的是功能性监管，即将监管的重点放在交易的过程中，而不是从事第三方支付的机构。美国的第三方支付平台被视为"货币服务机构"，需由监管机构发放牌照，明确规定其初始资本金、自有流动资金、投资范围限制、记录和报告制度、反洗钱义务等方面的监督内容。美国将第三方支付平台上滞留的资金视为负债，因此该平台不是银行或其他类型的存款机构，不需要获得银行业务许可证。美国联邦存款保险公司通过提供存款延伸保险实现对滞留资金的监管，第三方支付平台滞留的资金需要存放在其保险的商业银行的无息账户中。

美国对于第三方支付机构的监管核心就是保护消费者，特别是保障消费者预存资金的安全，州和联邦的监管者为此引入了准入审查、保证金与最低净资产要求、获许投资限制、检查与报告制度、过桥保险、隐私权保护以及反欺诈规则等一系列消费者保护规则。即便如此，由于缺乏针对第三方支付特点的专门立法，对于消费者的保护仍然不够成熟、存在漏洞。不过 PayPal 等大型第三方支付机构采取自律监管的方式针对监管漏洞进行了有效的弥补，整体而言消费者权益得到了较好的保护。

美国互联网支付机构因为较宽松的监管机制和较高的收单服务费率，更倾向于以支付业务为基础纵向深入，依托支付业务挖掘增值服务利润，如货币汇兑、国际汇款、加密货币交易等。其支付服务的高费率一定程度上保障了盈利空间，因此支付机构在规模和盈利方面发展较为平衡。

2. 我国第三方支付监管

如今，我国网络电子交易呈几何级数增长，将第三方支付纳入监管的呼声也日渐高涨。第三方支付给民众带来了金融服务与日常支付的便利的同时，也产生了巨额的资金沉淀，还存在第三方支付平台运作不尽规范，相应监管措施不到位，第三方资金支付方式不透明等情况，容易导致一定金融风险隐患。为此，国家加大力度进行了整治规范，出台非银行机构网络支付监管办法等规范迫在眉睫。

1）非金融机构支付服务管理办法

早在 2005 年，中国人民银行支付结算司就出台了《支付清算组织管理办法（征求意见稿）》，向银监会、银行、第三方支付等相关机构征求意见。2007 年，中国人民银行再次修改了《支付清算组织管理办法（征求意见稿）》。在该份《支付清算组织管理办法》草稿中，曾指出支付清算业务许可证由中国人民银行核发，有效期为五年。2009 年 4 月，中国人民银行宣布对第三方支付企业进行登记备案。同月，中国人民银行筹建的"中国支付清算协会"有关事项协调会召开。此举被业内理解为中国人民银行发放支付业务牌照的前奏。

2010 年 6～9 月，随着中国人民银行关于《非金融机构支付服务管理办法》及《非金融机构支付服务管理办法实施细则（征求意见稿）》的出台，相当于非金融支付机构的“根本大法”，对非金融机构支付服务及其主要业务类型网络支付、预付卡的发行与受理、银行卡收单进行了定义。同时要求包括第三方支付在内的非金融机构须在 2011 年 9 月 1 日前申领《支付业务许可证》，逾期未能取得许可证者将被禁止继续从事支付业务，并规定了《支付业务许可证》的申请条件、支付机构涉及许可程序的事项，对支付机构的监督与管理，以及相关罚则。

2019 年 11 月 14 日，中国人民银行公示《关于修改〈教育储蓄管理办法〉等 3 件规章和〈非金融机构支付服务管理办法实施细则〉等 5 件规范性文件的决定（征求意见稿）》，对其中的一些条款进行了规范与健全。

2）支付业务许可证

支付业务许可证，即第三方支付牌照。这是为了加强对从事支付业务的非金融机构的管理，根据《中华人民共和国中国人民银行法》等法律法规，中国人民银行制定《非金融机构支付服务管理办法》，并由中国人民银行核发非金融行业从业资格证书。2011 年 5～12 月，中国人民银行分三次给 101 家非金融机构颁发第三方支付牌照，从而使我国的第三方支付行业结束原始成长期，被正式纳入国家监管体系，拥有合法的身份。我国第三方支付行业将面临行业高度集中与差异化优势并存的格局。

2020 年 12 月 7 日，中国人民银行公布了浙江传化支付有限公司《支付业务许可证》续展通过，与此同时也表示了此前中国人民银行总共发放的 271 张支付牌照的首次续展工作已经全部完成。从 2016 年的第一批支付牌照续展到 2020 年底的最后一张支付牌照续展，5 年时间，有 38 张支付牌照被注销。

3）支付机构客户备付金存管办法

客户备付金，是指支付机构为办理客户委托的支付业务而实际收到的预收待付货币资金，不属于支付机构的自有财产，支付机构只能根据客户发起的支付指令转移备付金。一些第三方支付机构在服务协议中声明客户资金不会被另作他用，但是由于监管欠缺，还是会威胁到资金的安全。

2013 年 6 月，在《支付机构客户备付金存管办法》（中国人民银行公告〔2013〕第 6 号）中规定了支付机构客户备付金存管的基本原则、备付金银行账户管理、客户备付金的使用与划转及相关监督管理。2018 年 6 月 29 日，中国人民银行发布《中国人民银行办公厅关于支付机构客户备付金全部集中交存有关事宜的通知》（银办发〔2018〕114 号），要求支付机构自 2018 年 7 月 9 日起，按月逐步提高支付机构客户备付金集中交存比例，到 2019 年 1 月 14 日实现 100%集中交存；支付机构“备付金集中存管账户”的资金划转应当通过中国银联股份有限公司或网联清算有限公司办理。

4）代收业务的监管

代收业务是指经付款人同意，收款人委托支付机构从付款人开户机构扣划付资金给收款人，适用于收款人固定、付款频率或额度等条件事先约定且相对固定的特定场景。支付许可证许可的业务类型包括网络支付、预付卡的发行与受理和银行卡收单。取得网络支付业务许可的支付机构可为网络特约商户提供代收服务，取得银行卡收单业务许可的支付机构可为实体特约商户提供代收服务。2019 年 12 月 2 日，中国人民银行公示《中国人民银行关于规范代收业务的通知（征求意见稿）》，进一步明确了代收业务、代收机构的定义，明晰了代收业务与小额免密业务的边界，细化规定了付款人授权与付款人开户机构的管理、收款人与代收机构的管理、代收业务适用的场景、清算机构业务规范及相关监督管理与罚则，并将付款人授权限定为“两两授权”及“三方协议”两种模式，并强调代收机构应当采取有效措施控制代收业务适用场景，不得通过代收业务为各类投融资交易、外汇交易、股权众筹、P2P 网络借贷，以及各类交易场所（平台）和电子商务平台等办理支付业务。

5）跨境支付监管

支付机构外汇业务是指支付机构通过合作银行为市场交易主体跨境交易提供的小额、快捷、便民的经常项下电子支付服务，包括代理结售汇及相关资金收付服务。2019 年 4 月 29 日，国家外汇管理局发布《支付机构外汇业务管理办法》，对支付机构开展跨境外汇支付业务的监管变更为名录登记管理。支付机构办理贸易外汇收支企业名录登记后，方可在登记的业务范围内开展外汇业务，名录登记的有效期为 5 年，期满可申请延续登记。支付机构外汇业务的单笔交易金额原则上不得超过等值 5 万美元。对于有真实、合法超限额需求的，支付机构应向注册地分局提出登记变更申请。同时，强调对交易真实性的审核，要求支付机构制定交易信息采集制度，按照真实、可跟踪稽核、不可篡改原则采集交易信息，确保交易信息来源客观、可信、合法。交易信息原则上应包括商品或服务名称及种类、数量、交易币种、金额、交易双方及国别、订单时间等必要信息。

2019 年 10 月 23 日，国家外汇管理局发布《国家外汇管理局关于进一步促进跨境贸易投资便利化的通知》，明确支付机构根据《外汇业务管理办法》办理货物贸易收付汇时，年度货物贸易收汇或付汇累计金额低于 20 万美元的（不含）小微跨境电商企业可免于办理贸易外汇收支企业名录登记。国家外汇管理局依法对免于办理名录登记的小微跨境电商企业实施监督检查。

我国自主推动了新一轮金融业开放，大幅放宽了外资在银行、证券、保险等领域的市场准入，在强监管的基础上，对所有国家的金融机构都一视同仁。2018 年 3 月，《中国人民银行公告〔2018〕第 7 号》中明确了外商投资支付机构的准入条件和监管政策，即支付行业正式放开外商投资支付机构准入限制和监管政策，外资机构申请支付业务许可证享受“国民待遇”。2020 年，我国央行受理美国运通相关机构的银行卡清算机构开业申请，同时批准了美国贝宝公司（PayPal）以收购中国境内支付机构股权的方式进入中国支付服务市场。［参见“3.4.4 跨境支付”］

扩展阅读 3-11　微信支付在印尼拿执照

印度尼西亚银行（BI）正式授予中国电子钱包巨头微信在该国运营的许可证。印尼银行副行长 Sugeng 表示，印尼中央银行 1 月 1 日批准了这一许可。在微信 Pay 与私人银行 CIMB Niaga 合作后，监管机构同意发放许可证，该银行也将作为“收单机构”，负责处理微信支付平台的每一笔交易，所以微信支付现在可以在该国合法使用。

微信支付进入该国蓬勃发展的无现金生态系统的同时，印尼银行也在全国范围内推广实施印尼标准二维码 QRIS（quality rating and improvement system，质量评级和改进系统）支付系统。这就给印尼民众在支持印尼标准二维码支付的商家使用微信支付提供了便利。［资料来源：鸣远.微信支付获得印

尼运营许可证　正式合法使用[EB/OL].电商报网站.（2020-01-18）[2021-06-02].https://www.dsb.cn/113241.html］

3.4　移动支付与跨境支付

随着无线网络的迅速发展，出现了各种类型的移动终端设备（如移动电话、移动 PC、手持式电子设备等），给人们的生活带来了极大的便利，同样也使得企业和消费者对移动商务的需求愈发强烈。移动电子商务使人们再一次摆脱了物理空间对人们进行商务交易的束缚。人们可以随时随地通过无线网络展开商务交易与支付，使交易更方便、更灵活、更随心所欲。同时，近年来跨境电商作为新兴跨境场景之一发展迅速。相比于传统贸易，跨境电商模式极大地减少了中间商数量，降低了交易成本和提高了交易便利程度，优势凸显。在国内移动支付市场格局逐渐形成的背景下，跨境支付正在逐渐成为移动支付的布局重点。

3.4.1　移动支付概述

移动支付，又称无线支付、手机支付。移动支付是由移动运营商、移动应用服务提供商和金融机构共同提供，运行在无线网络上，完成支付交易的移动数据增值业务。移动支付将移动终端设备的便携性和电子支付的自主性相结合，而庞大的移动用户和银行客户规模又是移动支付发展的良好基础。但是，移动支付产生时间不久，还处于发展时期，其定义比较多样化。移动支付的内涵主要包括以下内容：①是一种依托无线网络，利用移动支付平台的支付方式；②电子商务交易主体使用移动终端设备发出支付指令；③实现在线的货币支付和资金转移等。

扩展阅读 3-12　移动支付逐渐被更多用户接纳

中国支付清算协会发布的《2020 年移动支付用户问卷调查报告》显示：2020 年有 74.0%的用户每天使用移动支付，较 2019 年提高 4.4 个百分点，绝大多数用户认为操作简单方便是选择移动支付的主要原因。调查显示，当前我国移动支付小额特征日益显著，用户单笔支付金额以 100 元以下为主，500 元以上移动支付占比下降。2020 年，有 38.4%的用户单笔支付金额在 100 元以下，较 2019 年提高 23.3 个百分点，16.4%的用户单笔支付金额在 500～1000 元，较 2019 年下降 18.9 个百分点。

如今，移动支付主要定位于零售、小额、便民支付，单笔 100 元以下支付比例大幅度上升，表明随着公交、地铁、百货等生活场景普及移动支付设施，用户在日常消费中使用移动支付的频率越来越高。

未来随着大数据、人工智能等新技术在支付领域的深入应用，风控的系统、技术和模型等都在不断更新迭代，未来移动支付应尽力让广大商户、用户享受到更安心、便捷的支付服务。［资料来源：吴秋余. 超七成用户每天使用移动支付[EB/OL]. 人民网.（2021-01-19）[2021-04-20]. http://capital.people.com.cn/n1/2021/0119/c405954-32003982.html］

根据支付交易主体在支付过程中的物理距离，可以把移动支付分为近场支付和远程支付。近场支付是指使用近距离无线通信技术（near field communication，NFC）或者蓝牙（bluetooth）技术实现移动终端在近距离交换支付信息，完成支付交易。现在最常见的就是利用手机刷卡的方式乘车、购物等。

远程支付可以不受物理距离的约束，利用移动终端以短信、语音、无线应用协议（wireless application protocol，WAP）等方式，向银行账户、手机话费或虚拟预存账户等支付账户发出支付业务请求，实现支付交易。远程支付一般用于异地电子商务交易支付、移动网络信息服务订购、在线缴费等方面。移动近场支付和远程支付之间的比较如表 3-5 所示。

表 3-5　移动近场支付和远程支付比较

项目	近场支付	远程支付
技术支持	近距离无线通信技术	信息通信技术和移动互联网技术
支付范围	线下支付	线上交易
支付金额	额度较小，国内目前的相关产品对其账户余额均设有上限，最高 1000 元	无额度限制，由资金来源账户的余额和规定时间内限额决定
硬件安全级别要求	要求较高，需金融机构进行授权	无特别要求，可使用移动网络本身的 SIM 授权
资金账户	使用支付运营商提供的专门支付账户多	话费账户、银行账户和支付运营商提供的专门支付账户
支付对象	价格较低，购买行为频繁的产品、服务	电子化程度高，购买过程简单的产品、服务

资料来源：国内移动支付发展现状以及发展趋势分析[EB/OL]. 移动支付网.（2014-11-11）[2020-01-10]. https://www.mpaypass.com.cn/news/201411/11090329.html.

3.4.2　移动支付的发展

移动支付并不是近几年才提出来的，早在 20 世纪就已经出现移动支付业务。之后的 20 多年，国内外在移动支付方面都有了长足进步，移动支付业务在多样、实用、便捷、灵活等方面的优势，使得全球越来越多的用户逐渐接触并采用移动支付。

移动支付业务在 20 世纪 90 年代初期出现于美国。Google 公司 2011 年在美国开展了谷歌钱包（Google wallet）业务，手机用户可以将自己的花旗银行卡绑定到特定的基于 Android 系统的 NFC 手机中。2014 年苹果上线了 ApplePay。2018 年，Twitter CEO 创办的 Square 旗下的支付应用 Cash 的累计下载量已经首次超过 PayPal 旗下的 Venmo，位居行业第一。2019 年 11 月 12 日美国的 Facebook 宣布将推出支付服务 Facebook Pay，未来将覆盖公司旗下主要四款社交/通信应用 Facebook、Messenger、Instagram 和 WhatsApp。然而由于美国信用卡支付深得人心，且对支付安全和个人隐私保护的担忧，使得移动支付业务在美国推广受到一定阻碍。

不过，美国全球管理咨询公司麦肯锡（McKinsey）于 2020 年 6 月进行的一项调查发现，30%和 28%的美国消费者对移动支付和移动购物表示了兴趣，比 2020 年 3 月的类似调查分别提高了 10 个百分点以上。未来利用计算机视觉、激光雷达和其他库存管理和客户识别技术的购物体验应该变得更加普遍。美国知名市场研究机构 eMarketer 预测，美国移动支付将从 2019 年的 7052.8 亿美元上升至 2025 年的 2.541 万亿美元，涵盖移动电子商务、近场支付和 P2P 支付。

随着全球多国纷纷推出“移动支付”业务，中国也加入移动支付市场，且发展势头迅猛。2000 年 2 月，中国银行与中国移动通信集团公司签署了联合开发手机银行服务的合作协议，并于 2000 年 5 月正式在全国范围内先期开通北京等 26 个地区手机银行服务。同年，中国工商银行、招商银行等均与移动通信公司联合推出手机银行服务。我国各移动通信运营商也逐渐开发各种移动支付业务。同时，第三方支付机构也纷纷布局移动支付领域。

如今，中国的移动支付技术领先美国和欧洲，在迈向“无现金社会”的进展速度也超过西方多数发达经济体。中国消费者已习惯使用手机为小商品付款，支付宝和微信支付已经成为中国创新的标志。可以说中国的金融服务发展相对于发达国家比较慢，很多人在没有信用卡或者没能得到相关的金融或理财服务的时候，移动支付就弥补了这部分人群的金融需求。而发达国家则是由于借记卡和信用卡支付系统比较完善，在移动支付方面的需求就比较少。另外，我国移动支付发展快速还得益于三方面的发展，一是包括第三方支付在内的移动互联网技术的进步；二是年轻消费群体的移动支付习惯；三则与中国的城市化进程有关。

在世界范围内，中国移动支付的发展处于领先地位，其规模和程度都很大，比西方国家发展得更迅速、使用频次更多、深度更广。全球著名的市场监测和数据分析公司尼尔森在发布的报告《2019 年中国境外游移动支付趋势》中提到，2019 年在英国和法国使用移动支付的中国游客增长 65%，平均每个游客（移动支付）支出增长 10%。61%英国商家已经采用了中国移动支付解决方案，88%商家利用中国移动支付解决方案宣传自己的商店，63%的商家相信移动支付和相关服务改善了店铺管理的效率。在英国、韩国和新加坡，66%的商家希望通过中国移动支付平台托管更多的网店运营；66%的商家希望利用中国移动支付平台开展营销活动。

2021 年，ApplePay 为了增加中国市场竞争力，苹果公司正式宣布将在 iOS13.4 版本中，针对 ApplePay 集成支付宝功能。这也意味着，支付宝可以直接集成到 iPhone 用户的 ApplePay 一级菜单中，在支付的过程中，无须再次打开支付宝，即可瞬间完成扫码，支付付款等功能，整个过程变得更加方便和快捷。

中国移动支付的发展有两个趋势。一是在无现金支付的过程中，人们对于移动互联技术的要求越来越高；二是会有越来越多的商家和商业环境会来使用这种支付方式，并从国内扩展到国外。在海外华人比较多的地方和一些旅游场所，会有越来越多的人使用中国移动支付平台，进而推动中国移动互联技术在全球布局的过程。当然，移动支付也可能存在一定的问题和风险，我国移动支付的发展需要更为重视数据安全以及支付系统的稳定性。

扩展阅读 3-13　2020 年移动支付呈现三大新特点

2021 年 2 月 1 日，中国银联发布《2020 移动支付安全大调查报告》，分析了 2020 年移动支付呈现三大新特点：一是各大城市、中小城市进入数字支付时代，移动支付加快与公众数字生活对接，受益人数占比较 2019 年提升了 5 个百分点；二是疫情防控加速线上便民支付场景建设，包括生鲜电商、网络直播、医疗支付等；三是移动支付付款账户首选使用网贷资金的群体值得关注，人数占比上升明显。［资料来源：中国银联发布 2020 年移动支付安全大调查报告[EB/OL].中国银联官网.（2021-02-01）[2021-03-22]. https://cn.unionpay.com/upowhtml/cn/templates/newInfo-nosub/7885004da382485e8bde5a0ba000fdd3/20210201114916.html］

3.4.3 移动支付的发展瓶颈

我国的移动支付起步较晚，且支付技术平台有待完善，还存在安全问题、消费习惯问题、运营合作问题等多种发展瓶颈，有待进一步解决。

1）移动支付的安全问题

虽然现在移动支付通过很多措施来保障支付过程的安全性，但是各种资金安全问题仍然层出不穷，如黑客使用病毒盗取用户的手机 SIM 卡的个人识别密码（personal identification number，PIN）、网银密码，导致用户账户被盗刷。而且，移动支付还存在硬件技术上的安全问题，以及对用户个人隐私信息的安全保护问题。移动支付的大多用户的安全意识比较薄弱，很少安装安全控件或杀毒软件，且对网络诈骗信息缺乏警惕，这使得其移动终端存在很大的安全隐患。

扩展阅读 3-14 安全隐患依旧是移动支付用户担心的首要问题

调查显示，2020 年用户对移动支付比较担心的问题排名第一的是存在安全隐患，占比 63.4%。个人信息被泄露、手机扫描到伪假条码和账户资金被盗用是用户最担心遇到的安全问题。从 2020 上半年中国移动支付用户使用支付平台时遭遇风险问题调查数据来看，47.7%用户使用支付平台时遭遇系统漏洞所导致的支付故障，36.9%用户遭遇钓鱼网站等非法网站，而个人信息被盗、交易欺诈与被劫持等也是用户遭遇的风险问题，占比分别为 35.4%和 26.2%。

移动支付在快速发展的同时，还应进一步提升风险防范水平，不仅让大家用得方便，更要用得放心。随着一系列法律法规陆续出台，相关方应加强对信息外泄或被非法使用的风险防控，有效保护消费者权益。［资料来源：李冰. 中国支付清算协会：安全隐患依旧是移动支付用户担心的首要问题[EB/OL]. 证券日报电子报.（2021-01-15）[2021-03-29].http://epaper.zqrb.cn/html/2021-01/15/content_694496.htm］

2）移动支付的消费习惯问题

消费者对消费的灵活性、自主性、经济性要求越来越高。尤其是在小额支付和微支付领域，还有数字化产品的消费方面，移动支付更能显示出其优越性。近年来，我国移动支付规模已经连续居全球首位，且逐步向农村及中老年群体渗透。然而，从全球视角来看，对移动支付安全和信息安全的担忧，且商业信用体系还不是很健全，仍是不少国家用户规模有限的主要原因。这就需要移动支付的业务要多样化发展，移动支付技术（尤其是安全技术）要不断突破与逐渐成熟，才能更好地增强用户对移动支付的信心，培养消费习惯。

扩展阅读 3-15　日本政府推动国民使用无现金支付

日本政府为了积极推动“第四次工业革命”和金融科技，决心大力普及无现金支付。2017 年，日本经济产业省在“无现金愿景”报告中提出“到 2025 年无现金支付比例达到 40%，将来达到 80%”的目标。并于 2019 年 10 月至 2020 年 6 月期间，使用信用卡、二维码、Suica 等电子货币、借记卡支付可享受返还消费金额 5%积分的优惠（便利店连锁返还率为 2%），以鼓励国民使用无现金支付。

日本政府推出的返积分活动于 2020 年 6 月底落下帷幕。历时 9 个月的活动效果明显，加上新冠肺炎带来的货币接触感染的隐患，日本的无现金支付普及率从活动前的 27%一路攀升到活动结束的 36%，实现日本政府提出的 40%的目标指日可待。[资料来源：汤进. 日本何时能步入无现金社会？[EB/OL]. 移动支付网.（2020-09-21）[2020-12-26]. https://www.mpaypass.com.cn/news/202009/21120436.html]

3）*移动支付的运营合作问题*

移动支付是一个开放的市场，其价值链包括移动运营商、商业银行、第三方支付服务提供商、芯片制造商、移动设备终端制造商与提供商、商户和消费者等多个环节。这势必要求各方在移动支付中充分合作，才能获得切实利益。国外在运营合作方面起步早，在技术开发、吸引客户、增加营运规模等方面都卓有成效。这种多方跨界合作，总是存在利益分配问题，必然会影响到未来移动支付的发展。当然，要保证各方良好的合作，实现资源共享、优势互补，更需要相关政府部门进一步的监管和政策出台。

3.4.4　跨境支付

跨境支付（cross-border payment）指两个或两个以上国家或者地区之间因国际贸易、国际投资及其他方面所发生的国际债券债务借助一定的结算工具和支付系统实现资金跨国和跨地区转移的行为。例如，中国消费者在网上购买国外商家产品或国外消费者购买中国商家产品时，由于币种的不一样，就需要通过一定的结算工具和支付系统实现两个国家或地区之间的资金转换，最终完成交易。

跨境电商的高速发展，需要跨境支付的支撑，跨境支付市场无疑将成为支付领域新的增长点。随着国际产业分工及国际交往活动的持续发展，跨境支付逐渐兴起。早期，国际使用贵金属进行跨境支付清算，后续出现了纸币现金、纸质转账的清算方式，再到现代电子转账清算阶段，跨境支付随着整个国际社会各项活动的日益频繁和科学技术的更迭进步，逐渐向迅速、安全、节约的方向发展。

从 2014 年开始，全球 B2C 跨境电商交易额增速保持在 28.8%的高年复合增长率，此发展过程中，第三方跨境支付不仅凭借技术手段降低了金融服务的成本和门槛，提高了用户使用频次，同时具有快速便捷、安全性较高的优势，已成为不可或缺的支付渠道。我国第三方支付近年来的成长令世界瞩目，以支付宝、财付通为代表的中国第三方支付机构的蓬勃发展，为其后期参与全球跨境支付业务奠定了坚实的基础，发展前景巨大。

2018 年全球跨境支付总金额达到了 125 万亿美元。2019 年我国跨境电商行业规模超过 5.5 万亿元。其中，第三方跨境支付主要应用于跨境零售电商以及小部分跨境 B2B 电商领域，为商户提供收单、收款、结售汇等服务。

第三方跨境支付具有到账快，适合金额小、数量多等特点，能够应对跨境 B2C 贸易有着小额、高频、对回款速度要求高的特点，这是传统跨境支付手段无法满足的。传统银行电汇汇款到账时间一般需要 3～5 天，而第三方跨境支付可以实现更快到账，快速回款不仅大大降低了商家的汇率损失风险，同时保证了其资金得以正常运转；银行电汇及汇款公司都存在手续费高昂、流程烦琐的痛点；第三方跨境支付机构通过聚集多笔小额跨境支付交易，有效降低交易成本，非常适用于金额小、数量多的跨境电商交易。

我国对跨境支付的监管也在日益加强。2015 年，全国共有 27 家第三方支付公司被外汇管理局批准跨境外汇结算业务试点资格，拥有跨境支付资质，如银联、快钱、易宝、首信易、网银在线、财付通、支付宝等。2016 年，跨境业务试点企业数量维持不变。2019 年 4 月，国家外汇管理局发布了《支付机构外汇业务管理办法》，着重强调了跨境支付业务合法资质，持牌经营的重要性和金融牌照的国界性。2019 年 7 月 5 日央行支付结算司召集银联、网联两大清算组织及部分支付机构召开跨境业务研讨会，再次重申跨境业务持牌经营的重要性。跨境支付牌照成为各机构展开跨境支付行业的硬性要求，从此跨境支付告别无证经营时代。2020 年，央行将制定《跨境支付服务管理办法》列入工作计划，对持牌跨境支付业务合规和监管进行细化。[参见“8.5.2 跨境支付与跨境物流法律问题”]

然而，跨境支付在监管上存在一定的难度。一方面，跨境支付结算活动依赖无国界的通信网络，各参与方处于不同国家或地区，受不同法律管辖，增加了监管难度。跨境支付涉及环节、环境较为复杂，已出台的监管制度有效落地存在一定困难；另一方面，大量交易由第三方支付机构代理，国内结算银行往往也难以对境内外交易双方进行真实性审核。一些支付机构盲目发展境外商户，违规办理超过业务范围的跨境支付业务，增加了监管机构对跨境支付真实性和支付机构的实时监管。

数字化支付方式将逐步改善传统跨境支付一直存在着的支付方式程序冗长、费用高昂、时效性低等缺点，尤其是随着区块链等新兴数字科技的不断应用，跨境支付有望摒弃中转节点，实现点到点的低成本快速支付。同时，不断发展的金融科技技术也可以在反洗钱、反欺诈、信息安全等多个领域更好赋能跨境支付行业，进而推动行业的发展。

扩展阅读 3-16　马来西亚与泰国推跨境二维码支付系统

马来西亚国家银行和泰国央行共同推出可支持马泰两国跨境二维码（quick response code，QR code）支付活动的系统，连接马来西亚即时零售付款系统及 DuitNow 和泰国的 PromptPay，完成两国跨境二维码支付连接计划的第一阶段。这项跨境二维码支付连接计划从 2020 年 6 月启动，共分为三个阶段。第一阶段已经完成，泰国用户可以使用他们的移动支付应用程序扫描 DuitNow 二维码，向马来西亚的商家付款，包括在线交易。第二阶段，马来西亚用户可以使用移动支付应用程序扫描泰国二维码 DuitNow 向泰国商家付款。这一阶段将在 2021 年第四季度开始。第三阶段则将扩展到实时跨境汇款业务上，届时泰马两国用户均可提供接收方的手机号来完成即时跨境汇款。此阶段预计到 2022 年完成。马泰两国用户都将从该连接计划受惠，能够在对方国家使用手机支付，而不一定非要以现金来完成交易。[资料来源：泰国和马来西亚推出跨境二维码支付联动系统[EB/OL]. 中国青年网.（2021-06-21）[2021-06-25]. http://d.youth.cn/shrgch/202106/t20210621_13036942.htm]

课后题

一、复习思考

1. 网络支付的一般流程是怎样的？
2. 大额支付系统和小额支付系统有什么不同之处？
3. 电子货币和传统货币的区别在哪里？
4. 电子货币的发行主体不唯一会给消费者带来怎样的困扰？
5. 网络银行的特点都有哪些？目前的网络银行都存在哪些问题有待解决？
6. 开放银行服务的对象有哪些？请阐述开放银行的机遇与挑战。
7. 第三方支付的监管问题都有哪些？该如何解决？
8. 移动支付的安全问题都有哪些方面？通过怎样的措施加以解决？
9. 第三方跨境支付的特点有哪些？如何保障跨境支付的安全？

二、讨论分析

1. 查阅央行数字人民币的相关资料，分小组讨论数字人民币的发行与推广会对银行业竞争格局带来怎样的影响，数字人民币的发行是否会阻碍现有第三方支付机构的发展，甚至是取代第三方支付机构。

2. 如今，我国逐步迈入老龄化社会，老年人在网络支付平台适应性上存在极大障碍。请查阅相关资料，分小组讨论目前老年人面对在线支付存在怎样的困难，网络银行、第三方移动支付机构该如何做，才能切实解决老年人无障碍运用智能技术进行在线支付的问题。

3. 通过网络完成支付，在很多人心中对支付安全、隐私保护等方面仍或多或少存在顾虑。请深入分析造成这种现状的原因，并探讨是否可以提出一种更为理想、便捷、安全的网络支付方式，尽可能地消除人们的担忧。

三、实践训练

1. 申请注册一家网络银行的客户，通过业务操作，熟悉其个人网银业务状况，根据你对国内外其他网络银行的了解（可通过各种渠道获取相关资料），分析该家网银对个人业务的优点和不足，并给出相应的建议。

2. 通过一家网络商城进行在线购物，获知其支付方式都有哪些，并通过对周围人群进行访谈，分析不同性别、不同年龄层次、不同职业等背景对消费者在线支付方式选择的影响，以及该如何更好地设计网络商城在线支付方案，以提高消费者在线购物的体验。

4 电子商务物流

本章内容要点： 物流通常是电子商务发展过程中重要的制约因素。电子商务企业加强物流环节的管理，能降低企业营运成本，提高核心竞争力。本章第一节介绍了物流的基本内容，包括物流的内涵、分类、要素、价值、特点等，以及物流配送及配送中心，分析了电子商务和物流之间的相互影响和作用。第二节介绍了第三方物流的价值、特点，第三方物流与电子商务发展的关系，以及跨境物流的发展现状、特点和主要业务模式。第三节阐述了现今应用广泛的现代物流技术及其在电子商务物流中的应用，如条形码技术、无线射频技术、全球定位系统、地理信息系统等。第四节介绍了物流信息的内容和特点，电子商务信息系统的功能与构成，以及智慧物流的内涵、作用与主要技术等。

学习引导案例

京东物流智能快递车大规模配送618快递

2021年京东618期间，京东物流智能快递车送达业务量同比去年增长超过24倍，实现了国内无人配送领域大规模的落地运营。在北京、天津、常熟等全国20多个城市的开放道路和近百所高校校园中，都可以看到京东物流智能快递车的身影。

6月1日零点刚过，家住江苏省常熟市东南街道的王女士就收到了在京东预订的一套护肤品。更让王女士惊喜的是，为她进行配送的是京东物流的智能快递车。而从她支付尾款到收到自己的快递，仅仅过了4分钟。在北京工业大学，京东物流智能快递车也在618期间完成了校园全场景的落地运营。智能快递车往返于北京工业大学快递配送中心和重点教学楼、食堂、学生公寓之间，每天配送的快递单量接近200单。除了快递业务，京东物流智能快递车还在北京工业大学探索外卖配送、商超物品代买等新的运营模式，为师生提供便捷、多元的无接触式配送。

除了极致的配送效率和规模化应用，京东物流智能快递车还实现定制配送时间、站点接驳送货、商超配送服务三大升级，覆盖城市社区、商业园区、办公楼宇、公寓住宅、酒店、校园、商超、门店等八大场景，为消费者提供多元的末端配送体验。［资料来源：京东物流智能快递车大规模配送618快递：送达业务单量同比增长24倍[EB/OL]. 半月谈网.（2021-06-20）[2021-06-23]. http://www.banyuetan.org/ppdt/detail/20210620/1000200033137571624191708779359722_1.html］

4.1 电子商务与物流

多数商品和服务仍要经由物理方式传输。电子商务的快速发展为人们提供了便捷的交易渠道，但除了电子出版物、信息咨询等少数商品和服务可以直接通过网络传输进行，电子商务的快捷、高效、低成本等特性的实现还需要强大的线下实体商品物流系统来支撑。物流作为电子商务流程中一个重要环节，在电子商务的实践过程中，不发达的物流系统将大大制约电子商务的开展。因此，发展先进的电子商务物流配送是打破物流约束瓶颈、促进电子商务高效发展的重要支撑手段。

4.1.1 物流概述

电子商务三大流中，信息流、资金流的处理都可以通过计算机和网络通信设备实现。然而，电子商务最终的交易达成和资源配置，还需要通过商品实体的转移来实现。因此，物流对未来的经济发展会起到非常大的决定和制约作用。

物流（physical distribution，PD）就是物的流动。物流这个词最早出现在美国，源于第二次世界大战美国军队建立的“后勤”（logistics）理论。对于物流的概念，目前没有大家公认的权威定义。然而物流包含的要素以及其所表现出来的价值是达成共识的。物流要素包括运输、存货、流通加工、配送、仓储、包装、物料搬运及其他相关活动，另外，物流带来了时空和形态方面的增值，进而满足客户的需求和企业的盈利目标。

1. 物流的分类

从不同的分类依据，可以对物流进行多种分类，如表 4-1 所示。

表 4-1　物流的分类

分类依据	分类名称	解释
按物流活动覆盖范围分	国际物流	伴随和支撑国际经济交往、贸易活动和其他国际交流所发生的物流活动
	区域物流	受到相同文化和社会因素的影响，具有基本相同的科技水平和硬件水平，在某一范围内（国家、地区、城市等）进行的物流活动
按物流在供应链中的作用分类	供应物流	为生产企业、流通企业或消费者购入原材料、零部件或商品的物流过程
	生产物流	从工厂的原材料购进入库起，直到工厂产品库的产品发送为止的物流过程
	销售物流	企业为保证自身的经营利益，伴随销售活动将产品所有权转给用户的物流活动
	分销物流	面对专业批发业务的具有批量采购、大量储存和大量运输的能力的物流作业
	回收物流	企业在生产、供应及销售活动中总会产生各种边角余料和废料的物流活动
	废弃物物流	对企业排放的无用物进行运输、装卸和处理的物流活动
按物流活动的主体分类	企业自营物流	企业有计划地利用自己的车队、仓库、场地、人员进行的自给自足的物流活动
	企业物流联盟	由两个或两个以上的经济组织为实现特定的物流目标而采取的长期联合与合作
	第三方物流	企业为更好地提高物流运作效率及降低物流成本，将物流业务外包给第三方物流公司的做法
	第四方物流	由供应链集成商，调集和管理组织自己及具有互补性服务提供的资源、能力和技术，以提供一个综合的供应链解决方案

电子商务成功的关键要素主要在于信息系统、支付系统和物流系统。现代企业的电子商务在竞争中取胜的关键之一就是以可靠高效的物流配送系统实现成本优势。电子商务环境下，物流模式基本上都是根据物流活动的主体进行划分的。企业自营物流在全球电子商务物流发展初期占主要地位。企业物流联盟中，各联盟企业之间在物流方面通过契约的形式优势互补。而第三方物流在电子商务交易流程中是物流环节的主流模式。第三方物流是物流专业化的重要形式。第三方物流企业一般具有一定规模的物流设施设备及专业经验，以签约的形式为客户企业提供物流服务。[参见“4.2 第三方物流与跨境电商物流”]

学术界现在普遍认为第四方物流是整个物流体系的领导者，通过运用现代科技，统筹共享社会资源，形成一套整体的物流解决方案。第四方物流不仅控制和管理特定的物流服务，而且对整个物流过程进行优化。第四方物流的关键在于为顾客提供最佳的增值服务，即迅速、高效、低成本和个性化服务等，提高运作效率，降低采购成本，使流程一体化从而达到目的。[参见“4.2 第三方物流与跨境电商物流”]

扩展阅读 4-1 “互联网 + 第四方物流”构建城乡末端物流的“毛细血管”

从 2017 年 1 月开始，江西省供销联社开始陆续在寻乌、广昌等十多个县域试点推进“互联网 + 第四方物流”模式，利用互联网云计算和大数据技术，为快递、快消品、农产品、农资企业提供“统一仓储、统一分拣、统一配送”服务。

“互联网 + 第四方物流”模式是建立买方（第一方物流）、卖方（第二方物流）、配送企业（第三方物流）以外的共享人、仓、车集配物流体系（即第四方物流），可以解决农产品上行“最先一公里”和农民生活、生产资料下行“最后一公里”问题，发挥城乡末端物流的“毛细血管”作用。

“互联网 + 第四方物流”模式较好地解决了农村流通主体多而散、县乡村流通服务半径短、农产品产销衔接不畅、农村食品流通安全隐患等问题，使得县乡村配送效率提升 70%，成本降低 20%，网点库存滞销率降低 15%左右、减少过期产品流出率 3%左右。[资料来源：李韵涵. 江西：“互联网 + 第四方物流”构建城乡末端物流的“毛细血管”[EB/OL]. 中国新闻网.（2021-07-15）[2021-07-20]. https://www.chinanews.com.cn/cj/2021/07-15/9520459.shtml]

2. 物流的要素

物流是一个很复杂的系统，其基本要素如图 4-1 所示，主要包括以下内容。

1）包装

物流中包装是通过对销售包装进行组合、拼配和加固，形成适合于物流和配送的组合包装单元，目的是保护商品、促进销售、方便物流与消费等，起到提高物流效率、降低物流费用的作用。例如，物流企业将食品进行分包装等处理。通过改变包装，一方面适合消费者对商品的个性化需求，另一方面增加了商品吸引力和附加价值。

2）装卸搬运

装卸搬运是随着运输、保管等物流其他活动所进行的运动，包括对输送、保管、包装、流通加工等物流活动进行的衔接，以及在储存等活动中为进行检验、维护和保养所进行的装卸和搬运活动。在物流活动中，应尽力选择最恰当的装卸搬运方式，尽可能减少装卸搬运次数，合理配置装卸搬运设备，以达到经济、高效、快速的效果。

3）运输

运输是实现货物（或商品）使用价值的一个重要环节，其任务是实现货物的空间移动，解决货物在空间上存在的供需矛盾。在物流过程中，要求选择经济便捷的运输方式和运输路线，以保证安全和速度。

4）储存

在物流系统中，存储包括堆存、保管、保养、维护等活动，是货物（或商品）在运动过程中的暂时停滞。存储力求提高保管效率、降低损耗、加速物资和资金的周转。不同的商品对存储环境有不同的要求，如电子元器件的储存就需要保证无尘、温度湿度合适且变化不大、无大型电磁设备干扰等。

5）流通加工

合理的流通加工可以有效地降低物流成本，提高物流的效率。流通加工目的是弥补生产过程中加工程度的不足，更有效地满足客户需求。例如，蔬菜的物流配送过程中，不仅仅是对货物的运输，还要对蔬菜进行分拣、清洗、贴标签等加工工作，从而提升货物在形态上的价值。

6）物流信息管理

物流信息管理功能包括与物流其他要素有关的计划和预测，以及对物流活动产生的海量、动态的信息的采集、整理、存储和知识挖掘等加工处理。物流信息管理需要建立合理、高效的信息系统，搭建多维的信息渠道，以确保信息的可靠性和及时性，从而为物流管理提供决策支持。[参见“4.4 物流信息管理与智慧物流”]

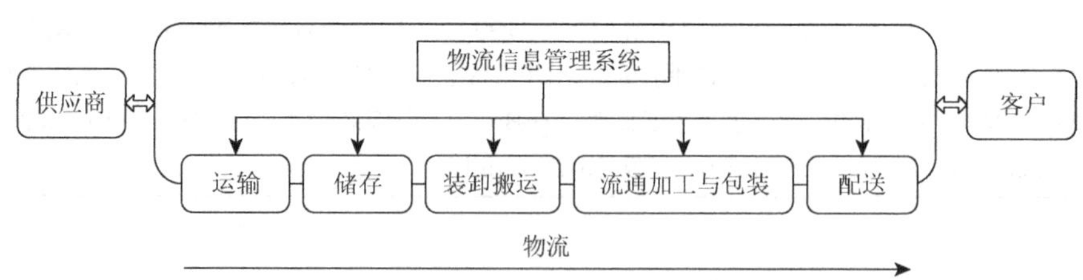

图 4-1 电子商务一般物流流程中的要素

3. 物流的价值

除了传统的分拣、备货、配货、加工、包装、送货等作业以外，电子商务物流的功能还向上游延伸到市场调研与预测、采购及订单处理，向下延伸到物流咨询、物流方案的选择和规划、库存控制决策、物流教育与培训等附加功能，从而为客户提供更多具有增值性的物流服务，从时间、空间、形态改变上体现物流的真正价值。

1）时间价值

物流的时间价值是指货物在流通的过程中，根据需要调整货物的流通时间所创造的价值。物流的时间价值具体表现在：第一，良好的物流运作与管理，可以有效地缩短货物运输的时间，创造时间价值；第二，良好的物流运作与管理，可以缩短或延长供货时间，有效地解决生产与消费在时间上存在的矛盾。例如，通过蔬菜水果的冬储措施，在冰雪冰冻天气或是春节期间蔬果供应不足的时期投入市场，弥补市场不足，并且可以获得更高的利润。

2）空间价值

在物流的运作与管理中，可以通过产品或货物的集中与分散、分散与集中以及从 A 地到 B 地的运动创造物流的场所价值。

3）形态价值

物流活动可以改变物品的形态，从而创造形态价值。在物流活动中，形态价值主要是通过流通加工的形式来进行的，所以也称为加工价值。这里的加工价值不是创造商品实体、形成商品的主要功能和使用价值，而是带有完善、补充、增加性质的加工活动。例如，食品、日常用品的物流，经常需要在物流过程中根据消费者切实需求对其进行不同份量的再包装，以方便零售商销售和消费者日常使用。

4. 电子商务物流的特点

在电子商务环境下，物流呈现出不断适应电子商务发展的特点。

1）物流网络化、信息化

电子商务条件下，物流企业可以有效地通过网络系统来实时地监控物流作业的动态，并依据环境的变化通过虚拟现实的方法和手段，实时地对企业自身物流活动进行调整和协调。这种物流信息利用物流网络系统具备的实时性特点，使物流组织的物流活动更具效率和活力，能更有效地为用户提供优质的服务和实现物流资源的合理配置。

电子商务时代，要提供最佳的服务，物流系统必须要有良好的信息处理和传输功能。物流效率的提高更多地取决于信息管理技术。物流信息化能更好地协调生产、销售、运输、储存等环节的联系，对优化供货程序、缩短物流时间及降低库存都具有十分重要的意义，是解决电子商务企业物流畅通的关键所在。现代先进信息技术及计算机技术在物流中的应用将会彻底改变物流的面貌。当今世界全球网络资源的可用性及网络技术的普及为物流的网络化提供了良好的外部环境，物流网络化不可阻挡。物流网络化是物流信息化的基础。物流系统的计算机通信网络，能够保证物流企业与供应商或制造商的交互，以及与下游顾客之间的沟通。然而，网络系统的开放性特点，使物流信息既方便信息查询、信息采集、信息分析等，也容易带来安全性问题。物流信息的泄露、被篡改等严重影响到物流企业和客户的利益。[参见“4.4 物流信息管理与智慧物流”]

2）物流服务个性化定制

电子商务为物流组织创造了一种个性化的商务活动，在物流的运作过程中，物流组织可以根据某些用户的特殊需要，为用户提供个性化的物流服务。个性化符合了“顾客为中心”的理念，也是物流柔性化的一个重要方面，即根据消费者需求的变化来灵活调节生产工艺。个性化物流正是适应生产、流通与消费的需求，其要求物流企业根据消费需求灵活组织和实施物流作业。

物流个性化定制能够适应电子商务环境下客户需求多样化的发展趋势和潮流。个性化的电子商务物流服务可以根据客户的切实需求，通过共同筛选技术为客户量身制订物流方案，更好地了解并满足客户所期望的特殊网络服务。

扩展阅读 4-2　日日顺场景物流可“私人定制”

日日顺供应链以物联网场景物流生态品牌打造品牌建设新范式，打破物流只能传递物品的固有观念，首创“场景物流”模式，联动上下游生态资源方，最终构建出一个全流程、零距离交互的场景生态平台，为用户提供覆盖健身、出行、居家服务等场景方案在内的全链路无缝体验，为物联网企业的品牌创新提供借鉴。

依托覆盖全国、到村入户、送装同步的物流服务网络，日日顺供应链以场景服务师为触点，用温情的方式将常年异乡打拼的年轻人与他们时刻牵挂父母连接起来，让用户身处异地也可以为千里之外的父母网购智能电器，定制各种生活场景方案，从而筑起爱与孝心的“桥梁”。为了满足用户的居家健身需求，日日顺供应链联合生态方为用户提供以跑步机、动感单车等为载体的居家健身场景方案，传递居家健康科学生活方式。日日顺物流还将线上购物体验延伸到线下，推出跨行业、跨领域的社区场景服务中心，将健身场景、出行场景、卫浴场景、厨房场景等直接“搬到”用户家里，让用户身处社区便可定制个性化的场景物流解决方案。[资料来源：场景物流生态品牌价值显现，日日顺供应链获“年度暖心品牌案例”奖[EB/OL].中国日报中文网.（2022-01-06）[2022-01-08]. http://cn.chinadaily.com.cn/a/202201/06/WS61d661d5a3107be497a00f78.html]

3）物流社会化

全球化战略趋势，使物流企业和生产企业更紧密地联系在一起，形成了社会大分工。电子商务的不断发展和用户对物流服务水平要求的提高，也要求物流企业不仅要从自身角度，还要从全社会的角度来考虑物流活动，联合不同类型的物流企业进行合作，弥补自身在区域和功能上的不足。在电子商务环境下，物流在职能、资源和信息方面都体现出社会化特征，表现为生产企业和流通企业中的物流不一定由企业自己承担，而是由社会物流即第三方物流来承担；企业所拥有的物流设施资源服务于社会；电子商务使市场供求信息充分释放，成为全社会可共享的资源。[参见“4.2 第三方物流与跨境电商物流”]

4）物流智能化

物流自动化可以省时省力、扩大物流作业能力、提高劳动生产率、减少物流作业的差错等。但是，在物流过程中，作业过程中存在大量运筹和决策问题，如库存水平的确定、运输（搬运）路径的选择、自动导向车的运行轨迹和作业控制、自动分拣机的运行、配送中心经营管理的决策支持等问题，都需要借助于大量的知识才能解决。未来物流系统需要智能化地采集实时信息，系统处理信息，为最终用户提供优质的信息和咨询服务，为物流企业提供最佳策略支持。有了智能物流，物流企业可以优化资源配置，业务流程，并为最终用户提供增值性物流服务，拓宽业务范围，最终实现利润最大化。[参见“4.4.4 智慧物流”]

4.1.2　电子商务物流配送

电子商务物流配送是指物质实体（商品或服务）的流动过程，即在经济合理区域范围内，以现代信息技术为支撑，根据用户要求按时将货物送达指定地点的物流活动。配送是物流中一种特殊的、综合的活动形式，几乎包括了所有的物流功能要素，是物流活动的缩影，是电子商务中商品和服务的最终体现，也是电子商务企业为客户提供安全、准确、优质服务的保证。

物流配送作为直接面向客户提供物流服务的重要环节，其服务的效率高低与质量优劣将影响到客户对物流服务提供方，甚至对电子商务交易中商家的最终评价。与传统的物流配送相比，电子商务物流配送具有虚拟性、实时性、个性化、增值性等特点，符合未来电子商务信息化、现代化、社会化的新发展。

配送中心是指从事配送业务的物流场所或组织。一般来讲，配送的货物是多品种的，这些货物大批量进入配送中心，经过必要的转运、分类、储存、保管、流通加工和信息处理，按照顾客订货的要求备齐商品，将这些多品种、较小批量货物迅速、准确和廉价地在规定的时间内送交顾客。其特点包括：信息网络完备、配送功能健全；为特定的用户服务、覆盖范围小；以配送为主、储存为辅，有效减少流通环节，降低客户库存；多品种、小批量，利于节约物流费用等。

配送中心是专门从事业务配送的物流基地，是通过保管等作业，然后根据用户的订货要求发送货物的物流场所或组织。电子商务中的零售交易，包括 B2C 电子商务和 C2C 电子商务，其物流需求具有规模小、费用低、配送分散的特点。这对配送中心提出了较高要求，需要将分散的、小批量的物流需求进行统筹汇总，以可接受的物流成本向电子商务客户提供优质物流服务。

电子商务企业所使用的配送中心按照不同运作方式可分为三种：电子商务企业自建的配送中心、社会化的配送中心和综合性配送中心。自建配送中心的电子商务企业（如美国大型零售连锁经营公司沃尔玛）一般都有一定规模和实力，配送中心与实体店面积存在一个相应的比例关系。社会化的配送中心可以大规模地把多家电子商务企业的配送业务集成起来，提高配送效率，节省配送成本。综合性配送中心（如日本零售商西友公司）一般是大型企业自建的配送中心，除了为本企业服务之外，还向其他企业提供配送服务，虽然配送业务不如社会化配送中心广泛，但是费用普遍较低，同样适于电子商务物流配送的需要。

扩展阅读 4-3　商务部会同有关部门建设县域物流配送

2021 年，商务部会同有关部门开展“县域商业建设行动”，提出健全县乡村物流配送体系，开展电子商务进农村的综合示范，支持有关地区累计建设县级的电商服务中心和物流配送中心 2120 个，村级电商服务站点 14.6 万个，快递乡镇覆盖率近 100%。70%网购的商品可以在 3 天内到达村级的服务站。同时也开展了城乡高效配送专项行动。在 40 个试点的城市建设和改造提升了 2.4 万余个物流配送中心、末端配送网点，这些配送中心和网点有很多也是服务于农村居民。

商务部将会同有关部门着力建设完建立完善县域统筹，以县城为中心、乡镇为重点、村为基础的农村商业体系，力争到 2025 年，在具备条件的地区，基本实现县县有连锁超市和物流配送中心，乡镇有商贸中心，村村通快递，重点要推动企业、供应链、物流配送和商品服务的下沉，促进农民收入和农村消费的双提升。［资料来源：商务部：到 2025 年村村通快递 县县有物流配送中心[EB/OL]. 央广网.（2021-09-26）[2021-12-09]. http://finance.cnr.cn/2014jingji/djbd/20210926/t20210926_525615880.shtml］

4.1.3 电子商务与物流的相互作用

物流环境和电子商务之间是相互制约与促进的。没有一个高效的、合理的、畅通的物流系统，电子商务所具有的优势就难以得到有效发挥。物流环节是电子商务中实现商务目的的最终保障，缺少了能与电子商务模式下相适应的现代物流技术和体系，电子商务所带来的一切变革都等于零。一个完善的物流体系是电子商务，特别是网上有形商品交易发展的保障。

反过来，电子商务交易中，如若有形商品的交易规模较小，就不需要为电子商务专门提供物流服务，从而不利于物流的专业化和社会化的发展。而促进电子商务发展的现代信息技术同样也会促进物流的发展。

1. 物流环境对电子商务的影响

物流作为电子商务活动的最后一个关键环节，是制约电子商务发展的重要环节之一。在发展电子商务之初，美国就拥有强大的、完善的现代化物流环境支撑，只需将电子商务与其进行对接即可。而我国作为一个发展中国家，物流业起步晚、水平低，在发展电子商务过程中，有相当一段时间物流环境不尽如人意，一度造成我国消费者对电子商务的怀疑态度，影响了电子商务在我国的发展。因此，物流环境适宜程度、物流技术与物流信息系统的效率高低、物流管理是否高效等是电子商务成功与否的关键。

物流环境对电子商务的影响主要包括以下几方面。

1）提高电子商务效率

电子商务的销售范围是全球性的，销售时段也没有限制。电子商务客户需要的是便捷的购买体验、价廉物美的商品、安全的支付手段和快捷的物流配送。而完善而高效的现代物流体系使电子商务的效益和效率得到完美实现，保证电子商务过程廉价、快捷和高效完成。

2）扩大电子商务运营范围

由于电子商务的跨时域性和跨区域性，加快了世界经济的一体化，导致国际物流在整个电子商务交易活动中的地位越来越重要，进而扩大了电子商务营运的范围。另外，很多商品的电子商务交易无法进行或是不被消费者接受，大多是因为在物流过程中出现破损、丢失、腐坏等现象。而现代物流技术的进步，使得这些商品在快速、安全的物流过程中不会受到损害，从而扩大了电子商务交易对象的范围。

扩展阅读 4-4　供销合作社系统补齐冷链物流短板助力生鲜农产品

广州从化是著名的荔枝之乡，拥有超百种优质荔枝品种。为解决种植户种得出、运不出的难题，广东近年来积极推进供销冷链物流骨干网建设，围绕荔枝、龙眼、菠萝等季节性较强、对冷库需求大的农产品，贯通重要农产品产地预冷、冷链运输、销区冷储、冷链配送等环节，打好“产、加、储、通”组合拳，让农产品高效流通起来。2021 年 3 月，广东省农业农村厅指导成立了田头仓储冷链物流联盟，从试点县开始推进全省田头仓储冷链物流体系建设，规划布局建设承载仓储保鲜、加工包装等功能的“田头小站”，让数字化、网络化、平台化、生态化建设营运的田头仓储冷链物流体系成为农业农村服务新载体。

为助力打造广东供销冷链物流骨干网，从化供销社与从化区农业农村局、广东新供销天业冷链集团有限公司合作开展从化供销田头冷链试点工作。2021 年 6 月，作为试点建设工作的“第一站”，从化区供销社结合当前荔枝季需求，迅速铺设一批荔枝预冷柜，有效补齐农产品上行“最先一公里”短板，将进一步优化从化荔枝冷链服务，助力从化荔枝销售。［资料来源：广州：田头冷链落户从化助“荔”保鲜荔枝预冷速度提高 6 倍[EB/OL]. 广东省农业农村厅官网.（2021-06-21）[2021-06-25]. http://dara.gd.gov.cn/snnyxxlb/content/post_3325276.html］

3）保证电子商务迅速发展

物流的发展壮大对电子商务的快速发展起到支撑作用。物流系统采用了许多先进技术，一方面提高了物流企业的服务水平，客户可以随时跟踪自己货物的物流过程，提升了客户对电子商务安全性、可靠性的认可度；另一方面，大大减少物流过程中人力、物力的投入，使物流成本大幅降低，保证交易利润的大幅增加。物流信息系统不断升级，能更好地满足客户在线的商品需求，提高电子商务的效率，进而增加经济效益。

物流环境除了对电子商务的正面影响，还存在很多负面影响。我国物流存在管理体制不健全、物流平台资源短缺、物流管理与营运经验欠缺、物流服务人员素质不高等问题，导致物流成为我国电子商务发展的瓶颈。如何快速发展我国物流行业以适应电子商务发展的节拍，是我国目前必须突破的关节点。

2. 电子商务对物流发展的影响

电子商务作为一种新兴的商务活动，它为物流创造了一个虚拟性的运动空间。在电子商务的背景下，人们在进行物流活动时，物流的各种职能及功能可以通过虚拟化的方式表现出来，从而有助于人们寻求物流的合理化，使物流达到效率最高、费用最省、距离最短、时间最少。对于物流来说，作为一种经济活动，其发展需要新工具、新技术的支持。而电子商务快速发展，从另一个角度刺激了物流技术的进步。电子商务的交易规模较小时，不利于物流的专业化和社会化的发展。

1）促进物流行业内部改善

电子商务的快速发展，从根本上改善了物流行业的内部状态。首先，改变了物流企业对物流的组织结构和管理水平。电子商务环境下，传统物流的分散状态被打破，从全社会的整体角度来实行物流系统的组织结构，并在实现物流的合理化和高效化的基础上，促进电子商务物流的发展。其次，促进了物流基础设施的改善和物流技术的进步。电子商务高效率和全球性的特点，要求电子商务物流必须保证提供良好的物流配送网络、交通运输网络和信息通信网络等基础设施，进而达到双赢的目标。物流技术决定了物流的服务质量和服务效率。最后，改变了物流企业的竞争态势。在电子商务环境下，竞争优势不能仅仅依靠本企业提供优质服务、降低物流费用等来获取。物流企业必须互相协同，形成一种合争的态势以满足物流系统的高效、高质和系统的要求。

扩展阅读 4-5　UPS 在美国特拉华州开设包裹高速分拣中心

2020 年，美国联合包裹运送服务公司（United Parcel Service Inc.，UPS）提升了在整个亚太地区的服务质量，保证更快交货，并扩大了服务地域。这将惠及 41 个国家和地区多达 140 万个邮区的客户，为企业在亚太地区的发展提供了更具弹性的供应链。“UPS 全球快递”定日递加快了转运速度，使亚洲地区的转运时间缩短了一天，该地区的大多数企业能够在两个工作日内保证交货。UPS 称，改进服务的基础是 2019 年早期对亚太网络进行的多项重大投资，其中包括：将深圳亚太航空枢纽的处理能力提高 50%；将 UPS 全球快递早间服务扩大到中国香港，以及澳大利亚、日本、新加坡和韩国；将中国、日本和韩国出口货物的揽收时间延长多达 5 个小时；在美国开启周六揽收服务，使亚洲 8 个市场的进口货物提前一天送达。［资料来源：UPS 在亚太地区扩大服务范围 加快转运速度[EB/OL]. 中华人民共和国国家邮政局官网.（2020-03-20）[2021-04-27].https://www.spb.gov.cn/gjyzj/c100015/c100019/202003/0751d7a48cac44aba6b221bb929c596b.shtml］

2）*物流需求的多样化转变*

在电子商务条件下，物流需求发生新变化。一方面，消费者地理分布分散化、全球化，但是物流网络很难做到地理区域的全覆盖，这就要求物流必须适应这种情况。例如，物流社会化成为发展趋势，采取多家物流企业的合作，或者面向不同的销售区域提出针对性的物流服务策略。另一方面，物流需求呈现出多品种、小批量、零库存的特点，因此需要根据客户企业的弹性需要提供多功能、个性化的物流服务。

3）*颠覆传统物流的运作模式*

首先，电子商务可对物流网络实现实时控制。电子商务构建起来的信息平台，在交易中各个环节之间实施信息共享，对物流信息、市场信息的实时掌握，可以有效地实现对物流整个过程的实时控制，及时调整物流运作方案，实现物流运作的合理化、个性化。其次，强调物流运作控制的整体性。电子商务环境下，物流的运作不仅要考虑某企业的物流规划和安排，而且要从整体的视角考虑物流的社会性和全球性，进而在网络全球化的优势下，对物流过程展开全球范围内的实时监控和整体控制。

4）*物流增值服务的拓展*

电子商务发展需要的不仅仅是传统的物流服务，更重要的是用户所期望的甚至是期望之外的增值性物流服务，尽可能缩短与客户的距离，提高对客户需求的反应速度，进而建立和保持企业竞争优势。其中包括：重新规划物流系统，提供简化手续和操作流程的便利性服务；简化物流流程或提高物流系统时效性，提供快速响应服务；提供由于物流的社会化、集约化、技术创新等带来的低成本服务；恰当定位物流服务，保证物流延伸服务的完善化和系列化等。

扩展阅读 4-6　物流的增值服务——邦邦达货运险

2020 年 9 月 8 日，邦邦汽服旗下智慧物流平台“邦邦达”隆重推出汽后市场货运险产品——货运险 V1.0 功能平台正式上线。作为增值服务之一，邦邦达货运险将保障货主在邦邦达平台物流运输过程中发生的货物损坏、丢失和被盗等责任风险。

通过货运险等产品的陆续上线，邦邦达智慧物流平台不仅将为客户提供定制化、符合客户实际业务需求的保险增值服务，更提供了快速投保，便捷理赔等全面的保险售后服务渠道，降低了物流承运人在货物发生意外时的赔付风险，并在有效降低供应商配件供应成本和品质争议的同时，提升了汽配行业整体服务水平和配件使用终端及消费者满意度，真正实现了电商平台交易各方的普惠共赢。[资料来源：物流再添增值服务 邦邦达货运险全面上线！[EB/OL]. 中国日报中文网.（2020-09-24）[2021-05-17]. http://ex.chinadaily.com.cn/exchange/partners/82/rss/channel/cn/columns/j3u3t6/stories/WS5f6c4d11a3101e7ce9726660.html]

5）加速物流的社会化

电子商务的跨时域性与跨区域性决定了社会化是物流发展的必然趋势。物流社会化的最重要标志就是物流信息管理水平达到要求。只有构建物流信息中心，使得物流信息管理方式多样化，物流信息交流渠道完善，物流信息交流系统能保证信息输入、整理、存储的便捷，物流信息能直接为管理决策服务，进而在资源优化配置的基础上节约社会成本。

6）促进物流的智能化

电子商务对物流高效、高质、快捷、个性化等高层次要求，使其希望利用信息生成设备，如无线射频识别设备、传感器或全球定位系统等装置与互联网相结合，形成的一个智能化的物联网络，进而实现智能物流管理。一方面，在未来的智能物流系统中，通过智能设备和智能信息系统的普遍运用，实现物流各环节的精确管理，必然使物流成本最小化和零浪费。另一方面，通过智能化地采集实时信息，并进行广泛、深度的信息分析处理，为最终用户提供优质的、增值性的物流信息咨询和服务，为物流企业提供最佳的、集成式的规划、管理和决策支持。另外，智能物流能优化物流企业资源配置和业务流程，拓宽其业务范围，为物流企业提供一体化的、协同式发展平台，实现供应链企业间物流的严丝合缝，保证电子商务交易过程中真正的资金流、物流、信息流的“三流合一”。[参见“4.4.4 智慧物流”]

4.2　第三方物流与跨境电商物流

第三方物流作为新的专业化分工领域，是要向工商企业和消费者提供社会化、专业化的物流服务，现已发展成为一个新兴产业部门，是国民经济的一个重要组成部分。

4.2.1　第三方物流及其价值

第三方物流（third party logistics，3PL）在国外常被称为契约物流、物流联盟、物流社会化，源于 20 世纪 80 年代中后期的欧美发达国家。“第三方”即外包（outsourcing）之意，是指利用企业外部的资源为企业内部的生产和经营服务。因此，第三方物流是指由供方与需方以外的物流企业提供物流服务的业务模式。第三方物流企业本身不拥有货物，而是以合同的形式在一定期限内为其外部客户的物流作业提供管理、控制和专业化服务。第三方物流提供商所提供的集成服务涵盖了运输、仓储、码头装卸、库存管理、包装以及货运代理在内的诸多业务。

第三方物流的名称来自第一方物流和第二方物流。第一方物流（first party logistics，1PL）是指由商品提供者自己承担商品的物流问题，以实现物资空间位移，特别是在产品输送量较大的情况下，企业比较愿意由自己来承担物流的任务。第二方物流（second party logistics，2PL）是指由商品需求者自己解决所需商品的物流问题，以实现商品的空间位移。第三方物流是指商品买卖双方之外的第三方提供物流服务的形式。第三方物流是随着物流业的发展而发展的，是物流专业化的必然且重要的形式。

第三方物流之所以成为世界范围的物流发展必然趋势，根本原因在于第三方物流发展具有其独特的价值和作用，主要表现在物流成本的转移、服务水平的提升和社会资源的高效利用等方面。

1）物流成本的转移

企业在竞争中追求的目标是降低成本、提高利润率。企业将物流业务外包给第三方物流公司，可将企业对物流设施和物流信息系统建设的投资成本尽可能减少；可降低存货水平，减少货物存储费用；降低物流空载率，减少单位商品的运输费用等，从而使企业的物流成本得以转移。同时，企业也可以有效地规避物流基础设施建设风险、资金投入产出风险和存货损坏或贬值的风险。

2）服务水平的提升

企业将物流外包给第三方物流公司，可以提高对客户需求的反应能力，实现货物的快速交付，提高顾客满意度；并对在途货物实施追踪和监控，保证货物及时、安全地到达目的地；能够专注于核心业务，提高客户满意度，增强信誉，保证企业的市场占有率，从而提升自身核心竞争力。第三方物流公司能为企业提供一体化的综合物流服务，并整合、优化各种物流服务资源。

3）社会资源的高效利用

第三方物流公司可将社会上的闲置物流资源有效利用和整合起来，达到合理配置。另外，其专业化的物流管理经验和完善的物流信息网络，能对所服务的多家企业的物流资源进行统一管理、运营，实现资源和信息的共享，极大促进了社会物流资源的合理配置和综合利用，提高物流整体运作效率。

扩展阅读 4-7　顺丰首家医药第三方物流落地

2020 年 8 月 19 日，由省药品监管局联合省商务厅、省发改委共同推进的全省医药供应链改革取得实质性突破，全国首家真正独立开展医药第三方物流的试点企业——河南顺丰医药供应链有限公司正式揭牌运营。这种以大数据、区块链为技术支撑，建立健全物流追溯系统的全新业态真正的第三方物流配送方式，将会给河南乃至全国药品流通领域带来重大变革和深远影响。

顺丰医药供应链（河南）有限公司依托强大的供应链体系和信息技术实力，探索现代化第三方医药物流系统，开启全新的顺丰医药第三方物流模式，在药品储存、运输业务方面，通过提供专业的第三方物流服务，帮助药品器械生产经营企业提高物流效率。其集约化、可视化的运输模式降低了企业的经营成本，保障了药品的质量安全，一改传统医药物流配送环境条件差、效率低、资源浪费的局面。

河南省药品监督管理局也出台了支持医药第三方物流发展工作的具体措施，按照“全主体、全品种、全链条”的监管要求，把物流企业配送药品纳入监管范围，补强了药品配送监管的薄弱环节，以互联网＋延伸监管的方式强化事中事后监管，在保障药品质量安全的同时，支持企业高质量发展。[资料来源：全国首家医药第三方物流企业落地河南[EB/OL].河南省人民政府官网.（2020-08-26）[2021-01-12]. http://www.henan.gov.cn/2020/08-26/1759600.html]

4.2.2　第三方物流的特点

第三方物流的出现和发展对物流资源的合理配置、物流成本的降低、物流效率的提高具有极为重要的意义，在发展过程中第三方物流的特征也越来越明显。具体如下。

1）第三方物流服务契约化

第三方物流以契约的形式来规范物流企业与客户企业的关系。企业在选择第三方物流服务时，一般要签订专门的长期合同，规定服务项目和目标，并且包括一定的惩罚措施和激励条款。第三方物流企业根据合同条款规定的要求，提供多功能甚至全方位的物流服务。合同的达成不是满足临时物流需求，而是一段时期的长期合作需求。

2）第三方物流服务个性化

第三方物流企业服务的对象一般不多，甚至有的只有一家服务对象，但服务时间却较长。第三方物流企业的经营理念从供给推动模式向需求拉动模式转变。第三方物流合作双方为了共同的战略目标，在信息共享的条件下，共同制定物流解决方案，其业务深深地触及客户企业整个生产经营过程，并根据不同物流需求者在企业形象、业务流程、产品特征、消费者需求、竞争对手等方面的不同要求，使得第三方物流企业必须采用“一对一”的方式为客户提供特殊的、个性化的定制服务。

3）第三方物流依赖于现代信息技术

信息技术的迅猛发展是第三方物流出现的必要条件，信息技术实现了物流数据的快速、准确传递，提高了物流各环节的自动化水平和信息实时共享水平，促进了物流管理的科学化，使其实现一体化管理与运作，极大地提高了物流效率和物流效益。使得电子商务企业愿意把原来在内部完成的物流作业交由第三方物流企业来运作。

4.2.3　电子商务环境下的第三方物流

第三方物流提供的是专业化物流服务。作为新的专业化分工领域，其已经发展成为一个新兴产业部门和国民经济的一个重要组成部分。在电子商务环境下，第三方物流发展迅速。而第三方物流也对电子商务的发展产生了很大影响。

1. 电子商务发展对第三方物流的影响

社会信息化的深入发展，促进了互联网上电子商务的运作模式的广泛运用。电子商务爆炸式的发展对高效率、高速度的物资流动要求进一步提高。面对激烈的市场竞争，电子商务企业不可能都自办物流，而是把物流业务外包，成规模的物流外包业务促进了第三方物流发展，扩大了第三方物流的市场范围，激励社会上相互协作发展集约化的物流运作模式。这对于第三方物流的发展起到了巨大的推动作用。

另外，物流速度是决定第三方物流业成败的关键，这主要取决于物流领域的电子化水平的发展。在电子商务环境下，物流电子化依赖的是电子商务先进的信息技术。电子商务相关技术的发展，为第三方物流的正常运行、安全防范、信息沟通提供了较高的技术保证。第三方物流业务流程中的各个环节（包括业务合同签订、入库、储存保管、出库、运输配送、资金结算等）都需要在充分利用电子商务环境的网络特点和技术优势的基础上，才能正常运行，并进一步扩大市场和经营规模、提高营运效率，达到提高经济效益的目的。

2. 第三方物流对电子商务发展的影响

一直以来，物流成为制约电子商务发展的瓶颈，成为电子商务企业和客户之间诚信构建的阻碍。电子商务的物流系统不仅投资大，而且专业化程度要求高。对于大多数电子商务企业，自营物流不利于企业业务的迅速扩展。而第三方物流在信息咨询和业务整合方面的强大能力，使其经营规模化、集约化，在某种程度上能有效降低电子商务的运营成本，转移自身对物流的投资和运行风险，扩大商品销售范围。另外，第三方物流自身的物流管理经验和强大的资本实力，能够保证电子商务物流环节的保质、保效完成，实现客户的满意度最大化，并通过其发达的信息沟通机制将客户意见反馈给电子商务企业，提高电子商务企业在客户中的信誉度，全面提升企业的客户服务水平（图 4-2）。

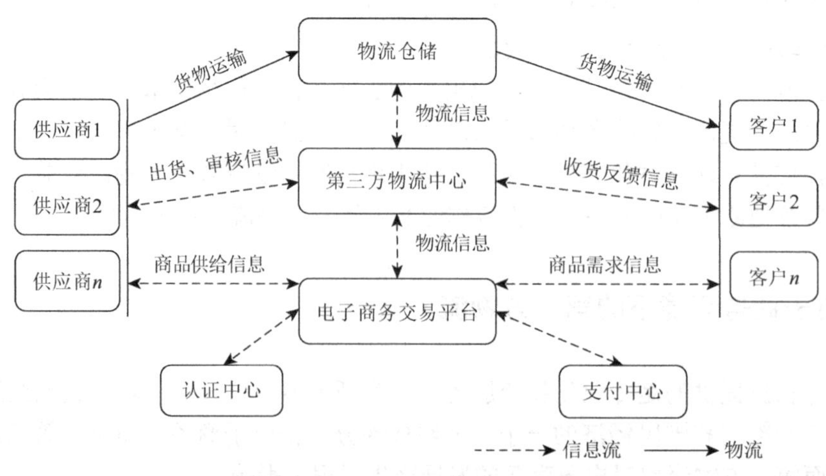

图 4-2　电子商务中的第三方物流

可以说，第三方物流是电子商务运作的前提和保障。它是电子商务现实交易的最佳载体，是最终完成电子商务交易的有力保证。当第三方物流融入电子商务企业，便为其提供完善的供应链解决方案，与其共同分担电子商务供应链管理的利益和风险。

如今，人们又在不断探索更为有效的物流运作模式，不断提出一些新思路和新名词。

作为对现代供应链管理挑战的突破性解决方案，第四方物流正在兴起，并逐渐演变为物流业中一种新的商业运作模式。

4.2.4 跨境电商物流

跨境电商物流是指在电子商务环境下，依靠互联网、大数据、信息化与计算机等先进技术，物品通过海运、空运、陆运从跨境电商企业流向跨境消费者的跨越不同国家或地区的物流活动。受益于跨境电商行业的发展、“一带一路”等国家政策的持续扶持等大背景，叠加疫情促使海外消费者的消费习惯向线上转移的影响，跨境电商物流具备广阔的发展空间。

1. 我国跨境电商物流现状

随着我国跨境出口产品向更大出口量级、更多出口品类以及更高客单价的趋势发展，跨境电商物流行业处于整体向前发展的趋势。2020 年，我国跨境电商出口市场规模达到为 46 479.2 亿元，同比增速 26.9%。

2018 年以来，我国正视跨境物流体系作为促进我国外贸高质量发展的重要基础设施地位，提出“构建跨国物流枢纽网络体系”的目标，并陆续开展“内陆集装箱联运体系”等多个跨国物流基础设施建设专项工程，为跨境物流企业提供多元化、低成本、高时效运力。再者，政策在加强行业监管的同时，鼓励寄递服务产业上下游融合，共同完善跨境物流网络体系，探索新的业务模式，为市场注入新动力。2020 年以来，为支持通过跨境电商渠道缓解疫情带来的市场成交压力，国家高频出台政策，为跨境物流产业增设多种运力渠道，为跨境电商提供广阔的上升空间。

跨境购物的物流链条较长，跨境电商平台为了给消费者提供与其在本国消费更为接近的消费体验，往往会对跨境物流服务商在时效、包裹纠纷等物流服务质量上较为关注，这对跨境物流企业本身的综合运营能力提出更高要求。同时，卖家也会出于对跨境物流费用、效率的综合考量，对跨境物流服务商在网络异常情况下的处理、所拥有的线路的稳定度、在旺季的时候协助出仓等增值服务的能力进行全面评估，选择满足自身差异化运输需求的物流商。

扩展阅读 4-8 我国加速发展跨境电商

近年来，中国陆续出台一系列跨境电商领域的支持性政策，规范和引导跨境电商产业发展方向。持续性的支持政策出台为中国跨境电商行业企业提供了一个稳定的政策环境预期，对于行业发展信心的提升具有明显的促进作用。据海关统计，2020 年我国跨境电商进出口额达 1.69 万亿元，增长 31.1%，远高于同期 1.9%的全国外贸增速。其中，出口 1.12 万亿元，增长 40.1%，进口 0.57 万亿元，增长 16.5%。作为新兴贸易业态，跨境电商在疫情期间飞速发展，也成为稳外贸的重要力量。全球化智库 2021 年 4 月 12 日发布的《B2C 跨境电商平台“出海”研究报告》显示，中国和美国目前是全球跨境电商的主要平台方所在国，也是全球跨境电商交易的主要市场。［资料来源：李婕.中国已成为全球最大的 B2C 跨境电商交易市场，全球超 26%的相关交易发生在此——跨境电商加速发展[EB/OL]. 人民网.（2021-07-13）[2021-07-15].http://finance.people.com.cn/n1/2021/0713/c1004-32156006.html］

2. 跨境电商物流的特点

跨境电商物流不同于传统国际物流和国内物流，有其自身的特征。相较于传统国际物流，跨境电商物流有着反应快速化、功能集成化、作业规范化、信息电子化、服务系统化等特征；相较于国内物流，跨境电商物流具有广阔性、国际性、高风险性、高技术性、复杂性等特征。但跨境电商物流还存在距离远、时间长、成本高，中间会涉及目的国清关（办理出关手续）等相关问题。[参见“8.5.2 跨境支付与跨境物流法律问题”]

我国跨境电商物流企业的竞争主要集中在东南沿海地区，中西部地区竞争较少。这主要是由于渤海地区、长江三角洲、珠江三角洲等东南沿海地区经济发达，跨境运输需求旺盛，且航运、航空运输等基础设施相对完善。我国跨境电商物流地区间或单一行业存在激烈的竞争，但是由于跨境电商物流企业自身财务实力、管理和技术能力的限制，那种跨地区、跨行业的竞争较少。另外，大部分跨境物流企业只能提供海运物流或者空运物流服务，很少能提供多式联运（如海空联运）、满足客户其他不同需求、提供运输方案优化设计等。因此，跨境电商物流存在服务功能单一、增值服务较少、同质化竞争现象较为严重等问题。

3. 跨境电商物流的主要业务模式

跨境电商物流目前以海外仓与专线物流为主要业务模式。这两类业务模式的发展都是基于平台上卖家及线下外贸卖家对货运需求的演变而来。

1）海外仓

为了解决空运成本高昂、配送周期较长，以及部分进口国市场跨境电商进口税率高于一般进口等问题，在海外设立仓库进行本地配送成为跨境物流的一大重要趋势。如今海外仓都会提供仓储、分拣、包装、派送的一站式控制与管理服务，包括头程运输、仓储管理和本地配送三个部分。海外仓的头程运输是采用传统的外贸物流方式（海运/空运/陆运），目的国抵境后按照正常清关流程进口，大大降低了清关的障碍。货品存放在海外仓，跨境电商在接受了订单后，直接从海外仓发货配送，进而缩短了运送时间和转运流程。而且海外仓中存有各类商品的存货，也能实现便利的退换货服务。

这种新的跨国物流模式有利于解决跨境电子商务发展的很多问题，鼓励电商企业走出去。客户下单后，出口企业便可通过海外仓直接本地发货，大大缩短配送时间，降低了清关障碍；货物批量运输，降低了运输成本；客户收到货物后能轻松实现退换货，也改善了购物体验；还可以帮助卖家拓宽销售品类等。然而，不是所有产品都适合海外仓，如若单品销售比较慢，则容易导致库存积压，增加物流成本。因此，海外仓适合库存周转快的热销单品。另外，海外仓对卖家在供应链管理、库存管控、动销管理等方面都提出了更高的要求。

2015 年 5 月，我国商务部制定了《“互联网 + 流通”行动计划》，不少电商平台和出口企业通过建设海外仓布局境外物流体系，同时相关政府部门也在不断完善跨境电商相关的法律、税收服务建设。

扩展阅读 4-9　我国海外仓助力国际贸易共赢发展

《中华人民共和国国民经济和社会发展第十四个五年规划和 2035 年远景目标纲要》提出，“鼓励建设海外仓，保障外贸产业链供应链畅通运转”，进一步凸显了海外仓作为海外营销重要节点和外贸新型基础设施，在推动进出口协同发展方面的重要作用。随着跨境电商蓬勃发展，中国企业加快完善包括海外仓在内的物流体系，海外仓呈现强劲增长势头。

中国商务部公布的数据显示，目前，中国企业跨境电商海外仓数量超过 1800 个，2020 年增速达 80%，面积超过 1200 万平方米。当前，商务部外贸司正在组织 105 家跨境电子商务综合试验区开展“海外仓高质量发展专项行动”，支持海外仓丰富功能、升级发展，培育一批特色鲜明的代表性海外仓。近年来，海外仓在信息化建设、智能化发展、多元化服务等方面深入探索，实现购物体验和物流效率双重优化，提升中国产品形象，助力中国品牌更好扎根当地。面对新冠肺炎疫情挑战，海外仓作用进一步提升，推动中国商品营销和品牌推广，同时利用自身防疫物资采购和物流优势，有力支持抗击疫情。[资料来源：肖新新，焦翔，周[illegible]，等. 合理配置全球资源 保障“两链”畅通运转 海外仓助力国际贸易共赢发展[EB/OL]. 人民网.（2021-03-22）[2021-04-03].http://world.people.com.cn/n1/2021/0322/c1002-32056594.html]

2）专线物流

专线物流一般是通过海运或空运的方式将货物批量运输到国外，再进行目的国的派送，能够通过规模效应降低成本，是比较受欢迎的一种物流方式。专线物流根据目的地不同，可分为美国专线、欧洲专线、俄罗斯专线等。专线物流通常为货运代理或物流服务提供商整合提供。

专线物流的优势在于集中大批量货物发往目的地，可通过规模效应降低成本。因此，专线物流具有价格低、速度快、包裹丢失率较低等优势。但专线物流的整体运费成本较高，在国内的揽收范围相对有限，到达区域的网点少。专线物流更适合于新手卖家，或者出货量较小的卖家。专线物流一般是货满车走，以降低客户的运输成本，陆运货车班次时间不确定。不过，可以通过航空运输或者转包业务满足较急的货物运输需求。

专线物流的常规业务一般包括自营业务和转包业务两种。自营业务指专线物流公司仅承接到相应目的地的货物，以便通过价格优势和服务质量展示专线优势。转包业务则是当某专线公司承接到其他目的地的货物，那么他们会把这项业务又转包给其他的物流公司运输，以便增加经营利润，发挥强强联合的优势。

4.3　现代物流技术

物流技术是指支撑物流配送各环节运作的所有相关的专业技术总称，包括流通加工、物品包装、物品标识、物品实时跟踪，以及物流规划、物流评价等相关技术。电子商务物流的信息化、智能化、自动化等特点，使得物流技术也不断向前发展。电子商务物流技术是信息技术在电子商务物流领域的应用，从而形成多种业务集成的现代物流体系。随着计算机网络技术的应用普及，物流信息技术中综合了许多现代技术，如条形码技术

(bar code)、射频识别技术（radio frequency identification，RFID)、全球定位系统（global positioning system，GPS)、地理信息系统（geographic information system，GIS）等。

4.3.1　条形码自动识别技术

条形码技术是伴随计算机应用产生并发展起来的一种识别技术。人们需要一种可以快速准确地对物体进行识别以配合计算机系统处理的技术。条形码技术应运而生，经过几十年的发展，已被广泛应用于各行各业。

1. 条形码技术的优点

条形码，简称条码，是由一组规则排列的、黑白相间的条状符号、字符和数字组成的标记，用以表示一定的信息。比如商品条形码可以表示商品的名称、产地、价格、种类等。条形码技术是现代物流系统中非常重要的信息采集技术，有利于大幅提高物流效率。

条形码的信息识别需要使用专门的条形码识别设备（如手持式条码扫描器）。当条形码被扫描时，其中包含的信息就直接转换成计算机能识别的数据，并存放在专门的数据库中。然而，根据需要调动计算机上的应用程序对数据进行操作和处理。

条形码技术是迄今为止最经济实用的一种自动识别技术。条形码技术具有速度快、精度高、成本低、可靠性强等优点，在自动识别技术中占有重要的地位。条形码信息输入迅速，其输入的速度是键盘输入的 5 倍，并且能实现“即时数据输入”。而且误码率很低，有较高的可靠性。一个条形码能蕴含的信息量很大。例如，一维条形码所包含的全部信息是一串几十位的数字和字符；二维条形码相对复杂，包含的信息量可以达到几千个字符。条形码标签易于制作，对设备和材料无特殊要求，识别设备成本相对较低，信息识别过程简单易学、操作方便。

2. 物流条形码

利用物流条形码可使物流系统展现更好的功能效用。在商品从生产厂家到客户的整个交易流程中，可以通过物流条形码来实现物流信息迅速采集，使信息的传递和共享更加方便、快捷和准确。商品条形码的普及使商业管理实现了自动化。通过对物流条形码信息的采集、传递和反馈能够使物流系统的经济效益得以提升。物流条形码具有的特点，使其能够区别于商品条形码，并在物流领域发挥重要的作用。

在现代物流中，物流企业往往利用标准化 EDI 进行物流信息处理，并配合以条形码技术，进而提高效率、减少差错率、降低成本。EDI 和条形码的配合，使企业做到了对物流流程的实时数据采集、显示和控制。[参见“1.5.1 EDI 技术”]

物流条形码与商品条形码的区别（表 4-2)：①标识对象不同。商品条形码是最终消费单元（一般指零售渠道中的单个商品包装单元）的唯一标识；而物流条形码则是货运单元（由若干消费单元组成的稳定的和标准的产品集合，可以是多个商品集合，也可以是多种商品集合）的唯一标识；②应用领域不同。商品条形码用于零售业现代化的管理，可以实现商品的自动识别、自动寻址和自动结账；物流条形码则是针对物流现代化的管理，应用于包装、运输、储存、分拣和配送等众多环节中，从而实现对货物跟踪和信息共享；③信息容量不同。商品条形码的长度固定，信息容量少；物流条形码的长度可变，信息容量多；④维护程度不同。商品条形码已经国际化和标准化，不需要经常更新；物流条形码则是可变条形码，可根据交易的具体需要而不断补充、丰富信息。

表 4-2　物流条形码与商品条形码的区别

项目	商品条形码	物流条形码
标识对象	最终消费单元的唯一标识	货运单元的唯一标识
应用领域	用于零售业现代化的管理	用于物流现代化的管理
信息容量	条码的长度固定，信息容量少	条码的长度可变，信息容量多
维护程度	已经实现国际化和标准化，不需要经常增减更新	是可变性条码，根据贸易的具体需要而增减信息

3. 条形码种类

条形码有很多种类，一般分为一维条形码和二维条形码。

1）一维条形码

一维条形码是最传统的条形码，由宽度不等的多个黑白条按照一定的编码规则排列（图 4-3），用以表达一组特定信息。所有条形码都有一些相似的组成部分，如对条形码进行校验以保证译码后的信息正确无误的校验符号。然而，一维条形码存在一些不足，如信息容量较小，只能标识商品，必须借助预先建立的数据库获取商品的详细描述；无法表示汉字或者图像信息；信息保密防伪性较差等。

2）二维条形码

二维条形码是利用某种特定的几何图形按规律在二维方向上黑白相间分布来记录数据符号信息，在水平方向和垂直方向均带有信息的条形码（图 4-4）。二维条形码的工作原理与一维条形码类似。

图 4-3　一维条形码

图 4-4　二维条形码

二维条形码将条形码的信息空间从线性的一维扩展到平面的二维具有以下几个特点：①信息存储量大，其字数存储量是一维条形码的几十倍，还可存储各种语言文字、数字、符号、照片、指纹、签字、声音等；②抗损性强，当遭受污染或破损后仍然能够解读出原数据；③安全性高，多种加密技术大幅提高其安全性，且具有强抗磁能力、抗静电能力等；④条形码符号的形状可调。二维条形码的形状可以根据载体面积限制和美工设计需求等进行调整。

4. 条形码技术在物流配送中的应用

电子商务时代，交易速度大幅提升，致使货物流量越来越大，流速越来越快。随着竞争的日渐加剧，仅靠手工录入商品信息和人工查询容易造成货物运送过程中的失误或延迟，给交易双方带来巨大损失。而采用快速、准确的条形码采集方式，可以节省物流成本，满足客户的需求，提高企业的利润。

准确、快速的商品物流信息流能够有效控制物流的业务流程，一方面跟踪物流和掌握库存状况，另一方面降低物流作业的出错率。物流在业务处理中的订货、收货、入库、理货、在库管理、配货、补货等大部分作业环节中大量应用条形码技术。由表 4-3 可见，条形码自动识别技术大大提高了物流信息采集和识别的准确性和速度，实现了物流的高效率运作。

表 4-3　条形码在物流配送中的应用

流程环节	条形码的作用	效果
生产环节	记录生产线上每一道工序的物流状况	建立自动控制系统，实现生产管理的高自动化
库存环节	记录商品入库时间、库存数量、存放位置等	减少作业人员的工作量与操作的出错率
分货拣货环节	自动分货拣货	比手工分拣工作的效率高出数倍
销售环节	将商品名称、品牌、产地、规格、销售时间、地区和数量等信息输入数据库，掌握进销存的数据	分析与预测顾客的需求趋势，降低库存水平，提高整个供应链的效率
售后环节	记录产品的流通信息和客户信息	为生产、营销提供市场依据

扩展阅读 4-10　民航行李的“身份证”

行李签是航空行李的唯一身份标识，相当于行李的“身份证”。曾经，最早的老式行李签需要手工填写相关内容。后来，逐渐在标签上预印目的地信息，也就是机场代码等。再后来，设计者还加入彩色方案，以帮助行李员迅速识别不同目的地的行李。但这些远远不能满足日益增长的航线和行李数量的需求，这时候，定制印刷和条形码就派上了用场。目前，常见的行李条采用的是硅和塑料的“复杂合成体”，耐寒、耐热。航空公司可以通过带有条形码的标签在整个机场区域，甚至世界范围跟踪行李，除了条形码，航空行李标签还印有乘客的姓名、航班信息和目的地，也正是这些让航空行李标签实现了电子化。［资料来源：国航完成行李全流程跟踪试点航线测试[EB/OL]. 中国民航网.（2020-05-27）[2021-04-11]. http://www.caacnews.com.cn/1/6/202005/t20200527_1302562.html］

4.3.2　射频识别技术

射频识别（RFID）技术是当前自动识别领域的热点技术之一。其基本原理是电磁理论，即利用射频信号实现无接触的信息传递和读写，达到自动识别的目的。RFID 技术的出现彻底改变了条形码依赖一维或二维几何图案来提供信息的方式，而是通过芯片来存储数量巨大的信息。但是 RFID 技术带来的绝不仅仅是信息容量的提升，其所具有的强大优势会极大地提高信息的处理效率和准确度。

知识链接 4-1 RFID 的发展

RFID 的历史可以追溯到第二次世界大战。那时各国都在采用一项于 1922 年发明的新技术——雷达，用以预警正在接近的飞行目标。雷达的致命弱点是无法分辨敌我双方的飞机。德国人发现当他们在返回基地的时候如果拉起飞机将会改变雷达反射回的信号形状，从而与敌军进攻的飞机加以区别。这种简单拙劣的方法可被认为是最早的被动式 RFID 系统。与此同时，英国展开了一项秘密项目，开发出能够识别敌我双方飞机的敌我识别器。敌我识别器被安装在英国飞机上，当接收到雷达信号以后，敌我识别器会主动广播某个特定信号返回给雷达从而区分敌我双方的飞机。这种方法可以被看作是最早的主动 RFID 系统。随着大规模集成电路、可编程存储器、微处理器以及软件技术和编程语言的发展，RFID 技术才开始逐渐推广和部署在民用领域。[资料来源：刘云浩. 2010. 物联网导论. 北京：科学出版社]

在电子商务物流过程中，条形码虽然价格低廉，但它在识别速度慢、数据存储量小、工作距离近、穿透能力弱、环境适应能力差，以及不能进行读写操作等方面的不足，使其越来越不能满足人们的物流需求。而 RFID 技术作为条形码的完美替代品，有许多独特优势，如防水、防磁、穿透性强、读取速度快、识别距离远、存储数据能力大、数据可进行加密和读写等，致使该技术在完成识别工作时无须人工干预；工作距离长，识别距离比光学系统远；不怕油渍、灰尘污染，适于恶劣环境，不易损坏；可以识别高速运动目标，甚至同时识别多个射频卡等。因此 RFID 技术能提供更细致、更精确的产品供货信息，在实现货物供给过程自动化方面起到很大的作用。

RFID 技术起初主要被应用在一些无法使用条码跟踪技术的特殊工业场合，被用于目标定位、身份确认及跟踪库存产品等。之后被逐步应用到很多领域中，如传输业和访问控制、动物监控、电子收费系统、交通管理系统、商品零售等。我国已经将 RFID 技术应用于铁路车号识别、公共交通、手机支付、身份证管理、动物标识、特种设备与危险品管理、生产管理等多个领域。

1. RFID 技术的工作原理和优势

RFID 系统一般包括阅读器、天线和电子标签三大组件，其中阅读器中包含传送器、接收器和微处理器。阅读器通过天线在一定的区域内发射能量形成电磁场，电子标签进入该电磁场后，接收阅读器发出的指令，对其内部存储的标识信息进行实时读写操作，并将标识信息发射出去，阅读器通过天线接收并识别电子标签发回的信息，在对信息有效性进行校验后，通过计算机网络将识别结果发送给主机，进行信息处理和传输。RFID 技术的工作原理如图 4-5 所示。由于电子标签与阅读器之间是通过空气介质以无线电波的形式进行信息传递的，其信息传输距离经常会受到很多因素的影响。

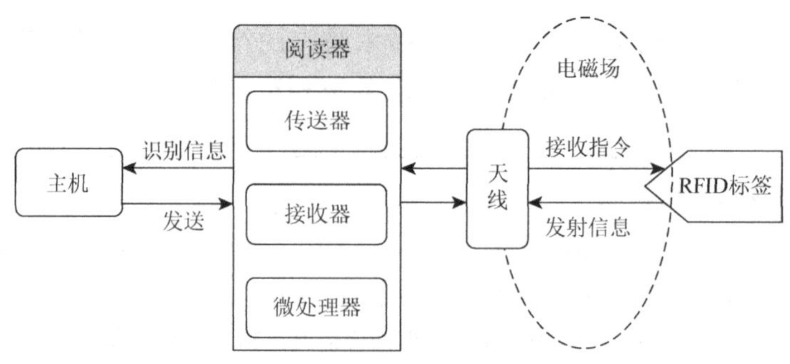

图 4-5　RFID 技术工作原理图

2. RFID 技术在物流中的应用

RFID 技术在物流过程中有广泛的应用，如货物的存货管理、运输管理和分拣管理等方面。射频识别标签被贴在集装箱和设备上，而射频阅读器通常安装在运输路线、仓库、车站、码头和机场等关键地点。射频阅读器收到标签发送的识别信息以后，将接收地点的位置信息一同上传至通信卫星，再由卫星传递给物流管理信息数据库中。

各级物流管理人员和物流的作业人员可以通过 RFID 技术及物流信息系统实时掌握货物订购、仓储、运输等所有信息，能够安全有效地解决货物库存问题，避免货物的重复运输，实现物流的作业自动化和决策智能化。

扩展阅读 4-11　菜鸟突破 RFID 识别技术

在 2021 全球物流技术大会上，菜鸟主导的“精准射频识别技术”曝光，获得中国物流与采购联合会颁发的物流技术创新奖。这是继条形码、二维码之后的第三代识别技术，已经具备大规模商用条件。RFID 技术一般被用于供应链的商品流通中的货物盘点、出入库交接，以及全链路追踪，但此前因为技术突破有限，识别准确率不高，一直未能大规模投入实际应用。如今，在包含液体、金属等商品的通用物流场景下，采用菜鸟“精准射频识别技术”的盘点小车能够在 20 秒内快速、准确识别实心托上所有的商品 RFID 标签，并且可以排除附近其他托盘上 RFID 标签的干扰，由此提升了出入库交接的效率，并为防止经销商串货行为提供了稽查的技术手段。菜鸟经过两年多的研发，通过优化芯片、读写器及其背后的一整套识别算法，将识别准确率大幅提升到 99.8%，达到全球领先。［资料来源：菜鸟突破第三代识别技术　识别率达 99.8%[EB/OL]. 每经网.（2021-04-16）[2021-06-03]. http://www.nbd.com.cn/articles/2021-04-16/1700696.html］

4.3.3　全球卫星定位系统

位置信息是最重要的信息之一。位置信息包括三大要素：所在的地理位置、处在该地理位置的时间、处在该地理位置的对象（人或设备）。也就是说，位置信息承载了“时间”“空间”“主体”三大关键信息。在电子商务物流配送过程中，充分利用位置信息，能够根据所在地提供时效性更佳的、个性化的定制服务。［参见“1.5.4 移动电子商务技术”］

1. GPS 简介

美国从 20 世纪 70 年代开始研制全球定位系统（GPS），于 1994 年全面建成。GPS 系统具有全球地面连续覆盖、功能多、精度高、实时定位速度快、抗干扰性能好、保密性强、受控制程度小等优势。随着全球定位系统的不断改进，以及硬件、软件的不断完善，GPS 已成功地应用于运载工具导航、数据通信、大地测量、工程测量、地壳运动监测、资源勘查、地球动力学等领域。目前全球定位系统的应用已遍及国民经济各部门，产生了巨大的社会经济效益，并开始逐步深入人们的日常生活。

由于 GPS 在需要确定目标地理空间位置和空间轨迹的军事及民用领域中的应用效果显著，很多国家也陆续展开了卫星导航系统的研究和部署，如我国的北斗卫星导航系统、欧盟的伽利略导航卫星系统、俄罗斯的格洛纳斯（GLONASS）导航卫星系统等。

知识链接 4-2　我国北斗卫星导航系统

北斗卫星导航系统是中国着眼于国家安全和经济社会发展需要，自主建设运行的全球卫星导航系统，是为全球用户提供全天候、全天时、高精度的定位、导航和授时服务的国家重要时空基础设施。20 世纪后期，中国开始探索适合国情的卫星导航系统发展道路，逐步形成了三步走发展战略：2000 年底，建成北斗一号系统，向中国提供服务；2012 年底，建成北斗二号系统，向亚太地区提供服务；2020 年，建成北斗三号系统，向全球提供服务。

北斗卫星导航系统具有以下特点：一是北斗卫星导航系统空间段采用三种轨道卫星组成的混合星座，与其他卫星导航系统相比高轨卫星更多，抗遮挡能力强，尤其低纬度地区性能优势更为明显。二是北斗卫星导航系统提供多个频点的导航信号，能够通过多频信号组合使用等方式提高服务精度。三是北斗卫星导航系统创新融合了导航与通信能力，具备定位导航授时、星基增强、地基增强、精密单点定位、短报文通信和国际搜救等多种服务能力。［资料来源：北斗卫星导航系统介绍[EB/OL]. 北斗卫星导航系统官网.（2017-03-16）[2020-05-07]. http://www.beidou.gov.cn/xt/xtjs/201710/t20171011_280.html］

2. GPS 的工作原理

GPS 系统由宇宙空间、地面监控、用户设备三大部分组成。宇宙空间部分由 24 颗工作卫星构成。GPS 的卫星布局保证在地表绝大多数位置，任一时刻都有至少 6 颗卫星可以进行定位；地面监控部分由分布在全球的若干个监控系统构成，作用是监测和控制卫星上设备的正常工作以及确保卫星沿预定轨道运行；用户设备部分是一个 GPS 专用接收机，通过接收 GPS 卫星所发出的信号进行导航定位等工作。

GPS 的工作原理很简单：先测得用户设备与三个 GPS 卫星之间的距离，然后通过三点定位方式确定用户设备的位置；每颗 GPS 卫星都在不断地向外发送信息，每条信息中都包含有信息发出的时刻，以及卫星在该时刻的坐标；用户设备通过测量每颗卫星信号到该设备的时间延迟，根据信号传输的速度就可以计算出用户设备到不同卫星的距离；同时收集到至少四颗卫星的数据时，就可以计算出三维坐标、速度和时间（图 4-6）。

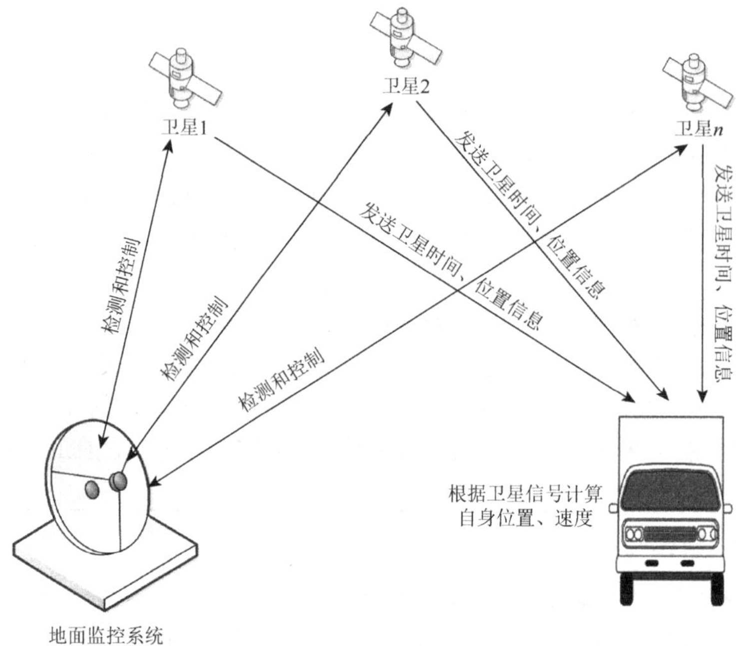

图 4-6　GPS 基本工作原理图

3. GPS 技术在物流管理中的应用

我国的北斗卫星导航系统提供服务以来，已在交通运输、农林渔业、水文监测、气象测报、通信授时、电力调度、救灾减灾、公共安全等领域得到广泛应用，服务国家重要基础设施，产生了显著的经济效益和社会效益。基于北斗卫星导航系统的导航服务已被电子商务、移动智能终端制造、位置服务等厂商采用，广泛进入中国大众消费、共享经济和民生领域，应用的新模式、新业态、新经济不断涌现，深刻改变着人们的生产生活方式。中国将持续推进北斗应用与产业化发展，服务国家现代化建设和百姓日常生活，为全球科技、经济和社会发展做出贡献。

GPS 在物流领域的应用主要是在汽车自动定位、跟踪调度以及铁路运输等方面。在汽车自动定位和跟踪调度方面，物流管理部门可以利用 GPS 的计算机信息管理系统，并通过 GPS 和计算机网络实时收集全程汽车所运货物的动态信息，从而实现汽车、货物跟踪管理，并及时地进行汽车的调度管理。在铁路运输管理方面，只要知道货车的车种、车型和车号，就可以利用 GPS 技术从近 10 万公里的铁路网上流动着的几十万辆货车中找到该货车，还能得知这辆货车现在何处运行或者停在何处，以及所有车载货物的发货信息。配送企业可以依靠物联网和移动互联网，通过在车辆上安装 GPS 定位器，增强配送环节的可视化管理。它不仅解决了托运人对货物配送的担忧，还解决了配送效率、安全、运费结算和税收保险等核心问题，从而为公司的运营降低成本，提高效率。

北斗卫星导航系统和 GPS 的民用射频频段几乎一样，且民用级别的双模在精度上优于单模，所以目前物流行业的定位设备大多都是以 GPS + 北斗双模芯片为主，双星定位共同赋能普运、快运、专线、整车、零担等物流车辆、货物的管理。能够为物流企业提供准确、实时、有效的车辆在途数据，包括轨迹、速度、停留、路线偏离等，自动触发预警，提醒管理人员注意车辆状况，提升物流车辆运行效率。另外，通过放置货物追踪器，采集货物位置、运输路线、温湿度等信息，确保货物安全准时送达，并对装卸、出入库等物流关键节点进行电子围栏设置，结合物流管理平台或 App，实现对货运车辆的远程监管，为客户提供实时位置查看的增值服务，货物运输途中更加放心。此外，通过数据报表，还可对车辆状况、物流路线、货物状况进行分析，提高物流管理效率，管控成本，让信息更加透明。

物流管理中，定位技术愈发智能化，进而提高物流各个环节的效率，提供更优质的物流服务。不仅可以根据物流目的地来自动找出最佳路线，还可以获取最新的路况资讯，根据物流任务和流程涉及的各种环境，使得路线选择更加优化、更加个性化。

扩展阅读 4-12 北斗系统助力抗疫物资运输

2020 年 3 月，世界卫星导航领域两大权威期刊 GPS World 和 Inside GNSS，在其网站相继刊发文章《中国用北斗系统帮助抗击新冠肺炎病毒》和《全球卫星导航系统应用新冠肺炎疫情》，介绍北斗系统在中国新冠肺炎疫情防控中发挥的特色作用，并给予积极评价。文章介绍了北斗系统在武汉雷神山和火神山医院快速建设、无人机精确喷洒消毒、医疗物资物流准时配送等方面情况，评价“北斗系统从太空以高精度帮助中国抗击新冠肺炎疫情”，指出北斗不同于美国 GPS 和欧洲伽利略系统，在提供定位导航授时服务的同时，独具特色短报文通信能力，在中国 600 余万辆交通营运车辆运输监管和信息服务中发挥重要作用。［资料来源：国际关注北斗抗疫智慧[EB/OL]. 北斗卫星导航系统网.（2020-04-07）[2020-11-18]. http://www.beidou.gov.cn/yw/xwzx/202004/t20200409_20319.html］

4.3.4 地理信息系统

地理信息系统（GIS）是计算机科学、地理学、测量学、地图学等多门学科综合的技术，是一种决策支持系统。GIS 是以地理空间数据库为基础，适时提供多种空间的动态地理信息，集空间信息储存和处理为一体的高新技术，在很多领域都具有实用价值。

1. GIS 技术简介

GIS 是采集、贮存、描述、分析和管理整个或部分地球表面（包括大气层在内）地理空间数据的空间信息系统，是整个地球或部分区域的资源、环境在计算机系统中的缩影。它把地理位置和相关属性有机结合起来，根据实际需要准确真实、图文并茂地输出给用户。GIS 借助其独有的空间分析和可视化等功能，辅助决策。

GIS 具有以下三个方面的特征：①具有采集、管理、分析和输出多种地理信息的能力，具有空间性和动态性；②由计算机系统进行空间地理数据管理，并由计算机程序模拟常规的或专门的地理分析方法，作用于空间数据，产生有用信息，从而完成人类难以完成的任务；③计算机系统的支持是 GIS 的重要特征，从而使地理信息系统能够快速、精确、综合地对复杂的地理系统进行空间定位和过程动态分析。

GIS 可以帮助用户进行地理信息查询和分析。GIS 具有将数据集合和地理信息链接起来的能力，使决策者集中精力于实际的问题，辅助企业对资源进行管理。首先，GIS 对地理数据数字化，将数据转换或处理成某种形式以适应某个特定项目的系统；其次，利用不同的数据库管理系统（database management system，DBMS）设计进行地理数据的有效存储和管理，并提供简单查询功能和复杂分析工具；最后，所有查询和分析的结果最终都以地图信息的可视化形式输出。

2. GIS 技术在物流管理中的应用

GIS 技术主要应用于物流分析，也就是利用 GIS 强大的地理数据功能来完善物流分析技术。它包括：①物流设施规划，在物流系统中，仓库、配送中心和运输路线等共同组成了物流网络，可以根据供求的实际需要，利用 GIS 进行合理的物流设施规划，节省成本，提高物流经济效益；②物流路线设计，利用 GIS 设计物流线路，并显示所需运载工具数量和物流路径与方法，进而降低物流成本，保证物流服务质量；③车辆追踪与调度，利用 GIS 可以实时显示出车辆或货物的实际位置与状态，以便进行合理调度和管理；④物流信息查询，查询物流设施、运输车辆、客户等详细信息，并以多种信息形式显示，如文字、声音及图片等，且在电子地图上显示其位置，以作为不同层次决策的依据，如最近配送中心的选择。

4.4　电子商务物流信息管理与智慧物流

4.4.1　电子商务物流信息的内容

电子商务物流信息指的是电子商务的物流活动所产生及应用的必要信息，是电子商务物流活动内容、形式、流程以及发展变化的信息反映。物流信息流动在物流各环节中，是电子商务物流管理基础和物流决策依据。一般而言，物流信息有物流内部信息、物流外部信息、物流设施信息之分。信息类型多样化，包括数据、文字、图像等。

在电子商务物流管理中要想保证决策的科学性，首要条件是对决策对象及其相关因素的状况和变化有一个全面准确的了解，对执行电子商务物流决策的各部门、各环节深入沟通联系。而电子商务物流信息的收集、传递、流动、应用等是企业决策的重要依据，对整个物流活动及涉及的各部门和各环节起指挥、协调、沟通的作用，使物流活动按照决策指定的目标方向协调运行。物流信息是物流企业实现决策目标的重要保证，也是提高物流企业经济效益的重要条件。通过构建现代物流企业的信息处理中心这一全新的现代物流体系，使商流、物流和信息流在物流信息系统的支持下协同工作，进而提供高质量、高效率的物流服务。

物流信息管理的基本内容指的是物流信息的搜集、传递、整理、分析和应用等，同时还包括先进的信息管理系统中的信息生成、加工及处理等。物流信息管理的目的是利用快速、准确的信息流来指挥物流系统的各种活动。网络信息管理还需要对物流信息的经营管理建立有效的信息交流、共享机制，不断积累信息资源，并进行优势转化，在物流发展中挖掘更多信息价值。在电子商务企业经营管理过程中，物流信息的有效管理能充分发挥影响企业决策、影响物流企业工作方式、改变物流企业组织结构、影响物流企业经营方式、提高物流企业工作效率、降低物流企业成本、改变人才结构等作用。

4.4.2 电子商务物流信息的特点

在电子商务环境下，物流信息的特点主要表现在以下几个方面。

1）物流信息数量庞大且分布范围广

随着企业之间合作的增加和信息技术的发展，物流流程中各个环节（运输、存储、包装、装卸搬运、流通加工等）都会随时随地产生大量的物流信息，尤其如今对电子商务物流服务提倡多品种、小批量、多层次、个性化的服务要求，导致物流信息总量会越来越大。而且，各种类型的物流信息可以分布在不同的厂商、仓库、货场、配送中心、运输线路、运输商、中间商、客户等处。物流信息的这种特点，往往造成物流信息采集的成本巨大，且通常难以采集完全，给物流企业的经营管理带来一定的影响。物流信息数量庞大致使必须采取快捷、低廉、高效的现代化技术来进行信息采集。同时，由此带来的物流信息存储也是需要解决的问题，这也给物流信息系统提出了高扩展性能的要求。

2）物流信息动态变化

在电子商务物流活动中，随着市场状况、用户需求的转变，电子商务物流信息会不断产生、不断变化，如货物装卸的数量、配送订单的接单和处理等。由于这种瞬息变化的特点，如果反映物流过程状态的信息不能及时传递到物流管理部门，便失去了对物流过程的实时控制或者造成物流过程的中断，最终影响物流决策，带来经济损失。因此，需要电子商务物流信息系统对物流信息具有较高的采集、分辨、处理能力，以及时满足企业物流高效运行的需要。

3）信息来源多样化

不仅企业电子商务物流系统内部各个环节会产生不同种类的物流信息，电子商务物流系统与其他系统（如生产系统、销售系统等）之间，物流企业与电子商务相关市场、政府部门之间，在进行系统间沟通与协调时都会产生大量物流信息。对于电子商务物流而言，来源多样化的物流信息要求物流企业建立有效的物流信息收集和处理系统，实现企业内部的信息共享与整合，从而减少物流信息利用的成本。只有在物流企业与物流需求企业之间、供应链企业之间实现物流信息共享以达到全面合作，才能努力提高对客户的整体服务水平，增强企业各自的竞争能力，使彼此都获得最大的利益。

扩展阅读 4-13 国家交通运输物流公共信息平台

国家交通运输物流公共信息平台（简称“国家物流信息平台”，英文标识“LOGINK”）是国务院《物流业发展中长期规划（2014—2020 年）》的主要任务和重点工程之一，是多项国家级和部委级物流业具体发展规划的重点建设内容，是由交通运输部和国家发改委牵头，多方参与共建的公共物流信息服务网络，是一个政府主导、承载国家物流领域重大发展战略的服务机构。按照国家及相关部委规划要求，国家物流信息平台致力于构建覆盖全国、辐射国际的物流信息服务基础设施、覆盖全产业链的数据仓库和国家级综合服务门户，有效实现国际间、区域间、行业间、运输方式间、政企间、企业间的物流信息安全、可控、顺畅交换共享，逐步汇集物流业内和上下游相关行业的国内外静动态数据信息，提供公共、基础、开放、权威的物流公共信息服务，形成物流信息服务的良好生态基础，从而促进我国物流业产业向绿色高效全面升级。［资料来源：国家交通运输物流公共信息平台概况[EB/OL].国家交通运输物流公共信息平台官网. [2021-04-17].http://www.logink.cn/col/col38/index.html］

4.4.3　电子商务物流信息系统

电子商务物流信息系统是利用计算机技术、网络通信技术等进行电子商务物流相关信息采集、存储、处理的人机系统。该系统可以通过对与物流相关信息的加工处理达到对物流、资金流的有效控制和管理，并为企业提供信息服务和决策支持。

电子商务物流信息系统的基本功能包括数据的收集和录入、信息的存储、信息的传播、信息的处理和信息的输出等几个方面。电子商务物流信息系统的作用主要是辅助物流企业事务处理，为管理决策提供信息支持。电子商务物流是信息网络和传统物流的有机结合，因此电子商务物流信息系统不仅是一个管理系统，更是一个网络化、智能化、社会化的系统。

2009 年，我国国务院在《物流业调整和振兴规划》中提出，积极推进企业物流管理信息化，促进信息技术的广泛应用；积极开发和利用全球导航卫星系统（global navigation satellite system，GNSS）、地理信息系统（GIS）、道路交通信息通信系统（vehicle information and communication system，VICS）、不停车电子收费系统（electronic toll collection，ETC）、智能运输系统（intelligent transportation system，ITS）等运输领域新技术，加强物流信息系统安全体系研究。2011 年 8 月，《国务院办公厅关于促进物流业健康发展政策措施的意见》持续强调，加强物流新技术的自主研发，重点支持货物跟踪定位、无线射频识别、物流信息平台、智能交通、物流管理软件、移动物流信息服务等关键技术攻关，适时启动物联网在物流领域的应用示范。两项政策都从国家宏观层面，强调了发挥地理信息系统等关键信息技术在物流信息化中的作用。

物流信息系统由于网络化、全球化、智能化的应用，往往具有开放性灵活性、可扩展性、安全性、协同性、动态性、快速反应、信息的集成性、支持远程处理等特点，以保证物流信息系统在未来发展中能与国际通行标准接轨、能随企业的需求和变革而调整或改变、能提供适应特定顾客需要的个性化服务等。

一般而言，电子商务物流信息系统由物流管理子系统、物流信息处理子系统和物流信息传输子系统三部分组成。

（1）物流管理子系统。物流管理子系统由物流企业组织机构、管理人员和相应的物流管理规范、制度等构成。物流管理子系统可以说是物流信息流动的动力来源，能显示出物流信息的最终效用。物流管理子系统是物流信息系统的一个重要组成部分，为物流企业的决策提供支持服务。

（2）物流信息处理子系统。物流信息处理子系统由硬件、软件、数据库、信息处理规则和信息管理和分析人员等组成。它负责物流海量数据或信息的采集、存储、分析、搜索、传递及输出，以满足管理子系统对物流信息的需求，属于物流信息管理与应用的核心部分。

（3）物流信息传输子系统。物流信息传输子系统由系统终端设备、通信线路和通信控制设备组成。它是物流信息传递与反馈的通道，是物流企业员工之间、企业与客户之间沟通的重要渠道，将各种物流相关信息及时、快捷、精确地传输到物流企业的各管理部门。

电子商务物流的不同阶段和不同层次之间均需要通过信息流关联。因此，一个完整的物流信息系统需要围绕信息流的管理与应用，并具有多种功能，包括数据处理功能、信息共享功能、分析预测功能、规划功能、决策和控制功能等。

很多先进的现代物流系统已经具备了信息化、数字化、网络化、集成化、智能化、柔性化、敏捷化、可视化、自动化等先进技术特征。很多物流系统和网络也采用了最新的红外、激光、无线、编码、认址、自动识别、定位、无接触供电、光纤、数据库、传感器、RFID、卫星定位等高新技术，这种集光、机、电、信息等技术于一体的新技术在物流系统的集成应用就是物联网技术在物流业应用的体现。

扩展阅读 4-14　一网通办打破江海联运物流信息“孤岛”

2015 年 11 月，舟山江海联运公共信息平台正式上线运行，随后相继与长江航运物流公共信息平台、国家交通运输物流公共信息平台互联互通，致力于打造具有全国影响力的江海联运公共服务平台和全国最具权威的江海联运数据平台。2019 年，江海联运公共信息平台 2.0 版正式上线，将原本分散的数据整合在一起，集港口资源、水文气象、口岸通关、引航调度等 120 余项核心功能，为企业提供港航、口岸、物流、海事、咨询、数据六大公共服务。通过该平台，船代、港口、航运等企业可以实时了解江海联运船货物流动态，及时掌握进出港船期及跟踪船舶动态，免费查询舟山船舶、航道、锚地、码头泊位、堆场、引航计划、港航气象等政府公共信息。通过数据采集和整合，江海联运公共信息平台大大推动了江海联运物流信息的有效衔接和共享，提高了港航物流效率、降低了物流成本、提升了服务品质。[资料来源：王菲. 舟山：一网通办打破江海联运物流信息“孤岛”[EB/OL].人民网.（2021-05-11）[2021-06-15]. http://zj.people.com.cn/n2/2021/0511/c186957-34719536.html]

4.4.4　智慧物流

智慧物流（intelligent logistics system，ILS）首次由 IBM 在 2009 年提出，即建立一个面向未来的具有先进、互联和智能三大特征的供应链，通过感应器、RFID 标签、制动器、GPS 和其他设备及系统生成实时信息的“智慧供应链”概念，通过精细、动态、科学的管理，实现物流的自动化、可视化、可控化、智能化、网络化，从而提高资源利用率和生产力水平，创造更丰富的社会价值。

1. 智慧物流内涵与发展意义

智慧物流可以说是通过智能软硬件、物联网、大数据等智慧化技术手段，实现物流各环节精细化、动态化、可视化管理，提高物流系统智能化分析决策和自动化操作执行能力，提升物流运作效率的现代化物流模式。中国物联网校企联盟认为，智慧物流是利用集成智能化技术，使物流系统能模仿人的智能，具有思维、感知、学习、推理判断和自行解决物流中某些问题的能力。即在流通过程中获取信息从而分析信息做出决策，使商品从源头开始被实施跟踪与管理，实现信息流快于实物流。即可通过 RFID、传感器、移动通信技术等让配送货物自动化、信息化和网络化。

智慧物流理念的提出，顺应历史潮流，也符合现代物流业发展的自动化、网络化、可视化、实时化、跟踪与智能控制的发展新趋势，符合物联网发展的趋势。

发展智慧物流的意义在于提升效率、降低成本、促进产业发展等。一方面，智慧物流的发展能够为企业降低物流成本，提高利润能够有效实现物流的智能调度管理、整合物流核心业务流程，加强物流管理的合理化，降低物流成本，提高企业利润；能够通过提供商品源头自助查询和跟踪等服务，节约消费者成本，获得优良购物体验；可全方位、全程监管食品的生产、运输、销售等，大大节省了相关政府部门的工作负担和人力投入，也使监管更彻底更透明。另一方面，智慧物流的建设，将促进当地物流产业的发展，集仓储、运输、配送、信息服务等多功能于一体，发挥整体优势和规模优势，实现集约化高效经营；将为企业的物流系统、生产系统、采购系统与销售系统的智能融合打下基础；整合社会资源，降低社会成本，提升当地经济综合竞争力。

2. 智慧物流主要技术

智慧物流在功能上要实现六个“正确”，即正确的货物、正确的数量、正确的地点、正确的质量、正确的时间、正确的价格；在技术上要实现物品识别、地点跟踪、物品溯源、物品监控、实时响应等。智慧物流的主要技术包括自动识别、智能仓储、大数据、云计算、物联网等。

1）自动识别技术

自动识别技术是以计算机、光、机、电、通信等技术的发展为基础的一种高度自动化的数据采集技术。它通过应用一定的识别装置，自动地获取被识别物体的相关信息，并提供给后台的处理系统来完成相关后续处理。它能够帮助人们快速而又准确地进行海量数据的自动采集和输入，在运输、仓储、配送等方面已得到广泛的应用。经过近 30 年的发展，自动识别技术已经发展成为由条码识别技术、智能卡识别技术、光字符识别技术、射频识别技术、生物识别技术等组成的综合技术，并正在向集成应用的方向发展。其中，生物识别技术是利用人类自身生理或行为特征进行身份认定的一种技术。生物特征包括手形、指纹、脸型、虹膜、视网膜、脉搏、耳廓等，行为特征包括签字、声音等。由于人体特征具有不可复制的特性，这一技术的安全性较传统意义上的身份验证机制有很大的提高。如今的生物识别技术主要包括虹膜识别技术、视网膜识别技术、面部识别技术、签名识别技术、声音识别技术、指纹识别技术等。[参见“4.3.1 条形码自动识别技术”“4.3.2 射频识别技术”“6.2.8 人工智能技术”]

扩展阅读 4-15 中国邮政速递的智能分拣

中国邮政速递物流华中（武汉）陆路邮件处理中心，一台台橙色的智能机器人正迅速有序地运送快递包裹。这些“小橙人”是中国邮政集团自主研发的 AGV 智能分拣设备。分拣开始后，分拣员将快递包裹放在工作台上，由高速相机扫描，“小橙人”就可以自动识别邮件信息，自主完成分拣、落格、发运。记者在现场看到，这些“小橙人”非常聪明，它们可以计算出最优运送线路，送货道路拥挤时，会自动避开障碍物，没电了还会自己跑到充电点充电。[资料来源：张朋. 智能分拣：快递有了“小橙人”信息化引领物流日新月异[EB/OL]. 中国智慧物流网.（2018-10-18）[2020-11-27]. http://www.cslip.org.cn/prod_view.aspx?TypeId=68&Id=330]

2）无人仓技术

无人仓的目标是实现入库、存储、拣选、出库等仓库作业流程的无人化操作，这就需要具备自主识别货物、追踪货物流动、自主指挥设备执行生产任务、无须人工干预等条件；此外还要有一个“智慧大脑”，针对无数传感器感知的海量数据进行分析，精准预测未来的情况，自主决策后协调智能设备的运转，根据任务执行反馈的信息及时调整策略，形成对作业的闭环控制，即具备智能感知、实时分析、精准预测、自主决策、自动控制、自主学习的特征。

无人仓虽然代表了物流技术发展趋势，但真正实现仓储作业全流程无人化并不容易，从仓储作业环节来看，当前无人仓的主要实现形式包括自动化存储和类 Kiva 机器人拣选。自动化存储是卸货机械臂抓取货物投送到输送线，货物自动输送到机械臂码垛位置，自动码垛后，系统调度无人叉车送至立体库入口，由堆垛机储存到立体库中。需要补货到拣选区域时，系统调度堆垛机从立体库取出货物，送到出库口，再由无人叉车搬运货物到拣选区域。类 Kiva 机器人拣选可以完全减去补货、拣货过程中员工行走动作，由机器人搬运货物到指定位置，作业人员只需要在补货、拣选工作站根据电子标签灯光显示屏指示完成动作，省人力、效率高、出错少。

3）云计算技术

云计算是基于互联网相关服务的增加、使用和交付模式，通常涉及通过互联网来提供动态易扩展且经常是虚拟化的资源。现阶段广为接受的云计算概念是由美国国家标准与技术研究院（NIST）定义：云计算是一种按使用量付费的模式，这种模式提供可用的、便捷的、按需的网络访问，进入可配置的计算资源共享池，这些资源能够被快速提供，只需投入很少的管理工作，或与服务供应商进行很少的交互。也就是说，云计算是将进行自我维护和管理的虚拟化的计算资源集群形成资源池，包括计算服务器、存储服务和其他的宽带资源，再将资源池里的数据集中起来，通过自动管理实现了无人参与，让用户在使用的时候可以自动调用资源，支持各种各样的程序进行运转，专心于自己的业务。云计算是分布式计算、并行计算、效用计算、网络存储、虚拟化、负载均衡等传统计算机和网络技术发展融合的产物。

智慧物流中的共享云仓指的是多个电商企业或商家共享一个仓库，且仓库实现了仓库管理系统化，即对仓库数据进行可视化管理，这是以大数据为能源，以云计算为引擎，以仓储为节点，编织一张智慧物流仓储设施大网。共享云仓实际就是打通上下游资源，使其有效对接，实现所有产品数据化管理并实时更新产品数据与库存，通过后台数据分析能更精准地推荐补货事宜；同时配置了产品自动分拣一体机，智能一体化完成分拣、称重、包装、贴签的流程，大幅度缩短了出货时间，从而提升整体配货和货品的周转速度。共享云仓也可以说是向社会开放仓储资源和配送资源的第三方物流服务模式。商家跟云仓平台企业签订入仓协议，在云仓平台根据市场销售预测数据来布局库存，使用云仓平台的仓库资源，将库存分布在离消费者最近的仓库里。当顾客订单下达后，由云仓平台自动选择最优仓库拣选出货，然后由云仓平台将货品送到顾客手中，最终实现对市场需求的极速反应，提高市场竞争力。[参见“1.5.3 信息处理技术”]

扩展阅读 4-16 “共享云仓”助融安果农脱贫

2018 年，融安县政府与顺丰集团合作，引进了国内最先进的金桔光电分拣设备，实现融安金桔产后自动化分拣包装，解决了传统分选机无法满足大客户订单需求的问题，在融安县城建设了融安金桔云仓，同时与京东、顺丰等企业合作，在购买能力强的东部发达城市设前置仓，形成全国智能物流云仓布局。该县电商团队依托阿里云大数据分析，精准识别客户，提前将金桔运送到顺丰物流前置仓，在电商收到网络订单后，云仓最快可 2 小时送达，实现金桔销售物流 2.0 电商版本。目前融安县电商物流集散中心配送范围辐射到了周边的三江县和融水县，农村电商服务站点的成活率高达 90%以上，生鲜农产品配送全国时效缩短至 48 小时内。

共享云仓以点带面引领全县 143 个农村电商服务站点购销贫困户金桔，在品质保证的基础上，优先以高出市场价 0.5 元/斤的价格收购贫困户金桔，以共享云仓的数据资源进行销售。“云仓 + 贫困户”模式带动购销贫困户金桔 150 万余斤，户均增收达 1.6 万元以上，金桔销量和价格的双上升，让贫困户实现了高质量稳定脱贫。[资料来源：“共享云仓”助销售“融安金桔”助脱贫[EB/OL]. 广西政协官网.（2020-03-18）[2021-02-10].http://www.gxzx.gov.cn/index.php?m=special&c=index&a=show&id=2336]

4）大数据技术

物流的大数据，即运输、仓储、搬运装卸、包装及流通加工等物流环节中涉及的数据、信息等。通过大数据分析可以提高运输与配送效率、降低物流成本、更有效地满足客户服务要求。将所有货物流通的数据、物流快递公司、供求双方有效结合，形成一个巨大的即时信息平台，从而实现快速、高效、经济的物流。信息平台不是简单地为企业客户的物流活动提供管理服务，而是通过对企业客户所处供应链的整个系统或行业物流的整个系统进行详细分析后，提出具有指导意义的解决方案。

近来，我国出台的与大数据相关的物流行业规划和政策包括《第三方物流信息服务平台案例指引》《商贸物流标准化专项行动计划》《物流业发展中长期规划（2014—2020 年）》《关于推进物流信息化工作的指导意见》等，将大数据、信息化处理方法作为物流行业转型升级的重要指导思想。此外，交通运输部正在编制的物流发展“十三五”规划，其中统筹谋划现代物流发展，指出要发展智慧物流，适时研究制定“互联网”货物与物流行动计划，深入推进移动互联网、大数据、云计算等新一代信息技术的应用，并强化公共物流信息平台建设，完善平台服务功能。

大数据在物流企业中的应用贯穿整个物流企业的各个环节，主要表现在物流决策、物流客户管理及物流智能预警等过程中。在物流决策中，大数据技术应用涉及竞争环境的分析与决策、物流供给与需求匹配、物流资源优化与配置等。大数据在物流客户管理中的应用主要表现在客户对物流服务的满意度分析、老客户的忠诚度分析、客户的需求分析、潜在客户分析、客户的评价与反馈分析等方面。物流智能预警则是针对物流业务具有的突发性、随机性、不均衡性等特点，通过大数据分析，可以有效地了解消费者偏好，预判消费者的消费可能，提前做好货品调配，合理规划物流路线方案等，从而提高物流高峰期物流的运送效率。［参见“1.5.3 信息处理技术”］

5）物联网技术

物联网（Internet of things，IoT）是指通过信息传感设备，按约定的协议，将任何物体与网络相连接，物体通过信息传播媒介进行信息交换和通信，以实现智能化识别、定位、跟踪、监管等功能。

“物联网”的概念是在 1999 年提出的，即把所有物品通过射频识别等信息传感设备与互联网连接起来，实现智能化识别和管理。也就是说，物联网是指各类传感器和现有的互联网相互衔接的一个新技术。2005 年国际电信联盟（International Telecommunication Union，ITU）发布《ITU 互联网报告 2005：物联网》，报告指出无所不在的“物联网”通信时代即将来临，世界上所有的物体从轮胎到牙刷、从房屋到纸巾都可以通过互联网主动进行交换。RFID 技术、传感器技术、纳米技术、智能嵌入技术将得到更加广泛的应用。2008 年 3 月，在苏黎世举行的全球首个国际物联网会议“物联网 2008”中，探讨了“物联网”的新理念和新技术，以及如何将“物联网”推进发展的下个阶段。

温家宝总理在2009年8月7日考察中科院无锡高新微纳传感网工程技术研发中心时，提出了“感知中国”的理念，表示中国要抓住机遇，大力发展物联网技术①。2010 年，物联网成为当年两会的热门话题，“积极推进‘三网’融合，加快物联网的研发应用”也首次写入政府工作报告。

物联网技术的全面应用，不仅能够健全和提升物流供应链的全部管理体系，完成货运物流链管理方法的合理性，并且在提高货运物流效率，减少运输物流全过程中的成本费，提升各个领域的资源分配等层面都拥有积极推动的功效。物联网为物流业将传统物流技术与智能化系统运作管理相结合提供了一个很好的平台，进而能够更好更快地实现智能物流的信息化、智能化、自动化、透明化，以及系统的运作模式。

① 温家宝考察江苏强调靠科技革命培育新增长点[EB/OL]. 央视网.(2009-08-10)[2021-06-19]. http://news.cctv.com/china/20090810/100541.shtml.

扩展阅读 4-17　利用物联网技术 瑞士邮政推进包裹“下乡进村”

瑞士邮政通过与半导体技术供应商 Semtech 合作，利用基于物联网技术的创新设备改善农村地区邮政服务。Semtech 的 LoRa（long range，远距离无线电）无线射频技术，可以实现远距离、低功耗和安全的数据传输，可供公共、私人或混合网络使用，相较于蜂窝网络，覆盖范围更广。

用户端是名为 SmartButton 的 LoRa 设备，其电池使用时间长达 10 年，不需要 SIM 卡或连接无线网络，用户只需单击按钮即可根据需要订购邮政服务。同时，瑞士电信基于 LoRa 无线协议的公共网络可以提供全国范围覆盖。该协议是一种基于 LoRa 技术的低功耗广域网协议，利用工业、科学和医疗频段中未授权的射频频谱，通过区域、国家或全球网络，将供电设备以无线方式连接到互联网，具有开放安全、双向通信、移动优化和扩展性强等特点，可以连接瑞士各地数百万台集成的 LoRa 电池设备。

用户通过免费的 SmartButton 以及与特定邮政服务相关的代码列表即可获得邮政服务。用户需要按下按钮，通过光学识别技术扫描并识别代码。数据通过扫描仪内的嵌入式天线和 LoRa 无线电模块经瑞士电信网络传输，然后上传到瑞士邮政云服务器。由于无须使用智能手机或电脑，SmartButton 非常便于不熟悉互联网的用户使用。［资料来源：利用物联网技术 瑞士邮政推进包裹“下乡进村”[EB/OL].中华人民共和国国家邮政局官网.（2021-05-28）[2021-06-16]. http://www.spb.gov.cn/gjyzj/c100015/c100019/202105/dcb47c1df4f44df896805aa1bca94258.shtml］

课后题

一、复习思考

1. 物流的要素主要包括哪些？各要素之间的关系如何？各要素分别能带来怎样的价值提升？

2. 第三方物流的特点都包括什么？这些特点决定了第三方物流都具有怎样的优势？

3. 何为第四方物流？你认为第四方物流在未来电子商务物流发展方面的价值是什么？

4. 跨境电商物流的主要业务模式是什么？不同的业务模式有怎样的适用范围？

5. 条形码技术和 RFID 技术在电子商务物流过程如何发挥作用？

6. 全球定位系统和地理信息系统能给消费者带来怎样的电子商务物流配送体验？

7. 如何构建物流企业的信息系统才能尽可能满足我国电子商务消费者对物流信息查询和共享的需求？

8. 智慧物流涉及哪些相关技术，这些技术在智慧物流中都发挥怎样的作用？

二、问题讨论

1. 我国第三方物流企业主要分成两大类，一类是纯粹的快递物流综合服务商如顺丰速运，一类是电商企业的自营物流独立出来的物流平台如京东商城的京东物流和海尔公司的日日顺物流。请查阅相关资料，对比这两类第三方物流企业的经营模式和服务状况，讨论二者的优势与不足。

2. 智慧物流的发展，能够实现物流的自动化、可视化、可控化、智能化、网络化，从而提高资源利用率和生产力水平，创造更丰富社会价值。请查阅相关资料，讨论我国未来发展智慧物流还存在怎样的问题与技术上的难关，该如何解决？

三、实践训练

1. 在某两家熟知的B2C网络商城中各完成一笔交易，并对各自包裹的物流配送方式选择，以及通过对整个物流配送过程进行在线监控、记录，进而对比二者的物流服务内容与服务质量。

2. 通过互联网查询，了解你所在城市都有哪些第三方物流企业，并对其中一家进行实地调研。写一篇关于这家公司的调研报告，内容主要包括运营模式、业务内容、服务状况等。

5 网 络 营 销

本章内容要点：在电子商务环境中，商品营销的环境、理念、工具、策略、方法等都发生了很大改变。本章第一节介绍了网络营销的概念和基本理论，以及网络营销产生的基础，并通过网络营销与传统营销比较，深入地揭示了网络营销的内涵。第二节介绍了网络营销的基本途径和手段，以及网络促销的基本方式，分析了网络广告的特点、基本呈现形式和效果评价方式，介绍了用户画像。第三节讨论了网络营销的主要方法与策略；第四节介绍了网络营销计划的制订与实施；第五节介绍了移动网络营销的特点、模式和策略。

学习引导案例

"95 后"村支书唱山歌带货直播 助力乡村振兴

"我们夏桐村的八角通过自然晒干，再送到烘房深度烘干，谨遵古法晒干与现代工艺相结合精心加工，只为奉献一份珍贵的品质。"1 月 11 日，首场乡村振兴"八角户外专场"直播现场，凭祥市夏桐村"95 后"村支书农飘金句频出，讲到动情处深情唱了首山歌，边唱边带着观众参观夏桐八角林地，整场直播生动有趣。首场直播 1 小时，同时在线人数超 2000 人，"直播首秀"取得一定效果。

为发展乡村产业，使村民致富，拓展村集体经济增收渠道，作为"95 后"村支书，农飘带领群众，以党建为引领，发挥党支部先锋作用，组建凭祥市野之源农业专业合作社，采取"合作社+技术+电商"模式，帮助村民改进八角种植技术，提高产量，与村民一起加工销售八角。桂林银行凭祥支行为帮助合作社拓宽销售渠道，主动联系合作社，和夏桐村委联合共同策划直播以推广销售夏桐八角，后盾单位凭祥市电子商务发展服务中心提供直播培训，多方力量献计献策共同助力夏桐产业振兴。

"村支书网络主播'销货'，特色农产品通过线上销售渠道的尝试，拓展了农产品销售渠道，提升了特色优质农产品品牌影响力。同时，我们将进一步鼓励和引导更多农户和商家能与桂林银行一起共同为特色农产品打开更广阔的销路，以助力乡村产业振兴。"桂林银行凭祥支行副行长李文华介绍。

在短视频、直播带货等电商新业态发展趋势下，夏桐村将在农历春节期间，与凭祥市电子商务发展服务中心共同举办年货一条街直播活动，观看直播的粉丝们在观赏到夏桐美景好物的同时，帮助八角农户增收致富。

一面薄薄的手机屏幕，一头连着农产品产区，一头连着广阔市场。下一步，夏桐村与凭祥市电子商务发展服务中心将不断创新直播方式与方向，继续拓展线上线下全方位销售渠道，深度挖掘本村特色优质农产品，进一步提升本村农产品的知名度，推动本村经济发展，助农增收。[资料来源：“95后”村支书唱山歌带货直播 助力乡村振兴[EB/OL]. 人民网.（2022-01-19）[2022-07-15]. http://gx.people.com.cn/n2/2022/0119/c229260-35102056.html.]

5.1 网络营销的基本理论

互联网的使用克服了各国在时间和空间上的差异，提供了一个真正的世界市场，使各国经济相互依存、相互依赖，成为一个不可分割的整体。今天的社会，市场竞争日益激烈，市场营销已经成为企业经营活动中一个必不可少的环节。为了开拓市场，吸引客户，几乎每个企业都会在营销环节中使出浑身解数。互联网的出现与普及，正在改变着消费者的消费习惯，精明的企业家自然不会忽视这种变化。网络营销也就在这样一种背景下诞生的。

5.1.1 网络营销的定义

网络营销（E-marketing，cyber marketing，online marketing，Internet marketing）目前并没有统一的定义，与许多新兴学科一样，由于研究人员研究角度的不同，对网络营销的理解和认识也有一定差异。目前，大家普遍接受的网络营销英文提法是 E-marketing，即在互联网基础之上并结合互联网与外联网，利用互联网的应用特性来实现企业一定营销目标的一种新的营销策略与手段，是企业整体市场营销战略的一个组成部分，是电子商务的核心功能之一。

5.1.2 网络营销的产生与发展

网络营销的产生是科学技术的发展、商业竞争和消费者价值观变革等综合因素促成的。

1. 网络营销产生的科技基础

互联网的发展和应用是网络营销产生的科技基础。随着互联网的普及，互联网将成为“世界上消费者最多、效率最高和最安全的市场”。它将逐步演变为“虚拟市场”“虚拟社会”，进而为更多的网上经营者开展网络营销开辟广阔空间。

扩展阅读 5-1 我国互联网及电子商务的发展

第47次《中国互联网络发展状况统计报告》显示，截至2020年12月，我国网民规模为9.89亿，较2020年3月增长8540万，互联网普及率达70.4%。手机网民规模为9.86亿，较2020年3月新增手机网民8885万，网民中使用手机上网的比例为99.7%，较2020年3月提升0.4个百分点。

其中，网络支付用户规模达 8.54 亿，较 2020 年 3 月增长 8636 万，占网民整体的 86.4%。手机网络支付用户规模达 8.53 亿，较 2020 年 3 月增长 8744 万，占手机网民的 86.5%。

2020 年，网络支付彰显出巨大发展潜力，助力我国中小企业数字化转型，有力推动了数字经济发展。移动支付与普惠金融深度融合，通过普及化应用缩小我国东西部和城乡差距，有力提升了金融服务可得性。

数据显示，2011～2018 年，移动支付正打破传统的“黑河—腾冲分割线”，东西部金融服务可得性差距缩小 15%。截至 2020 年 12 月，我国东部地区移动支付在手机网民中的使用率为 86.5%，较 2020 年 3 月提升 1.1 个百分点；西部地区移动支付在手机网民中的使用率为 85.9%，较 2020 年 3 月提升 2.2 个百分点，东西部地区移动支付使用率差距进一步缩小 1.1 个百分点。[资料来源：中国互联网络信息中心. 第 47 次中国互联网络发展状况统计报告[R/OL].（2021-02-03）[2021-06-04]. http://www.cac.gov.cn/2021-02/03/c_1613923423079314.htm]

2. 网络营销产生的现实基础

当前企业间市场竞争已不再依靠表层营销手段的竞争，面对这样的现实环境，网络营销展现了多种竞争优势。

（1）成本费用控制。网络营销通过互联网改造传统的营销管理组织结构与运作模式。开展网络营销，企业可以降低经营过程中的交通、通信、人工、财务和办公室租金等成本费用，可显著提高经济效益。

（2）发现新的市场机会。互联网上没有时间和空间限制，它的触角可以延伸到世界每一个地方，从而为企业创造更多新的市场机会。

（3）增加客户满意度。在激烈的市场竞争中，通过网络营销可以充分满足个体消费者的需求，最终能够达到高效地为客户提供满意的产品和服务的目的。

（4）价格优势。由于网络营销能为企业节约巨额的促销和流通费用，使产品成本降低，可以实现以更低的价格销售。

3. 网络营销产生的消费观念基础

满足消费者的需求，是企业经营的核心，而网络营销的产生则适应了消费者新的价值观。随着科技的发展、社会的进步、文明程度的提高，面对纷繁复杂的商品和品牌选择，消费者心理已呈现出一些新的特点和趋势，如个性化消费，消费主动性的增强，对购物方便性的追求，对购物乐趣的追求以及价格因素的影响。消费观念的改变，是消费者接受网络营销的重要基础。

5.1.3　网络营销的基本理论

在传统的市场营销中，将产品（product）、价格（price）、销售渠道（place）和促销（promotion）等市场因素构成营销 4P，也是整个市场营销学的基本框架，分析、计划、实施和控制构成了营销管理的基本过程。在互联网环境下，国外一些营销学家认为 4C 是网络营销的理论基础，企业要以研究消费者的需求和欲望（consumer wants and needs）为中心，销售消费者想购买的产品，而不是急于制定产品（product）策略，卖自己所能够或喜欢生产、制造的产品；研究消费者为满足其需求所愿付出的成本（cost），而不是首先考虑单边的定价策略（price）；多考虑怎样给消费者提供便利（convenience），而不是单边制定营销渠道（place）；加强与消费者的沟通和交流（communication），了解消费者的个性，然后再去考虑促销策略（promotion），如图 5-1 所示。

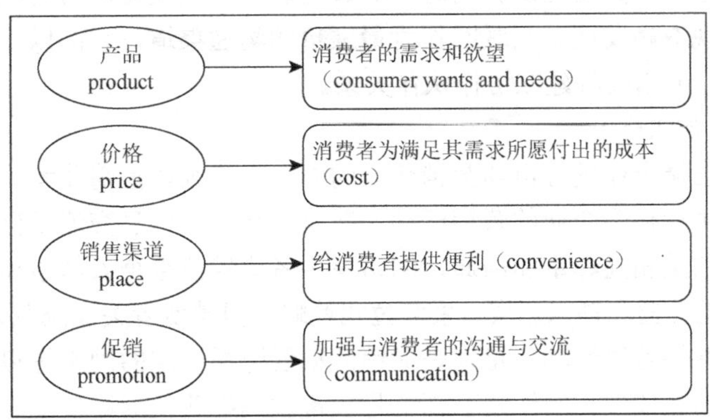

图 5-1 网络营销的 4C 理论

5.1.4 网络营销的新理论

建立在 4C 基础上的营销管理理论的确反映了网络营销的一些特征，并且在不同的网络营销手段中发挥着作用。网络营销的发展重在实践经验的总结，比较注重操作方法和技巧。随着电子商务实践和网络营销实践的深入，新的网络营销理论也不断出现。

1）网络直复营销

根据美国直复营销协会为直复营销下的定义，直复营销是一种企业为实现在任何地方产生可度量的反应和（或）达成交易，而使用一种或多种广告媒体相互作用的市场营销体系。网络作为一种交互式的、可以双向沟通的渠道和媒体，它可以很方便地在企业与顾客之间架起桥梁，顾客可以直接通过网络订货和付款，企业可以通过网络接收订单、安排生产，直接将产品送给顾客。网络营销作为一种有效的直复营销策略，说明了网络营销的可测试性、可度量性、可评价性和可控制性。因此，利用网络营销这一特性，可以大大改进营销决策的效率和营销执行的效用。

2）网络关系营销理论

关系营销的核心是通过加强与顾客的联系，提供有效的顾客服务，保持与顾客的长期关系，实现企业的营销目标。企业营销的关键是满足消费者个性化的需求，并与客户建立互相信任、稳定、双向沟通的互动关系。忠诚、持久而稳定的客户群是企业最宝贵的资源。

互联网作为一种有效的双向沟通渠道，企业与顾客之间可以实现低成本的沟通和交流，为企业与顾客建立长期关系提供有效的保障。主要原因在于，首先，利用互联网，顾客可以直接提出自己的个性化的需求。企业可以直接接收顾客的订单，从顾客的需求中了解市场、细分市场和锁定市场，最大限度地降低营销费用，提高对市场的反应速度。其次，利用互联网企业可以更好地为顾客提供服务并与顾客保持联系。互联网不受时间和空间限制的特性，能最大限度方便顾客与企业进行沟通，顾客可以借助互联网，在最短时间内获得企业的服务。同时，通过互联网交易企业可以实现对从产品质量、服务质量到交易服务等全程质量的控制。同时，通过互联网企业还可以与企业相关的企业和组织建立关系，实现双赢发展。互联网作为最廉价的沟通渠道，它能以低廉成本帮助企业与企业的供应商、分销商等建立协作伙伴关系。

3）网络软营销理论

软营销理论强调企业进行市场营销活动的同时，必须尊重消费者的感受和体验，让消费者能舒服地主动接受企业的营销活动。在互联网上，信息交流是自由、平等、开放和交互的，强调的是相互尊重和沟通，网络使用者比较注重个人体验和隐私保护。网络软营销从消费者的体验和需求出发，采取拉式策略吸引消费者关注企业来达到营销效果。在互联网上开展网络营销活动，特别是促销活动要遵循一定的网络虚拟社区形成规则，有的也称为“网络礼仪”。网络软营销就是在遵循网络礼仪规则的基础上巧妙运用达到一种微妙的营销效果。

4）网络整合营销

整合营销是一种对各种营销工具和手段的系统化结合，根据环境进行即时性的动态修正，以使交换双方在交互中实现价值增值的营销理念与方法。整合营销就是为了建立、维护和传播品牌，以及加强客户关系，而对品牌进行计划、实施和监督的一系列营销工作。整合就是把各个独立的营销综合成一个整体，以产生协同效应。这些独立的营销工作包括广告、直接营销、销售促进、人员推销、包装、事件、赞助和客户服务等。

知识链接 5-1　网络创意营销

创意营销是用创意思维，特别是互联网跨界创新的思维，来策划和实施企业的营销活动和过程。创意营销是企业创新能力的表现，是通过训练而获得的创新能力。企业可在其内部组建创新型学习组织，将构建独特的商业模式和新颖的营销方法作为企业营销管理的目标，通过不断培养和锻造企业员工的创意思维和创新能力，使企业具有实现创意营销的能力。

网络创意营销是指在互联网和现代信息技术应用的背景下，企业以互联网思维，运用市场机制，采用现代新技术手段和方法整合，以及利用社会各种资源，包括商品、劳动、知识、技术和资本等，以创造或提供市场需要的，且令消费者满意的产品或服务的价值，并以独特的商业模式和新颖的营销方法传播价值，使消费者给予关注，愿意搜索与价值相关的信息，并且能便利地体验、购买和分享这些价值，从而使企业可持续稳定地获得收益的全部活动过程。网络创意营销是营销者以创意思考的态度和习惯，针对互联网市场消费者的需要和欲望，创造性构建选择、创造、传递和交换价值的独特策略和方法，具有出其不意和跨界营销特点。［资料来源：杨善林. 2020. 企业管理学（第四版）[M].北京：高等教育出版社］

5.2 网络营销策略

5.2.1 网上产品和组合策略

1. 网上产品概念

市场营销学中认为产品是能够满足人们某种欲望和需要的任何事物，提出了产品的整体概念由核心产品、形式产品和附加产品构成。网络营销将产品的定义扩大，认为，产品是提供到市场上引起注意、需要和消费的东西，同时还进一步细化了整体产品的构成，用核心产品、一般产品、期望产品、扩大产品和潜在产品五个层次描述了整体产品的构成。

核心产品是指产品能够满足消费者购买需求的基本效用或益处。扩大产品与原来的附加产品相同，但还包括区别于其他竞争产品的附加利益和服务。一般产品和期望产品由原来的形式产品细化而来，一般产品是指同种产品通常具备的具体形式和特征，期望产品是指符合目标顾客一定期望和偏好的某些特征和属性。在网络营销中，顾客处为主导地位，消费呈现出个性化的特征，不同的消费者可能对产品的要求不一样，因此产品的设计和开发必须满足顾客这种个性化的消费需求。这种顾客在购买产品前对所购产品的质量、使用方便程度、特点等方面的期望值，就是期望产品。为满足这种需求，要求企业的设计、生产和供应等环节能根据顾客的需要实行柔性化的生产和管理。潜在产品是指顾客购买产品后可能享受到的超出顾客现有期望或具有崭新价值的利益或服务，但在购买后的使用过程中，顾客会发现这些利益和服务中总会有一些内容对顾客有较大的吸引力，从而有选择地去享受其中的利益或服务，可见，潜在产品是一种完全意义上的服务创新。

扩展阅读 5-2　我国电子商务发展规划

近日，商务部、中央网信办、发展改革委三部门联合发布《“十四五”电子商务发展规划》（以下简称《规划》）。在“十四五”电子商务发展主要指标一栏中，《规划》给出了发展的预期性目标：到2025年，全国电子商务交易额达46万亿元。记者注意到，这一数值在2020年为37.2万亿元。

《规划》确立了“十四五”时期发展目标和2035年远景目标，首次建立电子商务发展主要指标体系，确定三个规模发展指标和三个分领域发展指标。

《规划》明确，到2025年，我国电子商务高质量发展取得显著成效。电子商务新业态新模式蓬勃发展，企业核心竞争力大幅增强，网络零售持续引领消费增长，高品质的数字化生活方式基本形成。电子商务与一二三产业加速融合，全面促进产业链供应链数字化改造，成为助力传统产业转型升级和乡村振兴的重要力量。电子商务深度链接国内国际市场，企业国际化水平显著提升，统筹全球资源能力进一步增强，“丝路电商”带动电子商务国际合作持续走深走实。电子商务法治化、精细化、智能化治理能力显著增强。电子商务成为经济社会全面数字化转型的重要引擎，成为就业创业的重要渠道，成为居民收入增长的重要来源，在更好满足人民美好生活需要方面发挥重要作用。

《规划》还进一步展望了电子商务未来十五年的发展，提出：到2035年，电子商务成为我国经济实力、科技实力和综合国力大幅跃升的重要驱动力，成为人民群众不可或缺的生产生活方式，成为推动产业链供应链资源高效配置的重要引擎，成为我国现代化经济体系的重要组成，成为经济全球化的重要动力。[资料来源："十四五"电子商务发展规划发布 2025 年电子商务交易额预期达 46 万亿元.[EB/OL]. 人民网.（2021-10-27）[2022-07-18].http://finance.people.com.cn/n1/2021/1027/c1004-32265766.html]

2. 网上产品的属性

目前适合网上销售的产品通常具有以下属性。

（1）产品性质。理论上通过互联网可以销售任何形式的产品，不同形式的产品网络营销的策略不同，对于一些信息化的无形产品或服务，如音乐、软件、网上咨询、远程教育等，可以通过网络直接进行产品或服务的配送。对于一些有形产品，如大型机械设备等，企业可以通过网络营销进行宣传和推广，以促进其销售。

（2）产品质量。网络的虚拟性使得消费者突破了时空限制，实现了远程购物或订购，但是消费者却缺少了在购买之前对产品的尝试和评估比较，即无法实现亲临现场购物的亲身体验，这导致在网上购物中消费者对产品的质量尤为担忧。因此，适合网络营销的产品一般属于质量差异不大的同质产品或那些具有标准化的产品，如书刊、电脑、通信产品等。

（3）产品样式。互联网的全球性使得在网上销售的产品面对的是全球市场。因此，通过网络销售的产品要符合相应国家或地区的风俗习惯、宗教信仰和教育水平。同时，网络营销产品的样式还要满足购买者的个性化需求。

（4）产品品牌。在网络浩如烟海的信息和产品中，消费者面对的选择机会更多，因此要想获得消费者的注意，企业必须拥有明确、醒目的品牌。另外，网上销售无法进行购物体验，使得消费者对品牌也尤为看重。所以在网络营销中生产商与销售商的品牌同样重要，企业不仅要注重品牌知名度的提高，还要注重美誉度的形成。

（5）产品包装。网络营销是通过网络面对全球市场销售产品，其包装也应根据产品的不同形式采取与之相适应的专业包装。

（6）目标市场。网上市场是以网络用户为主要目标市场，因此适合网上销售的产品通常是那些市场覆盖范围较大、市场容量也较大的产品。如果产品的目标市场比较狭窄或网络营销可到达性较差，可采用传统的营销策略。

（7）产品价格。互联网作为信息传递的工具，在初期通常是采用共享和免费策略发展起来的。这是因为网上用户比较认同网上产品的低廉特性。另外，通过网络销售产品的成本也相对低于其他渠道的产品。所以，在网上销售产品一般采用低价策略。

依照上述属性，网络营销产品往往具备高技术性、品牌知名度高、低价格优势、目标市场广阔、包装标准化、物流配送便利等特征，如图 5-2 所示。

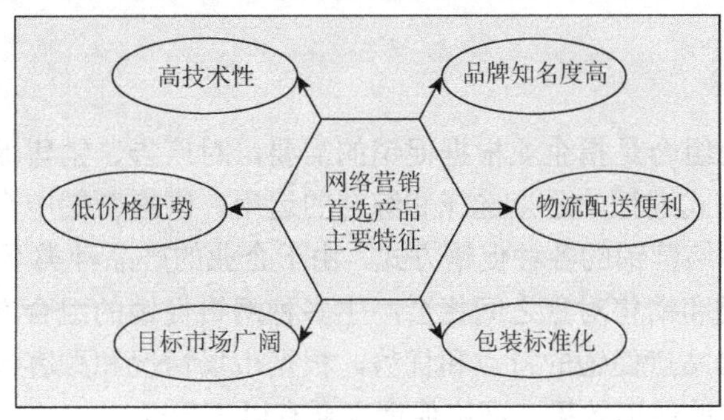

图 5-2 网络营销产品的主要特征

5.2.2 网络促销策略

网络促销是指利用现代化的网络技术和方法向虚拟市场传递有关企业产品和服务的信息，以启发需求，引起消费者购买欲望和购买行为的各种活动。与传统的促销相比，网络促销与传统促销的目的是相同的，都是利用相关的手段向目标市场传递有关的产品和服务信息，达到引导消费者认识产品、激发消费者的购买欲望、影响消费者购买行为的目的。

1. 网络促销的特点

由于网络促销所利用的信息传递工具是互联网，所以，依附于网络技术的强大功能，网络促销也具有了一些有别于传统促销的特点。

1）网络促销通过网络技术传递信息

网络促销是通过网络技术传递产品和服务的存在、性能、功效及特征等信息的。它是建立在现代计算机与通信技术基础之上的，并且随着计算机和网络技术的不断改进而改进。因此，网络促销不仅需要营销者熟悉传统的营销技巧，而且要具备相应的计算机和网络技术知识，包括各种软件的操作和某些硬件的使用，成为复合型的现代营销人员。

2）网络促销是在互联网这个虚拟市场上进行的

互联网是一个媒体，是一个连接世界各国的大网络，它在虚拟的网络社会中聚集了具有不同法律背景、不同信仰的消费者，融合了不同国家的多种文化成分，显现出全新的无地域、时间限制的电子时空观。所以，从事网上促销的人员需要跳出实体市场的局限性，采用虚拟市场的思维方法，才能突破原有的文化局限，主动适应虚拟市场多元文化的要求。

3）网络促销面向全球

互联网虚拟市场是全球性的。互联网虚拟市场的出现，将所有的企业，无论是大企业还是中小企业，都推向了一个全球统一的市场。传统的区域性市场的小圈子正在被一步步打破，全球性的竞争迫使每个企业都必须学会在全球统一的大市场上做生意，否则，这个企业就会被淘汰。

2. 网络促销形式

传统营销的促销组合是指企业根据促销的需要，对广告、销售促进、宣传推广和人员推销等主要促销方式进行的适当选择和综合的运用。网络营销中企业也应根据网上促销的需要综合利用网络营销的各种促销方式，由于企业的产品种类不同、销售对象不同，促销方法与产品种类和销售对象之间将会产生多种网络促销的组合方式。企业应当根据网络广告促销和网络站点促销的特点和优势，根据市场情况和顾客情况，扬长避短，合理组合，以达到最佳的促销效果。网络促销主要有以下形式。

（1）有奖促销。开展网上有奖促销时，要注意促销对象是适合在网上销售和推广的，如一些技术类产品和新产品上市。另外，提供的奖品要能吸引促销目标市场的注意。

（2）网上抽奖促销。抽奖促销是网上应用较广泛的促销形式之一。抽奖促销是以一个人或数人获得超出参加活动成本的奖品为手段进行商品或服务的促销，网上抽奖活动主要附加于调查、产品销售、扩大用户群、庆典、推广某项活动等。

（3）拍卖促销。拍卖促销就是将产品不限制价格在网上拍卖。目前已有越来越多的企业尝试该种促销方式。我国的许多电子商务公司也纷纷提供拍卖服务。

（4）网上折价促销。折价亦称打折、折扣，是目前网上常用的促销方式之一。高额的折扣当然会影响公司的短期效益，但在培育市场阶段，这还是一个十分有效的行为。幅度比较大的折扣可以促使消费者进行网上购物的尝试并做出购买决定。

（5）网上积分促销。积分促销在网络上的应用比起传统营销方式更易操作，网上积分活动很容易通过编程和数据库等来实现，并且结果可信度很高。积分促销可以增加上网者访问网站和参加某项活动的次数，增加上网者对网站的忠诚度，提高活动的知名度等。

（6）网上赠品促销。一般情况下，在新产品推出试用、产品更新、对抗竞争品牌、开辟新市场情况下利用赠品促销可以达到比较好的效果。赠品促销可以提升品牌和网站的知名度，鼓励人们经常访问网站以获得更多的优惠信息，使企业能根据消费者索取赠品的热情程度总结分析营销效果和产品本身的反应情况等。

（7）网络文化促销。网络文化促销是将网络文化与产品广告相融合，借助网络文化的特点来吸引消费者。例如，将产品广告融于网络游戏中，使网络使用者在潜移默化中接受促销活动。通过组建用户俱乐部可吸引大批网友来交流意见，也可以实现网络文化传播的作用。

（8）免费促销。免费促销是推广网站的常用方法。免费促销即通过为访问者无偿提供其感兴趣的各类资源。站点通过免费资源吸引访问者访问，提高站点流量，并从中获取收益。

（9）网上联合促销。由不同商家联合进行的促销活动称为联合促销，联合促销的产品或服务可以产生一定的优势互补、互相提升自身价值等效应。如果应用得当，联合促销可收到相当好的促销效果，如网络公司可以和传统商家联合，以提供在网络上无法实现的服务等。

（10）网络聊天促销。利用网络聊天功能开展消费者联谊活动，通过沟通交流增强感情，或开展在线产品展销活动和推广活动。这是一种调动消费者情感因素、促进情感消费的方式，对消费者吸引力较大。

扩展阅读 5-3 复杂的"双十一"促销

每年的双十一都让不少网友翘首以盼。然而，一些平台、商家"乱花渐欲迷人眼"的套路，不禁让人感慨"复杂规则难坏'尾款人'""没点奥数功底都不配过'双 11'了"。

这些套路普遍拉低了消费者的消费体验，侵犯了消费者权益，扰乱了双十一的市场秩序，损害了双十一的市场信誉。实际上，其中不少套路都触碰了诚信和法律双重底线。

双十一堪称电商市场的晴雨表，双十一的市场环境颇具代表性，双十一期间也是各类违法侵权问题的活跃期、集中爆发期。市场监管部门、消保组织、电商平台等应该从治理"双十一"的套路乱象入手，摸清电商交易中的营销问题和侵权规律，健全完善监管机制，提升监管治理能力。

一是依法对营销套路和陷阱进行全面排查，拉出促销的"正面清单""负面清单"，确保促销行为的简单、诚信、透明，针对违法侵权套路，不仅要告诫商家、警示消费者，还要立案查处，多动动真格。二是完善促销价格监管机制，绘制"电商价格走势图"，实现商品交易历史价格留痕，给消费者提供比价便利和选择便利，保障消费者的知情权、公平交易权和监督权。三是畅通投诉举报渠道，认真受理处置每一起消费者投诉举报。对投诉举报信息挖掘监管线索，如消费者投诉举报属实，在解决消费争议、维护消费者权益的同时，对违法侵权商家进行问责。[资料来源：不能让"双十一"营销套路成为"连续剧"[EB/OL]. 人民网.（2021-11-09）[2022-01-08]. http://health.people.com.cn/n1/2021/1109/c14739-32277169.html]

3. 网络促销实施

对于任何企业来说，营销人员都必须深入了解产品信息在技术网络上传播的特点，分析网络信息的接收对象，设定合理的网络促销目标，通过科学的实施程序，打开网络促销的新局面。根据国内外网络促销的大量实践，网络促销的实施程序可以总结为以下六个环节。

1）确定网络促销对象

网络促销对象是针对可能在网络虚拟市场上产生购买行为的消费者群体提出来的。随着网络的迅速普及，这一群体也在不断膨胀。这一群体主要包括三部分人员：产品的使用者、产品购买的决策者、产品购买的影响者。

产品的使用者是指产品的实际使用者或消费者。这些顾客购买商品的主要原因是为了满足实际需求，所以企业一定要抓住这部分消费者，他们是企业促销对象的重要组成部分。如果企业能利用合理的促销方式抓住这一消费群体，将会为自己创造一个稳定的市场。

产品购买的决策者指实际决策购买产品的人。由于网络市场上的消费者大多都具有独立的决策和经济支付能力，所以，在许多情况下，产品的使用者和购买决策者是一致的，特别是在虚拟市场上更是如此。但随着网络产品的日益丰富和上网人群的不断扩大，有些产品市场上的产品的购买决策者和使用者则是分离的。例如，低龄上网者想要购买产品，最后决定购买的大多是他们的父母。因此，网络促销同样应当把购买决策者放在重要的位置上。产品购买的影响者是指其看法或建议对最终购买决策可以产生一定影响的人。这个群体通过发表对产品的看法、建议或亲身的体会来影响消费者的购买决策。由于网络信息的传播能力巨大，因此，营销人员应该对这个群体加以关注。

2）设计网络促销内容

网络促销的最终目标是引起购买行为。这个最终目标是通过设计具体的信息内容来实现的。消费者的购买过程是一个复杂的、多阶段的过程，促销内容应当根据购买者目前所处的购买决策过程的不同阶段和产品所处的生命周期的不同阶段来决定。

一般来讲，一种产品从投入市场开始到退出市场为止，大体上要经历四个阶段：投入期、成长期、成熟期和衰退期。企业应根据产品所处生命周期的不同阶段的特点，来设计网络促销的内容。在新产品刚刚投入市场的阶段，是消费者对该种产品非常生疏的阶段，促销活动的内容应侧重于宣传产品的特点，引起消费者的注意。在成长期，该产品在市场上已有了一定的影响力，消费者已逐步认识和了解该产品，那么促销活动的内容则需要偏重唤起消费者的购买欲望，同时，还需要创造品牌的知名度。当产品进入成熟阶段后，市场竞争变得十分激烈，促销活动的内容除了针对产品本身的宣传外，还需要对企业形象做大量的宣传工作，树立消费者对企业产品的信心。在产品的衰退阶段，促销活动的重点在于加强与消费者之间的感情沟通，通过各种让利促销，延长产品的生命周期。

3）决定网络促销组合方式

网络促销活动主要通过网络广告促销和网络站点促销两种促销方法展开。网络广告促销主要实施“推”战略，其主要功能是将企业产品推向市场，获得广大消费者认可。网络站点促销主要实施“拉”战略，其主要功能是将顾客牢牢地吸引过来，保持稳定的市场份额。

4）制定网络促销预算方案

在网络促销实施过程中，对企业来说，最困难的是预算方案制定。在互联网上促销是一个新问题。所有的相关环节都需要在实践中不断学习、比较和体会，不断地总结经验。只有这样，才可能用有限的精力和资金收到尽可能好的效果，做到事半功倍。

5）衡量网络促销效果

这一阶段，必须对已经执行的促销内容进行评价，衡量促销的实际效果是否达到了预期的促销目标。对促销效果的评价主要依赖于两个方面的数据：一方面，可以利用互联网上的专业统计软件，及时对促销活动的好坏做出统计。如主页访问人数、点击次数、千人广告成本等。利用这些统计数据可以了解自己的优势和不足，以便对网络促销方式和方法进行调整。另一方面，评价要建立在对实际效果全面调查分析的基础上，可以通过产品销售量、利润、促销成本的变化，判断促销决策的正确性。同时，还应注意促销对象、促销内容、促销组合等方面与促销目标的因果关系的分析，以便对整个促销工作做出正确的决策。[参见“5.2.3 网络广告”]

6）加强网络促销过程的综合管理

网络促销能否取得成功，科学的管理起着极为重要的作用。在对网络促销效果正确评价的基础上，对偏离预期促销目标的活动进行调整是保证促销取得最佳效果的必不可少的一环。同时，在促销实施过程中，不断地进行信息沟通的协调，也是保证企业促销连续性、统一性的需要。

5.2.3 网络广告

网络广告是以互联网为媒体发布、传播的商业广告。更确切地说，是基于计算机操作，通过互联网站点发布和传播的电子广告。它是互联网作为市场推广媒体最先被开发和利用的营销技术。网络广告从制作形式的角度来看，有图形广告、文字广告和视频广告等；从展现形式的角度来看，有 Banner 广告、插播广告、植入广告、RSS 广告、黄页广告、邮件广告、分类广告等。网络广告模式则是网站所有者利用互联网络媒体向广告客户提供产品、服务、品牌、网站等宣传推广，并收取广告费的网络应用模式。

1. 网络广告的产生与发展

广告作为一种有偿的信息传播形式，它与媒体的发展紧密相连的。从 1994 年的商业化运作开始，互联网就以非常规速度发展，只用四年时间就成为 5000 万用户青睐的"第四类媒体"，互联网的媒体特性产生了网络广告（Internet advertisement），并使其快速发展，而且从一开始就成为广告业的奇葩。

网络广告发起于 1994 年的美国。当年 10 月 14 日，美国著名的 Wired 杂志推出了网络版的 Hotwired，其主页上开始有 AT&T 等 14 个客户的广告 Banner。这是广告史上里程碑式的一个标志。1997 年 3 月，Chinabyte.com 获得第一笔广告收入，IBM 为 AS400 的宣传付了 3000 美元。这是中国互联网历史的一个里程碑，网络广告开始成为互联网企业最直接、最有效的赢利模式，中国网络广告市场也在这一天开始发展，并逐渐形成了每年数十亿的产业规模。2019 年，全球网络广告的市场规模已达到 3332.5 亿美元。伴随着电子商务在中国企业的进一步普及，中国的网络广告也出现井喷式增长。艾瑞咨询数据显示，2019 年中国网络广告市场规模达到 798 亿美元。

尽管市场前景一片大好，但广告投放企业更为看重的是，目标受众能否通过广告对自己产品和品牌产生忠诚度。由于互联网访问者仍然是一个特殊群体，且互联网展现商品有其自身的特点，因此网络广告所涉及的商品领域也有一定的行业特征，一些具有显著的网上商务潜力的商品或一些与互联网有着天然联系的商品在网络广告中占据了很大份额。如计算机硬件、媒体以及金融服务类等公司占据网络广告份额合计近 40%，而对品牌敏感的包装消费品网络广告所占份额则很低。

2. 网络广告的主要形式

网络广告的形式根据发布广告的渠道不同，可以分为 Web 广告和非 Web 广告两大类。电子邮件广告、公告板系统广告、新闻组广告等均属于非 Web 广告。Web 广告借助于 Web 页面，可以进行真彩色的画面、声频等大容量信息的按时传送，24 小时在线以及在广告主、广告受众之间的双向信息交流，因此目前成为网络广告的主要形式。根据广告在 Web 页面中出现的形式，又可分为以下几种。

（1）旗帜广告（banner）。旗帜广告是我们在网页上见得最多的广告形式，因其都是长条形状，像一面旗帜，故称为旗帜广告。一般使用 GIF 格式的图像文件，可以使用静态图形，也可用多帧图像拼接为动画图像。凭借这种方式，广告主可以精心构筑融合感性与理性的宣传区域，有效加强旗帜广告的宣传效果。其通常利用多种多样的艺术形式进行处理，表现新颖，富有创意，如图 5-3 所示。

（2）图标广告。这种广告是从旗帜型广告演变而来，图形尺寸比 Banner 要小。可以灵活地放在网页的任何位置，常以企业徽标、产品名称、商标牌号等作为象形图标。广告图标可以是静态或动态的，也可是移动的，点击它可链接到广告主的站点上，如图 5-3 所示。

图 5-3　凤凰网的旗帜广告和图标广告

（3）弹出式广告（插页广告）。弹出式广告是在用户打开一个页面或关闭一个页面后弹出的一个活动浏览器窗口。广告制作商也可以在当前浏览的页面和将要访问的页面之间放置一个广告页面（插播式广告），当用户从一个页面切换至另一个页面时显示出来，在保证用户有足够的时间浏览广告信息后再激活用户所要浏览的目标页面。

（4）主页型广告。将企业所要发布的信息内容分门别类制作成主页，置放在网络服务商的站点或企业自己建立的站点上。主页型广告可以详细地介绍企业的相关信息，如发展规划、主要产品与技术、产品订单、售后服务、联系办法等，从而让用户全面地了解企业及企业的产品和服务。

（5）其他 Web 广告。技术的进步也使得网络广告的表现越来越丰富。采用 Flash 动画、DHTML、Java 以及音视频技术制作的多媒体广告受到广告客户的喜爱。这类广告强调更高的互动性。网络广告的媒体选择与传统广告媒体选择基本类似。第一，要考虑广告费用和收益，如广告发布后是否增加访问量，是否增加了销售收入等；第二，要考虑广告的效应，即广告接受者是否是你想接触到的；第三，媒体的形象是否与广告的推广形象吻合；另外，还要考虑媒体能否给出详细的广告效果统计分析数据，这是网络媒体与传统媒体的最大区别所在。

当然，网络广告的“泛滥”也影响了人们对目标信息的浏览，就像我们看电视节目也会受到广告的干扰一样。因此一些广告拦截技术特别是对弹出广告的拦截在互联网上广泛受到欢迎，这当然也是对网络广告发展的一种冲击。

3. 网络广告的计价方式

目前常用的网络广告收费模式有以下几种。

（1）千人印象成本 CPM（cost per mille，cost per thousand，cost per impressions）。千人印象成本 CPM 指的是以广告图片被显示 1000 次为基准的网络广告收费模式。CPM 根据页面访问次数而不是访问量作为计数标准，缺点是并不能如实反映出实际的广告效果。

（2）每次点击成本 CPC（cost per click，cost per thousand click-through）。以点击广告图片并连接到相关站点 1000 次为基准确定广告计费模式。这种方法能更好地反映顾客对广告的反响程度。但一些经营广告的网站觉得这样的计价方式并不合理。因为在打开页面时，虽然浏览者并没有点击广告图片，事实上他却已经看到了广告，但这样的点击流量却未被计算，因此有很多网站不愿意做这样的广告。

（3）每行动成本 CPA（cost per action）。CPA 计价方式是指按广告投放的实际效果，即按回应的有效问卷或订单来计费，而不限广告投放量。CPA 的计价方式对于网站而言有一定的风险，但若广告投放成功，其效果也比 CPM 的计价方式要大得多。由于这种广告更注重广告效果，所以它的费用比一般的广告价格要高得多。

（4）包月方式。很多国内网站是按照每月固定费用的收费模式来收费的，不管效果好坏，不管访问量有多少，一律一个价。这对客户和网站都不公平，无法保障广告客户的利益。

（5）按时长计费。这种计价方式以广告发布位置和广告形式为基础对广告主按时长征收固定费用，而不是与显示次数和访客行为挂钩。在这一模式下，广告主可以按照自己的需要来选择合适的广告时长，新浪、网易、搜狐等综合门户广告主要采用这种计价方式，通过把网站频道划分成不同等级，然后按照不同等级频道的位置和广告形式计费。

（6）关键词竞价排名。这是一种按效果付费的网络推广方式，企业在购买该项服务后，通过注册一定数量的关键词，其推广信息就会率先出现在网民相应的搜索结果中。关键词竞价排名完全按照给企业带来的潜在用户访问数量计费，没有客户访问不计费，企业可以灵活控制推广力和资金投入，使投资回报率最高。

另外，还有 CPR（cost per response）即每回应成本，以浏览者的每一个回应计费。这种广告计费充分体现了网络广告“及时反应、直接互动、准确记录”的特色。CPP（cost per purchase）即每购买成本，广告主为规避广告费用风险，只在网络用户点击旗帜广告并进行在线交易后，才按成交笔数付给广告站点费用。CPL（cost per leads），以收集潜在客户名单多少来收费。CPS（cost per sales），以实际出售产品数量来换算广告刊登金额。

扩展阅读 5-4　“蜜雪冰城”神曲走红

最近一个月，说到蜜雪冰城，最火的已经不是“你爱我我爱你”，而是洗脑神曲的 2.0 版。小雪人摇晃着手里的蛋筒，在绿幕前激情喊麦：“有圣代，有奶昔，蜜雪冰城价格低。冰淇淋，化得快，不如来个大圣代。”依靠神曲带来巨大流量，蜜雪冰城频频营销出圈，引发网络及线下热议。

事情要追溯到 6 月 3 日，蜜雪冰城品牌官方号在 B 站上传了主题曲 MV《你爱我，我爱你，蜜雪冰城甜蜜蜜》，随后又上传了中英双语版，魔性的旋律和简单的歌词，让这首主题曲 MV 收获了超过 1282 万次的播放，65 万次的点赞。在抖音，蜜雪冰城主题曲收获了 15.8 亿次播放量。

B 站的 UP 主们，纷纷进行了二次创作，又为蜜雪冰城带来了一波流量。一时间，这首主题曲出现了英语版、俄语版、日语版、泰语版等不同语言版本，甚至还有四川话、粤语、广西话、东北话等方言版本，在微博、抖音、快手等社交媒体平台传播甚广。

虽然在有些人眼中，这首歌尤其是歌词过于直白平实，但这种风格恰好是和蜜雪冰城的品牌调性契合的。蜜雪冰城的主打特点就是低价亲民，在一二线城市开店也尽量避开地租高昂的商业中心。薄利多销的特点让其一路扩张，在去年 6 月已突破了一万家门店。

网友认为，“官方在洗脑和玩梗方面都做得恰到好处，既保持了热度吸引更多年轻网民参与，又懂得给大家留出空间不至于让洗脑营销起到反作用。于是蜜雪冰城的热度在一种线上线下欢快友好的气氛中保持到现在。”［资料来源：“蜜雪冰城”神曲走红 洗脑式广告营销能走多远？[EB/OL]. 中国新闻网.（2021-6-28）[2022-07-18].https://www.chinanews.com.cn/cj/2021/06-28/9508566.shtml］

5.2.4　用户画像

用户画像是近年营销策略中经常提及的一种精准营销模式，由于这种主观意义上的推送和推荐更加精准，用户自身的行为习惯和搜索记录构成的用户画像顺理成章地成为商家推送商品或广告的主要依据。

用户画像从本质上说就是一种用户模型，该模型需要对用户的数据进行收集，如用户的搜索记录、年龄、性别、购买记录等信息，然后通过用户在互联网上留存的信息进行刻画从而生成用户画像。用户画像模型在构建的过程中会受到数据收集量的影响，从理论层面上讲，数据量越大用户画像就越清晰准确，而数据量小则用户画像不够精准，当数据量小到一定程度时该用户画像模型不具备实际参考价值。同时，用户画像需要按照行业或者分类的不同进行更加细致的划分，用户画像类型划分得越细致，则每一个分类的用户画像的精准性就会得到相应的提升。因此用户画像在分类的过程中会将信息全貌分解成不同类型的标签，如男、女、18 岁以下、50 岁以上、20～30 岁、学生、家庭妇女、上班族、高消费等，这些标签经过自由组合即可构成不同类型的用户画像。

扩展阅读 5-5　5G 手机首批用户画像

随着国内首款 5G 手机中兴天机 Axon 10 Pro 5G 版，以及华为首款 5G 手机 Mate 20 X 5G 版的相继正式上市、热卖，三星、OPPO、VIVO 也陆续发布了 5G 手机，智能手机正式进入 5G 时代。

自首款5G手机8月5日开售至今，已过去20多天，个推大数据发布了一份《5G手机首批用户画像报告》，揭开了5G手机首批剁手用户的神秘面纱。

数据显示，5G手机首批使用用户中男性占比55.1%，女性占比44.9%，在追求科技潮流这件事上，男性用户略微领先。年龄段方面，25～34岁用户占比64.9%，是5G手机首批用户的主力军。35～44岁用户占比其次，45岁以上用户占比最少，为3.6%。

个推大数据又显示，5G手机首批用户在一线城市的渗透率最高，二线城市次之。和三四线城市相比，一方面，一二线城市用户的经济实力更强，另一方面，一二线城市的5G网络建设更快。在目前这个时间点，大部分三四线城市用户仍处于观望之中。

第一批用上5G手机的用户中，中高消费群体占大多数，其中，中等消费群体占比40.0%，高等消费群体占比55.9%。对于没有换机刚需的普通消费者来说，目前的5G手机售价，加上5G套餐的费用，仍是一笔不小的开支。

报告最后指出，从目前5G手机的用户画像数据来看，使用5G手机的仍是一部分小众群体，他们来自一二线城市，有着稳定可观的收入，追求精致时尚的生活。随着智能手机进入5G时代，用户争夺战将是各手机厂商不得不面对的新的战场。［资料来源：5G手机首批用户画像曝光 男性居多 年轻多金. [EB/OL]. 人民网.（2019-09-04）[2022-07-19]. http://tc.people.com.cn/n1/2019/0904/c183008-31335363.html］

5.3 网络营销方法

网络营销不仅仅是一种技术手段的革命，还包含了更深层的观念革命。网络营销的职能实现需要通过一种或多种网络营销手段，按照一个企业是否拥有自己的网站来划分，企业的网络营销可以分为两类：无站点网络营销和基于企业网站的网络营销。

网络营销的具体方法很多，其操作方式、功能和效果也有所区别，常用的网络营销方法除了搜索引擎注册之外，还有许可营销、个性化营销、网络社会化营销、病毒性营销、内容营销、微信营销、社群营销、直播营销等。下面简要介绍常用的网络营销方法及效果。

5.3.1 搜索引擎营销

搜索引擎营销就是基于搜索引擎平台的网络营销，利用人们对搜索引擎的依赖和使用习惯，在人们检索信息的时候尽可能将营销信息传递给目标客户。搜索引擎营销追求最高的性价比，以最小的投入，获得最大的来自搜索引擎的访问量，并产生商业价值。搜索引擎营销的最主要工作是扩大搜索引擎在营销业务中的比重，通过对网站进行搜索优化，更多地挖掘企业的潜在客户，帮助企业实现更高的转化率。

搜索引擎营销有竞价排名、购买关键词广告、搜索引擎优化（search engine optimization，SEO）与按照有效通话收费（pay per call，PPC）等几种形式。SEO是指通过对网站结构（内部链接结构、网站物理结构、网站逻辑结构）、网站主题内容、外部链接等进行优化，从而使网站的用户体验与搜索引擎更加友好，以获得在搜索引擎上的优势自然排名；PPC是指购买搜索结果页上的广告位来实现营销目的。目前，国内外各大搜索引擎都推出自己的广告体系，只是形式不同而已。

1. 搜索引擎注册与排名

搜索引擎注册是最经典、也是最常用的网络营销方法之一，现在，虽然搜索引擎的效果已经不像几年前那样有效，但根据CNNIC发布的第47次《中国互联网络发展状况统计报告》，截至2020年12月，我国搜索引擎用户规模达7.70亿，较2020年3月增长1962万，占网民整体的77.8%；手机搜索引擎用户规模达7.68亿，较2020年3月增长2300万，占手机网民的77.9%。该调查表明，搜索引擎仍然是人们发现新网站的基本方法。因此，在主要的搜索引擎上注册并获得最理想的排名，是网站设计过程中就要考虑的问题之一，网站正式发布后尽快提交到主要的搜索引擎，是网络营销的基本任务。

搜索引擎结果注册包括普通型注册、推广型注册和竞价型注册三种形式。普通型注册费用较低，但仅保证收录，不保证排名；推广型注册，保证排在搜索结果的第一页，但若推广型注册用户过多，一般搜索引擎服务商会采用“滚动排名”策略：竞价型注册是一种按照为客户网站带去的实际访问量收费的模式。

在网络营销的初期，搜索引擎作为一种新的营销手段，有着巨大的访问流量，能满足用户多种信息需求，而营销效果很大程度上是通过访问量来衡量，并在提供信息的同时提供有针对性的广告，实现用户、商家和自己的双赢。

随着网络营销的深入发展，传统方式的一些先天不足逐渐显现，由于搜索引擎访问是匿名的，商家无法知道是什么人，在什么时间，为什么访问自己的网站，也无法联系他们，只能被动等待用户来联系，造成了实际联系商家的访客占所有访客的比率很低，甚至于很多商家并不清楚自己到底有多少访问量，而商家来衡量效果的标准，就是实际联系的客户数量。而且搜索引擎营销的实际效果，很大程度上受广告技巧等因素限制，实际上商家普遍缺乏优化技巧和专业人员来开展这项工作。除此之外，广告的投入随着竞争激烈而急剧升高，网络营销费用越来越高，广大中小企业在未有相应效果支撑下，不得不采取削减广告预算，甚至放弃网络营销的方式，最终导致网络营销的花费和实际效果差距越来越大。

2. 搜索引擎的网络营销职能

作为主要网络营销工具之一，搜索引擎和企业网站、博客、论坛一样拥有广泛的受众，因而它同样具有以下营销职能。

（1）网站推广。客户搜索结果最突出的表现就是企业网站信息的排列，方便用户第一时间发现企业网站，认识了解企业及产品服务。

（2）扩大企业知名度，塑造企业品牌。企业、产品、服务信息在搜索结果中的广泛出现和突出显示，不但能强化客户印象，扩大企业知名度，同时也有利于企业品牌形象的塑造。

（3）促进销售。适时地在搜索引擎的突出位置展示企业最新产品或服务促销信息，便于及时吸引客户眼球，使客户及时体验企业产品服务，达到促进销售的目的。

（4）市场调研。利用搜索引擎查询行业动态信息、竞争对手发展情况和客户消费信息，不仅成本低，而且速度快，有利于企业快速调整经营策略。

3. 搜索引擎营销的特点

与其他网络营销方法相比，搜索引擎营销具有自身的一些特点，充分了解这些特点是有效应用搜索引擎开展网络营销的基础。归纳起来，搜索引擎营销具有以下特点：

（1）搜索引擎营销方法与企业网站密不可分。一般说来，搜索引擎营销作为网站推广的常用方法，在没有建立网站的情况下很少被采用（有时也可以用来推广网上商店、企业黄页等）。搜索引擎营销需要以企业网站为基础，企业网站设计的专业性对搜索引擎营销的效果又产生直接影响。

（2）搜索引擎传递的信息只发挥向导作用。搜索引擎检索出来的是网页信息的索引，一般只是某个网站或网页的简要介绍，或者搜索引擎自动抓取的部分内容，而不是网页的全部内容，因此这些搜索结果只能发挥一个“引子”作用。如何尽可能地将有吸引力的索引内容展示给用户，如何能吸引用户根据这些简单的信息进入相应的网页继续获取信息，以及该网页或网站是否可以给用户提供所期望的信息，这些就是搜索引擎营销所需要研究的主要内容。

（3）搜索引擎营销是用户主导的网络营销方式。没有哪个企业或网站可以强迫或者抽调用户的信息检索行为。使用什么搜索引擎，通过搜索引擎检索什么信息完全是由用户自己决定，在搜索结果中点击哪些网页也取决于用户的判断。因此搜索引擎营销是由用户自己所主导的，最大限度地减少了营销活动对用户的滋扰，也最符合网络营销的基本思想。

（4）搜索引擎营销可以实现较高程度的定位。网络营销的主要特点之一就是可以对用户行为进行准确分析并实现高程度定位，搜索引擎营销在用户定位方面具有更好的功能，尤其是在搜索结果页面的关键字广告，完全可以实现与用户检索所使用的关键字高度相关，从而提高营销信息被关注的程度，达到大大增强网络营销效果的目的。

（5）搜索引擎营销的效果表现为网站访问量的增加而不是直接销售。搜索引擎营销的使命就是获得访问量，因此被作为网站推广的主要手段。至于访问量是否可以最终转化为收益，不是搜索引擎所能决定的。

（6）搜索引擎营销需要随环境发展而变化。搜索引擎营销是搜索引擎服务在网络营销中的具体应用，因此在应用方式上依赖于搜索引擎的工作原理和提供的服务内容。当搜索引擎的工作和服务内容有所变化的时候，搜索引擎营销的方法也应该随之改变。

5.3.2 许可营销

许可营销，也称为许可 E-mail 营销，是指在客户允许的情况下，通过电子邮件向客户传递信息的一种营销方法。如果用户在一个企业网站上留下姓名和电子邮件地址，用户数据会自动进入该企业的电子邮件列表，然后程序自动发出欢迎信，还可以自动定期发出一系列预制的电子邮件。如果每个月向这个电子邮件列表发有用的文章，这个邮件列表就变成了电子杂志。基于用户许可的 E-mail 营销比传统的推广方式或未经许可的 E-mail 营销具有明显的优势，如可以减少广告对用户的滋扰、增加潜在客户定位的准确度、增强与客户的关系、提高品牌忠诚度等。开展 E-mail 营销的前提是拥有潜在用户的 E-mail 地址，这些地址可以是企业从用户、潜在用户资料中自行收集整理，也可以利用第三方的潜在用户资源。许可式电子邮件的表现形式很多，常见的有新闻邮件、各种电子刊物、新产品通知、优惠促销信息、重要事件提醒服务等。

1）许可 E-mail 的主题设计

作为许可 E-mail 来说，主题设计至关重要，因为它的主要作用是让收件人快速了解邮件的大概内容或者最重要的信息，并且在邮件主题中表达基本的营销信息；区别于其他类似的邮件；方便用户日后查询邮件；尽可能引起收件人的兴趣等。如果一个邮件主题可以全部或者基本达到这样的目的，邮件主题的设计才算是成功的。

主题设计要体现出以下要点：第一，要体现出邮件内容的精华；第二，要体现出发件人信息中无法包含的内容；第三，体现出品牌或者产品信息；第四，要含有丰富的关键词；第五，主题不宜过于简单或过于复杂，一般说来，电子邮件主题保持在 8～20 个汉字的范围内是比较合适的；第六，主题避免使用被搜索引擎、邮件垃圾技术处理的关键词。

2）许可 E-mail 的内容设计

许可 E-mail 进行内容设计要选择个性化的内容、用户关注和用户喜好的内容。用户喜欢的内容对于吸引用户的注意力有着非常重要的作用。有时候用户的喜好与企业的产品重叠度非常高，发现并利用用户喜好信息对企业的销售有着直接的影响；但有时候用户的喜好和企业的产品重合度相对比较低，于是通过用户喜好的内容吸引用户注意，随后再辅之以相应的营销措施也是一个不错的选择。总之，个性化的、用户关注的和用户喜欢的内容都是用户友好的内容，在坚持用户友好的前提下传播企业信息是 E-mail 营销实施中一个重要的原则。只有这样，企业才能与客户建立长久的良性的互动关系，建立客户忠诚度，为企业创造长期的、可持续的利润源。

5.3.3 个性化营销

个性化（personalization）营销主要是为用户定制自己感兴趣的信息内容、选择自己喜欢的网页设计形式、根据自己的需要设置信息的接收方式和接收时间等个性化信息服务。个性化服务在改善客户关系、培养客户忠诚以及增加网上销售方面具有明显的效果。开展个性化营销的前提是个人信息可以得到保护。

个性化营销采用信息技术或数字认证技术帮助识别或鉴别客户，用户的信息常常存储在浏览器或智能卡中。识别之后，服务器会查阅数据库中用户的个人信息，确定他的购买特点并推荐具有吸引力的产品、信息或服务给客户。这类自动服务推进了区别化，要求根据具体情况对待每个消费者。商家的系统以各自独特的方式满足了每位客户的需求。数字技术可容易地在网站上追踪客户，在数据库中存储他们的信息以及确定特价优惠等。

扩展阅读 5-6　京东零售：以技术精准匹配个性化需求

7 月 16 日，被誉为“中国智能科学技术最高奖”的第十一届“吴文俊人工智能科学技术奖”颁奖盛典在京举行。由京东和天津大学联合攻关的“商品智能匹配关键技术及在营销中的应用”荣获科技进步奖二等奖。

据京东集团副总裁包勇军介绍，针对电商领域“人货匹配难”这一业界难点，京东持续多年深耕，重点攻克商品智能匹配关键技术，实现用户洞察透、商品理解好、人货匹配准的目标，满足消费者个性化、差异化、品质化消费需求，带来了显著的经济和社会效益。

以这次获奖的“商品智能匹配关键技术及在营销中的应用”为例，该项目围绕用户属性、商品属性和匹配推荐三个维度，创新性地提出用户多层次画像建模、商品跨模态交叉建模、人货精准匹配三项关键技术。项目攻关期间，技术团队累计发表高水平论文 42 篇，授权国家发明专利 25 项，Google Scholar 引用超 4000 次，并荣获了包括 ADMEN 国际实战金奖在内的 40 余项大奖。

该项目技术在京东复杂的零售场景中经过了大规模的整合应用实战考验，让用户更快找到适合自己的商品，此外，基于项目技术成果搭建的“京准通”“京东数坊”等营销工具，累计为包括诸多世界五百强企业在内的超十万国内外商家提供智能营销服务，极大地帮助企业精细化营销管理、节省成本、提升用户体验。

此外，京东零售开发的“智能语义分析和观点识别技术”，通过整合京东商城的用户反馈内容文本进行智能化识别，据此搭建的北极星商业操作系统（JNOS）、“京东启明星”体验洞察平台，处理文本语义平均准确率高达 92%，极大提升了客户体验管理。

“智能供应链库存优化技术”，具有仓网优化、可解释预测、端到端自动补货、自动化参数推荐以及智能诊断等能力，据此搭建的智能供应链系统使采购自动化率高达 85%，助力京东库存周转天数降至 30.2 天，运营效率全球领先。［资料来源：京东荣获中国智能科学技术最高奖！盘点京东体系智能技术. [EB/OL]. 中国经济网.（2022-07-18）[2022-07-20]. http://finance.ce.cn/stock/gsgdbd/202207/18/t20220718_37879552.shtml］

5.3.4　联属网络营销

联属网络营销（affiliate marketing）又称会员制营销，已经被证实为电子商务网站的有效营销手段，国外许多网上零售型网站都实施了联属计划，几乎已经覆盖了所有行业。联属网络营销就是一个网站的所有人在自己的网站（称为联属网站，affiliate）上推广另一个商务网站（称为主力网站，merchant）的服务和商品并依据实现的销售额取得一定比例佣金的网络营销方式。

联属网络营销理论发端于亚马逊书店在 1996 年夏推出的一种联属方案（associates program），根据这一方案，任何网站都可以申请成为亚马逊书店的联属网站，在自己的网站上推广亚马逊书店经营的图书，并依据实际售出书籍的种类和已享折扣的高低获得5%～15%的佣金。该方案一经推出，就在业界引起了轰动。当年加入联属营销计划的网站超过了4000家，次年夏天突破了10 000家，1998年夏天达到了10万家。正是这些联属网站使得亚马逊书店声名大震，成为网上零售的第一品牌。在亚马逊书店的带动下，网上零售业者竞起效仿。

从目前的应用范围上看，网络会员制营销已经不仅仅局限于网上零售，在域名注册、网上拍卖、内容销售、网络广告等众多领域都被广泛采用。例如，Google Adsense（基于内容定位的关键词广告），是一种利用网络会员制模式拓展广告空间，将关键词广告投放在内容相关的加盟会员网站上。

联属网络营销有其自身优势，主要表现在，第一，主力网站可以通过发展联属网络以较小的花费在较短的时间内树立自己的网上品牌，实现网上销售额的快速增长；第二，联属网站可以通过加入联属网络营销计划从起点较低的内容网站迅速转变为电子商务网站，实现营业收入；第三，网上消费者也能从联属网络营销中获得实惠。

5.3.5 网络社会化营销

由于同一主题的网络社区（频道）集中了具有共同兴趣的访问者，且有众多用户参与，因此，网络社区不仅具备交流功能，实际上也成为一种营销场所。网络社区营销又可细分为论坛营销、播客营销、RSS 营销、SNS 营销、网络口碑营销等。［参见“5.1.4 网络营销的新理论”］

知识链接 5-2　被植入营销内容的用户原创内容

任何网民都可在这些社会化媒体上注册账号，经审核后可发布、提供和传播各种内容，有黏性的内容还可吸引他人关注。这些内容可以是文字、图片、视频和音频及其组合，最好是用户原创内容（user generated content，UGC）。社会化营销是企业将其营销意图植入到用户 UGC 中，经用户在社会化媒体上有意或不经意地自愿发布，将产品信息传播出去。被植入营销内容的 UGC 经社会化媒体传播后，UGC 便转化为 UGA（user generated advertising，用户自生成广告）。UGA 的传播不是企业营销计划内容，它只是企业利用了用户发帖和上网形式变化的特点，由原来的以下载内容为主，到现在的以下载和上传内容并重方式的转变，将营销内容嵌入到用户的 UGC 中，使企业能以最小的代价和最不会引起网民抵触的方式达到营销的目的。［资料来源：杨善林. 2020. 企业管理学（第四版）[M]. 北京：高等教育出版社］

1）论坛营销

论坛营销是以论坛为媒介，通过引导与参与论坛讨论，建立自己的知名度和权威度，从而推广企业的产品或服务的营销方法。BBS 论坛已经得到普遍应用，尤其是对于个人站点，大部分人到门户站论坛灌水的同时留下自己网站的链接，每天都能带来几百访问量。当然，对于企业，BBS 营销更要专且精。

2）播客营销

播客（podcasting）是用视频、音频、图片、文字等共用形式来表现的一种网络营销宣传推广工具。播客营销就是利用播客的功能做营销。播客目前是企业、歌手、演员、社会名流、营销人员用来推广宣传作品、产品、个人和企业形象的工具。

对于广告主而言，成本低廉是播客最大的吸引力，只需要一点点费用就可以把产品信息推到特定消费群体中去。同时由于播客的目标群体有很明显的共性，所以播客广告的效率也相当高。

3）RSS 营销

简易信息聚合（really simple syndication，RSS）营销是指利用 RSS 这一互联网工具传递营销信息的网络营销模式，将具有一定主题的信息按照 RSS 信息包装和投递协议的要求进行封装，并通过 RSS 阅读器或种子聚合网站提供给用户，从而建立良好的客户关系，最终达到提高品牌或产品知名度、扩大市场份额的目标。

RSS 营销的特点决定了其比其他邮件列表营销具有更多的优势，是对邮件列表的替代和补充。RSS 营销具有的优点如下：从信息的传送率来看，RSS 的送达率几乎为 100%，完全杜绝了未经许可发送垃圾邮件的情况，而且也没有图片被邮箱系统阻止显示等问题；从信息的点击率来看，RSS 信息的点击率也比电子邮件高；从营销成本来看，购买每千次 RSS 广告展示的成本比购买每千次 E-mail 展示的 CPM 广告成本低。

尽管 RSS 具有信息送达率高等绝对优势，但是 RSS 也有自身的缺点：RSS 营销的定位性不如 E-mail 营销强，RSS 很难实现个性化营销；RSS 营销不容易做到像 E-mail 那样的跟踪营销效果；RSS 和 E-mail 营销的前提都要求信息接收人主动订阅，不过要命的是，RSS 信息成功显示还需要接收者下载 RSS 阅读器，仅此一项，就会阻挡大批用户订阅 RSS 信息。

4）SNS 营销

社会性网络服务（society network service，SNS）营销是随着网络社区化而兴起的营销方式，SNS 营销就是利用 SNS 网站的分享和共享功能，在六度分隔理论的基础上实现的一种营销。通过病毒式传播的手段，让产品被更多的人知道。

知识链接 5-3　六度分隔理论

1967 年哈佛大学的心理学教授斯坦利·米尔格拉姆（Stanley Milgram，1933—1984）做过一次连锁信实验，尝试证明平均只需六个人就可以联系任何两个互不相识的美国人，由此提出六度分隔（six degrees of separation）理论。所谓六度分隔理论，简单地说，在这个社会中，任何两个人建立联系，最多需要六个人（不包括这两个人在内），无论这两个人是否认识，生活在地球上的任何地方，他们之间最多只有六度分隔。

“六度分隔”说明了社会上普遍存在的“弱纽带”，但是却发挥着非常强大的作用。如有很多人找工作、找朋友或与外界其他交流时会体会到这种弱纽带的作用。通过弱纽带人与人的距离会变得非常相近。曾经“六度分隔”理论只能作为理论而存在，但是随着社会化网络媒体的产生，即在功能上能够反映和促进真实的社会关系的发展和交往活动的形成，使一切成为现实。[资料来源：凌守兴. 2011. 基于六度分隔理论的企业微博营销模式研究[J].电子商务，（10）：30-32]

5）网络口碑营销

网络口碑营销是指应用互联网的信息传播技术与平台，整合各种网络营销方法，包括新闻、专题、博客、论坛、IM、WIKI、圈群等网络传播形式与手段综合有效利用，合力形成独具成效、全面网络覆盖、信息迅速扩散的网络创新整合传播模式。

扩展阅读 5-7 魔力耳朵的口碑营销

对于品牌而言，很多时候广告做得很精彩，但未必能让消费者产生口口相传的兴趣，尤其是像在线教育这种注重教学效果、投资回报周期长的行业，靠品牌方单纯的广告推广收效甚微，但口碑营销则效果明显。以在线少儿英语小班课平台魔力耳朵为例，通过用户间的口口相传，其目前不仅拥有 100 000 + 中国精英家庭的信赖支持，还拥有 500 + KOL 的亲测推荐，涉及众多行业，口碑营销为主要获客渠道。

某著名童书出版人、儿童教育作家多次推荐魔力耳朵，据悉，童书妈妈们的孩子都体验过魔力耳朵，在她看来："魔力耳朵课堂互动性强，教学内容和形式丰富有趣，北美外教口音纯正，很容易实现短时高频的浸入式学习。"

还有某专栏女作家的儿子也在魔力耳朵学习，据她推荐："我最喜欢魔力耳朵把英语学习融入外教和孩子的游戏化互动上，儿子上课的时候会主动开口了，回答问题的时候也很大声。"现在儿子对英语开始有兴趣和信心了。

"下了课阳光有点小傲娇地跟我讲，他虽然紧张但说得很好，他是得到奖杯第二多的小朋友。"某知名育儿漫画家这样评价魔力耳朵，据悉其儿子于 2018 年 9 月开始在魔力耳朵学习。[资料来源：众多行业 KOL 推荐魔力耳朵 口碑营销为主要获客渠道. [EB/OL]. 环球网.（2020-04-21）[2022-07-20]. https://lx.huanqiu.com/article/3xvJsUlkVKN]

6）微博营销

由于微博的火热发展，微博营销便诞生了。随着微博的迅速成长，无论是作为公众的交流平台，还是媒体本身，抑或是营销平台，微博都显示出巨大的商业价值，而微博营销成为企业争相试水的对象。每一个人都可以在新浪、腾讯等等注册一个微博，然后利用自己的微型博客不断更新。每天更新的内容就可以跟大家交流，这样就可以达到营销的目的，这样的方式就是新推出的微博营销。微博营销特点包括以下几点：

（1）高速度。微博最显著特征之一就是其传播迅速。一条关注度较高的微博在互联网及与之关联的手机 WAP 平台上发出后短时间内互动性转发就可以抵达微博世界的每一个角落，达到短时间内最多的目击人数。

（2）便捷性。微博营销优于传统的广告行业，发布信息的主体无须经过繁复的行政审批，从而节约了大量的时间和成本。

（3）立体化。微博营销可以借助先进多媒体技术手段，从文字、图片、视频等展现形式对产品进行描述，从而使潜在消费者更形象直接地接受信息。

（4）广泛性。通过粉丝关注的形式进行病毒式的传播，影响面非常广泛，同时名人效应能够使事件的传播量呈几何级放大。

微博营销已经从追求粉丝数量的初级阶段，向与粉丝建立广泛而深入的信任关系阶段过渡。企业在营销时给予用户知情权、话语权和参与权，在一定程度上满足了用户的附加需求，从而拉近了彼此的距离。企业与用户的良好互动，才能真正体现出微博营销的价值。

扩展阅读 5-8 海尔借助微博营销实现“卫冕天猫六连冠”

数据显示，今年的“双十一”购物节，天猫双 11 大家电类品牌销售额排行中海尔位居第一，海尔品牌的线上交易额不到 3 分钟破亿，再次刷新了自己的破亿速度，可谓是家电界的“速度与激情”。在海尔新媒体的一年来的组拳出击之下，海尔天猫官方旗舰店成功卫冕天猫六连冠，再次蝉联大家电销售全网第一。

海尔新媒体第一次亮相海尔天猫官方旗舰店，就是“单日销额破亿元大关、同比增幅 375%、创造天猫超级品牌日数码家电类目历史新纪录”的 411 海尔天猫超级品牌日：5000 多平虚拟卖场置于掌间，六大智慧家庭场景身临其境，超 60 万消费者进店体验，360 万粉丝在线解密、颠覆零售体验的行业首个“未来商店”；在微博端打造覆盖上亿粉丝，阅读量 4800 万+，交互量超过 10 万+的#老铁这波666#和#411 海尔天猫超级品牌日#双话题。

“双十一”就更不用说了。虽然没有设置使消费者达到自己“数学巅峰”的复杂规则，海尔新媒体在“双十一”到来之前，就在微博等社交媒体上发起了一股声浪：为党的十九大打 call；趣味表情包；与游戏 IP 跨界联合；海尔兄弟暴击三连，巧妙植入海尔天猫；累积与 100+家品牌蓝 V 互动，联动蓝 v 矩阵跨界互动，覆盖粉丝资源共计 3941 万，总互动量 8 万+，全网曝光量达 6000 万；此外，还有创意漫画热点输出、引发粉丝大量参与的家电动图以及公众号“蓝 v 记事本”的“双十一”营销盘点等。

任何一种现象级传播的背后，都是因为触碰到了无数人的内心。海尔新媒体操刀下的海尔天猫官方旗舰店的创意营销，将“海尔”品牌不断深入消费者印象，为消费者家电购买增加选择，不断地强化消费者“买家电上天猫”的渠道观念。同时，其敏锐的洞察力一次次地引发了消费者需求，触动消费者内心最柔软的地方，冲刺着文化的高标。[资料来源：海尔新媒体助力海尔天猫官方旗舰店 4 分钟破亿. [EB/OL]. 凤凰网河南.（2017-11-15）[2022-07-19]. http://hn.ifeng.com/a/20171115/6148719_0.shtml]

5.3.6 病毒性营销

所谓“病毒性营销”，并非真的以传播病毒的方式开展营销，而是通过利用公众的积极性和人际网络，使营销信息像病毒一样被快速复制传向数以万计甚至数以百万计的受众。一个有效的病毒性营销战略一般有六项基本要素：①提供有价值的产品或服务；②提供无须努力地向他人传递信息的方式；③信息传递范围很容易从小向很大规模扩散；④利用公众的积极性和行为；⑤利用现有的通信网络；⑥利用别人的资源。

病毒性营销的经典案例是 Hotmail.com。Hotmail 是世界上最大的免费电子邮件服务提供商，在创建之后的 1 年半时间里，就吸引了 1200 万注册用户，而且还在以每天超过 15 万新用户的速度发展，令人不可思议的是，在网站创建的 12 个月内，Hotmail 只花费很少的营销费用，还不到其直接竞争者的 3%。Hotmail 之所以爆炸式地发展，就是由于利用了“病毒性营销”的巨大效力。其实，原理和操作方法很简单，Hotmail 在每一封免费发出的邮件信息底部附加一个简单提示：“Get your private，free E-mail at http://www.hotmail.com”，接收邮件的人将看到邮件底部的信息，然后继续利用免费 Mail 向朋友或同事发送信息，会有更多的人使用 Hotmail 的免费邮件服务，于是，Hotmail 提供免费邮件的信息不断在更大的范围扩散。现在几乎所有的免费电子邮件提供商都采取类似的推广方法。病毒性营销的成功案例还包括 Amazon、ICQ、E-Groups 等国际著名网络公司。

5.3.7 内容营销

内容营销是聚焦于为顾客提供有价值的、相关的、连续的、清晰的信息，最终能够盈利的一种策略性营销手段。吸引和留住客户的一个先决条件就是能够充分利用碎片时间为客户提供真正有价值的信息。这些内容主要可以分为三种类型：其一是与品牌相关的娱乐信息；其二是传递产品以及企业的相关信息等消费者欲望获知的，并且不以销售为直接目的的软广告；其三是其他热点信息。

据显示，2020 年微信公众号超过 2000 万个，公众号内容营销被广为接受。网民已将公众号内容作为了解信息的主要途径之一。其中休闲娱乐类微信公众号以其丰富内容和更新频次获得用户青睐。可见，内容的质量优劣在一定程度上决定着公众号的成功与否，创新内容的拓展和衍生，拓宽内容的表现形式，提高内容生产的效率是企业努力的主要方向。

《2019 年 3 月中国微信公众号影响力排行榜 TOP450》中显示，人民日报、新华社、央视新闻位居前三甲，且人民日报以通篇 10W + 的阅读量，总好看数为 427W +，WCI（即微信传播指数，是指通过微信公众号推送文章的传播度、覆盖度、账号的成熟度和影响力来反映微信整体热度和公众号的发展走势）为 1715.32，保持了高质量的新媒体内容输出，获得读者高度认可。可见，内容的生产和推送并非简单的信息整合，而是从用户对信息的感知、产生兴趣做出取舍，而后搜索相关信息，再到分享过程的精准化研究和考量。

扩展阅读 5-9 飞鹤如何借助内容营销激活增量

近几年，国货品牌在内容营销上的玩法越来越多样：泸州老窖曾搭载剧集《三生三世十里桃花》的热度推出联名款“桃花醉”，蜜雪冰城靠旋律简单但却洗脑上头的节奏火遍全网。不难看出，这一系列营销活动其实都是为产品增加一重消费者喜爱的“内容”。

“内容为王”原本也已是营销行业的共识。但问题在于，当前大多数品牌的广告与内容依旧割裂，创意极其出众，但转化效果难以保证。尤其互联网红利触顶，观众的审美水平日益提高，找到内容营销的新玩法新增量，已经不只是老牌国货所面临的重要课题。

春节期间，飞鹤奶粉与巨量引擎联合发起的 CNY 营销活动引发了不小的声量，整个项目曝光达到 77.9 亿；其中核心项目#新年有礼了#话题阅读量超过 57 亿，#濛主来了#话题总播放量达到 10.7 亿。

回顾整个营销过程，从曝光环节的明星、达人、直播冠名，到种草互动环节的主题挑战赛、全民任务，以及转化环节的品牌自播，在整个链路中，飞鹤在同一个阵地实现了触达、种草、转化。前期积累来的流量、明星的流量全部落地到官方抖音账号的直播间，经营阵地由此搭建，完整的交易链路也因此而形成。

在品牌已经沉淀积累了足够口碑和用户信任的基础上，巨量引擎的内容营销能力继续为品牌营销助力加码——从全域内容资源的提供、全景互动的玩法支持到营销全链路的实现，组合拳打法最大范围聚合来自不同圈层、不同领域的潜在消费者，并实现精准触达及转化。而全链路的优势，又让用户流量能够长久留存，为后续沉淀复用，品牌由此得以获得长期主义思维带来的复利。

媒介在革新，内容营销也始终随媒介的迭代而迭代。相比起过去单纯的内容营销，全链路模式下的品牌与用户所建立的连接都是双向的：用户参与互动，表达对品牌的感受；品牌发起互动后再用一系列新鲜玩法将用户导向下一环，环环相扣，打造出流量闭环。而拥有丰富互动玩法以及优质内容 IP 的巨量引擎，未来还将挖掘全链路下的更多商机，获得更多增长新思路。[资料来源：借势全链营销新模式，飞鹤如何激活 CNY 营销增量？[EB/OL]. 环球网.（2022-03-21）[2022-07-20]. https://yrd.huanqiu.com/articlc/47IILoptyu59]

5.3.8 微信营销

即时通信营销是利用网络即时通信（instant messaging，IM）工具，如微信、QQ、淘宝旺旺等，进行推广宣传的营销方式。即时通信工具的合理利用，既可以与客户保持密切联系、促进良好关系，并且可以迅速带来流量，也可以有效促进销售，实现商务目的。其中，发展最好的即时通信营销就是微信营销。

1）*形式灵活多样*

（1）微信漂流瓶。用户可以利用微信的漂流瓶功能发布语音或者文字，然后将其投入“大海”，如果有其他用户“捞”到漂流瓶即可以展开对话。

（2）位置签名。商家可以利用微信“附近的人”功能，通过自己所在的位置准确地找到附近的一些微信用户，然后通过微信“用户签名档”这个免费的广告位为自己做宣传，其附近的微信用户就能看到商家的信息。

（3）二维码。用户可以通过扫描二维码来添加朋友、关注企业账号；企业则可以设置自己品牌的二维码，用折扣和优惠来吸引用户关注，开拓线上和线下相结合的营销模式。

（4）开放平台。通过微信开放平台，应用开发者可以接入第三方应用，还可以将应用的标志（logo）放入微信附件栏，使用户可以方便地在会话中调用第三方应用选择内容与分享内容。

（5）公众号平台。在微信公众号平台上，每个人都可以打造自己的微信公众号，实现和特定群体文字、图片、语音等形式的全方位沟通和互动。

（6）朋友圈。商家通过朋友圈来进行产品的推广，而用户获取这一消息后，可以通过与商家直接咨询的方式，来对产品进行深入了解，并会在购买与不购买之间进行选择。对于商家来说，为了更好地达成交易，不仅会结合用户来对产品进行筛选，也会通过丰富产品信息、其他已购买用户的反馈等，来提升潜在用户对其的信任度。

2）*交互性强*

微信首先是一个通信工具，作为一个社交软件，可以使用户之间随时随地进行交流，从而大大地提高了交流效率。在产品或服务推广的过程中，商家可以利用微信公众号与用户进行交流，以使用户及时了解产品或服务的信息。如果用户有兴趣，可以直接向商家咨询，了解产品或服务的细节问题，这时商家可以向用户详细地介绍产品或服务的优点和功能，用户也可以根据介绍选择合适的产品或服务。微信的强交互性，使得微信营销的效率远远高于传统的营销模式。

5.3.9 社群营销

社群营销是建立在移动社交基础上，通过人与人的网络沟通，实现线上与线下互动，增进信任，达成营销目标。构成社群营销的一般要素有五点，即感情纽带、社群架构、内容输出、社群运营、迭代复制。社群营销在实施中，情感的沟通是最基础的条件。

在社群中，多是以共同兴趣、爱好的人聚集在一起，进行营销传播的过程，如社区微信群、车友群、垂钓群、打折商品群等。社群营销在互联网技术下，让更多的社群成员聚集在一起，在跨越时间、空间、地域的束缚中，借助虚拟社群中的人际关系，逐渐夯实社群成员间的情感。对社群架构，主要基于社群成员间的良性沟通与管理，由社群管理者对整个社群成员进行组织与管理。高效的社群管理、科学的组织架构、高价值的内容输出有助于维系社群成员间的情感。社群运营直接关系整个社群管理的水平，社群管理者定期对社群成员进行维护，发现社群成员需求，并给予帮助，提升社群质量。另外，社群运营在管理中，要体现社群成员的共同利益，要明晰社群目标，定期输入有价值的信息或提供服务，展现社群沟通的价值，如定期组织线上交流、分享、讨论活动，活跃社群生活。迭代复制是社群规模化拓展的有效途径，社群规模的拓深，更是通过口碑效应逐渐扩大社群成员规模。社群成员自身也是潜在的社群推广者，通过推荐其他人进入社群，增强社群的迭代复制效能。社群营销的主要模式分为三种。

1）线上社群 + 营销推广模式

最早基于网络平台的各类线上营销模式，通过与社群相结合，逐渐成为新零售社群营销的主流形式，如以某一兴趣而构建的同城吃货群、同城徒步群、同城垂钓群、同城健身群等；一些以行业为特色的线上社群，如房产交流群、服装商业联盟群、金融联盟群等；一些以学习为目的的专业技术交流群，如亲子群、家教群、职业资质学习群、职场进阶群以及一些才艺学习群等。

2）线下门店 + 社区零售模式

对于线下门店 + 社区零售模式，其基础在于门店管理。门店具有地理空间性，多与周边社区人群展开线上营销与互动，营造近邻社群推广氛围。通常，很多门店在日常运营中，通过设置微信号、头条号等方式，让更多的进店用户扫码进群，办理会员，向用户推送各类线下推广活动，引导消费者参与购物，增强社群黏度，让更多的社群成员实现二次或多次、连续购物，最终构建社群营销生态圈。举例来讲，一些水果店，积极运用线上社群，将门店营销与线上推广相结合，每日推送特价水果活动、尝鲜活动，凭借社群会员身份领取小礼品等，以此保障门店人群流量，这种社群营销模式具有良好的市场效果。据艾瑞咨询相关报告显示，生鲜类门店、水果门店利用门店 + 社群零售营销模式，能够提高店铺复购率 70%以上。与单一的网络电商平台相比，门店凭借其自身特点，更能与线下社群营销相结合，达到精准营销目标，提高社群营销黏度。另外，门店＋社群营销，可以通过在线互动与门店交流等方式，了解和识别社群用户需求，给予优化调整，如根据部分社群需求，开展送货上门服务。

3）直播带货＋社群拼单模式

在社群拼单领域，“拼多多”备受关注。最近，拼多多推出直播内测平台，尝试“直播带货＋社群拼单”营销模式，通过直播方式，对相关产品进行展示，便于用户全面了解产品特性与质量，再以团购方式进行拼单交易，提升品牌销量。由此带来的拼单规模的激增，其裂变效应更能推动新零售模式的变革。

5.3.10 直播营销

直播营销近年来取得了快速发展，直播带货则是直播营销的主要方式。由于直播带货具有“高互动性”和“较强娱乐性”，消费者通过直播带货购物时，不仅能买到满意的产品，还能获得较好购物体验。因此，直播带货越来越成为消费者喜爱的一种购物方式。中国互联网信息中心发布的第 47 次《中国互联网络发展状况统计报告》显示，截至 2020 年 12 月，我国网络直播用户规模达 6.17 亿，较 2020 年 3 月增长 5703 万，占网民整体的 62.4%。其中，电商直播用户规模为 3.88 亿，较 2020 年 3 月增长 1.23 亿，占网民整体的 39.2%；游戏直播的用户规模为 1.91 亿，较 2020 年 3 月减少 6835 万，占网民整体的 19.3%。

与此同时，涉足直播带货的个人、实体和平台也在不断扩展。从网红带货主播到知名企业家，再到政府官员和当红明星等，都纷纷进入直播带货领域。不仅新媒体，传统媒体如央视也联合其他平台开展公益直播带货活动。除了淘宝、京东等成熟电商平台以外，短视频平台如抖音、快手也都纷纷布局直播带货。如果说，线上企业转型直播带货具有“基因”优势，2020 年传统企业实体面对突发新冠肺炎疫情的巨大冲击也纷纷通过直播带货渡过“寒冬”。从各大媒体不断报道的直播带货成功案例到各大平台直播带货动辄上亿元，具有冲击力的销售战果，都在预示着直播带货正处于快速发展时期。

直播营销快速发展的原因如下。

1）直播带货迎合了消费者“购物娱乐化”重体验的消费趋势

直播带货改变了传统电商单向的以文字和图片传递产品信息的模式，转而以高互动、现场解说和演示方式向消费者展示产品属性，同时在直播过程中，直播的节奏和所有环节，如邀请明星进入直播间等都是经过直播团队精心设计的，经过设计的直播过程在充分介绍和宣传产品的同时带有极强互动性和娱乐性，这使得直播带货充分满足了消费者的期望型需求和兴奋性需求。

2）传统电商“流量红利”的消失和“私域流量”变现的需要促使直播带货发展

传统电商流量已经从“增量期”向“存量期”转变，“增量期”电商平台获取流量主要以“吸引”为主。“存量期”电商平台保持流量主要以维护和防止用户流失为主。“存量期”获取新用户的成本已经要大于维护老用户的成本，采用以往营销方法吸引新流量的策略已经“不经济”。在这样的背景下，“私域流量”因其获客成本更低、流量可控性更强、转化率更高，必然成为下一个流量开发的“风口”。“私域流量”的价值不断被发现，作为私域流量开发和变现的重要方式的直播带货，也必将在这一“风口”的助推下获得较大发展。

网络营销方法还有网络事件营销（Internet event marketing)、即时通信营销等。网络事件营销是指企业通过策划、组织和利用具有新闻价值、社会影响及名人效应的人物或事件，以网络为传播载体，吸引媒体、社会团体和消费者的兴趣与关注，以求建立、提高企业或产品的知名度、美誉度，树立良好品牌形象，并最终促成产品或服务的销售手段和方式。

扩展阅读 5-10　海南旅游业的事件营销

近期，“冬奥冠军谷爱凌说自己没去过海南”的话题登上热搜，在北京冬奥会摘冠的谷爱凌在与网友互动时，表达了对海南的向往：“听说海南很暖和，我想去那里冲浪。”海南省旅游和文化广电体育厅立即对谷爱凌发出邀约，海南各景区亦紧随其后，纷纷喊话，愿为谷爱凌打造她的“圆梦之旅”。这是海南景区紧扣热点开展事件营销的一个生动例证。近年来，海南各景区扎实推动业态升级、不断推出新颖玩法，不时让人眼睛一亮，展现出一个新鲜活力的海南岛。

冬奥会参赛选手在冰雪世界中驰骋，海风椰影也是他们内心的向往。海南借机打起了差异牌，海南省旅游和文化广电体育厅相关负责人表示：“我们不但向爱凌发出邀请，我们还向全体中国冬奥健儿发出诚挚的邀请，欢迎大家在赛后到海南岛休闲度假。这里不但有冲浪、潜水、帆板等花样繁多的水上运动旅游项目，更有椰风海韵、美食娱乐等着大家来。”海南各景区纷纷响应，向冬奥健儿发出盛情邀约。

“天涯海角、大小洞天、鹿回头等景区对北京冬（残）奥会参赛运动员、志愿者全年免门票。北京冬（残）奥会参赛运动员还可免费体验天涯海角动力冲浪板、陆地冲浪、海骑等娱乐项目；鹿回头免游览车票并免费体验雨林穿越娱乐项目。”三亚旅文集团相关负责人介绍，凭借冬奥会运动员身份注册卡、赛会志愿者身份注册卡以及奥组委盖章的志愿者证书（拍照形式的电子版即可），运动员和志愿者可畅游三亚各大知名景区。［资料来源：凭颜值“吸粉” 靠新招“出圈”. [EB/OL]. 光明网.（2022-03-22）[2022-07-20]. https://travel.gmw.cn/2022-03/22/content_35603365.htm］

对于被动展示信息模式的网站营销而言，即时通信营销能够弥补其不足，可以同潜在访客进行即时互动，并能够主动发起沟通，有效扩大营销途径，使流量利用最大化。即时通信作为互联网的一大应用，其重要性显得日益突出。有数据表明，即时通信工具的使用已经超过了电子邮件的使用，成为仅次于网站浏览器的互联网第二大应用工具。

5.4　网络营销策划

网络营销策划是指如何利用网络传播手段，对企业的产品或服务进行有效的市场营销推广。网络营销策划应以消费者为核心展开，重点在于如何结合网络环境，抓住消费者行为变化的新特点，展开真正符合网络经济特点的营销策划。

5.4.1 网络消费者分析

企业在网上销售产品之前，需要了解自己会遇到的网上消费者是哪一类群体，他们在网络市场环境下的行为特征是什么，他们是如何完成购买决策的，以及如何管理等一系列问题。

人们购买一种商品的行为并不是突然发生的，与消费者购买行为相关的是一个完整的购买过程。企业了解消费者整个购买决策过程是很重要的，在消费者购买过程中，企业可以制定一些策略来帮助消费者满足自己的需要。与传统的消费者购买行为相似，网络个人消费者的购买行为早在实际购买之前就已经开始，并且延长到实际购买后的一段时间，其购买过程可以粗略地分为五个阶段：唤起需求、收集信息、比较选择、购买决策和购后评价，如图 5-4 所示。

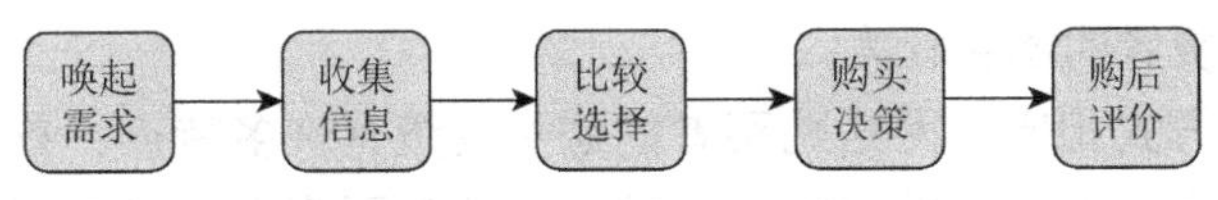

图 5-4 网络消费者的购买过程

1）唤起需求

网络购买过程的起点是诱发需求。消费者的需求是在内外因素的刺激下产生的。当消费者对市场中出现的某种商品或某种服务发生兴趣后，才可能产生购买欲望。这是消费者做出消费决定所不可缺少的基本前提。

对网络营销来说，诱发需求的动因只能局限于视觉和听觉。文字的表述、图片的设计、声音的配置是网络营销诱发消费者购买的直接动因。从这方面讲，网络营销对消费者的吸引具有相当的难度。这就要求从事网络营销的企业需要了解消费者的需求是由哪些刺激因素激发的，进而巧妙地设计促销手段去吸引更多的消费者浏览网页，使消费者知道本企业所提供的产品或服务能够满足他们的需求。

2）收集信息

信息收集是消费者做出正确购买决策的基础。消费者首先在自己的记忆中搜寻可能与所需商品相关的知识经验，如果没有足够的信息用于决策，他便要在外部环境中寻找与此相关的信息。

一般说来，网络购买的信息收集带有较大主动性。在网络购买过程中，商品信息的收集主要通过互联网进行。一方面，网络消费者可以根据已经了解的信息，通过互联网跟踪查询；另一方面，网络消费者又不断地在网上浏览，寻找新的购买机会。由于消费层次的不同，网络消费者大都具有敏锐的购买意识，始终领导着消费潮流。

3）比较选择

消费者需求的满足是有条件的，这个条件就是实际支付能力。没有实际支付能力的购买欲望只是空中楼阁，不可能导致实际的购买。为了使消费需求与自己的购买能力相匹配，比较选择是购买过程中必不可少的环节。消费者对各条渠道汇集而来的资料进行比较、分析、研究，了解各种商品的特点和性能，从中选择最为满意的一种。

消费者对网上商品的比较依赖于厂商对商品的描述，包括文字的描述和图片的描述。网络营销商对自己的产品描述得不充分，就不能吸引众多的顾客。而如果对产品的描述过分夸张，甚至带有虚假的成分，则可能永久地失去顾客。对于这种分寸的把握，是每个从事网络营销的厂商都必须认真考虑的。

对消费者而言，存在一个测定网络广告可信度的问题。近年来传统媒体上所出现的虚假广告现象不可避免地出现在网络广告上，消费者应当从不同角度考察网络广告的可信度。

4）购买决策

网络个人消费者在完成了对商品的比较选择之后，便进入到购买决策阶段。网络购买决策是指网络个人消费者在购买动机的支配下，从两件或两件以上的商品中选择一件满意商品的过程。购买决策是网络个人消费者购买活动中最主要的组成部分，它基本上反映了网络个人消费者的购买行为。

与传统的购买方式相比，网络购买者的购买决策有许多特点。首先，网络购买者理智动机所占比重较大，而感情动机的比重较小。这是因为消费者在网上寻找商品的过程本身就是一个思考的过程。他有足够的时间仔细分析商品的性能、质量、价格和外观，从容地做出自己的选择。其次，网络购买受外界影响较小。购买者常常是独自坐在计算机前上网浏览、选择，与外界接触较少，因而决策范围有一定的局限性，大部分购买决策是自己做出的或是与家人商量后做出的。正是因为这一点，网上购物的决策行为较之传统的购买决策要快得多。

网络个人消费者在决策购买某种商品时，一般必须具备以下三个条件：第一，对厂商有信任感；第二，对支付有安全感；第三，对产品有好感。所以，树立企业形象，改进货款支付办法和商品邮寄办法，全面提高产品质量，是每一个参与网络营销的厂商必须重点抓好的三项工作。只有这样，才能促使消费者毫不犹豫地做出购买决策。

5）购后评价

当完成购买行为后，消费者就会对购买过程特别是交易过程以及所获得的产品或服务进行评价，如交易过程是否方便，售前、售中、售后服务如何，产品是否真正满足了自己的需求，以及是否完全消除了所存在的差距。

决定消费者对购买是否满意的关键在于消费者的期望和产品实际性能之间的关系。如果产品未达到消费者期望，消费者就会失望；如果达到期望，消费者就会满意；如果超出了期望，消费者就会惊喜。消费者的期望基于他们从销售商、朋友或其他来源处获得的信息，如果销售者夸大了产品的性能，消费者的期望就不会得到满足，必然导致不满意。期望和性能之间的差距越大，消费者的不满意程度就越高。购后评价为消费者发泄内心的不满提供了一条非常好的渠道，同时也为厂商改进工作收集了大量第一手资料。

为了提高企业的竞争力，最大限度地占领市场，企业必须虚心倾听顾客反馈的意见和建议。互联网为网络营销者收集消费者购后评价提供了得天独厚的优势。方便、快捷、便宜的电子邮件紧紧连接着厂商和消费者。厂商可以在订购单的后边附上一张意见表。消费者购买商品的同时，就可以同时填写自己对厂商、产品及整个销售过程的评价。厂商从网络上收集到这些评价之后，通过计算机的分析、归纳，可以迅速找出工作中的缺陷和不足，了解到消费者的意见和建议，及时改进自己的产品性能和售后服务。

5.4.2 网络营销的基本步骤

在网络时代，一个企业生产、销售的循环过程可概括如下：通过网络收集技术、用户需求等各方面的信息，并将这些信息整理分析后反馈给企业；企业根据上述信息开发新技术、新思路、新产品，并通过网络进行宣传，与需求者进行沟通；通过网络收集订单；根据订单完成产品设计、物料调配、人员调动，再到生产制造；通过网络进行产品宣传与发布，与客户进行在线交易；通过网络获得客户的信息反馈，完成客户支持，积累经验，为下一个生产、销售循环做好准备。根据企业在网络时代的生产周期，网络营销的内容应包括网上的信息收集、网上商业宣传、网上市场调研、网上广告投放与发布、网上销售、网上客户支持服务等。一个完整的网络营销过程应包括以下基本步骤。

1）计划阶段

计划阶段的任务是确定开展网络营销的目标，制定网络营销的可行性计划。主要任务有：

（1）通过确定合理的目标，明确界定网络营销的任务。

（2）根据营销任务，确定营销活动的内容和营销预算。

（3）确定网络营销系统建设的进度，设立相应的监督评估机制。

2）设计阶段

此阶段的任务包括建立企业的网站或网页，设计网络营销的具体流程。主要任务有：

（1）申请域名，创建全面反映营销活动内容的网站或网页。

（2）与互联网连接，树立网上企业形象。

（3）设计营销过程的具体流程，建立反馈机制。

3）实施阶段

这是网络营销的具体开展阶段，主要任务有：

（1）发掘信息资源，广泛收集网上信息。

（2）开展网上市场调研。

（3）在网上推销产品与服务，促进在线销售。

（4）与客户沟通，通过网络收集订单。

（5）将信息反馈给企业决策和生产部门。

（6）使网络营销与企业的管理融为一体，形成网络营销集成。依靠网络与原料商、制造商、消费者建立密切联系，并通过网络收集传递信息，从而根据消费需求，充分利用网络伙伴的生产能力，实现产品设计、制造及销售服务的全过程，这种模式就是网络营销集成。

由于技术上的限制和企业应用能力的不同，目前国内大多数企业的网络营销活动停留在网上的宣传活动，其主要内容并不是“在线交易”。但越来越多的企业正从深度和广度两方面来扩展网络营销，提高网络营销的应用能力，抢占网络商业的制高点。

5.4.3 网络营销组合策划

企业实施网络营销需要进行投入，而且也会有一定的风险。因此，企业在开展网络营销实现企业营销目标时，必须考虑各种因素对网络营销策划的影响，从而进行与企业所处地位相适应的网络营销组合策划。

1）网络营销产品策划

随着社会的网络化和信息化发展，产品策略中信息因素所占的比重越来越大。传统的产品策划开始发生倾斜，逐步演变为满足消费者需求的营销策划。在网上进行产品营销，必须结合网络特点重新考虑产品的设计、开发、制造、包装及产品品牌策划。网络营销为企业利用互联网建立品牌形象及为该企业的网下品牌在网上得以延伸和拓展提供了有利的条件，无论是大型企业还是中小企业，都可以用适合自己企业的方式展现品牌形象。

2）网络营销价格策划

传统产品定价策略基本上是成本加利润，企业对价格的制定起主导作用。由于网络具有自由、平等、开放和免费的特点，网络营销的产品价格策略多采取免费和低价策略。所以，制定网络营销价格策略时，必须考虑到互联网本身独特的免费特征和其对企业产品定价的影响。

3）网络营销的渠道策划

互联网对企业营销活动的最大影响就是企业营销渠道的改变。网络拉近企业与消费者的距离，减少了渠道的中间环节，从而改变了传统渠道的多层次选择和管理的格局，企业应根据网络营销的特点改变传统的经营管理模式。

4）网络营销促销与沟通策划

互联网具有双向的信息沟通的特点，可以使沟通的双方突破时空限制进行直接交流，操作简单、高效，并且费用低廉。互联网的这一特点使得在网上开展促销活动十分有效，但是也必须遵循网上信息交流与沟通的规则，特别是要遵守一些虚拟社区的礼仪。

5.4.4 网络营销实施

网络营销的实施是一个复杂的系统工程，有一套科学的管理过程。

1）可行性分析

实施网络营销的首要步骤是通过环境研究做好可行性分析，以明确企业实施网络营销活动面临的机会与威胁各是什么，从而采取适当的措施，以利用机会避免环境威胁。网络营销作为信息技术的产物，具有很强的竞争优势。但并不是每个公司都能进行网络营销，公司实施网络营销必须考虑到公司的业务需求和技术支持两个方面，业务方面如公司的目标、规模、顾客的数量和购买频率、产品的类型、周期以及竞争地位等；技术方面如公司是否支持技术投资，决策时技术发展状况和应用情况，公司的技术力量能否保障网络营销正确开展等。

2）制定网络营销战略

企业根据自身所处的网络营销环境，整合网络营销资源，制定网络营销战略。网络营销战略的制定包括营销战略目标、战略重点和实施步骤的确定，以及网上市场细分、选择目标市场、产品定位等战略，它要经历以下三个阶段。首先，确定目标优势，分析确定网络营销是否可以促使市场增长、增加市场收入，是否能通过改进目前营销策略和措施，降低营销成本。其次，分析计算网络营销的成本和收益，需注意的是计算收益时要考虑战略性需要和未来收益。最后，综合评价网络营销战略，主要考虑的有三个方面：成本效益问题，成本应小于预期收益；能增加多大的市场机会；考虑公司的组织、文化和管理能否适应采取网络营销战略后的改变。

3）网络营销战略规划与落实

网络营销战略规划分为下面几个阶段：第一，目标规划。在确定使用该战略同时，识别与之相联系的营销渠道和组织，提出改进目标和方法。第二，技术规划。网络营销很重要的一点是要有强大的技术投入和支持，资金投入和系统购买安装，以及人员培训都应统筹安排。第三，组织规划。公司的组织需进行调整以配合策略实施，如增加技术支持部门和数据采集处理部门，同时调整原有的推销部门等。第四，管理规划。组织变化后必然要求管理的变化，公司的管理必须适应网络营销需要，如销售人员在销售产品的同时，还应记录顾客购买情况，个人推销应严格控制以减少费用等。

为了落实网络营销战略，还要制定相应的网络营销策略。网络营销策略的制定主要包括网络营销组合策略与网络营销组合内各策略的具体规划。对企业来说，网络营销是一种没有直接收益的投资活动，因此规划预算分配、控制费用开支也是网络营销计划中需要考虑的。

4）执行网络营销计划

即使是最优秀的营销计划，不执行也不会给企业带来任何利益。所以，制定网络营销计划后，就要积极执行，合理控制，努力实现企业的预定目标。

执行网络营销计划，是指将网络营销计划转变为具体营销行动的过程，即把企业的经济资源有效地投入到企业的网络营销活动中，完成计划任务、实现既定目标的过程。企业要有效地执行网络营销计划，必须建立专门的网络营销组织、配备专业的网络营销人员，形成高效运行的网络营销团队，这样才能完成网络营销计划预定的任务与预期的目标。

5.4.5 网络营销控制

所谓网络营销控制，就是指网络营销管理者利用一定的监测手段跟踪整个网络营销活动的运行状况、衡量实际执行结果与预定计划之间的偏差，并采取适当的措施纠正偏差以保证网络营销目标的实现的行为。

1）网络营销绩效评价

网络营销的直复特性、网络运行的可追踪性以及数据库技术的发展，使得管理者可以定期对网络营销的绩效进行评价，以准确地了解网络营销计划的执行情况，确认网络营销的运行效果，从而为企业改进网络营销策略提供决策依据。网络营销绩效评价需要建立一套体系完整、切合企业实际、为投资者及社会认同的网络营销绩效评价指标体系和评价方法。

2）网络营销计划控制

根据市场营销原理，网络营销计划控制主要有三种类型：年度计划控制、赢利能力控制和战略控制。

年度计划控制是指由企业高层网络营销管理人员负责的、旨在发现网络营销计划执行中出现的偏差并及时予以纠正，以保证年度计划顺利得以实现的网络营销控制活动。企业的年度计划控制包括销售分析、市场占有率分析、市场营销费用对销售额的比率分析、财务分析和顾客态度追踪等内容。

赢利能力控制旨在测定企业不同产品、不同销售地区、不同顾客群、不同销售渠道以及不同规模订单的赢利情况。没有严格的网络营销成本和生产成本的控制，企业要取得较高的赢利水平和较好的经济效益是难以想象的。因此企业一定要对营销网站运营费用、网络促销费用、物流仓储费用、商品运输配送费用、生产产品的材料费、人员费和制造费用进行有效控制，全面降低支出水平，提高或保证企业的赢利能力。

战略控制是指网络营销管理者通过采取一系列行动在网络营销活动中通过不断地评估和信息反馈，持续地对战略进行修正和改进，使网络营销的实际工作与原战略规划的目标尽可能地保持一致。

3）网络营销安全控制

网络营销安全控制是指在网络营销活动中，通过采取管理、技术等方面的措施，尽量减少不确定性风险给企业与顾客带来损失的过程。形成网络营销风险的原因有很多，最主要的原因有营销所依赖的网络环境技术体系不完善、网络营销系统不完善以及营销活动本身可能产生的负面作用。

网络技术体系不完善将可能给企业网络营销活动带来安全隐患。对于这类安全问题主要通过一些信息安全技术如防入侵、加密、认证等加以解决。

网络营销系统不完善可能造成交易不安全，这就要求企业必须建立起一套完整的、适应于网络环境的安全管理制度，如人员管理制度、信息保密制度、跟踪审计制度、数据备份制度以及病毒清理制度等。

营销活动本身可能产生的负面作用将会给企业造成营销危机，网络营销有其特定的一些问题，如不恰当的网络广告、电子邮件等，都可能产生负面影响。［参见“6 电子商务安全”］

5.4.6　网络营销发展趋势

新时代的网络营销发展新趋势主要体现在两个方面，即媒介策略和内容策略。

1）媒介策略趋势

（1）数字化全链路。在广告媒介环境与数字化技术日益精进的当下，品牌市场传播进入以用户为中心、营销与销售渠道合二为一、交错相融的 360 度全链路时代。以用户信任为导向，品牌与用户通过社交纽带双向塑造。以场景和情感体验为核心，品牌与媒体通过内容双向渗透。

（2）融屏矩阵联动。在用户各个场景触媒习惯逐渐养成并形成组合矩阵，难以被单一新兴媒体形式全量打破的情况下，广告主越来越倾向于与生态流量全面、资源整合能力强大的媒介平台合作，因此家庭智慧屏作为实现打通个体数据和家庭数据以及多屏联通的重要媒介组成，受到广告主的关注。5G 时代，家庭物联网是新的数字智能化趋势，家庭智慧屏作为多屏联动之一，助力品牌实现粉尘化场景时代的精准营销。

（3）泛视频化趋强。平台内容形态视频化，为品牌内容营销带来多样性选择：泛视频用户规模迅速攀升，视频向基础性服务衍化，互联网平台将视频服务与现有业务深度结合提升自身竞争力和机会点的同时，给品牌传播带来更多选择。同时综艺广告植入趋强，综艺与电商相互融合。

（4）场景营销。在用户注意力粉尘化、需求个性化以及媒介环境多样化的背景下，基于场景搭建用户沟通桥梁对于品牌营销愈加重要：特定的场景更易触发消费者的情感共鸣，与其建立心智连接，激发即时需求，有效提升购买率。

2）内容策略新常态

（1）品牌形象年轻化。选择新生代明星作为代言人，一方面让消费者清晰地感受到品牌年轻化，另一方面借高流量明星撬动粉丝群体强大购买力，双重并行长远巩固新一代消费者的关注与青睐。

（2）国风文化持续升温。融合传统文化元素重构产品，俘获消费者的芳心。深耕品牌的国风属性定位，形成记忆点占领用户心智，为品牌增加竞争力。

（3）高颜值产品设计。凭高颜值、高辨识度的产品包装带来视觉刺激，打造第一印象。以形象为载体制造品牌内容社交，激发消费者自发分享引起话题讨论为品牌带来高曝光。

（4）IP 泛化。万物皆可联名，品牌青睐联动 IP 进行营销，短期内易形成话题和热度，从而吸引潜在消费者获得更大的市场。

（5）塑造社会价值。公益与产品并行，带来正向社会影响的同时建立有温度、可持续的品牌形象。以解决需求为出发点，产品赋能彰显品牌价值观。

5.5 移动网络营销

一个新的商业领域的开拓最重要的是创造需求。而创造需求的关键是挖掘用户潜在的需求。移动电子商务就是要充分挖掘移动通信技术与移动终端在商务活动中的应用潜力。

5.5.1 移动营销的特点

截至 2021 年 5 月，我国手机网民规模为 9.32 亿，并且，我国初步建成全球最大规模的 5G 移动网络，5G 手机终端连接数达 2.6 亿。移动营销就是在强大的数据库支持下，利用手机等无线设备通过无线广告把信息精确有效即时地传递给消费者，以达到增大品牌知名度、收集客户资料数据库、增大客户参加活动或者拜访店面的机会、改进客户信任度和增加企业收入等互动营销的目的。

移动营销既具备计算机网络营销的基本特点，同时也有着自己独特的优势。移动营销相比于传统媒体营销，其主要特点如下。

1）精确性

移动营销可以实现精确的个性化传播——每个无线设备对应着一个特定用户，因此延伸了大量的移动营销应用。不过移动服务必须满足个人在使用无线设备时对所追求目标的认知需求，因此建立用户数据库是很必要的，发送移动广告也应该经过用户的同意。［参见“8.4.2 消费者隐私权保护”］

2）个性化

移动终端设备通常是人们随身携带的物品，且几乎不被共享使用，因此具有强烈的个性化特征。移动营销可以通过数据挖掘对用户的搜索记录、搜索习惯、购买记录等进行智能化分析，从而为用户提供针对性产品，有效避免了无关信息。

3）灵活性

移动技术可随时、随地、随身使用，在营销过程中，企业与消费者的互动相对来说较灵活，使企业随时随地掌握市场动态，了解消费者的需求，为他们提供服务，使他们可及时地掌握企业的资讯，购买到所需商品。［参见“5.3.1 搜索引擎营销”］

4）即时性

移动营销由于具备便捷、互动的功能，因此会产生即时的效果。移动营销是一种真正个人化、交流导向的即时营销，即人们可以在信息出现的同时就获得信息，并回复信息，起到立竿见影的双向功效。

5）终端数量巨大

移动营销最显著的特征就是有着庞大的用户群体，移动终端设备远超互联网用户终端。因此产生了巨大的市场。但由于移动终端设备的差异化明显，不同使用者对于移动营销的感受也存在着较为明显的差异。

5.5.2　移动营销的模式

1. 移动搜索

移动搜索是指以移动设备为终端，利用短信息服务（short message service，SMS）、无线应用协议（wireless application protocol，WAP）、互动式语音应答（interactive voice response，IVR）等多种特定搜索方式获取所需信息的搜索行为。这种搜索方式能根据移动用户的需求特点提供个性化、地域化、智能化的信息搜索。移动搜索可以根据用户终端位置显示，通过与移动定位服务的紧密结合，为用户提供更有针对性的产品。移动搜索的互动模式主要是指消费者在利用移动终端进行相关搜索时，获得 Web、WAP 站点信息，进入企业站点，完成与企业的互动。

2. 移动二维条码

移动二维条码是二维码的一种，可以在杂志、报纸、图书、包装上印刷，用户通过扫描二维码或者输入二维码下的号码即可快速上网。移动二维码具有更好的便利性，省去了在手机上输入网站链接的烦琐过程，实现一键上网。同时，还可以方便地用手机识别和存储名片、自动输入短信，获取公共服务（如天气预报），实现电子地图查询定位、手机阅读等多种功能。除此它还兼具了二维码应有的优点：即成本低，易制作；译码可靠性高；容错能力强，具有纠错功能；编码范围广；高密度编码，信息容量大等。

5.5.3 移动营销的优势

移动电子商务相较传统电子商务有其自身的优势，只有充分利用这些优势才能有效地开展网上交易。

1. 不受时空限制的移动性

移动性是移动电子商务服务的本质特征。无线移动网络及移动终端的使用，使得移动电子商务具备许多传统电子商务所不具备的“移动”优势。很多与位置相关带有流动性质的服务借助移动电子商务迅速发展起来。利用移动金融工具，用户不再需要随身携带大量的现金，或实地去银行或ATM机。用户可以随时随地购买自己所需要的物品并提供即时支付，而移动电子商务在股票交易中的应用也体现了其移动性的优势。

移动电子商务大大加强了商家与用户之间的联系。买卖双方利用移动通信手段可以随时随地沟通，大大节约了交易时间。在移动物流领域。通过对货物服务以及人的位置跟踪直接将货物送达到用户手中，从而缩短了送货时间、减少了库存、降低了运送成本。旅游、交通、运输、保险等流动性较强的行业都可以结合自身的特点开发移动服务，发挥其时效性和个性化的优势，拓展自己在移动电子商务领域的业务。

2. 移动广告

在移动电子商务营销中移动广告是重要的内容。移动广告不仅具有一般网络广告的特点，还具有很好的交互作用可测量和可跟踪特性。移动广告可以实现特定地理区域的直接的个性化的广告定向发布。传统广告是单向的，用户如果不喜欢观看或收听就可以略过这些信息；而移动终端接收信息的形式使用户不得不阅读任何收到的信息，这就为营销人员提供了获得用户注意力、建立用户忠诚度的新方法。

移动广告可以提供非常有针对性的广告服务。撰写精彩的移动广告可以给用户带来丰富的知识和极大的乐趣。利用移动广告还可以搜集大量的商务信息，这些信息包括用户历史消费记录、用户的位置信息和用户正在进行的活动等。移动广告可以广泛地应用于购物、餐饮、娱乐等行业。

面对激烈的竞争，移动运营商使用移动广告不仅可以留住老用户，还可以吸引新用户。在使用移动广告时，一些网络广告的思路，如邮件列表营销、病毒性营销等仍然可以在其中发挥作用。

3. 小金额支付较为便利

在移动商务中，用户可以通过移动终端访问网站、从事商务活动，服务付费可通过多种方式进行，可直接转入银行、用户电话账单或者实时在专用预付账户上借记等，以满足不同需求。

当前移动电子商务的主要优势集中在“小金额”支付，即支付金额不大的小额物品和服务。由于人们对于大金额的交易项目具有较强警惕性且依赖性不强，而对常常发生的小金额交易警惕性较弱且依赖性较强，因此小金额交易是移动电子商务的优势所在。由于用户需求特殊性的强化，不同用户在消费结构、时空、习惯等诸多方面的差异，自然会衍生出“特殊的合适的目标”市场，这些市场规模较小，但用户购买力并不会因此而减弱。目标市场特殊性的强化预示着用户行为的复杂性和成熟性，这为移动电子商务提供了极好的市场机遇。

4. 加强宣传的有效性

移动电子商务可以用很低的成本把信息直接呈现在每一个人的面前，与传统电子商务相比，使用移动电子商务营销大大降低了营销成本，满足了企业的需求。

5G 时代的来临使手机用户对移动电子商务的需求更加强烈。基于移动互联网的移动电子商务凭借其能随时随地提供个性化服务的优势成为当前电子商务领域的主流。相对于传统电子商务，移动电子商务增加了移动性和终端的多样性，使用户能够在移动网络覆盖范围内的任何地方享受服务，并以其特有的移动支付和基于位置的服务大大扩展了传统电子商务的服务范畴。

课后题

一、复习思考

1. 网络营销产生的基础有哪些？相比传统营销，网络营销的优势体现在哪些方面？
2. 网络营销中 4C 理论的含义是什么？如何理解网络直复营销和整合营销？
3. 网上产品的属性包括哪些特征？试分析哪些产品适合网络销售。
4. 网络促销的主要形式有哪些？试说明如何实施网络促销计划。
5. 网络广告的主要形式有哪些？网络广告如何计价？
6. 网络营销主要方法有哪些？
7. 简述用户画像在网络消费者行为分析方面的作用。
8. 试说明网络营销的主要步骤。

9. 试分析网络营销的实施过程中的注意事项。
10. 分析自媒体营销、社群营销与直播营销的优势与不足。
11. 简述移动营销的概念及特点。

二、问题讨论

1. 请查阅京东网络营销方面的资料，分析京东有效的营销策略分别是什么？与其他同类电子商务网站相比，京东在营销策略上还有哪些需要改进的地方？

2. 现如今社交网站也充斥着各种广告，你认为人们进入社交网络是否不太会去关注这些广告，而仅仅只是为了进行社交活动？社交网站中的广告会对人们造成怎样的影响？请和同学一起讨论。

3. 任选两个移动电子商务网站登录体验，并查找这两个网站移动营销的资料，讨论它们二者在移动营销方面的优势各是什么？与传统的营销方式相比，移动营销的优势主要体现在哪些方面？

三、实践训练

1. 任选一国内知名 B2C 电子商务网站，分析其网上产品的特征，网站的目标市场定位，以及采取的主要网络营销方法。

2. 登录优酷、腾讯视频、爱奇艺等视频网站，分析它们各自在视频广告形式与效果，并撰写一份调研报告。

3. 试为某电子商务网站制定一份详细的网络营销计划书。

6　电子商务安全

本章内容要点：安全是消费者对电子商务信任的保证，是电子商务良性发展的基础。本章第一节介绍了电子商务安全的基本概念、电子商务面临的各类安全威胁、电子商务的安全体系等内容。第二节阐述了各种电子商务安全技术的原理及各自对安全方面的保障，如加密技术、数字签名技术、公钥基础设施、网络防火墙技术、安全协议技术等，还介绍了区块链技术、大数据技术、人工智能技术和隐私保护技术等新技术在电子商务安全领域的应用。第三节从制度、法律、管理等角度讨论了电子商务交易的安全防范措施。

学习引导案例

京东人脸识别技术的广泛运用

近日，京东数科自研多模态人脸活体检测算法，正式通过国家金融 IC 卡安全检测中心-银行卡检测中心（BCTC）的技术认证。经 BCTC 检测，京东数科自主研发的多模态人脸活体检测算法真人识别正确率达 99.8%，二维和三维头模的攻击正确拦截率达 100%。

如今，无论是在银行开户，上班打卡，还是自助零售等多种场景，“人脸识别”，正日渐融入人们生活的各个领域，成为人们身份认证、支付交易的重要技术手段。另外，随着最新技术在消费零售领域的进一步拓展，人脸识别在金融支付应用领域的有效性和安全性，也引发了热烈讨论。

为进一步规范金融支付标准，明确关于人脸识别线下支付场景中，在信息采集、传输、存储、利用等环节的安全管理要求，中国人民银行科技司发布了《人脸识别线下支付安全应用技术规范（试行）》，正式制定人脸识别在金融支付领域应用的技术安全标准。

京东数科自主研发的多模态人脸活体检测算法在检测中，通过了人脸采集、图像质量分类、活体检测能力等多个测试项。测试结果表明：无论是二维图像攻击，还是三维的头模假体攻击，京东数科通过基于深度学习的 AI 算法模型，可有效拦截不同光线、角度、距离、姿态、材质的假体攻击，并对复杂背景下的攻击进行有效识别。在复杂的三维头模场景下，假体拦截准确率达到了 100%。

目前，京东数科人脸识别已应用于智能大厦、零售商超、无人零售、身份核验等大量场景。最新过检的检测方案也将于近期正式商用，与合作伙伴一起将更安全的方案落地于更多产业数字化场景，更好地守护用户安全。［资料来源：京东数科“人脸识别”算法获国家金融 IC 卡安全检测中心技术认证[EB/OL]. 人民网.（2020-02-11）[2022.07.20]. http://money.people.com.cn/n1/2020/0211/c42877-31581629.html.］

6.1 电子商务安全概述

一个成功的电子商务系统，首要面对的挑战就是安全保障，要消除客户对交易过程中安全问题的担心才能吸引用户通过互联网购买其产品和服务。一般来说，客户主要担心的是在网络上传输的网银信息及个人资料被截取，或者是不幸遇到“钓鱼网站”，网上银行账户被盗；而网店担心收到的是虚假订单，或是交易不认账，还有可能因网络不稳定或是应用软件设计不良导致被黑客侵入所引发的损失。由于消费者、网上商城甚至与金融单位之间的权责关系还未彻底理清，而且每一家网上商城的支付系统所使用的安全控管都不尽相同，使用者感到无所适从，因担忧而犹豫不前。因此，电子商务顺利开展的核心和关键问题是保证交易的安全性，这是网上交易的基础，也是电子商务技术的难点。

6.1.1 电子商务面临的主要安全威胁

由于互联网的全球性、开放性、无缝连通性、共享性和动态性，任何人都可以自由接入。电子商务在这样的环境中，时时处处受到安全威胁，这些安全威胁的分类如表 6-1 所示。

表 6-1 电子商务常见的安全问题

问题	存在的威胁
电子商务消费者面临的安全威胁	虚假订单；付款后不能收到商品；机密性丧失；拒绝服务；电子货币丢失
电子商务商家面临的安全威胁	恶意竞争者威胁；商业机密安全；假冒威胁；获取他人的机密数据；信用威胁；系统中心安全性被破坏；拒绝服务问题
电子商务信息传输面临的主要攻击	信息截获、篡改、删除、插入
计算机系统安全问题	计算机设备安全；非法入侵；病毒威胁；计算机管理安全

1）电子商务消费者面临的安全威胁

电子商务消费者面临的安全威胁包括资金安全、信息安全等，包括：①虚假订单。一个假冒者可能会以客户的名字订购商品，收到商品后，而此时真正的客户却被要求付款或返还商品。②付款后不能收到商品。在客户付款后，销售商中的内部人员不将订单和钱转发给执行部门，因而使客户不能收到商品。③机密性丧失。客户有可能因为误操作或落入钓鱼网站陷阱，将个人私密信息（如信用卡账户、密码等）发送给冒充销售商的机构，这些信息也可能会在传递过程中被不法分子窃取。④拒绝服务。攻击者可能向销售商的服务器发送大量的虚假订单来挤占它的资源，从而使合法用户不能得到正常的服务。⑤电子货币丢失。可能是由物理破坏或者被偷窃导致，这通常会给用户带来不可挽回的损失。

2）电子商务商家面临的安全威胁

电子商务商家面临的安全威胁包括：①恶意竞争者威胁。恶意竞争者以他人的名义来订购商品，从而了解有关商品的递送状况和货物的库存情况。②商业机密安全。客户资料被竞争者获悉。③假冒威胁。不法分子建立与销售者服务器名字相同的另一个WWW服务器来假冒销售者。④获取他人的机密数据。⑤信用威胁。买方提交订单后不付款。

除普通的安全威胁外，电子商务商家服务器通常还面临一些特殊的安全威胁：①系统中心安全性被破坏。入侵者假冒成合法用户来改变用户数据（如商品送达地址）、解除用户订单或生成虚假订单等。②拒绝服务问题。攻击者使合法接入的信息、业务或其他资源受阻，主要表现为散布虚假资讯，扰乱正常的资讯通道，包括虚开网站和商店，给用户发电子邮件，收订货单；伪造大量用户，发电子邮件，穷尽商家资源，使合法用户不能正常访问网络资源，使有严格时间要求的服务不能及时得到响应。

3）电子商务信息传输面临的主要攻击

电子商务信息传输面临的主要攻击表现在攻击者在网络的传输信道上，通过物理或逻辑的手段，进行信息截获、篡改、删除、插入。截获，即攻击者可能通过分析网络物理线路传输时的各种特征，截获机密信息或有用信息，如消费者的账号、密码等；篡改，即改变信息流的次序，更改信息的内容；删除，即删除某个信息或信息的某些部分；插入，即在信息中插入一些信息，让接收方读不懂或接收错误的信息。

4）计算机系统安全问题

计算机系统是进行电子商务的基本设备，如果不注意安全问题，它一样会威胁电子商务的信息安全，因为计算机设备本身存在物理损坏、数据丢失、信息泄露等问题，而且，计算机系统也经常会遭受非法的入侵攻击和计算机病毒的破坏。同时，计算机系统存在工作人员管理问题，如果职责不清、权限不明同样会影响计算机系统的安全。

扩展阅读 6-1　关于加强政府部门信息系统安全建设的提案

当前，随着“互联网+”特别是云计算的快速发展，信息安全面临的挑战越来越严峻。根据360安全检测平台的统计结果以及网络安全事件监控统计，2015年全年发现存在安全漏洞的网站有101.5万个，存在高危安全漏洞的网站有30.8万个，被篡改网站有8.4万个，约占网站总数的3.6%。360安全检测共对21 854台网站服务器进行了后门检测，发现4097台服务器存在后门，占所有扫描网站服务器的18.7%。

政府部门信息系统蕴含大量公民基础信息，其安全性显得尤为重要。目前不少政府部门在信息安全方面的建设还有不小差距，主要存在以下问题：

一是信息安全防御难度日益加大。随着信息化应用日益广泛，政府部门信息系统中存储的大量有价值的信息和数据已经成为各种网络犯罪组织和恶意势力的攻击目标。网络攻击行为日趋复杂，更为频繁；各种攻击方法相互融合，攻击手段更为隐蔽，破坏性更强；黑客攻击行为组织性更强；攻击目标从单纯地追求“荣耀感”向获取多方面实际利益转变。

二是信息安全系统建设还不够完善。很多部门的应急响应体系、安全测评体系、容灾备份体系等基础安全系统还不够完善。特别是政府网站作为公众服务的门户地位越来越重要，一旦发生信息安全事件，造成的社会影响和损失都是无法估量的。

三是信息安全人才培养还远远不能满足需要。不少政府部门在信息系统建设上依然存在重技术、轻管理，重应用、轻安全的现象，且大多软件多为委托公司开发，政府部门自有的信息安全人才无论在数量上还是在质量上都显不足。同时，政府部门的互联互通日益广泛，局部的安全防护已经很难解决整体性信息安全问题。

当前迫切需要在更高层面上规划建立和完善政府部门信息安全基础防御体系，为此我们建议：一是建立完善网络信任体系。根据国家电子认证系统相关标准规范和国家密码安全相关政策，为各级应用系统提供有效的身份认证、数据加密、授权管理和责任认定等安全机制，同步建立与网络信任体系相配套的运行管理机制。

二是完善网络监控和应急响应体系。提高各级政府部门信息安全事件的整体应对能力。加强信息系统的信息安全事件的分析，及时发布信息安全事件预警信息。制定和实施全网应急响应演练计划。

三是完善信息安全测评体系。完善政府部门信息系统安全测评体系，定期开展信息安全测评工作。借助信息安全测评机构来提高信息系统安全的整体水平。

四是建设信息安全灾难恢复体系。对一些事关民生服务的重要信息系统，按照相关标准统一规划和建设异地数据备份与灾难恢复中心，提供数据在线、离线备份和业务恢复服务，为信息系统的安全可靠运行提供保障。[资料来源：0026 关于加强政府部门信息系统安全建设的提案.[EB/OL]. 中国人民政治协商会议江苏省委员会官网.（2017-02-05）[2022-07-19]. http://www.jszx.gov.cn/wylz/zxta/2017ta/202205/t20220525_56525.html]

6.1.2 电子商务的安全需求

用户对于电子商务安全的需求主要包括以下几个方面，如表 6-2 所示。

表 6-2 电子商务系统的安全需求

安全需求	主要内容
信息的保密性	确保电子商务商业机密信息不致被泄露
交易者身份的确定性	确保交易双方身份信息的可靠和合法
交易的不可否认性	保证交易各方对已做交易无法抵赖
交易内容的完整性	防止数据传输过程中交易信息的丢失和重复
用户访问控制	保护计算机系统的资源不被未经授权人访问
服务的不可拒绝性	为用户提供稳定可靠的服务

1）信息的保密性

商务数据的保密性是指信息在网络上传输或存储的过程中不被他人窃取、不被泄漏给未经授权的人或组织，或者经过加密伪装后，使未经授权者无法了解其内容。

电子商务建立在一个开放的网络环境中，当交易双方通过互联网交换信息时，其他人就有可能知道他们的通信内容。同样，存储在网络上的文件信息如果不加密的话，也有可能被黑客窃取。因此，电子商务的一个重要的安全需求就是信息的保密性。保密性可通过信息加密技术实现，使信息截获者不能解读加密信息的内容。另外，保密性还要求保护通信流特性，如通信源与目的、流量、频率等，以防止被分析，从而丧失有价值的商业情报。[参见“6.2.1 加密技术”]

2）交易者身份的确定性

网上交易的双方可能素昧平生、相隔万里，所以电子商务首要的安全需求应是保证身份的可认证性。也就是说，在双方进行交易前，首先要确认对方的身份，要求交易双方的身份不能被第三者假冒或伪装。

在电子商务方式下，要保证交易双方身份的正确性，必须判别参与者所声称身份的真伪，防止伪装攻击，这就需要为参与实体提供可靠的标识。身份确定往往需要第三方的介入，可以采用数字签名和身份认证技术来实现。也就是说，电子商务系统应该提供通信双方进行身份认证的机制，确保交易双方身份信息的可靠和合法，实现系统对用户身份的有效确认和对私有密钥与口令的有效保护，及对非法攻击能够进行有效防范，防止假冒身份在网上交易、诈骗。[参见“6.2.2 数字签名技术”]

3）交易的不可否认性

交易一旦达成，是不能被否认的，否则必然会损害一方的利益。电子商务系统应有效防止商业欺诈行为的发生，保证商业信用和行为的不可否认性，保证交易各方对已做交易无法抵赖。

传统交易中，交易双方通过在交易合同、契约或贸易单据等书面文件上手写签名或印章，确定合同、契约、单据的可靠性并预防抵赖行为的发生，也就是常说的“白纸黑字”。但在无纸化的电子交易中，就不可能再通过传统的手写签名和印章来预防抵赖行为的发生。保证交易过程中的不可否认性是电子商务活动中的一个重要的安全需求，这可以采用数字签名等技术来实现。[参见“6.3.2 电子商务交易安全的法律防范”]

4）交易内容的完整性

保证信息的完整性是电子商务活动中一个重要的安全需求。内容的完整性是指保护数据的一致性，防止数据被未授权者修改、建立、删除、重复发送或由于其他原因被更改。电子商务系统应防止对交易信息的篡改，防止数据传输过程中交易信息的丢失和重复，并保证信息传递次序的统一。这就要求交易双方能够验证收到的信息是否完整，如信息是否被篡改或部分删除等。

5）用户访问控制

不同访问用户在一个交易系统中的身份和职能是不同的，任何合法用户只能访问系统中授权和指定的资源，非法用户将被拒绝访问系统资源。用户访问控制是指在网络上限制和控制通信链路对主机系统和应用的访问；用于保护计算机系统的资源（信息、计算和通信资源）不被未经授权人或未授权方式接入、使用、修改、破坏、发出指令或植入程序等。访问控制可用防火墙等技术及相关制度措施来实现。[参见“6.2.4 网络防火墙技术”]

6）服务的不可拒绝性

商务服务的不可拒绝性（可靠性）是指保证授权用户在正常访问信息和资源时不被拒绝，即为用户提供稳定可靠的服务。电子商务作为贸易的一种形式，其信息的有效性将直接关系到个人、企业或国家的经济利益和声誉。因此，要对网络故障、操作错误、应用程序错误、硬件故障、系统软件错误及计算机病毒所产生的潜在威胁加以控制和预防，以保证贸易数据在确定的时刻、确定的地点是有效的、不可拒绝的。否则用户会受到延迟服务或拒绝服务的威胁，这类威胁的结果是破坏计算机的正常处理速度或完全拒绝处理，拒绝服务攻击往往使整个网络暂时不能使用。因此电子商务服务具有不可拒绝性的要求。

6.1.3 电子商务的安全体系

电子商务的核心是通过信息网络技术来传递商业信息和进行网络交易，可见，电子商务系统是一个计算机系统，其安全性是一个系统的概念，不仅与计算机系统结构有关，还与电子商务应用的环境、人员素质和社会因素有关。具体地说，它包括以下几个方面。

（1）电子商务系统硬件（物理）安全。硬件安全是指保护计算机系统硬件的安全，包括计算机的电气特性、防电防磁以及计算机网络设备的安全，使其受到物理保护而免于破坏、丢失等，保证自身的可靠性，从而为系统提供基本安全机制。

（2）电子商务系统软件安全。软件安全是指保护软件和数据不被篡改、破坏和非法复制。系统软件安全的目标是使计算机系统逻辑上安全，主要是使系统中信息的存取、处理和传输满足系统安全策略的要求。根据计算机软件系统的组成，软件安全可分为操作系统安全、数据库安全、网络软件安全、通信软件安全和应用软件安全。

（3）电子商务系统运行安全。运行安全是指保护系统能连续正常地运行。

（4）电子商务交易安全。电子商务交易安全是电子商务中同用户直接打交道的方面，它是在网络安全的基础上，围绕商务在网络中的应用而产生的，主要是为了保障电子商务交易的顺利进行，实现电子商务交易的私有性、完整性、可鉴别性和不可否认性等。

（5）电子商务安全立法。电子商务安全立法是对电子商务犯罪的约束，它是利用国家机器，通过安全立法，体现与犯罪斗争的国家意志。

综上所述，电子商务的安全问题是一个复杂的系统问题。

6.1.4 电子商务的安全体系结构

电子商务的安全体系结构是保证电子商务中数据安全的一个完整的逻辑结构，同时它也为交易过程的安全提供了基本保障。电子商务的安全体系结构如图 6-1 所示。

电子商务安全系统结构由网络服务层、加密技术层、安全认证层、交易协议层、商务系统层 5 个层次组成。从图 6-1 中可以看出，下层是上层的基础，为上层提供技术支持；上层是下层的扩展与递进。各层之间相互依赖、相互关联，构成统一整体。电子商务安全问题可归结为网络安全和商务交易安全这两个方面。网络服务层提供网络安全；加密技术层、安全认证层、交易协议层、商务系统层提供商务交易安全。计算机网络安全和

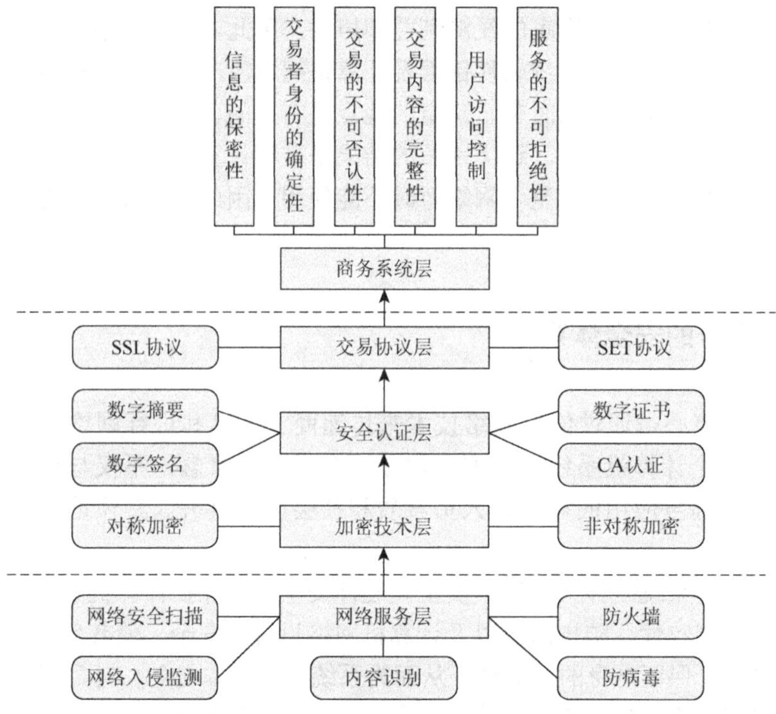

图 6-1　电子商务的安全体系结构

商务交易安全是密不可分的，两者相辅相成、缺一不可。没有网络安全作为基础，商务交易安全无从谈起；没有商务交易安全，即使网络本身再安全，也无法满足电子商务所特有的安全要求，电子商务安全也无法实现。

1）网络安全

电子商务系统是通过网络实现的，需要利用互联网的基础设施和标准，因此构成电子商务安全系统结构的底层是网络服务层。网络服务层是各种电子商务应用系统的基础，提供信息传输功能、用户接入方式和安全通信服务，并保证网络运行安全。网络服务层是电子商务应用系统的网络服务平台。

网络服务层也提供计算机网络安全。计算机网络安全主要包括计算机网络的物理安全、系统安全和数据库安全等。网络安全主要是针对计算机网络本身可能存在的安全问题，实施网络安全方案。计算机网络安全采用的主要技术有防火墙技术、加密技术、漏洞扫描技术、入侵行为检测技术、反病毒技术和安全审计技术等，用以保证计算机网络自身的安全。[参见“1.5.2 Internet 技术”]

2）交易安全

交易安全是针对传统商务在互联网上运用时产生的各种安全问题而设计的一套安全技术，目的是在计算机网络安全的基础上确保电子商务过程的顺利进行，即实现电子商务的保密性、完整性、可靠性、匿名性和不可否认性等。加密技术层、安全认证层和交易协议层一起构成电子商务交易安全。交易协议层是加密技术层和安全认证层的安全控制技术的综合运用与完善。

6.2 电子商务安全技术

要加强电子商务的安全，需要企业本身采取更为严格的管理措施，还需要国家建立健全法律制度，更需要有科学先进的安全技术。在电子商务的交易中，经济信息、资金信息都要通过网络传输，交易双方的身份也需要认证。因此，电子商务的安全性主要是网络平台的安全和交易信息的安全。交易信息的安全是指保护交易双方的信息不被破坏和交易双方的身份不被泄密，这可以用数据加密、数字签名、数字证书、SSL 协议和 SET 协议等技术来实现。网络平台的安全是指网络操作系统对抗网络攻击和病毒，使网络系统连续稳定地运行。常用的保护措施有防火墙技术、区块链技术、大数据技术、人工智能技术、隐私保护技术。本节将介绍几种主要的电子商务安全技术。

6.2.1 加密技术

1. 加密技术的原理

所谓加密，就是把数据信息（即明文）转换为不可辨识的形式（即密文）的过程，其目的是使不应了解该数据信息的人无法知道和识别。将密文转换为明文的过程就是解密。加密和解密过程形成加密系统，明文与密文统称为报文。任何加密系统，不论形式如何复杂、实现的算法如何不同，其基本组成部分都是相同的，通常包括如下四个部分：①需要加密的报文，也称为明文；②加密以后形成的报文，也称为密文；③加密、解密的装置或算法；④用于加密和解密的钥匙，称为密钥。密钥可以是数字、词汇或者语句。

一个加密算法的工作过程是将原始的数字信息（明文）与一串字符串（密钥）结合，变换成与明文完全不同的数字信息（密文）。在计算机上实现的数据加密，其加密或解密变换是由密钥控制实现的。密钥是借助一种数学算法生成的，它通常是一段随机字符串，是控制明文和密文变换的唯一关键参数。

一般来说，在实际加密过程中，加密算法是不变的，存在的加密算法也是屈指可数的，但密钥是变化的，也就是说，加密技术的关键是密钥。密钥的优点：①由于设计算法很困难，基于密钥的变化解决了这一难题。②简化了信息发送方与多个接收方加密信息的传递，即发送方只需使用一个算法，用不同的密钥向多个接收方发送密文。③如果密文被破译，换一个密钥就能解决问题。

加密技术经过几十年的发展已经趋于成熟，对于网络信息的加密技术也多种多样，但从应用方面来讲大体分为对称加密和非对称加密两类。

2. 对称加密

在对称加密算法中，发送方将明文（原始数据）和加密密钥一起经过特殊加密算法处理后，使其变成复杂的加密密文发送出去。接收方在收到密文后，若想解读原文，则需要使用加密时所用的密钥及相同算法的逆算法对密文进行解密，才能使其恢复成可读明文。在对称加密算法中，加密和解密使用同一个密钥，这要求解密方事先必须知道加密密钥。这种加密技术目前被广泛采用，如 DES（data encryption standard，数据加密标准）就是一种典型的对称加密法，其密钥长度为 56 位。对称加密算法的优点是算法公开、计算量小、加密速度快、加密效率高。不足在于，交易双方都使用同样的密钥，安全性无法得到保证。如在网络上传输加密文件就很难把密钥告诉对方；每对用户每次使用对称加密算法时，都需要使用他人不知道的唯一密钥，这会使得发送方、接收方双方所拥有的密钥数量呈几何级数增长，密钥管理成为一大负担。而且，传输的密钥有可能被截获，因此，对称加密算法已显得不适应分布式开放网络对数据加密安全性的要求。对称加密机制的加密流程如图 6-2 所示。

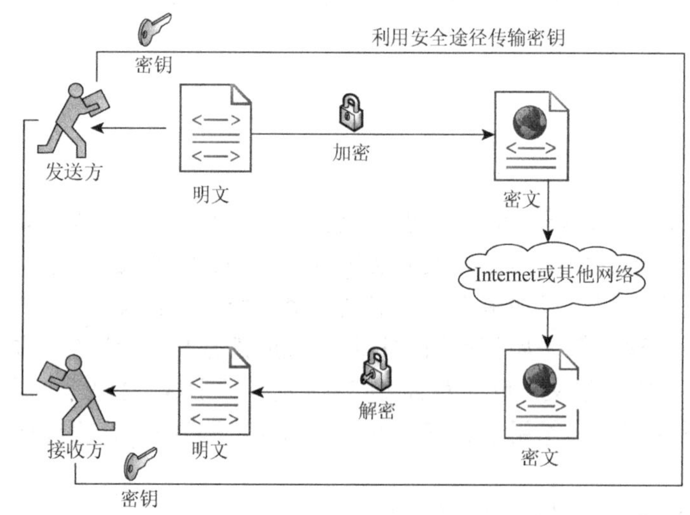

图 6-2　对称加密机制的加密流程示意图

3. 非对称加密

非对称加密就是加密和解密所使用的不是同一个密钥，通常有两个密钥，称为公钥（public key）和私钥（private key），必须配对使用，否则不能打开被加密的文件。这里，公钥可对外公布，无须保密；而私钥则不能，只能由持有人知道，解密时只要用私钥即可。这种方案能很好地避免密钥的传输安全性问题，是现在网上银行广泛使用的加密方法。非对称加密机制的加密流程如图 6-3 所示。

4. 加密算法

最早、最著名的对称密钥加密算法是 DES，它由 IBM 公司在 20 世纪 70 年代发展起来，并经美国政府的加密标准筛选，于 1976 年 11 月被美国政府采用。DES 随后被美国国家标准学会（American National Standard Institute，ANSI）采用。事实上，DES 是国际上普遍使用的加密标准。

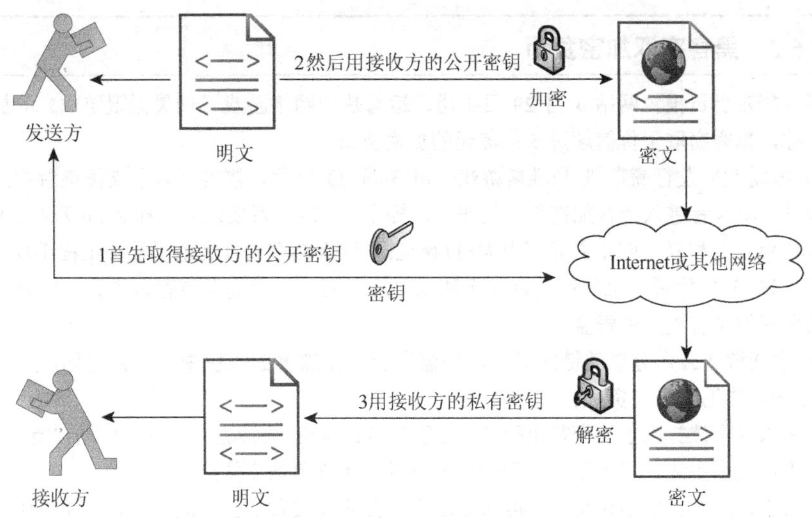

图 6-3 非对称加密机制的加密流程示意图

DES 使用 56 位密钥对 64 位的数据块进行加密，并对 64 位的数据块进行 16 轮编码。每轮编码时，一个 48 位的“每轮”密钥值由 56 位的完整密钥得来。DES 用软件进行解码需要很长的时间，而用硬件解码则速度很快。幸运的是，当时大多数黑客并没有足够的设备制造出这种硬件设备。在 1977 年，人们估算要耗资两千万美元才能建成一个专门的计算机用于 DES 的解密，且需要 12 小时的运算破解才能得到结果。那时 DES 被认为是一种十分强大的加密方法。如只用来保护一台普通服务器，那么 DES 确实是一种好的办法，因为黑客绝不会仅仅为入侵一台服务器而花费如此大的代价。

另一种著名加密算法是 RSA（Rivest-Shamir-Adleman）。该算法是基于大数不可能被质因数分解而假设的公钥体系。简单地说，就是找两个很大的质数，一个对外公开，称为公钥；另一个不公开，称为私钥。这两个密钥是互补的，即用公钥加密的密文可以用私钥解密。

例如，假设甲用户要寄信给乙用户，他们互相知道对方的公钥。甲就用乙的公钥加密邮件寄出，乙收到后就可以用自己的私钥解密出甲的原文。由于别人不知道乙的私钥，所以即使是甲本人也无法解密那封信，这就解决了信件保密的问题。另外，由于每个人都知道乙的公钥，他们都可以给乙发信，那么乙要确信是不是甲的来信，就要用到基于加密技术的数字签名了。

甲用自己的私钥将签名内容加密，附加在邮件中，再用乙的公钥将整个邮件加密（注意这里的次序，如果先加密再签名，别人可以将签名去掉后签上自己的签名，从而篡改签名）。这样这份密文被乙收到以后，乙用自己的私钥将邮件解密，得到甲的原文和数字签名，然后用甲的公钥解密签名，这样一来就可以确保两方的安全了。

加密技术是实现电子商务安全所采用的一种常用且重要的手段之一。通过数据加密技术，可以在一定程度上提高数据传输的安全性，保证传输数据的完整性和机密性，同时还可提供身份验证。为了保证电子商务中的数据，特别是与支付相关的一些隐私数据的保密性和真实性，实行应用服务与信息资源的管理控制以及对数据进行有效加密是常用的方法。

扩展阅读 6-2　黑客窃取加密货币

据美国《华尔街日报》网站 3 月 29 日报道，运营热门网络游戏《精灵无限游戏》的加密货币初创公司周二称，黑客窃取了价值超过 5 亿美元的加密货币。

《精灵无限游戏》发行商斯凯-马维斯游戏公司 3 月 23 日称，黑客潜入了支撑该游戏的“浪人网络”的一部分。潜入者进入持有加密货币的账户，提空了 17.36 万枚以太币和 2550 万 USDC 稳定币。

公司运营负责人和联合创始人亚历山大•拉森说：“这次黑客入侵利用了社会工程学攻击手段，而非利用了技术缺陷。”他说，虽然用户目前无法在“浪人网络”上提取或存入资金，但公司承诺确保找回或补偿所有被黑客提空的资金。

斯凯-马维斯游戏公司分享的链接显示，被盗资金仍在黑客的钱包中。该公司称，正与分析企业“链分析”公司合作追踪被盗资金。

此次黑客入侵事件打击了加密货币行业。由于华尔街买进、名人宣传和高调投放“超级碗”广告，该行业如今正在成为主流。美国联邦政府仍在考虑进一步规范数字资产。

加密货币平台具有去中心化特质，再加上这些平台的开发人员往往缺乏经验，导致代码中存在许多可能被黑客利用的漏洞。研究企业水晶区块链公司估计，自 2011 年以来，不包括此次《精灵无限游戏》失窃案，已发生 226 起黑客入侵事件，造成 121 亿美元资产被盗。该公司称，2021 年发生了创纪录的 75 起黑客入侵事件，造成 42.5 亿美元资产遭窃。最大一起加密货币失窃案发生在 2021 年 8 月：去中心化金融平台“多元网络”网站遭到黑客攻击，损失了价值 6.11 亿美元的资产。[资料来源：黑客窃取逾五亿美元加密货币. [EB/OL]. 中国经济网.（2022-04-01）[2022-07-20].http://intl.ce.cn/sjjj/qy/202204/01/t20220401_37453844.shtml]

6.2.2　数字签名技术

1. 数字摘要

数字摘要（digital digest）是指信息发送方对被传送的一个信息报文（如电子合同或支付通知单）根据某种数学算法计算出一个此信息报文的摘要值，并将此摘要值与原始信息报文一起通过网络传送给接收方，接收方应用此摘要值来检验信息报文在网络传送过程中有没有发生改变，从而来判断信息报文的真实与否。摘要值本质上是由原始信息报文通过某一加密算法产生的一个特殊的数字信息串，比较短，与原始信息报文之间有一一对应的关系。

数字摘要（图 6-4）由单向 Hash 加密算法对一个消息作用而生成。发送方将源消息和摘要一同发送，接收方收到后，利用 Hash 函数（即杂凑函数）对收到的消息产生一个摘要，与收到的摘要对比，若相同，则说明收到消息是完整的，在传输过程中没有被修改，否则，就是被修改过，不是原消息。数字摘要方法解决了信息的完整性问题。

2. 数字签名

在传统的商务活动中，为了保证交易过程真实可靠，通常有一份书面合同或者文件，交易双方达成协议后，负责人或者法人代表分别在合同上签名，然后双方保存带有签名的合同，以后遇到什么问题或者争议时，双方能够根据合同的条款行事，该合同具有法律效力，引起纠纷的时候可通过法院裁决。

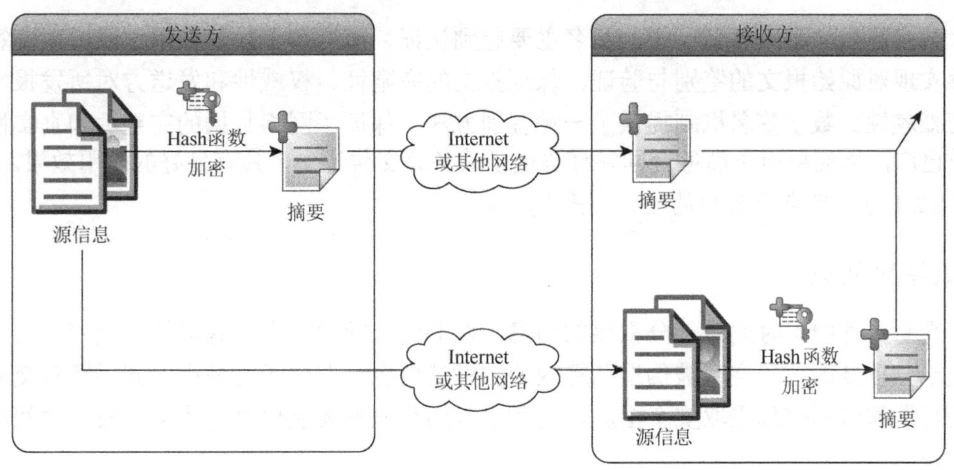

图 6-4　数字摘要

电子商务的交易环境是虚拟的网络世界，网络中存在不安全的因素，为了保证交易安全可靠，通常通信双方在交易之前，也需要签订电子合同或者文件，这些电子合同或文件是以网络报文的方式传递的，因此传统的手工签名或者印章的方式是不可行的，必须寻找新的技术方案解决该问题，如采取电子签名的方式。电子签名起到与手工签名同等作用，目的是保证交易的安全性、真实性与不可抵赖性，电子签名需要以电子技术的手段来保证。

实现电子签名的技术手段有很多种，当前，在实际中普遍使用的是数字签名技术（digital signature），数字签名是目前电子商务中技术最成熟、应用最广泛的一种电子签名方法。数字签名是公开密钥加密技术的一种应用，是指用发送方的私有密钥加密报文摘要，然后将其与原始的信息附加在一起，合称为数字签名。通俗地讲，数字签名就是利用电子信息加密技术实现在网络传送信息报文时，附加一个特殊的、能唯一代表发送方个人身份的标记，完成传统上手书签名或印章的作用，以表示确认、负责、经手、真实等。这个特殊的个人数据标记是对原信息报文数据加密转换生成的，用来证明信息报文是由发送者发来的。数字签名过程如图 6-5 所示。

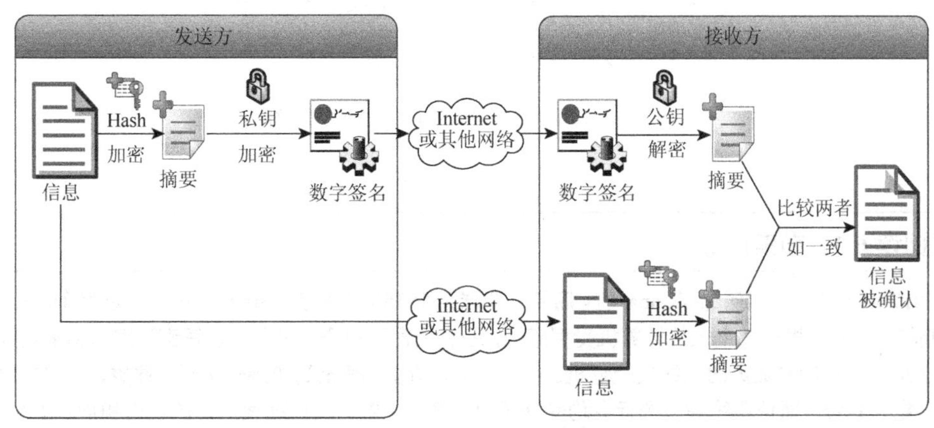

图 6-5　数字签名过程示意图

数字签名与手工签名一样，签名主要起到认证、核准和生效的作用。通过数字签名能够实现对原始报文的鉴别与验证，保证报文的完整性、权威性和发送方对所发报文的不可抵赖性。数字签名机制提供了一种鉴别方法，保证了网络数据的完整性和真实性，目前已广泛地应用电子商务合同签订与电子政务公文传递中，具有良好的应用效果。[参见“8.2.1 电子商务交易中的法律问题”]

3. 数字时间戳

交易文件中，时间是十分重要的信息。在书面合同中，文件签署的日期和签名一样均是十分重要的防止文件被伪造和篡改的关键性内容。在电子交易中，同样需对交易文件的日期和时间信息采取安全措施，而数字时间戳服务就能提供电子文件发表时间的安全保护。

数字时间戳（digital time stamp，DTS）服务是由专门的机构提供的网上安全服务项目。时间戳（time stamp）是一个经加密后形成的凭证文档，它包括三个部分：①需加时间戳的文件的摘要（digest）；②DTS 收到文件的日期和时间；③DTS 的数字签名。

数字时间戳服务工作流程如图 6-6 所示，具体来说：①用户对文件数据进行 Hash 摘要处理；②用户提出时间戳的请求，Hash 值被传递给时间戳服务器；③时间戳服务器对 Hash 值和一个日期/时间记录进行签名，生成时间戳；④时间戳数据和文件信息绑定后返还，用户进行下一步电子交易操作。

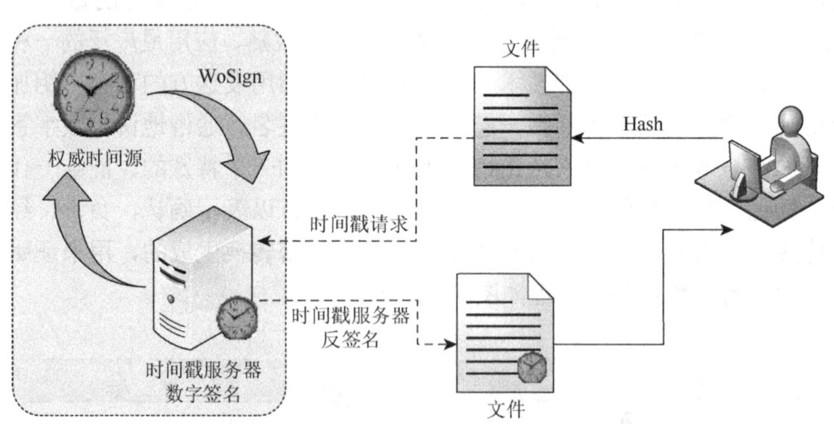

图 6-6　数字时间戳服务工作流程示意图

扩展阅读 6-3　勒索病毒

2017 年 5 月，勒索病毒 Wanna Cry 席卷了全球至少 150 个国家、30 万名用户，近百个国家的政府、高校、医院等机构及个人的计算机受到感染，恶意加密用户个人文件，以解密诉求为由索要赎金，引发了迄今为止世界最大的网络安全危机。一个月后，新型勒索病毒 Petya 又开始肆虐，多国的政府、银行、电力系统、通信系统等多个行业均受到不同程度的影响。类似勒索病毒的攻击和危害不会马上停止，计算机网络安全防范和处置未来面临更大挑战。勒索病毒事件再次表明解决信息系统安全问题，必须加强自主创新，站在核心技术不能受制于人的高度，为网络空间类似勒索病毒的有效防御提供技术支撑。

勒索病毒 Wanna Cry 与以前的勒索软件有非常明显的区别，它具有蠕虫性质，具有传播速度更快，传播范围更广，全程自动化、攻击行为更隐蔽，感染无法补救、危害程度深等特点。[资料来源：王乐东，李孟君，熊伟. 2017. 勒索病毒的机理分析与安全防御对策[J]. 网络安全技术与应用，(8)：46-47.]

6.2.3 公钥基础设施

1. PKI 的基本原理

公钥基础设施（public key infrastructure，PKI）是一种遵循标准的、利用公钥加密技术为电子商务的开展提供安全基础平台的技术和规范。它能够为所有网络应用提供加密和数字签名等密码服务及所必需的密钥和证书管理体系，简单来说，PKI 就是利用公钥理论和技术建立的提供安全服务的基础设施。

PKI 技术采用证书管理公钥，通过第三方的可信任机构——认证机构（certificate authority，CA）认证中心，把用户的公钥和用户的其他标识信息捆绑在一起，在互联网上验证用户的身份，保证信息传输的机密性、真实性、完整性和不可否认性，从而保证信息的安全传输。

2. PKI 的基本组成

完整的 PKI 系统必须具有权威认证机构、数字证书库、密钥备份及恢复系统、证书作废系统、应用接口（API）等基本构成部分。公钥证书体系的业务模型如图 6-7 所示。

（1）认证机构。即数字证书的申请及签发机关，认证机构必须具备权威性的特征。通常来说，认证机构是证书的签发机构，也是 PKI 的核心。

（2）数字证书库。用于存储已签发的数字证书及公钥，用户可由此获得所需的其他用户的证书及公钥。

（3）密钥备份及恢复系统。如果用户丢失了用于解密数据的密钥，则数据将无法被解密，这将造成合法数据丢失。为避免这种情况，PKI 提供备份与恢复密钥的机制。但要注意，密钥的备份与恢复必须由可信的机构来完成。并且，密钥备份与恢复只能针对解密密钥，签名私钥为确保其唯一性而不能够作备份。

（4）证书作废系统。证书作废处理系统是 PKI 的一个必备的组件。与日常生活中的各种身份证件一样，证书有效期以内也可能需要作废，原因可能是密钥介质丢失或用户身份变更等。为实现这一点，PKI 必须提供作废证书的一系列机制。

（5）应用接口（API）。PKI 的价值在于使用户能够方便地使用加密、数字签名等安全服务，因此一个完整的 PKI 必须提供良好的应用接口系统，使得各种各样的应用能够以安全、一致、可信的方式与 PKI 交互，确保安全网络环境的完整性和易用性。

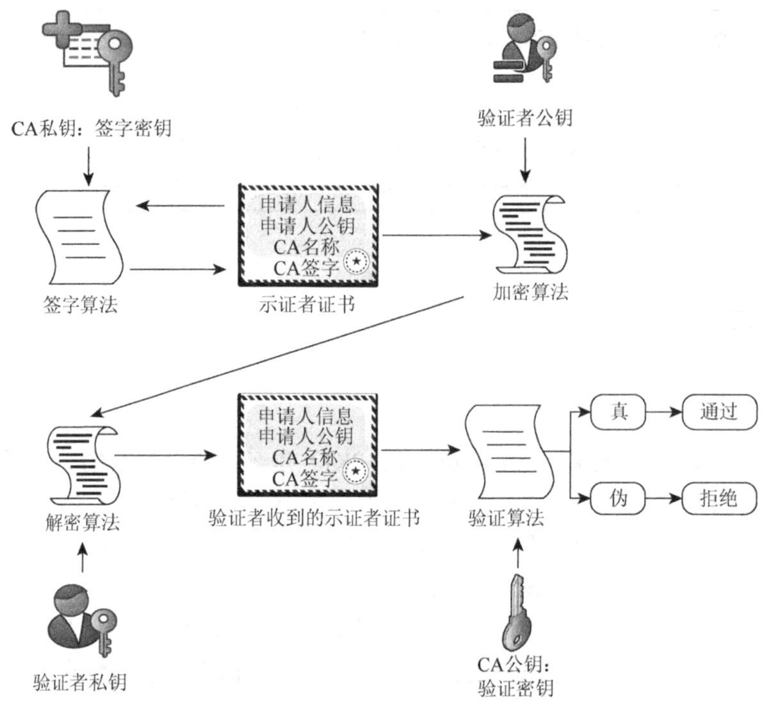

图 6-7　公钥证书体系的业务模型

3. PKI 核心产品——数字证书

1）数字证书概念

数字证书是由权威公正的第三方机构即 CA 签发的，以数字证书为核心的加密技术可以对网络上传输的信息进行加密、数字签名和签名验证，确保网上传递信息的机密性、完整性、交易实体身份的真实性，以及签名信息的不可抵赖性，从而保障网络应用的安全性。

数字证书可用于发送安全电子邮件、访问安全站点、网上证券、网上招标采购、网上签约、网上办公、网上缴费、网上税务等网上安全电子事务处理和安全电子交易活动。目前有 X.509、PGP、X9.59（也称为 AADS）及其他格式的数字证书，其中 X.509 应用最为广泛，已列入 X.509 国际标准，大多 PKI 系统均采用此标准。

2）证书格式

一个标准的 X.509 数字证书包含以下一些内容（图 6-8）。

（1）版本号。用于标示证书的版本。

（2）序列号。由证书颁发者分配的本证书的唯一标识符。

（3）签名算法。签名算法标识符用于说明本证书所用的数字签名算法，如 SHA-1 和 RSA 的标识符用来说明该签名是利用 RSA 对 SHA-1 摘要值加密。

（4）颁发者。必须说明证书颁发者的可识别名。

（5）有效期。即证书有效的时间段，本字段由“Not Valid Before”和“Not Valid After”两项组成，它们分别用 UTC 时间或一般的时间表示（在 RFC 2459 中有详细的时间表示规则）。

（6）主体。证书拥有者的可识别名，此字段必须是非空的，除非使用了其他的名字形式。

（7）主体公钥信息。主体的公钥以及算法标识符是必须说明的。

（8）颁发者唯一标识符。证书颁发者的唯一标识符，仅在版本 2 和版本 3 中要求，属于可选项。

（9）主体唯一标识符。证书拥有者的唯一标识符，仅在版本 2 和版本 3 中要求，属于可选项。

（10）扩展。可选的标准和专用扩展仅在版本 3 中使用。

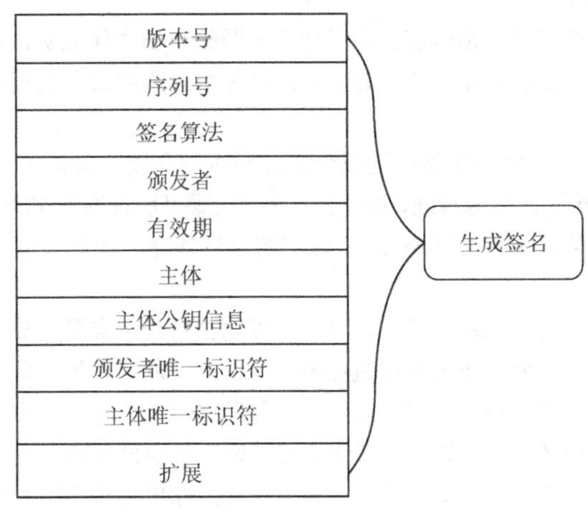

图 6-8 X.509 证书一般格式

4. CA 的功能

CA 就是一个负责发放和管理数字证书的权威机构。对于一个大型的应用环境，CA 往往采用一种多层次的分级结构，各级的 CA 类似于各级行政机关，上级 CA 负责签发和管理下级 CA 的证书，最下一级的 CA 直接面向最终用户。CA 的主要功能如下：

（1）证书颁发。CA 接收、验证用户（包括下级 CA 和最终用户）的数字证书的申请，将申请的内容进行备案，并根据申请的内容决定是否受理该数字证书申请。

（2）证书更新。CA 可以定期更新所有用户的证书，或者根据用户的请求来更新用户的证书。

（3）证书查询。证书的查询可以分为两类：其一是证书申请的查询，CA 根据用户的查询请求返回当前用户证书申请的处理过程；其二是用户证书的查询，这类查询由目录服务器来完成，目录服务器根据用户的请求返回适当的证书。

（4）证书作废。当用户的私钥由于泄露等原因造成用户证书需要申请作废时，用户需要向 CA 提出证书作废的请求，CA 根据用户的请求确定是否将该证书作废。另外一种证书作废的情况是证书已经过了有效期，CA 自动将该证书作废。CA 通过维护证书作废列表（certificate revocation list，CRL）来完成上述功能。

（5）证书归档。证书具有一定的有效期，证书过了有效期之后就将作废，但是我们不能将作废的证书简单地丢弃，因为有时可能需要验证以前的某个交易过程中产生的数字签名，这时就需要查询作废的证书。基于此类考虑，CA 还应当具备管理作废证书和作废私钥的功能。［参见“8.2.1 电子商务交易中的法律问题”］

扩展阅读 6-4　构建公共资源交易“朋友圈”四省区推动跨区 CA 证书互认

3 月 31 日，山东省、湖北省、四川省、内蒙古自治区联合举办线上“四省区公共资源交易跨区域合作交流会”。四省区依托新点软件“标证通”和“易采虹”平台，就进一步深化公共资源交易开展跨区域合作达成共识，实现 CA 数字证书跨区域互认和远程异地评标合作常态化，并逐步推进更多资源进行跨区域、跨行业共享。

据悉，为纵深推进公共资源交易全流程电子化，不断给市场主体减负，山东、湖北、四川、内蒙古积极探索，实现招标项目全流程电子化交易率、政府集中采购项目全流程电子化交易率、进场项目不见面开标率等明显提升。

交流会上，四省区就公共资源交易跨区域合作进行线上交流，确认了互为“好友”的关系。以 CA 数字证书互认和远程异地评标为基础，构建公共资源交易“朋友圈”，市场主体只用一把 CA 钥匙，即可实现四川、湖北、山东、内蒙古下辖 26 个城市的身份认证，让每一位投标人都能在圈内轻松进行电子招投标活动。

同时，各地交易中心也将以此次为契机，进一步深化公共资源交易“放管服”改革，积极推动远程异地评标交易活动常态化，为市场主体创造更多交易空间。以“有效市场+有为政府”的组合模式，为更高质量的公共资源交易营造氛围、培育土壤，释放跨区域合作发展红利。

业内人士指出，乘着跨区域 CA 数字证书互认的东风，各地公共资源交易中心也将进一步明确公共资源交易服务发展方向，探索创新交易模式，着力提升招标投标透明度和规范性、激发市场主体活力，优化营商环境。［资料来源：构建公共资源交易“朋友圈”四省区推动跨区 CA 证书互认. [EB/OL]. 新华网.（2022-04-01）[2022-07-19]. http://www.news.cn/local/2022-04/01/c_1128523695.htm］

6.2.4　网络防火墙技术

1. 防火墙概述

防火墙是架设在用户内部网络和外部公共网络之间的屏障，提供两个网络（一般是用户内部网络和外部公共网络）之间的单点防御，对其中的一个网络（通常是用户内部网络）提供安全保护。防火墙从功能上来说，是不同网络或网络安全域之间信息的唯一出入口，能够根据内部网络的安全策略控制出入网络的信息流，尽可能对外部屏蔽网络内部的信息、结构和运行状况，以防止发生不可预测的、潜在的、破坏性的入侵，以此来实现网络的安全保护（图 6-9）。［参见“1.5.2 Internet 技术”］

2. 防火墙的基本功能

归纳起来，防火墙主要具有如下一些功能：

（1）防止外部攻击。一个防火墙（作为阻塞点、控制点）能极大地提高一个内部网络的安全性，并通过过滤不安全的服务而降低风险。防火墙还可以保护网络免受基于路由的攻击，如 IP 选项中的源路由攻击和 ICMP 重定向中的重定向路径。

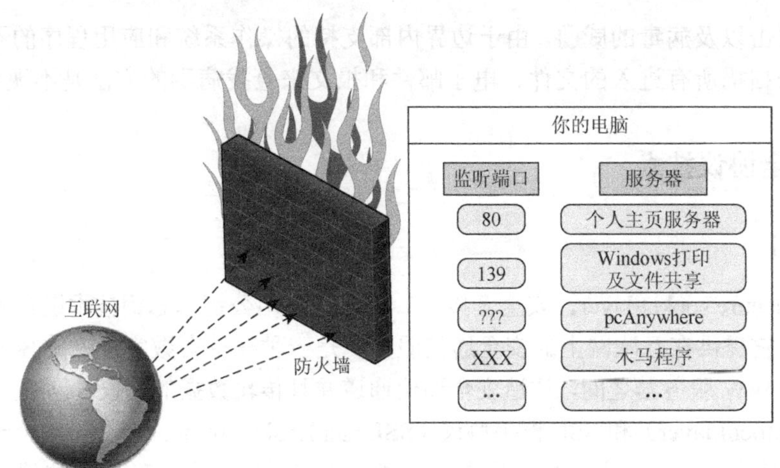

图 6-9 防火墙示意

（2）防止内部信息外泄。利用防火墙对内部网络的划分，可实现内部网重点网段的隔离，从而限制了局部重点或敏感网络安全问题对全局网络造成的影响。再者，隐私是内部网络非常关心的问题，一个内部网络中不引人注意的细节可能包含了有关安全的线索而引起外部攻击者的兴趣，甚至因此而暴露了内部网络的某些安全漏洞。使用防火墙就可以禁止那些透露内部细节的服务，如 Finger、DNS 等。防火墙可以阻塞有关内部网络中的 DNS 信息，这样一台主机的域名和 IP 地址就不会被外界所知晓了。

（3）对网络存取和访问进行监控审计。如果所有的访问都经过防火墙，防火墙就能记录下这些访问并作为日志记录。同时也能提供网络使用情况的统计数据。当发生可疑动作时，防火墙能进行适当的报警，并提供网络是否受到入侵和攻击的详细信息。通过以防火墙为中心的安全方案配置，能将所有安全软件（如口令、加密、身份认证、审计等）配置在防火墙上。与将网络安全问题分散到各个主机上相比，防火墙的集中安全管理更经济。例如，在网络访问时，一次一密口令系统和其他的身份认证系统完全可以不必分散在各个主机上，而是集中在一个防火墙上。

（4）VPN（虚拟专用网）功能。除了安全作用，现在大部分防火墙还支持具有互联网服务特性的企业内部网络技术体系 VPN。通过 VPN，将企事业单位在地域上分布在全世界各地的 LAN 或专用子网有机地连接成一个整体。不仅省去了专用通信线路，而且为信息共享提供了技术保障。

（5）防火墙自身的抗攻击能力。作为一种安全防护设备，防火墙在网络中自然是众多攻击者的攻击目标，故抗攻击能力也是防火墙的必备功能。网络攻击一般包括 IP 地址假冒攻击、病毒攻击、口令字探询攻击、网络安全性分析攻击、邮件诈骗攻击等。

值得说明的是，尽管利用防火墙可以保护内部网络免受外部黑客的攻击，但其目的只是提高网络的安全性，不可能保证网络绝对安全。事实上仍然存在着一些防火墙不能防范的安全威胁，如防火墙不能防范不经过防火墙的攻击。如果允许从受保护的网络内部向外拨号，一些用户就可能形成与互联网的直接连接。另外，防火墙很难防范来自网络内部的攻击以及病毒的威胁。由于边界内部支持的操作系统和应用程序的不同性，采用防火墙来扫描所有进入的文件、电子邮件和报文来查找病毒的方法是不现实的。

6.2.5 安全协议技术

1. SSL 协议

SSL（secure socket layer，安全套接层）协议指使用公钥和私钥技术组合的安全网络通信协议，它提供在互联网上的安全通信服务，是一种在持有数字证书的客户端浏览器和远程的 WWW 服务器之间，构造安全通信通道并且传输数据的协议，包括 SSL 记录协议（SSL protocol layer）和 SSL 握手协议（SSL handshake protocol layer）两个子协议。其优点在于与应用层协议无关，即应用层协议能够“透明”地建立在 SSL 协议之上，结合私有密钥加密法、公开密钥加密法以及数字摘要技术等，提供机密性、完整性、认证性三种基本的安全服务。

SSL 协议是网景公司为实现网上客户机和服务器之间文件的安全传输而推出的会话层安全协议，用来保证客户端和服务器之间通信的保密性、可信性与身份认证，它提供传输双方数据加密的功能和有限的身份认证功能。SSL 协议实际上是在通常的 TCP/IP 协议上增加了一个安全层，提供数据的加密功能以实现安全的数据传输，而在进行这样的安全传输之前，需要由高层来完成密钥的交换以及身份认证等功能。SSL 协议的实现和使用都比较简单，有广泛的用户群，目前很多厂商均采用此协议。[参见“1.5.2 Internet 技术”]

1）SSL 体系结构

SSL 协议位于 TCP/IP 协议模型的网络层和应用层之间，使用 TCP 来提供一种可靠的、端到端的安全服务，它保证客户/服务器应用之间的通信不被攻击窃听，并且始终对服务器进行认证，还可以选择对客户进行认证。SSL 协议在应用层通信之前就已经完成加密算法、通信密钥的协商以及服务器认证工作，在此之后，应用层协议所传送的数据都被加密。

SSL 的设计目标是在 TCP 基础上提供一种可靠的端到端安全服务，其服务对象一般是 Web 应用。在 SSL 的体系结构中包含两个协议子层：其中底层是 SSL 记录协议层；高层是 SSL 握手协议层。

2）SSL 协议的运行步骤

SSL 安全协议的运行步骤包括：

（1）接通阶段。客户通过网络向服务商发出请求，服务商回应。

（2）密钥交换阶段。客户与服务器之间交换双方认可的密钥，一般选用 RSA 密码算法，也有的选用 Diffie-Hellman 和 Fortezza-KEA 密码算法。

（3）协商密钥阶段。客户与服务商间产生彼此交谈的会话密钥。

（4）检验阶段。检验服务商取得的密钥。

（5）用户认证阶段。验证客户的可信度。

（6）结束阶段。客户与服务商之间相互交换结束的信息。

以持卡人通过SSL机制进行购物付款交易为例，对SSL安全协议的运行步骤进行说明，如图6-10所示。

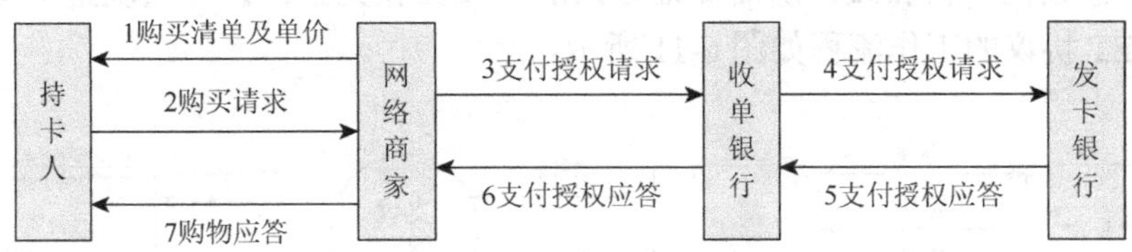

图6-10 持卡人通过SSL机制进行购物付款交易的流程图

当上述动作完成之后，两者间的资料传送就会加密，接收方收到资料后，再将密文资料还原。即使盗窃者在网络上取得密文资料，如果没有原先编制的密码算法，也不能获得可读的有用资料。

SSL协议运行的基点是商家对客户信息保密的承诺。但在上述流程中我们也可以注意到，SSL协议有利于商家而不利于客户。客户的信息首先传到商家，商家阅读后再传至银行，这样，客户资料的安全性便受到威胁。商家认证客户是必要的，但整个过程中缺少了客户对商家的认证。在电子商务的开始阶段，由于参与电子商务的公司大都是一些大公司，信誉较高，这个问题没有引起人们的重视。随着参与电子商务的厂商迅速增加，对厂商的认证问题越来越突出，SSL协议的缺点完全暴露出来。SSL协议逐渐被新的电子商务协议（如SET）所取代。

扩展阅读6-5 证书黑名单机制

截至2019年底，全球范围内已有超7000万站点采用SSL证书用于站点身份认证和数据加密传输，在保护信息安全传输及网站身份认证方面，SSL证书已逐渐成为各大网站必选产品。

标识网站真实身份是SSL证书的基本的作用之一，可有效避免用户访问非法的、不安全的网站。随着发展，诸如证书私钥泄露、非法网站也申请了SSL证书等情况频发。为维护互联网生态安全，CA机构提供了及时完善并且公开透明的处理机制，即证书“黑名单”机制，可快速应对上述情况，及时吊销问题证书并发布至黑名单。证书“黑名单”就像我们常见的“不诚信企业名单”“失信名单”一样，可为第三方应用提供证书状态查询。以Web应用为例，当访问网站时，浏览器将检查其SSL证书状态，确认吊销后即终止建立安全连接，以达到提醒、阻断访问非法网站的效果。［资料来源：证书黑名单机制差异及影响[EB/OL]. 中国电子银行网.（2020-04-01）[2021-06-26].https://www.cebnet.com.cn/20200401/102650412.html.］

2. SET协议

SET（secure electronic transaction，安全电子交易）协议是Visa、Master Card两大信用卡公司联合IBM等公司共同推出的协议。其初衷是将传统的信用卡交易模式移植到互联网上，同时又保证这种新的交易方式有足够的安全性，也就是说，SET协议试图提供一种网络在线支付的安全手段。显然，这样的在线支付对于实现和推动真正的电子商务具有非常重要的意义。SET 协议通过使用公共密钥和对称加密方式来保证通信的保密性，通过数字签名技术来确认交易各方的真实身份，通过使用 Hash 算法和数字签名来确定数据是否在传输过程中被篡改，从而保证数据的一致性和完整性，并实现整个交易的不可抵赖性。SET 协议的工作流程如图 6-11 所示。

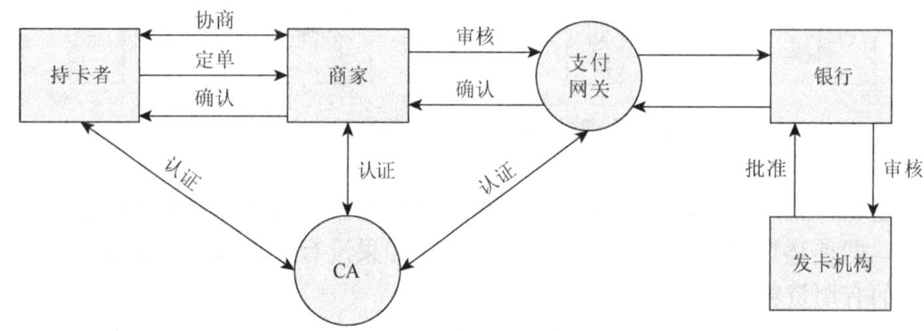

图 6-11　SET 协议的工作流程

SET 协议是一种以信用卡为基础的、在互联网上交易的付款协议书，是授权业务信息传输安全的标准，它采用 RSA 密码算法，利用公钥体系对通信双方进行认证，用 DES 等标准加密算法对信息加密传输，并用散列函数来鉴别信息的完整性。

SET 提供了一套既安全又方便的交易模式，并采用开放式的结构以期支持各种信用卡的交易。在每一个交易环节中都加入电子商务的安全性认证过程。在 SET 的交易环境中，比现实社会中多一个电子商务的安全性认证中心——电子商务的安全性 CA，在 SET 交易中认证是很关键的。

1）SET 的交易成员

（1）持卡者（消费者）。持信用卡购买商品的人，包括个人消费者和团体消费者，按照网上商店的表单填写，通过由发卡银行发行的信用卡进行付费。

（2）网上商家。在网上的符合 SET 规格的电子商店，提供商品或服务，它必须是具备相应电子货币使用的条件，从事商业交易的公司组织。

（3）收单银行。它主要通过支付网关处理持卡人和商店之间的交易付款问题事务。接受来自商店端送来的交易付款数据，向发卡银行验证无误后，取得信用卡付款授权以供商店清算。

（4）支付网关。这是由支付者或指定的第三方完成的功能。为了实现授权或支付功能，支付网关将 SET 和现有的银行卡支付的网络系统作为接口。在互联网上，商家与支付网关交换 SET 信息，而支付网关与支付者的财务处理系统通过一定方式实现连接。

（5）发卡银行（电子货币发行公司或兼有电子货币发行的银行）。即发行信用卡给持卡人的银行机构；在交易过程开始前，发卡银行负责查验持卡人的数据，如果查验有效，整个交易才能成立。在交易过程中，它负责处理电子货币的审核和支付工作。

（6）认证中心 CA。接受持卡人、商店、银行以及支付网关的数字认证申请书，并管理数字证书的相关事宜，如制定核发准则、发行和注销数字证书等。负责对交易双方的身份确认，对厂商的信誉和消费者的支付手段和支付能力进行认证。

2）SET 软件的组件

SET 系统的动作是通过四个软件来完成的，包括电子钱包、商店服务器、支付网关和认证中心软件，这四个软件分别存储在持卡人、网上商店、银行以及认证中心的计算机中，相互运作来完成整个 SET 交易服务。[参见“3.1.2 电子货币”]

6.2.6 区块链技术

区块链是一个信息技术领域的术语。从本质上讲，它是一个共享数据库，每一个区块保存一定的信息，按产生时间顺序连接成链条保存于数据库中。区块链是分布式数据存储、点对点传输、共识机制、加密算法等计算机技术的新型应用模式。从科技层面来看，区块链涉及数学、密码学、互联网和计算机编程等很多科学技术问题。从应用视角来看，简单来说，区块链是一个分布式的共享账本和数据库，具有去中心化、不可篡改、全程留痕、可以追溯、集体维护、公开透明等特点。这些特点保证了区块链的“诚实”与“透明”，为区块链创造信任奠定基础，创造了可靠的“合作”机制，具有广阔的运用前景。区块链系统是多种技术和机制的巧妙结合，可分为数据结构层、网络层、共识层和应用层。

区块链的网络安全运用主要体现在保护网络数据的完整性、保障网络通信的可靠性、管理网上资产、抵御 DDoS 攻击等方面。

1）保护网络数据的完整性

与传统网络安全技术相比，区块链技术有着自身的独特性，这种技术在开展工作的过程中，并不依靠加密技术和信任机制，而是使用共识机制和反向链接数据机制进行工作。在保证存储数据的完整性和有效性方面，区块链技术发挥着更加重要的作用。区块链技术的工作机理采用监视的方式，监视区域内的所有网络数据行为。这样有利于其分析数据，清除虚假数据，同时还可以有效地控制攻击区块链数据的行为。

2）保障网络通信的可靠性

在网络高对抗的环境下，应用区块链技术是必要的，以保证网络通信的安全。区块链技术十分强大，同时传播速度很快，在几秒钟的时间内，通过区块链技术，信息可以在世界各地的节点上被传播，这样保证了信息传递的效率，同时信息的安全性也可以得到保证。除此之外，即使在没有网络的情况下，如无线或者互联网服务中断，区块链仍然可以开展工作，其主要是通过高频无线电、传真等手段传递信息。即使大部分节点被断开，区块链仍然能开展工作，同时也可以继续运行。网络上恶意攻击是不可避免的，而区块链即使被恶意攻击，也可以利用协议的方式使消息被安全地传播。通过区块链技术，网络数据可以被安全地储存，同时信息也可以被安全可靠地传播。

3）管理网上资产

随着互联网的发展，网上银行越来越便利，而在网上资产的管理方面，区块链技术也发挥着十分重要的作用。不管用户是有形资产，还是无形资产，通过区块链技术都可以更加有效地管理资产。在资产管理中，区块链技术可以使用户对自己拥有的各种资产起着监控作用，使用户了解自己资产的收入与支出情况，更好地管理资产。区块链技术，具有不可更改设置的特性，十分方便用户管理网上的无形资产，并且还可以提高资产管理的有效性。除此之外，把物联网技术和区块链技术相结合，有利于有效地管理资产。而通过把相关技术进行结合，能够更好地管理有形资产，并对其进行唯一标识，还可以对供应链进行管理，永久而安全地记录资产转移，记录资产来源。也可以帮助不同的行业记录其产品流动情况，从而使企业更好地对产品进行管理，并且提供溯源服务等。

4）抵御 DDoS 攻击

网络上有来自各个黑客或者各个公司的攻击，DDoS 攻击就是其中之一。DDoS 攻击主要指的是攻击者想通过互联网技术对用户进行攻击，同时会释放出相关的网络信号，而这种信号会落在用户的节点上，并以请求的模式存在。当用户点击相关信息之后，将会造成网络节点失控，同时入侵者也会控制中间的资源库，然后就导致系统瘫痪。就传统的网络系统来看，因为其主要是通过相互连通的节点进行信息传递，因此如果节点之间缺少联系，那么就会打破网络平衡。然而，区块链技术可以整合不同区域的数据信息，并将信息进行统一的分配，在不同类型的网络设备中进行储存，从而有效抵御 DDoS 攻击。

扩展阅读 6-6　区块链推动信息技术服务拓展，助力数字产业化驶入快车道

2021 年 11 月 15 日工业和信息化部印发《“十四五”软件和信息技术服务业发展规划》，其中主要任务“激发数字化发展新需求”中提出“信息消费扩大升级”，在“推动软件产业链升级”中提出“优化信息技术服务”，并多次对区块链技术和平台发展提出具体要求。

从技术视角来看，区块链已由初期的技术探索进入到平台化、组件化和集成化发展阶段。主要体现在：一是平台化推动形成城市链网。长安链、蜀信链和海河链等城市链已经纷纷出现，城市链互相联通后将形成城市链网，以支撑更大规模的应用场景。二是组件化推动形成组件服务网络。身份认证、隐私计算、智能合约等关键组件已形成独立平台，共同支撑应用创新的价值已经显现，更细分技术市场即将出现。三是集成化推动形成面向数据和多技术融合的数字科技操作系统。区块链将与大数据、云计算、人工智能等新一代信息技术深度融合，实现数据和资产价值的最大化。在平台化、组件化和集成化发展的过程中，将形成围绕区块链的数字科技体系和信息技术服务体系，更大规模的创新应用场景落地实现获得支撑，数字产业化的新格局加速形成。

从应用视角来看，区块链技术正在从大规模应用探索向业务深度融合演进，存证溯源、数据共享、供应链管理、金融服务等创新应用场景不断涌现，已在政务、金融、教育、制造等众多领域得到深入应用，在应用过程中产生新的业务形态和商业模式，形成可编程经济、分布式共享经济等创新经济生态，将促进区块链技术体系、应用体系、服务体系“螺旋式演进”，迭代式发展的局面逐步形成，区块链技术的发展将有力加速数字产业化进程。［资料来源：元宇宙是以区块链为核心的 Web3.0 数字生态[EB/OL]. 央视网.（2022-03-02）[2022-07-17]. https://5gai.cctv.com/2022/03/02/ARTI3S8KYgpUf28wFsk2z8sJ220302.shtml］

6.2.7 大数据技术

大数据技术（big data），或称巨量资料，指的是所涉及的资料量规模巨大到无法通过目前主流软件工具，在合理时间内达到撷取、管理、处理、并整理成为帮助企业经营决策更积极目的的资讯。大数据具有以下4V特点：volume（大量）、velocity（高速）、variety（多样）、value（价值）。大数据技术在电子商务方面有着广泛的运用，保证大数据安全显得尤为重要。[参见“1.5.3 信息处理技术”]

1. 大数据储存安全技术

基于云计算架构的大数据，数据的存储和操作都是以服务的形式提供。目前，大数据的安全存储采用虚拟化海量存储技术来存储数据资源，涉及数据传输、隔离、恢复等的问题。解决大数据安全存储的策略如下。

（1）数据加密。在大数据安全服务的设计中，大数据可以按照数据安全存储的需求，被存储在数据集的任何存储空间，通过SSL加密，实现数据集的节点和应用程序之间移动保护大数据。在大数据的传输服务过程中，加密为数据流的上传与下载提供有效的保护。应用隐私保护和外包数据计算，屏蔽网络攻击。目前，PGP和TrueCrypt等程序都提供了强大的加密功能。

（2）分离密钥和加密数据。使用加密把数据使用与数据保管分离，把密钥与要保护的数据隔离开。同时，定义产生、存储、备份、恢复等密钥管理生命周期。

（3）使用过滤器。通过过滤器的监控，一旦发现数据离开了用户的网络，就自动阻止数据的再次传输。

（4）数据备份。通过系统容灾、敏感信息集中管控和数据管理等产品，实现端对端的数据保护，确保大数据损坏情况下有备无患和安全管控。

2. 大数据应用安全技术

随着大数据应用所需的技术和工具快速发展，大数据应用安全技术主要从以下几方面着手。

（1）防止APT攻击。借助大数据处理技术，针对APT安全攻击隐蔽能力强、长期潜伏、攻击路径和渠道不确定等特征，设计具备实时检测能力与事后回溯能力的全流量审计方案，提醒隐藏有病毒的应用程序。

（2）用户访问控制。大数据的跨平台传输应用在一定程度上会带来内在风险，可以根据大数据的密集程度和用户需求的不同，将大数据和用户设定不同的权限等级，并严格控制访问权限。而且，通过单点登录的统一身份认证与权限控制技术，对用户访问进行严格的控制，有效地保证大数据应用安全。

（3）整合工具和流程。通过整合工具和流程，确保大数据应用安全处于大数据系统的顶端。整合点平行于现有连接的同时，利用减少通过连接企业或业务线工具输出到大数据安全仓库，以防止这些被预处理的数据被暴露算法和溢出加工后的数据集。也可以通过设计一个标准化的数据格式简化整合过程改善分析算法的持续验证。

（4）数据实时分析引擎。数据实时分析引擎融合了云计算、机器学习、语义分析、统计学等多个领域，通过数据实时分析引擎，从大数据中第一时间挖掘出黑客攻击、非法操作、潜在威胁等各类安全事件，第一时间发出警告响应。

6.2.8　人工智能技术

1. 生物特征识别

生物特征识别赋予机器自动探测、捕获、处理、分析和识别数字化生理或行为信号的高级智能，是一个典型而又复杂的模式识别问题，一直处于人工智能技术发展前沿，在电子商务交易安全中有着广泛的应用。

1）人脸识别

人脸识别是生物特征识别中备受关注的识别方式之一，相比其他生物特征识别技术，其最突出的优势是可远距离、非接触式地进行身份识别。人脸识别的研究工作始自 20 世纪 60 年代。在美国政府如标准化技术研究院等机构的持续资助影响下，于 20 世纪 90 年代中期曾出现研究热潮。此后趋于平稳发展并逐渐发展出人脸检测、面部特征点定位和表情识别等更多相关研究。其中，人脸检测技术在 2005 年前后开始走向实用化，应用于数码相机和监控系统中。人脸识别技术的真正成熟则始自 2014 年深度卷积神经网络的引入，目前已广泛应用于安防、金融、民生和政务等众多需要进行身份识别的领域。如今，人脸识别的主要探索方向为人脸检测、面部关键点定位、2D 人脸特征学习、3D 人脸识别、活体检测和遥测生理信号等。

2）虹膜识别

随着计算机、光学传感器和模式识别技术的发展，通过自动获取和比对虹膜图像可以识别和认证个人身份，称为虹膜识别。虹膜识别的优势在于唯一性、稳定性、非接触、便于信号处理、防伪性好等。公开的虹膜数据集规模通常较小，只有几百到几万幅图像，采集对象只有几十到几百人，难以支撑深度学习等需要大数据驱动的算法进行训练。因此，采集更大规模的虹膜数据库和建设隐私安全保护完善的虹膜数据分享交换平台势在必行。

3）指纹识别

指纹识别是通过分析指尖乳突纹进行身份识别的技术。指纹具有终身不变、人各不同的特点，且易于采集，是一种比较理想的生物特征。20 世纪 70 年代，自动指纹识别技术首先在警察局得到应用，用于识别犯罪前科人员。随着识别性能、自动化程度的逐步提高，指纹识别广泛应用于考勤、门禁、出入境管理和手机支付等领域。

指纹识别技术包括指纹采集、特征提取和匹配三个模块。由于指纹采集方式、是否有人参与和背景库规模等方面的差异，不同领域指纹识别系统的技术瓶颈有所不同。例如，对于犯罪嫌疑人识别应用，提高低质量指纹的识别率一直是核心问题；在电子商务移动支付中，活体检测的需求更为突出。2021 年初，美国高通公司发布了第 2 代超声波屏下指纹传感器（3D Sonic Sensor Gen 2），比第一代表面积增加了 77%。这意味着更容易准确地将手指放在传感器上，并且允许传感器在每次扫描时收集较之前 1.7 倍的指纹数据，扫描指纹解锁手机的速度将比第一代快 50%。除此之外，用于电子商务安全的生物认证技术还包括掌纹识别、静脉识别、声纹识别等。

2. 网络安全知识大脑

基于人工智能技术提升网络空间安全防御能力，需要解决从原始海量数据到有效知识的整合，人工智能技术可以通过高效的知识表示，构建网络安全知识大脑，助力实现网络安全知识综合利用和主动防御。机器学习中的 MDATA 模型通过对知识引入时间特性和空间特性，能有效解决时空特性的表示，以及支持不同领域、不同维度的安全知识的关联和融合，可用于构建大规模动态网络安全知识大脑。基于人工智能技术构建大规模动态网络安全知识大脑，实现网络空间安全防御的关键技术主要包括网络安全知识的抽取和融合、网络安全知识表示、网络安全知识大脑构建、基于网络安全知识大脑的攻击事件研判等。

1）网络安全知识的抽取和融合

网络安全知识的来源广泛，包括漏洞库、病毒库、告警数据、安全厂商的检测结果、安全论坛、网络安全事件报告资产描述等。为构建大规模的网络安全知识大脑，需要先从不同来源的网络安全数据中抽取知识，并对不同领域的网络安全知识进行有效融合。

2）网络安全知识表示

常用的知识表示模型包括符号逻辑、语义网、专家系统、知识图谱、MDATA 模型等，通过知识表示可以将网络安全中不同类型的知识描述为统一的形式，并可通过知识的向量化进行高效计算。

3）网络安全知识大脑构建

网络安全知识大脑的构建包括两部分：网络安全知识库和场景知识库。其中，网络安全知识库是通用的网络安全知识集合，并且可以随时或定期更新补充；而场景知识库是特定知识集合，可以依据仿真攻击的设定而定，也是描述具体攻击行为的知识库。

4）基于网络安全知识大脑的攻击事件研判

网络空间防御面临的主要威胁是网络攻击，一般而言，网络攻击可以分为单步攻击和复合攻击。单步攻击可以理解为针对某资产发动的离散攻击。而复合攻击可以理解为是由多个单步攻击排列组合而成的。也就是说复合攻击有多个攻击步骤，而这些攻击步骤之间是非离散的、有关联的，攻击步骤之间有因果关系、顺承关系、选择关系等。

使用网络安全知识大脑研判网络攻击时，可利用有限状态机，设置初始状态、中间状态、终止状态和触发条件，并添加容错机制，可以在缺失数据的时候仍然生成复合攻击的攻击链，在网络安全知识库和场景知识库的基础上，描述复合攻击的各个步骤之间的关系，然后根据攻击步骤的关系、时间先后关系、IP 的传播关系等来判断是否可以生成攻击链。如果满足，则输出复合攻击的攻击链；如果不满足，就去知识库中查找等价的步骤，或补充生成攻击链并输出。当输入的数据中存在误报和漏报的情况时，基于网络安全知识大脑的研判可以自动补全缺失的信息，生成一条完整的攻击链，从而提高攻击研判的准确率，为网络安全主动防御提供支撑。

6.2.9　隐私保护技术

数据发布的隐私保护问题被广泛关注和研究，如何在用户隐私信息不被泄露的情况下保证大量数据的高可用性成为一大挑战。大数据的海量性、多样性和高速性，导致传统面向数据发布的隐私保护模型不能保证隐私安全。

在技术方面，隐私保护的研究领域主要关注基于数据失真的技术、基于数据加密的技术和基于限制发布的技术。

基于数据失真的技术通过添加噪声等方法，使敏感数据失真但同时保持某些数据或数据属性不变，仍然可以保持某些统计方面的性质。失真技术修改原始数据使真实数据得到隐藏，隐私获得保护，攻击者面对发布的失真数据不能对原始数据进行重构。包括随机化，即对原始数据加入随机噪声，然后发布扰动后数据；第二种是阻塞与凝聚，阻塞是指不发布某些特定数据，凝聚是指原始数据记录分组存储统计信息；第三类是差分隐私保护。过分失真会导致缺损，因此要适当失真，在失真时常采用差分隐私技术。

基于数据加密的技术采用加密技术在数据挖掘过程隐藏敏感数据，从而实现对数据发布者隐私保护的方法，主要包括安全多方计算（security multi-party computation，SMC）和分布式匿名化。安全多方计算，即两个或多个站点通过某种协议完成计算后，每一方都只知道自己的输入数据和所有数据计算后的最终结果。分布式匿名化，即保证站点数据隐私、收集足够的信息实现利用率尽量大的数据匿名。

基于限制发布的技术有选择地发布原始数据、不发布或者发布精度较低的敏感数据，实现隐私保护。当前这类技术的研究集中于“数据匿名化”，保证对敏感数据及隐私的披露风险在可容忍范围内，包括 K-anonymity、L-diversity、T-closeness 等。

扩展阅读 6-7　隐私计算落地金融风控等场景

近期，中国人民银行发布的《金融科技发展规划（2022—2025 年）》提到，在技术方面，积极应用多方安全计算、联邦学习、差分隐私、联盟链等技术，探索建立跨主体数据安全隐私计算平台，在保障原始数据不出域前提下规范开展数据共享应用，确保数据交互安全、使用合规、范围可控，实现数据可用不可见、数据不动价值动。

裴超介绍说，2021 年，隐私计算已经在通信、金融、政务等场景尤其是关键基础设施行业开展了探索和实践，一些银行、运营商都进行了立项招标。

根据中国工商银行金融科技研究院协同华控清交共同编写的《隐私计算推动金融业数据生态建设》白皮书，国内隐私计算金融应用领先国际。我国互联网企业、科技公司及金融机构近年来相继研发多款成型隐私计算产品，相关产品呈现平台化发展趋势，技术组合应用日益明显。国内示范场景已包含授信风控、产品营销、移动支付人脸识别、跨境结算、反洗钱等。

以银行业为例，风控一直是银行业务运营的一个重要任务。近年来，银行业一直在探索如何在充分保障用户隐私和数据安全的前提下，将高价值数据应用于智能风控业务场景，建设风控模型精细化、用户画像精准化的智能风控能力。[资料来源：隐私计算：“解锁”数据要素流通难题. [EB/OL]. 中国电子银行网.（2022-04-01）[2022-07-19].https://www.cebnet.com.cn/20220118/102789360.html]

6.3 电子商务安全防范措施

6.3.1 电子商务交易安全制度防范

目前，涉及电子商务交易安全的制度如下。

1）市场准入制度

电子商务交易安全对市场准入提出较高的要求，即对经营者的资格、与网络建设密切相关的服务机构（如网络连接商、信息服务提供商、数字证书认证机构、密钥管理机构等）应当实行严格的审查，确信其具有一定的资信条件、供货能力、运输能力及健全的售后服务体系等，才允许进入市场交易。

2）电子签名的安全

一项完善的电子签名一般应同时满足唯一性、不可能被伪造、容易被鉴定及不可能被拒绝的特性，即电子签名的真正使用人无法否认真实的创制使用关系。

3）电子认证安全制度

电子认证主要是指电子交易的信用安全，即保证交易人的真实可靠。这是组织制度的保证。电子认证机构所提供的服务，包括交易相对人的身份、公开密钥、信用状况等情况。开展电子商务最突出的问题是要解决网上购物、交易和结算中的安全问题，其中包括建立电子商务各主体之间的信任问题，即建立安全认证体系问题；选择安全标准（如SET、SSL、PKI等）问题；采用加密和解密方法及加密强度问题。其中，建立安全认证体系是关键。

4）电子支付安全制度

电子支付安全是电子交易安全中最重要的环节，目前主要采用加密保护、线上认证等方式保证电子支付的安全。无论是完全依赖于网上银行，还是传统银行利用网络开展的银行业务，安全问题都是十分重要的。中国的电子商务普及，首先要解决网络的安全问题。在金融专网和互联网之间设置支付网关，作为支付结算的安全屏障。

5）良好的网络环境

电子商务是在电信网络上发展起来的。因此，先进的计算机网络基础设施和宽松的电信政策就成为发展电子商务的前提。

6）协同作业体系

在电子商务中，所谓协同作业，包括工商、税务、银行、运输、商检、海关、外汇、保险、电信、认证等部门，以及商城、商户、企业、客户等单位按一定规范与程序相互配合，相互衔接，协同工作，共同完成有关电子商务活动。

6.3.2 电子商务交易安全的法律防范

当前，国际社会和世界各国为了确保电子商务交易的顺利进行和发展，都纷纷着手于立法的研究和法律的制定。目前，较为规范和完整的电子商务交易法规当首推 1996 年 12 月联合国大会以 51/162 号决议通过的《电子商务示范法》，该法由联合国国际贸易法委员会制定。虽然《电子商务示范法》还不是国际公约，也不是国际惯例，不具有法的强制性，但它为各国制定电子商务法规提供了参照范本，为将来的国际公约的签订奠定了基础。除此之外，欧盟 1997 年 4 月发布的《欧洲电子商务动议》、美国的《全球电子商务政策框架》及世界贸易组织的《信息技术协议》都为电子商务交易的实际应用提供了一定的规范和标准。

中国在电子商务交易方面法律法规，先后颁布了《关于维护互联网安全的决定》、《中华人民共和国电子签名法》和《全国人民代表大会常务委员会关于加强网络信息保护的决定》三部相关法律，涉及互联网安全、电子签名的应用以及网民个人信息的保护。随后专门针对电子商务交易，出台自 2019 年 1 月 1 日起施行的《中华人民共和国电子商务法》，这是我国电商领域首部综合性法律，意味着中国电商行业进入有法可依的时代，为规范行业发展迈出重要一步。

1）防范电子合同法律风险

合同是开展商务活动的重要手段，电子商务环境下的合同形式是电子合同。电子合同是一种新的合同形式，它以数据电文为主要的存在形式。电子合同中潜在的法律风险是开展电子商务活动的主要法律风险之一，其涉及的法律风险主要有以下两种：一是电子合同的法律效力。虽然《中华人民共和国合同法》指出电子合同也是一种书面合同，具有法律效力，但是在经济活动中，电子合同的证明力、存在形式、订立过程和书面合同有着较大的差异，难以取得和书面合同等同的法律效力。二是点击合同等类型的电子合同效力问题。电子商务中较为常见的合同类型是点击合同等电子格式合同，因为合同一方只能对合同的条款选择接受与否，所以容易导致电子合同缺乏双方的合意而被视为无效合同。为了应对电子合同法律风险，在订立电子合同时，应当根据电子合同的特殊性进行相关的操作，要对电子合同进行必要的保存，应当借助第三方交易平台实现合同的缔结，从而解决目前电子合同缔结方面有关法律不完善的问题。与此同时，参与电子商务的企业应当加强宣传和推广，进而提高交易主体在电子商务活动中的自我保护意识。

2）防范知识产权侵犯风险

在电子商务刚刚兴起的时候，就出现了许多商标侵权、域名抢注等侵害知识产权的纠纷案件。参与开展电子商务活动的企业应当高度重视知识产权侵害的风险。随着电子商务的推广发展，一些新型的知识产权形式也随之产生，如多媒体作品、数据库、网页设计等受著作权法保护的知识产权和计算机技术等受专利法保护的专利；参与电子商务的权利人拥有的权利内容也逐渐发生了变化，《中华人民共和国著作权法》经过修订完善后明确指出作者对其作品拥有网络信息的传播权。如果在电子商务活动中要规避潜在的知识产权侵权风险，企业就必须在开展电子商务活动时能够识别具有特殊形式的知识产权，并树立起充分尊重知识产权的意识，尽量避免不恰当使用各种技术手段而导致的知识产权侵权。此外，企业在开展电子商务活动时也必须注意维护自身拥有的知识产权。[参见“8.3 电子商务知识产权保护”]

3）防范程序法上的风险

电子商务活动的范围不受地域限制，参与电子商务的企业面临着适用法律超出预期和管辖权等风险，怎样确定合理的司法管辖权解决电子商务活动中的纠纷成了亟待解决的课题。通常，企业可以通过合同预先约定发生纠纷时所适用的法律和管辖的法院，约定所适用的法律和管辖法院应当与合同本身有一定的联系，这种预先预定在不违反法律法规的情况下是具有法律效力的。《中华人民共和国电子签名法》确立了数据电文的证据力，充当证据的数据电文必须符合完整性、可靠性等技术要求。与此同时，参与电子商务活动的企业还面临着电子支付风险的划分、网络广告的规制、消费者权益的保护、外国法适用和外国法院管辖等相关的法律风险。总而言之，作为商事活动的电子商务活动的法律规范属于商法，企业应当积极利用商法自治性规范，积极通过合同的约定，最大限度地规避开展电子商务活动所面临的各种法律风险。[参见“8.2.1 电子商务交易中的法律问题”]

6.3.3 电子商务交易安全的管理防范

1）电子商务信息服务的授权管理制度

《互联网信息服务管理办法》第六条明确规定，从事经营性互联网信息服务，除应当符合《中华人民共和国电信条例》规定的要求外，还应当具备下列条件。

（1）有业务发展计划及相关技术方案；

（2）有健全的网络与信息安全保障措施，包括网站安全保障措施、信息安全保密管理制度、用户信息安全管理制度。

（3）服务项目属于本办法第五条规定范围的（如从事新闻、出版、教育、医疗保健、药品和医疗器械等互联网信息服务），已取得有关主管部门同意的文件。

第七条明确规定，从事经营性互联网信息服务，应当向省、自治区、直辖市电信管理机构或者国务院信息产业主管部门申请办理互联网信息服务增值电信业务经营许可证。

2）电子商务信用体系

要维护网络市场的秩序，规范消费者和商家的行为均是必不可少的，其中掌握消费者和商家信用情况，建立消费者和商家的信用体系，对于促进网络市场的建设具有重大意义。

电子商务信用体系是随着电子商务的崛起而逐步从传统信用体系中演进而来的，是指在电子商务活动过程中，用于收集、处理、查证电子商务参与者信用状况，以及由国家、地方或行业管理部门建立的监督、管理与保障有关成员信用活动规范发展的一系列机制与行为规范的总和。

整个社会的信用意识薄弱决定了网上交易的不可靠性和风险性。除了运用法律的力量、政府的监督、行业组织的协调外，必须要有一个完善的社会信用体系。目前有一些网站已经对商家建立了信誉评价，但这些网站与商家有着利益关系，因此权威性不大。对网络购物来说，信用制度建设建议按以下方式操作：由工商管理部门对网站和商家建立信用档案，消费者、先行支付赔付金的网上银行、消协及时将网站和商家在网上交易中存在的欺诈等不诚信行为告知工商部门，工商部门据此客观公正地评定各商家和网站的信用等级。工商部门还应将这些数据及商家的违规事件定时在权威网站发布，从而将信用缺失者的信用记录置于公众监督之下，提高其失信成本。只有建立一个统一的、覆盖面广的信用体系，网上购物才能变得更加轻松和可靠。

3）电子商务安全交易的投诉处理机制

现实生活中，消费者在权益受到侵害时可以找消费者权益保护协会出面协调。但网上交易难以受行政手段控制，因此更需社会力量的参与，消协的作用显得更为重要，而实践中消协对这方面的投诉往往显得无能为力。为此，消协应从消费者利益出发，制定切实可行的格式条款，建立专门的网站，实行在线投诉。当消费者到网站投诉，消协应将投诉资料自动转发到被投诉经销商经营所在地的分支机构，由该机构组织消费者与经销商在网上协商解决。这就要求消协不断研究和探讨电子商务方面的原则、规则，将法律赋予自身的职权覆盖到互联网领域，加强处理网上投诉的能力。

此外，必须确立有利于网络购物中消费者的诉讼管辖制度。《中华人民共和国消费者权益保护法》对消费者合同纠纷没有做出特别规定，因此在管辖原则上，只能按民事诉讼法的规定，由被告住所地或合同履行地管辖，这一原则显然对发展电子商务是非常不利的。消费者在网上购买的物品往往都不太贵重，如果因质量等问题千里迢迢跑到经销商地去协商或诉讼，成本都是非常高的。因此，中国大陆对消费者合同纠纷的诉讼管辖应参照中国台湾、美国等地的立法经验，实行消费者所在地专属管辖原则。对于网络侵权纠纷（如隐私权、安全权），也应由侵权行为地或被告住所地管辖改为消费者住所地管辖（因为侵权行为是借助网络完成的，很难确认侵权行为的，其余理由同上）。只有这样，才利于消费者参加诉讼，保护其诉权实现，最大限度地减少其诉讼成本。但是，如果双方在合同的管辖上有协议，应遵协议，协议无效时要以消费者住所地法院管辖为准。

扩展阅读 6-8　商务部发布《电子商务企业诚信档案评价规范》行业标准

近年来，随着我国电子商务快速发展，新业态新模式持续涌现，市场主体规模不断扩大，类型日趋复杂。同时，信用信息分散，市场主体间信息不对称，引起交易成本增加，制约了行业高质量发展。

2021 年 5 月 1 日《电子商务企业诚信档案评价规范》（SB/T 11227—2021）行业标准正式实施。商务部电子商务司针对电子商务企业诚信问题，以企业诚信档案为切入点，提出了电子商务企业诚信档案的信息来源和内容、评价指标、评价方法等，指导电子商务企业、信用服务机构、行业协会及相关社会组织等依照统一的标准，建立、评价并不断完善电子商务企业诚信档案，为推动多方共建电子商务诚信体系，促进信用信息共享应用提供技术支撑。［资料来源：商务部发布《电子商务企业诚信档案评价规范》行业标准[EB/OL]. 中华人民共和国商务部.（2021-02-08）[2021-06-24]. http://www.mofcom.gov.cn/article/zwgk/zcfb/202102/20210203037648. shtml.］

课后题

一、复习思考

1. 电子商务安全的需求主要包括哪些内容？
2. 试分析电子商务安全服务中的身份确认、数据加密、完整性、不可否认性分别可以采用哪些技术来保证？
3. 简述公开密钥密码体制的原理。
4. 简述数字签名的原理与作用。
5. 试说明 PKI 的主要结构。
6. 防火墙的主要功能有哪些？
7. 简述区块链技术、人工智能技术、大数据技术在电子商务安全保护方面的作用。
8. 隐私保护技术包括哪些？
9. 移动电子商务的安全方案有哪些要点？

二、问题讨论

1. 请查找消费者网购安全方面的资料，分析消费者网络购物过程中可能会存在的各种安全威胁，并给出实现网购安全的策略和建议。

2. 在现有的互联网环境下，基本上所有电子商务网站都面临着同样的安全威胁和漏洞。通过查阅资料，分析我国 B2C 网站和 B2B 网站是否面临着不同的威胁和漏洞？请给出有说服力的论证。

3. 某一电子商务企业要与其贸易伙伴共享客户数据库，同时为潜在买家访问其网站上营销资料提供权限。试分析，在这种情形下，可以采用怎样的安全策略来确保只有合作伙伴和客户具有相应的权限？

三、实践训练

1. 请登录 CFCA 数字证书在线申请平台（https://sq.cfca.com.cn/），在线申请数字证书，记录申请步骤，并分析该数字证书的作用。

2. 访问我国不同类型的 CA 认证中心，比较其提供的不同服务。

3. 请登录 CNNIC 网站，下载最近三年的《中国互联网络发展状况统计报告》，查阅其中关于互联网安全状况的内容，并结合网络资料，撰写分析报告。

7 电子商务网站规划与设计

本章内容要点：企业要实现电子商务，首要任务就是建立符合自己品牌特征、能向消费者提供全面服务的电子商务网站。本章第一节概述了电子商务网站的主要类型、作用和功能；第二节介绍了电子商务网站规划的要点；第三节阐述了电子商务网站系统分析的主要内容；第四节介绍了 B2C 电子商务网站的设计要求；第五节介绍了电子商务网站系统开发的相关技术与开发策略；第六节介绍了电子商务网站测试、推广与评估的相关内容。第七节结合具体实例说明网站设计的具体内容以及相应的方法。

学习引导案例

一封来自国家商务部的感谢信

中国知名农产品电商公司湖南惠农科技有限公司（以下简称“惠农公司”）收到了一封国家商务部发来的感谢信，令公司上下欢欣鼓舞、干劲倍增。商务部的感谢信中，对惠农公司自新冠肺炎疫情发生以来，在有效促进农产品流通、稳价保供等方面发挥的重要作用和体现出的行业骨干企业强烈的社会责任感给予了高度肯定。那么，疫情期间，惠农公司究竟是怎样做的呢？

惠农公司的“惠农网”是国内领先的农业 B2B 产业互联网平台，覆盖全国 2818 个县级行政区，涵盖超过 2 万种常规农产品，平台用户超过 1773 万。疫情发生后，为全面落实党中央、国务院的决策部署，积极响应商务部、农业农村部等有关部门的号召，2020 年 1 月以来，惠农公司充分发挥农产品 B2B 产业互联网平台优势，运用信息化技术，开展了一系列线上、线下销售活动和助农服务，助力打赢疫情防控阻击战。

疫情中，惠农公司深入产区收集待销农产品信息，并协同物流企业，及时响应运货需求，重点帮助产区待销农产品与疫区需求的精准对接。2020 年 1 月至 5 月，惠农网通过全国市场代卖、整合下游电商平台等方式累计销售农产品约 7908.56t，其中销售广西砂糖橘 319t、泸溪椪柑 203.575t、崀山脐橙 1043.25t、麻阳冰糖橙 245.347t，为拓展农产品销售渠道、加速农产品流通发挥了积极作用。

截至当前，惠农网联合了上千名农技专家为广大农友在线答疑 15 万条次专业问答，推出种植、养殖类视频课程近 300 期，并针对疫情期间的种养难题开展农技直播课堂 30 期，累计帮助 100 万以上农友。利用惠农大数据，每周持续发布防疫期间的农产品市场行情变化情况或者热点农产品行情追踪报告，每周一期，今年已累计推出 25 期，为农友提供了农产品行情服务，帮助解决了农产品信息不对称问题，为广大用户提供决策数据参考。[资料来源：温靖，郭黎. 2020. 一封来自国家商务部的感谢信[J]. 农业工程技术，40（21）：25-26.]

7.1 电子商务网站类型及特点

7.1.1 电子商务网站的类型

在电子商务每一个阶段，企业的电子商务网站都发挥着重要的作用。在交易前，卖方要通过网站宣传自己的产品，买方要通过网站了解商品，比较不同商品的价格和性能等。在交易中，买方要在网站上确定所购商品，买卖双方通过网站签订购销合同。在交易后，买方可以通过网站了解整个交易进行的情况，如货款支付情况、货物运输情况等；卖方通过网站向买方提供售后服务等。电子商务网站是整个电子商务活动的信息枢纽，要成功开展电子商务活动，企业必须建立内容丰富、形式新颖的网站。

随着网络技术的迅速发展，电子商务网站如雨后春笋般涌现，各类网站的结构、功能、规模都有很大差别。简单来说，可以将电子商务网站分为以下五种类型：

（1）信息服务型。信息服务型网站的设计目的在于提供各种产品信息或信息获得方式。阿里巴巴就是典型的企业信息发布网站，通过阿里巴巴网站，企业可以发布自己的公司信息、供求信息等。

（2）广告型。广告型网站所有技术和信息内容全部针对广告收入。对此，能否吸引消费者的注意力就成为衡量网站优劣的关键标准，广告商可以对一个网站进行评估，并为其广告定价。

（3）交易型。交易型网站的基本功能在于提供网上交易的功能，如网上商城、交易平台网站等。

（4）管理型。管理型网站是企业、公司和行政教育等机构，他们将传统业务迁移到网络的应用界面，如公司、机构的办公系统。

（5）综合型。综合型网站是把上述类型网站的功能综合集成的网站。

7.1.2 电子商务网站的功能特点

企业网站建设是让网站成为有效的网络营销工具和网上销售渠道。网站的功能主要表现以下几个方面：品牌形象、产品/服务展示、信息发布、顾客服务、顾客关系、网上调查、网上联盟、网上销售、公司运营管理，如联想官方网站功能就非常完善，如图 7-1 所示。

（1）品牌形象。网站的形象代表着企业的网上品牌形象，人们在网上了解一个企业的主要方式就是访问该公司的网站，网站建设的专业化程度直接影响到企业的网络品牌形象，同时也对网站的其他功能产生直接影响。

（2）产品/服务展示。顾客访问网站的主要是为了对公司的产品和服务进行深入的了解，企业网站的主要价值也就在于灵活地向用户展示产品信息，即使是一个功能简单的网站至少也相当于一本可以随时更新的产品宣传资料。

（3）信息发布。网站是一个信息载体，在法律许可的范围内，可以发布一切有利于企业形象、顾客服务以及促进销售的企业新闻、产品信息、促销信息、招标信息、合作信息、人员信息等。因此，拥有一个网站就相当于拥有一个强有力的宣传工具。

（4）顾客服务。通过网站可以为顾客提供各种在线服务和帮助信息，如常见问题解答（FAQ）、在线填写寻求帮助的表单、通过聊天实时回答顾客的咨询等。

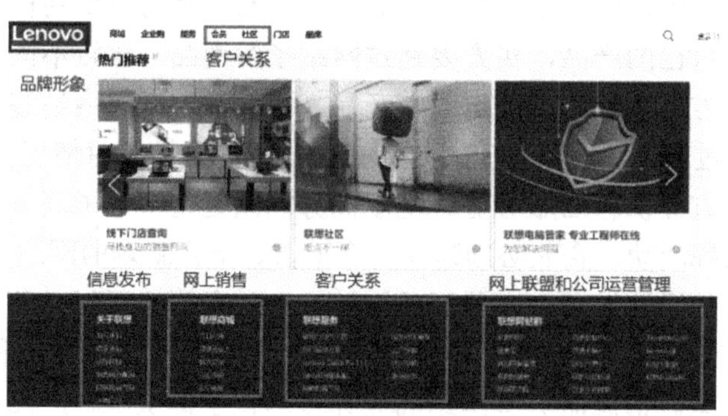

图 7-1　联想网站首页功能示意图

（5）顾客关系。通过网络社区等方式吸引顾客参与，不仅可以开展顾客服务，同时也有助于增进顾客关系。

（6）网上调查。通过网站上的在线调查表，可以获得用户的反馈信息，把这些反馈信息用于产品调查、消费者行为调查、品牌形象调查等，是获得第一手市场资料的有效调查工具。

（7）网上联盟。为了获得更好的网上推广效果，企业需要与供应商、经销商、客户网站以及其他内容互补或者相关的企业建立合作关系，没有网站，合作就难以谈起。

（8）网上销售。建立网站、开展网络营销活动的目的之一是增加销售，一个功能完善的网站本身就可以完成订单确认、网上支付等电子商务功能，即网站本身就是一个销售渠道。

（9）公司运营管理。建立网站可以从供应链的角度对公司内部的运营管理进行强有力的支持，从而为公司运营和供应链的管理提供强有力的支持。

7.2　电子商务网站规划

电子商务网站开发流程大体分为五个阶段：①电子商务网站系统规划；②电子商务网站系统分析；③电子商务网站系统设计；④电子商务网站系统开发；⑤电子商务网站的发布与推广。电子商务系统规划阶段主要完成系统的需求分析以及网站架构的规划；系统分析阶段主要从技术、经济等方面对系统进行可行性分析；系统设计阶段则对系统的网页栏目、内容等进行详细的设计。系统开发阶段开发人员根据设计应用各种开发技术，实现网站的各项功能；发布推广阶段管理人员将采用多种手段向用户宣传网站，扩大网站的知名度。

电子商务网站规划是指在网站建设前对市场进行分析、确定网站的目的和功能，并根据需求分析报告对网站开发建设所涉及的内容、功能、技术、费用、测试、维护等做出书面的、全局的清晰规划。网站规划书对网站建设起到计划和指导的作用，对网站的内容和维护起到定位的作用。

电子商务网站开发规划的主要内容如下：

1）建设网站前的市场分析

（1）相关行业的市场分析，主要是针对目前市场的情况调查分析，如市场有什么样的特点和变化，目前是否能够并适合在互联网上开展公司业务，相关电子商务网站的市场是怎样的，各类产品或服务的市场有什么特点等。

（2）市场主要竞争者分析，如竞争对手上网情况及其网站规划、功能、作用。

（3）公司自身条件分析，如通过公司概况、市场优势、知名度和品牌等进行分析，可以明确通过电子商务网站提升哪些竞争力以及建设网站的能力（费用、技术、人力等）。

2）建设网站目的及功能定位

（1）网站的目的说明。包括信息宣传、网络营销、品牌建设或市场拓展等；说明建立网站的原因，例如，是为了宣传产品，进行电子商务，还是建立行业性网站；是企业的需要，还是市场开拓的延伸。

（2）网站的功能类型说明。整合公司资源，根据公司的需要和计划，确定网站功能类型，如是产品宣传型、网上营销型，还是客户服务型、网上交易型等。

（3）网站的目标。根据网站功能类型，确定网站应达到的目标要求。

3）网站技术解决方案

根据网站的功能确定网站技术解决方案。

（1）采用自建服务器，还是租用虚拟主机或主机托管的方式。

（2）选择操作系统，用 UNIX、Linux，还是 Windows Server 2022，是选择 SQL Server 数据库，还是 Oracle、DB2 等，这需要分析投入成本、功能、开发、稳定性和安全性等。

（3）采用系统性的解决方案（如 IBM、HP 等公司提供的企业电子商务解决方案），还是自行开发。

（4）网站安全性措施，如防黑、防病毒、防泄密、防抵赖等方案。

（5）相关程序开发，如网页程序 ASP、JSP、CGI、数据库程序等。

（6）域名申请与注册的解决方案。

（7）与支付系统包括网络支付系统的连接方案。

（8）与 CA 认证中心的服务连接，包括数字证书、数字签名等服务解决方案。［参见“6.2 电子商务安全技术”］

（9）客户接入与客户响应服务、物流信息服务方案等。

4）网站内容与功能要求

网站内容一般根据网站的目的和功能来规划。就网站功能而言，一般企业网站应包括公司简介、信息搜索查询、详细的商品服务信息、支付服务内容、物流服务内容、价格信息、会员注册与服务、订单处理与查询服务、个人信息保密措施、在线帮助等主要功能页面。

另外，确定网站的层次数，即可以根据实际需要绘出网站的结构图或网站地图。如果网站栏目比较多，还应周密考虑栏目内容的合理分配和相互关系。[参见“7.7.3 网站的内容与功能设计”]

5）网站设计要求

一般包括以下四个方面：

（1）网页的美术设计要求。网站需要整体的形象包装和设计。网页美术设计一般要与企业整体形象一致，要注意网页色彩、图片的应用及版面规划，保持网页的整体一致性，特别注意交易处理的便捷性。

（2）考虑具体细节。在新技术的采用上要考虑主要目标群体的分布地域、年龄层次、网络速度及上网行为习惯等。

（3）制定网页改版计划。例如，以一年时间为间隔期限进行较大规模的改版或优化设计等，以寻求更大的眼球效应。

（4）确定网站整体风格。开发网站时要根据设计原则和针对目标客户全体确定网站适宜的整体风格，还要针对不同栏目设计其特有的风格，即围绕栏目中心思想，用独特的视觉语言进行艺术化的特色设计。[参见“7.7.7 网站外观设计”]

6）网站维护与评估说明

（1）服务器及相关软硬件的维护。对可能出现的问题进行评估，制定响应时间。

（2）数据库维护，有效地利用数据、备份数据，特别是商品、营销服务信息的更新，是网站维护的重要内容。

（3）制定内容更新、调整的时间计划。

（4）制定相关网站维护的规定，将网站维护制度化、规范化。

7）网站测试说明

电子商务网站正式投入运行前要进行细致周密的测试，以保证正常浏览和使用。主要测试内容如下：

（1）服务器稳定性、安全性测试。

（2）程序及数据库测试。

（3）网页兼容性测试，如浏览器显示。

（4）并行访问测试。

（5）交易处理流程与稳定性测试。

（6）所需要的其他测试。

8）网站发布与营销计划

（1）网站测试后进行发布公关，提出具体的基于网站自身的营销活动计划。

（2）在著名的搜索引擎登记。

（3）在伙伴网站页面的互换链接。

（4）与传统传媒的配合推广。

9）网站建设日程表

企业需提出网站开发的具体日程进度计划。

10）网站开发费用预算明细

根据网站的设计需求列出具体的经费预算，包括人员、软硬件、营销活动、配套设备、配套服务、维护服务以及文本、研讨、差旅等费用。

7.3 电子商务网站系统分析

系统分析是系统开发中十分重要的工作，系统分析是为了弄清楚新系统将要做什么。在这个阶段，需要认真分析用户的需求，用科学的方法来表达并深入分析新方案。

7.3.1 系统分析概述

1）系统分析的定义

系统分析就是以系统的观点，对已选定的对象与开发范围进行有目的、有步骤的实际调查和科学分析。信息系统是由多个部分组成的整体。一个新信息系统的建立，并不是凭空而来的，它是现行系统（人工的或计算机的）在不能满足使用要求的前提下，建立起来的理想的新系统。所以在新系统建立前，要对现行系统进行透彻的了解，找出现行系统的问题，依据用户的需求和管理部门提出的目标，确立新系统的范围和功能。

2）采用结构化分析的原则

结构化是一般系统工程常用方法之一。结构化分析的基本思想是以抽象和分解为手段，对系统进行自顶向下的逐层分解、逐步细分、逐步求精，从而达到易于理解的目的。分解就是把一个复杂的问题分割成若干个较小、较易解决的问题，然后分别处理。刚接触到一个复杂系统时，往往会感到无从下手，如果运用了分解的手段，把系统自顶向下逐层分解，就能清楚地把一个大系统分解成若干子系统，每个子系统又可分为若干个功能模块，每个功能模块又能分成若干个部分处理，依次分割，直到不能再细分为止。这时整个系统的内容就非常明朗和清晰地展示在我们面前，我们就能容易地理解系统了。

7.3.2 网站客户的需求分析

在系统调研过程中，网站客户的需求分析是非常关键的一个环节，尤其是对于商务网站，确定网站的目标客户十分重要。只有清楚地确认谁是站点的客户，他们需要什么，他们的兴趣何在，企业才可能在站点上提供他们所需要的内容和信息。只有让企业的站点吸引住目标客户并用站点所提供的信息留住他们，企业的站点才可能取得成功。

网络客户需求分析服务方式主要包括：网站建设之前，依据客户要求对潜在用户进行实际调研，并提交需求分析报告；网站开通后，依据客户要求对现有及潜在用户进行实际调研，并提交需求分析报告。

7.3.3 可行性分析

可行性是指在当前组织内、外的具体条件下，信息系统开发是否已具备必要的资源及其他条件。创建网站之前的系统可行性分析工作包括：是否有能力提供和更新 Web 页面内容、人员的组织、软硬件的选择、Web 页面的维护和测试、域名的注册、ISP 的选择、信息收集、Web 连接的组织和维护、搜索引擎的注册、防火墙的设置、确定 Web 站点需要提供哪些交互式应用、数据库的选择、Web 页面发布策略等。

针对这些任务，企业应该根据自己的实际情况确定哪些需要纳入实施计划，以及每项任务的时间、人员安排等。许多互联网设计工具可以协助企业制定这些计划。

网站系统的可行性分析要从以下三个方面去考虑。

1）管理可行性分析

管理可行性主要保证系统建设中所需要的人力资源，并为系统设计开发建立一套管理制度。管理可行性分析工作中，很重要的一项工作就是进行组织结构调查与分析，确定哪些人参与网站设计，这取决于网站的本质。如果仅是公司的某个部门或小组在建网时起领导作用，那么其结果是所建网站只反映了这个部门或小组的需要而忽略了其他部门或小组的需要。很长时间以来，IT 部门负责公司网站的建设工作，这样的网站有一定的局限性，它容易忽略其他重要的部门，如市场部。因此，在网站建设中必须防止类似事件的发生。

2）技术可行性分析

技术方面的可行性分析就是根据现有的技术条件，分析所提出的要求能否达到需求。技术分析包括的内容有分析网站的可使用性（如网站必须设计成易于使用的，而不只是信息的简单堆砌；网站要有好的导航功能，以便读者浏览；网站网页要有好的被检索设计；网页要有可读性；网站应能让用户达到其专门的使用目的）；分析网站的交互性；分析网站性能及可扩展性；分析网站技术的先进性。

3）经济可行性分析

经济可行性分析主要是对开发项目的投资与效益做出预测分析，即从经济的角度分析网站系统的规划方案有无实现的可能和开发的价值；分析网站系统所带来的经济效益是否超过开发和维护网站所需要的费用。

网站系统的投资包括硬件设备、软件系统，开发费用、培训成本，运营费用及维护、更新的支出等多项内容。网络系统的效益也要从提高效率、减少库存、改善服务质量、增加订单、提高企业竞争力以及可获得的社会效益等多个方面进行分析。简单地说，经济可行性分析主要考虑三点：①是否有足够的资金支持；②网站的投资回报；③网站成本分析。

网站初步调查与可行性分析的结果要编写成可行性分析报告，其内容包括以下几个方面：

（1）项目概述。包括系统名称、任务由来、存在问题和重要程度。

（2）系统目标。经过初步调查，用户和系统研制人员共同确定的系统目标和范围。

（3）项目投资。包括人力、资金、设备及时间。

（4）可行性分析。从技术、经济和管理三个方面，分析在现有的资源及其他条件下，系统目标是否可以达到，是否有必要达到。

（5）结论。根据上述分析，对提出的网站系统研制工作做出是否可行的结论。

可行性报告通过后，就成为一个正式文件，文件中确定的系统目标和范围就成为下一阶段工作的依据。

7.4 电子商务网站设计

7.4.1 电子商务网站的系统设计

根据系统分析阶段所提出的可行性方案，在网站的系统设计阶段，应充分考虑到网站信息组织、网站管理和维护、网站经营的特点及需要，使系统的成本投入尽可能低，且容易实施。同时，网站设计还要充分考虑网站的扩展及延伸，从而为企业最终应用提供良好的环境和平台。

网站系统设计过程中，系统的处理流程和基本结构主要体现在设计流程的计划，该计划是自系统分析之后更为详细的实施指导书。一般来说，流程计划主要包括网站目标细化、确定网站要素和网站设计三部分。系统设计阶段是开发网站系统的关键环节之一，它的工作质量直接关系到新系统的质量和经济效益。因此，整个系统设计过程的各项工作都必须按照科学的方法和程序进行。

7.4.2 B2C 电子商务网站的设计要求

在迅猛发展的互联网商务时代，一个高效率的 B2C 电子商务网站绝不仅仅是基于 Web 的商店。

1）导航功能强大

站点应易于导航。链接应该清晰、易于理解且实用。用户应能够在页和屏幕之间随意移动。因为企业不希望消费者在购买自己的产品时遇到困难，而消费者也更愿意在自己能轻松找到结账页的站点消费。

使站点易于导航并不是一件简单的事，Web 完全是以一种非线性方式工作的，用户单击链接的顺序经常无法预料。因此，应该确保无论用户目前在查哪一页，站点向用户展示的始终是完全一致的界面，并确保只需单击一个链接即可访问重要网页（如主页、搜索界面及用户账户信息所在页等）。例如，京东网的购买导航给消费者选择商品带来了便利，如图 7-2 所示。

使站点易于使用的一种方法是确保在常见任务上使用大家熟悉的类似方法。这意味着在消费者完成购买之前，可将其选购的商品存储在购物车中。这可便于不熟悉计算机的人理解站点是如何工作的，从而开展购买活动。[参见“7.7.5 导航与交互设计”]

图 7-2　京东的导航系统

2）性能高效

在网站的设计当中，影响其性能的因素很多。由于不同的人对性能的要求各不相同，总体看来，要符合以下几条基本要求：

（1）尽量减少响应时间。响应时间是指用户从请求了某个操作之后到能够看到结果之前需要等待的时间。在理想情况下，站点上的操作应瞬时就能得到执行，但在实际生活中，带宽的有限性、数据库的并发性和业务处理任务的繁多通常都会导致轻微的延迟。因此，设计电子商务站点时，应尽量减少那些对响应时间有负面影响的因素。

（2）尽量增强可扩展性。可扩展性是指添加资源时站点容量增加的能力。从用户角度来看，这意味着当大量用户同时访问站点时，站点仍能提供可接受的响应时间。

（3）管理 Web 领域中的状态。状态是在两个用户请求之间必须保留的会话数据。例如，在用户继续浏览站点期间，必须一直维护该用户购物车中的物品原状，即使每个用户的请求可能是由 Web 领域中不同的服务器处理的，也必须如此。

3）匿名购物

通常用户都不愿意仅仅为了了解站点在销售哪些商品而被迫登录到站点。因此，站点应在不需要身份验证的情况下，允许用户以匿名方式浏览商品，以及允许他们将一部分商品放入购物车中。

4）注册和维护用户配置文件

如果用户在站点上的任何页面都可以注册，用户就不必在每次下订单时都重新输入相同的信息。用户无须注册即可浏览站点，但结账时必须注册，而且，申请电子邮件实时通信、特价通知等服务时要求注册。

5）完善的产品多目录管理和产品搜索功能

应用程序应支持多目录，多目录产品的汇总对用户应是透明的。

（1）产品和类别。应用程序应允许将产品与一个或多个目录关联。

（2）产品页。应用程序应有一个产品页，其中包括该产品项目的较大图片和该产品项目的详细说明。在此页应能够将该产品添加到购物车中，并且可浏览下一个项目，浏览上一个项目，或返回上一页。

（3）产品搜索结果。搜索结果应显示一系列产品项目及其相应类别（或目录）。项目应按类别或目录分组。同时，每个搜索结果都应提供到相应产品页的超文本链接。［参见“7.7.4 目录结构设计”］

6）购物车的功能齐全

（1）向购物车中添加项目。无论从哪个产品页中，用户都应能够将一个或多个项目添加到购物车中。这些项目可来自不同的目录。每添加一个项目，购物车中的项目数也会相应地增加，并且该数目显示在购物车子图标旁边。

（2）管理购物车。用户应随时能够管理购物车。用户可指定项目是，如“活动的”（实际购买的标记）还是“保留的”（标志为将来可能购买）。用户也可以在查看购物车时进行以下选择：删除单个项目；更改每种项目的数量；保留任何项目，以备将来购买；删除购物车中的所有项目；将项目移入购物车和保留（将来购买）区或从中移出项目；检索保留的订单。

（3）保留购物车或项目。用户应能够保留选定的项目或购物车中的所有物品，以备将来购买。但只有已注册并登录的用户可以保留其项目。如果用户尚未登录或注册，将提示他们进行此操作。用户完成此操作之后，将返回到“保留购物车”操作，如图 7-3 所示。

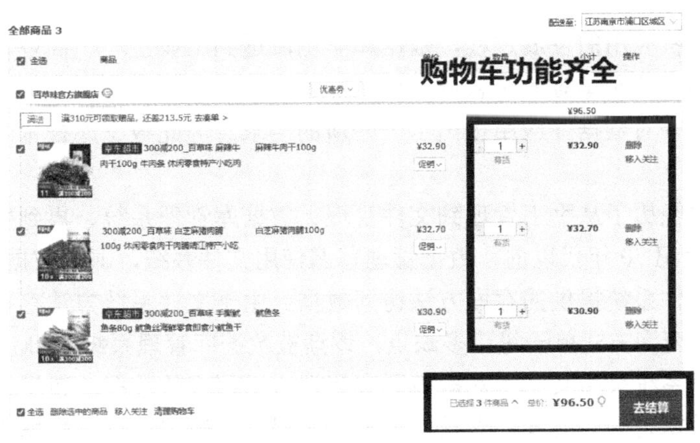

图 7-3　京东的购物车功能

7）支付方便

结账时，网站应向用户显示所有订购的项目（购物车），并在用户对购物车中的物品进行确认后，将出现“发货”屏幕。用户订购的每个项目都应与该用户的主要发货地址关联。用户可以用地址簿中的一个地址或新地址来替换该地址。如果用户添加了一个新地址，他（她）可以选择将该新地址保存在地址簿中。

此外，用户为每个项目指派了地址（或接受了默认的地址）之后，他（她）可以转至“发货”屏幕，选择每个地址的交货方式。默认方式由站点所有者决定。用户选择交货方式后，他（她）可以继续到“订单一览表”屏幕。该屏幕应按发货地址划分。在每个地址下，将列出项目说明、项目价格以及价格合计。对该项目的价格合计进行小计，将运费作为明细项目列出并进行小计，最后将列出该地址下的税金和总金额。

8）安全性好

作为一个 B2C 网站，安全性非常重要，因为要保证网上交易的成功，用户的个人信息、信用卡信息等相关的数据都必须在完全安全可靠的环境下进行传输。安全性是一个商务网站能够生存的基本条件。

如果能确保最基本的窗体的安全性，也就确保了数据或设备能受到保护，防止未经授权的人访问或使用它。在电子商务应用程序的环境中，应该保护信息包括敏感的用户信息、信用卡号、未公开的产品数据等。

7.5　电子商务网站系统开发

电子商务网站是电子商务活动双方信息交流的平台，在电子商务应用中起着极其重要的作用。电子商务网站的建设涉及计算机网络和服务器、操作系统、数据库管理系统、Web 服务器及应用软件等多方面技术。

7.5.1　数据库技术

伴随着计算机应用的发展过程，数据库早已渗透到工业生产、商业、行政、科学研究、工程技术和国防军事等各个领域。电子商务的应用需要大量的数据管理，同样离不开数据库技术，并对数据库应用提出了一些新的要求。因此数据库技术是电子商务的基本技术之一。

数据库技术经历了从手工管理到文件管理、数据库管理系统、再到数据仓库阶段的发展过程。20 世纪 70 年代以前，数据管理普遍使用文件系统，即把数据存放在文件中，应用程序通过文件系统提供的存取方法访问数据。由于文件系统方法存在数据的冗余、程序依赖、数据查询方式单一等诸多缺点，逐渐被数据库管理系统 DBMS 取代。

数据库管理系统采用共同的数据模型来管理应用程序的数据，数据模型不仅描述数本身，还描述数据之间的关系。数据库管理系统提供了数据定义、数据操控、数据访问控制等多种功能，经过多年的研究与应用，其数据库管理技术已经相当成熟。

数据库技术是对大批量数据进行有效的组织管理和快速查询的强有力工具。数据库技术经过几十年的发展，其功能越来越强大。如何将 Web 技术与数据库技术相结合，发挥各自的优势，通过统一的浏览器界面，利用互联网访问位于不同地点、不同类型的数据库资源，实现数据库的资源共享、数据库的本地化及数据库的分布式合作开发，已成为当今 Web 应用的一个热点。数据库技术在电子商务中的应用主要表现在以下三个方面：

（1）存储管理各种商务数据。这是利用数据库集中管理数据的基本功能，电子商务过程中产生的客户信息、商品信息、订单信息、成交记录等大量数据需要借助数据库系统来管理。

（2）基于数据库的商务应用系统。在数据库结构设计的基础上，围绕数据库中的商业数据，可以设计许多具体的电子商务系统，如网上购物、拍卖、招标等 B2C、B2B 形式的应用系统，以及在线进、销、存等 ASP 类型的应用系统。

（3）决策支持。随着分布式数据处理、数据仓库技术的产生和发展，企业可以利用互联网更加广泛地收集客户资料和挖掘商务信息，可以科学地对数据库或数据仓库中大量的商务数据进行组织、分析和统计，从而更好地服务于企业的决策。例如，利用客户在数据库中的购物记录，建立企业的客户关系管理（customer relationship management，CRM）系统，作为商场组织进货依据。许多会员店就是利用 CRM 系统分析出不同类型的顾客的不同需求，不同的时节顾客对商品的不同需求，有针对性地调整货源，最大限度地减少库存，降低资金占用。数据库技术是电子商务的一项支撑技术，在电子商务的建设中占有重要的地位。[参见“7.7.9 数据库设计”]

7.5.2 Web 应用开发技术

1. 客户端脚本技术

可以用来在客户端对表单做有效性检查，进行数字运算，收集关于用户喜爱的选项信息、弹出消息，根据条件进行操作等。常用的脚本语言有 JavaScript 和 VBSCRIFF。虽然有一部分共有的功能，但在实践中两者是不同的语言。Java 是一个强类型的面向对象编程语言，代码要先编译再运行。JavaScript 是一个脚本语言，不是真正的程序设计语言，不能写独立的应用程序，变量是弱类型，语句由客户端的浏览器运行。1997 年，JavaScript 被欧洲计算机制造协会（European Computer Manufacturers Association，ECMA）确立为国际性的 Web 脚本语言，称作 ECMAScript。ECMAScript 得到大部分浏览器的支持。VBSCRIFF 是一个同 VB 有一定联系但独立的脚本语言，建议使用客户端脚本进行用户所填表单的有效性验证，以减少客户与服务器之间的无效交互。

2. Cookies 技术

Cookies 是保存在很小的文件里的文本，这些文件放在用户的计算机上，用来记录诸如用户的习惯、订阅等一些信息，它可以用客户端或服务器端的脚本建立。例如，新的内容需要用户登录以后才能看到，每当用户访问新的内容时，可以运行一个脚本来检查是否有用户，如果有就允许访问，否则就要求用户再次登录。还可以把用户信息从上一个网页带到下一网页，如在线考试中，可以保持已经答过的题目信息。需要注意的是，用户有权拒绝 Cookies，作为网页设计者，一方面要考虑用户可以使用 Cookies 的情况，另一方面要有另外的措施应付不能使用 Cookies 的情况，如把用户信息放在隐藏的表单里。

7.5.3 电子商务网站开发策略

电子商务系统的开发可以采用由内部人员负责的自主开发和以外部人员为主的外包

（委托另一家公司为项目提供外部支持）开发两种基本模式。许多公司认为将整个电子商务项目外包也能够在网上开展业务，但大多数公司持相反的看法。不论采用哪种电子商务方案，项目的成功取决于电子商务同企业业务的集成和支持程度。由内部人员负责项目的优点是能够了解企业的特殊需求，保证项目符合企业的目标和组织的文化。外部咨询人员不可能在实施项目之前非常熟悉企业的文化。大多数公司的企业规模不大或者内部专家太少，无法在没有外部帮助的情况下开展电子商务项目。电子商务成功的关键是在外包和内部支持之间取得平衡。

1）内部团队

信息系统发展的历史表明，即使是用外包方式进行开发，内部团队也是十分重要的。因此，在确定电子商务哪部分项目需要外包时，首先要组建负责该项目的内部团队。这个团队应该包括了解互联网技术的人，他们知道技术的能力和限制；团队成员应该有创造性思维，他们希望公司能够超越目前的境况；他们在公司的业务非常出色，如果其他同事不把他们看作是成功者，这个项目就会缺乏公司内部的信任。

衡量内部团队的绩效非常重要，但不一定用金钱指标，可以用任何适合目标衡量的指标。顾客满意度、增加的销售量和缩短订单处理时间都可作为评价团队绩效的衡量指标。这种衡量应该体现出电子商务项目对公司向顾客让渡价值能力的影响。许多咨询人员建议，应该拨出专款（占项目预算的 5%～10%）来量化项目的价值的实现程度。

员工的企业和业务流程知识也是一种智力资本，许多公司已经逐渐意识到它的重要性。内部团队应该负责从设定目标到网站最终实施和运营的整个过程。内部团队还要决定将项目的哪些部分外包，外包给谁，以及公司需要为项目聘请什么样的咨询顾问或伙伴。在项目早期，咨询顾问、外包商和合作伙伴非常重要，因为他们要比大多数信息系统专家更早地接触和应用新技术。

2）早期外包

在多数电子商务项目中，为了快速开展项目，往往将最初的网站设计和开发外包出去，然后由外包商培训公司的信息系统人员，并把网站的运营交给他们，这种方式称为早期外包。电子商务网站能够迅速为公司带来竞争优势，因而应该尽早让公司自己的信息系统人员参与项目并提出改进意见。

3）晚期外包

更传统的信息系统外包方式是由公司自己的信息系统人员完成最初的设计和开发工作并实施这个系统，直到它成为公司稳定的组成部分。等到公司得到了系统带来的所有竞争优势后，就可以把电子商务系统的维护工作外包，以便公司的信息系统专业人员能把注意力和精力转移到另外的能带来进一步竞争优势的新技术上，这种方式称为晚期外包。多年来，晚期外包已成为充分利用稀缺的信息系统人才的标准方式，但对于电子商务项目来说，还是应该更多进行早期外包。

4）部分外包

在早期外包和晚期外包两种方式中，项目整个设计、开发和运行的责任都是由单独的群体（公司内部或外包方）来承担的。这种典型的外包模式在很多信息系统项目中都能很好地发挥作用，但电子商务项目还可以进行部分外包。部分外包也称为局部外包，即公司将部分项目交给另一家专业公司进行设计、开发、实施和运作。

例如，许多小网站常常将电子邮件处理和回复工作外包出去。具体来说，顾客希望与自己打交道的网站能够迅速回复自己的电子邮件，许多公司会收到订单或信用卡付款后立即用电子邮件自动发出订单确认，其中，很多公司将这种电子邮件自动回复功能外包出去了。

电子结算系统是部分外包的又一个典型例子。许多结算服务商能够提供全面的结算处理技术。当顾客准备付款时，由这些结算服务商的网站“接过”顾客，在处理完支付交易后，又把顾客送回原来的网站。

互联网连接、应用和业务服务商（包括 ISP、CSP、MSP 和 ASP）向别的公司提供主机服务，这些公司想建电子商务网站，但又不想在网络服务器硬件和技术人员上投资，服务商可提供这些公司所需的多种服务。小公司可在服务商的服务器上租用空间，大公司可购买服务器硬件，放在服务商处，由服务商负责安装和维护，提供电子商务网站每天 24 小时、每周 7 天（不间断运作）所需的人员和专业技术。大多数服务商能提供多种服务，甚至包括个人网络拉入。有些服务商则专门为公司提供服务，满足它们开办电子商务网站的需要，这些服务商能比小服务商提供更宽的带宽和更可靠的不间断服务。

许多服务商和其他公司为开展电子商务的企业提供网络接入之外的服务。这些服务多数都是前面讲过的适合部分外包的业务，如电子邮件自动回复、交易处理、结算处理、安全顾客服务和支持、订单履行以及产品分销等。

7.6 电子商务网站测试与评估

7.6.1 电子商务网站测试

结合网站硬件、系统软件与应用软件一起，按照“网站开发规划书”与“网站设计说明书”的要求，对照“网站使用说明书”，安装系统，输入测试数据，进行联机运行，测试网站各项功能的完成情况，包括网站布局与风格、网站访问速度、信息发布与交互、线性与并行交易处理、安全防护等。由于电子商务网站的网上交易还涉及与外部的银行系统、认证系统的信息交互，因此测试时要进行大量的联机测试，找出不足或不符要求的地方，结合项目方的一些新的需求，书写成规范、详细的“修改意见书”，提交给开发团队，进行修改，这样不断循环，直至达到项目方满意为止。

在测试运行通过后，可以形成正式的“网站使用说明书”，分发给项目方的员工，进行培训后，系统投入正式运行。企业在电子商务网站运行的同时，通常传统商务系统也在进行，因此在运行管理方法上要注意电子商务与传统商务的协调、配合与互相支持，避免互相牵制。在电子商务系统投入正式运行后，需要制定可行的日常维护计划，配置相应人力物力，进行网站的日常维护。对网站运行中出现的问题进行记录与分类，根据问题的性质进行应急维护或中期维护或远期维护，还可结合问题的技术性，选择进行系统性维护、数据维护或代码维护。当实际运行中出现较多而且是致命性的问题时，就可能需要进行系统性维护，重新进行需求分析，调整网站的规划。

7.6.2 电子商务网站的评价

1. 电子商务网站的评价方式

网站的评价和测试本身就是一项系统工程，需要专业的知识和技术的支持。很多专业的咨询公司提供不同内容的评测服务，使得企业在选择评价方法时增加了灵活性。企业可以根据自己人力和资金的情况选择适合的方法。请第三方咨询公司来做评测，这是目前比较流行的方法，特别适合规模较大的公司网站的评价。

1）委托国内外一些专业的网站评估公司评估

例如，BizRate（www.bizrate.com）是一个专门从事评测网上商店的网站。他们用 40 项条件来评测网上商店，包括订货的便捷性、价格、网页设计、隐私政策和及时送货等等，并以星级来表明每项条件所达到的水平，是目前互联网上评价电子商务网站较为客观和权威的标准。

2）权威机构网站评比活动

国内的一些权威网站管理机构如 CNNIC 等，会定期或不定期地进行网站经营状况的统计和评比。企业网站参加这样的评比，实际也是对自己的一种评测和宣传。

3）自我评测

由网站管理人员或企业内部独立于网站管理的监测人员，对从网站搜集到的各种数据，如访问次数、购物品种数量、顾客信息等进行分析统计。自我评测也可参照专业评估网站或权威网站的标准和方法进行。

4）顾客评价

企业网站向顾客发送包括所需评价项目的网上调查表，让顾客填写。然后由网站管理人员自己对获得的反馈信息进行统计分析。

5）借助 ISP 或专业网络市场研究公司的网站进行调研

这对于那些市场名气不大、网站不太引人注意的中小企业不失为一种有效的选择。企业制定调研方案，然后将调研方案放入选定的网站，就可以实时地在委托商的网站获取调研数据及进展信息，而不仅仅是获得最终调研报告，这与传统委托市场调研方式截然不同。

这些站点上网者众多，扩大了调查面，借助专业市场研究公司所具备的市场调研能力也将提高调研效果。这种方法的弊端是，由于网站内容繁多，企业市场调研对上网者的吸引力可能会降低，同时，上网者如果想与企业交流，必须重新链接进入企业网站，从而增加了操作，这可能是上网者不太愿意的。

6）由专业的网上调查、咨询公司调查

国外著名的 Forrester Research 和 Jupipter Communication 公司和国内的零点市场调查

公司等都是专门从事网上咨询和调查服务业务的公司。最典型的网上调查方式有电子邮件调查、网上焦点座谈和主动浏览访问等。与传统调查手段相比，网上调查具有明显的优势，如高效、保密、低成本和与调查对象有更密切的接触效果等。

2. 网站评估指标体系

1）网站硬性指标

网站是否能够让客户很轻松、方便地登录和记住，包括域名种类分布、域名品牌一致、网站语言版本、域名解析时间、请求响应时间、主机连接时间、下载时间、HTML综合质量、图片综合质量、首页布局质量、首页信息类型等。

2）网站推广指标

网站推广是否能吸引更多客户，包括搜索引擎排名、网站知名度、推广方案设计、网络广告设计等。

3）网站服务指标

客户对网站服务的满意度，包括回应时间、目标客户、客户区、联系层次、联系细分、FAQ、帮助导航、网站地图、服务流程、帮助是否全面、产品分类、产品描述、产品图片、价格建议等。

4）网站互动指标

与客户的互动效果如何，包括客户回应、解决时间、认真程度、产品了解、准确程度、客户社区、客户鉴别、客户忠诚度、深化服务、兴趣调查、需求调查等。

3. 评价数据的采集

为了定量地对网站的经营做出较为准确的评价，首先就要利用多种方法采集相关的数据。这些数据是网站评价的基础，也是企业制定发展战略的基础依据之一。电子商务的信息化、互动性等特点，为数据的采集提供了方便的手段。在网站设计时就要规划好数据的采集、存储及处理方式。其中，访问量的采集和统计是评估网站经营状况的最基本的原始数据。

网站评价数据的采集可通过以下一些途径：

（1）在主页中设置访问计数器。在主页中设置访问计数器是最简单的访客数量统计方法，可随时得到访问人数的绝对数量和变化趋势。但这个数据比较粗略，只能用做参考。

（2）发布在线统计表单。经常在网上（或通过其他媒体）发布统计表单，针对网民进行企业或网站的某方面问题的调查、统计，并分别统计客户的数量、群体分布等。

（3）在线统计购物的品种、数量。将顾客每次购物的品种、数量信息存入数据库，及时进行统计分析，并对未来市场需求趋势做出预测。

（4）统计电子邮件刊物的预订数量。如果网站发行电子邮件刊物，可统计电子邮件刊物的预订数量及索要资料的请求数量，并分类归纳顾客关心的商品、服务或相关的技术问题。

（5）统计咨询类电子邮件的数量。随时统计咨询类电子邮件的数量，并对咨询者提出的问题、咨询者个人信息进行归纳和分类统计，及时统计 BBS、聊天室、网上社区等的参与状况并做出分析。

（6）定期监测网上合作网站情况。因为每个网站随时都可能更新，所以需要定期监测网上合作网站的合作情况及变化。

4. 电子商务网站分析工具和测试网站

首先，网站分析能使决策者了解客户的身份、背景及需求，从而使企业的电子商务走向成功之路；其次，从网站中获得的各种信息，改善网络营销的方法和策略，使企业获得更多的商机；最后，网站分析提供的信息可以帮助网站管理人员了解网站运行的效果，从而改进网站设计，提高网站效能，充分发挥网站的作用。

网站分析是非常复杂的工作，需要一些工具的支持，另外有些专门从事网上调查的网络公司可以帮助网站进行分析工作。

WebSphere Site Analyzer 是 IBM 电子商务套件 WebSphere 的一部分。它是一套全方位的网站分析解决方案，能提供信息采集、分析、报告及存储。WebSphere Site Analyzer 采集分析所需的相关信息，并制作报告，向网站管理员及营销和决策部门提供决策所需的信息。WebSphere Site Analyzer 还包含了报告向导，使网站管理者不需要学习 SQL 就可以制作分析报告。您可以用 WebSphere Site Analyzer 方便而快捷地报告各项内容，从聚合页面大小和中断链接到站点访问路径及出错情况。同时，网站维护人员可以通过使用一组预先定义的报告元素来定制如何查看分析的数据，也可以构建用于收集某一站点特定信息的客户报告。WebSphere Site Analyzer 会将信息存储在 DB2 数据库中，并提供一种灵活的机制，供网站管理者创建有针对性的报告，以显示该 Web 站点的内容和使用发展趋势，从而及时调整发展策略。

7.7　电子商务网站设计实例

本节将结合具体实例分别说明网站设计的具体内容以及相应的方法。

7.7.1　网站设计方法

进行网站设计，首先要决定采用什么样的方法来进行网站开发设计。与一般软件系统设计的方法类似，网站开发设计也有自顶向下、自底向上等设计方法。

这里介绍的网站设计方法是采用“自上而下”的开发模式与结构化方法。所谓自上向下，就是从整个网页的主页，即常说的 home page 开始设计，向下一层一层地展开。采用这种设计方法，在开始设计网页时可以先用一些空的网页构筑起整个网站的框架，分模块开发相关的应用程序，然后再一步一步地向框架中增加内容，逐步细化，直至最后完成整个网站的制作。

采用这种设计方法的优点是能在总体上统一整个网站的界面风格，使网页的组织结构比较合理。采用这种网站设计方法，通常一开始就需要做出一个所谓的“模板”，作为以后页面设计的基础，这样就能使整个网站系统界面的版面风格和功能设置保持一致性。

7.7.2 网站标题设计

电子商务网站标题包括网站名称和标志（logo）。每一个电子商务网站都寻求有一个响亮的名字和独具风格的 logo 图标，以留给浏览者较深刻的印象。好的网站名称能简单明了地体现出这个网站的主题，对客户有很大的吸引力。网站的 logo 也同样要设计得简单而独具特色，它如同商标一样，是网站特色和内涵的集中体现，要让大家看见 logo 就联想起该网站。logo 图标可以是中文，也可以是英文字母；可以是符号、图案，也可以是动物或者人物等，如图 7-4 所示。

图 7-4 电子商务网站 logo 图标

7.7.3 网站的内容与功能设计

网站的内容与功能都体现在各个网页上，所以下面重点说明几个主要页面的设计。为使浏览者尽快找到相应的功能页面，可以借助“网站地图”来进行导航定位。

1. 首页

首页必须具有简单、鲜明的特点，这样才能吸引浏览者的目光，指引用户到主页，首页直接影响网站的应用便捷性。例如，“××网上商店”网站的首页可以这样设计，网站标题包括一个美术化的网站文字名称和专门设计的图片形式的 logo 标志；一个给浏览者以强烈视觉冲击的品牌宣传图片；一个进入主页的链接按钮。也可以把首页和下面的主页设计合为一体，如图 7-5 所示的李宁网站时尚的首页设计。

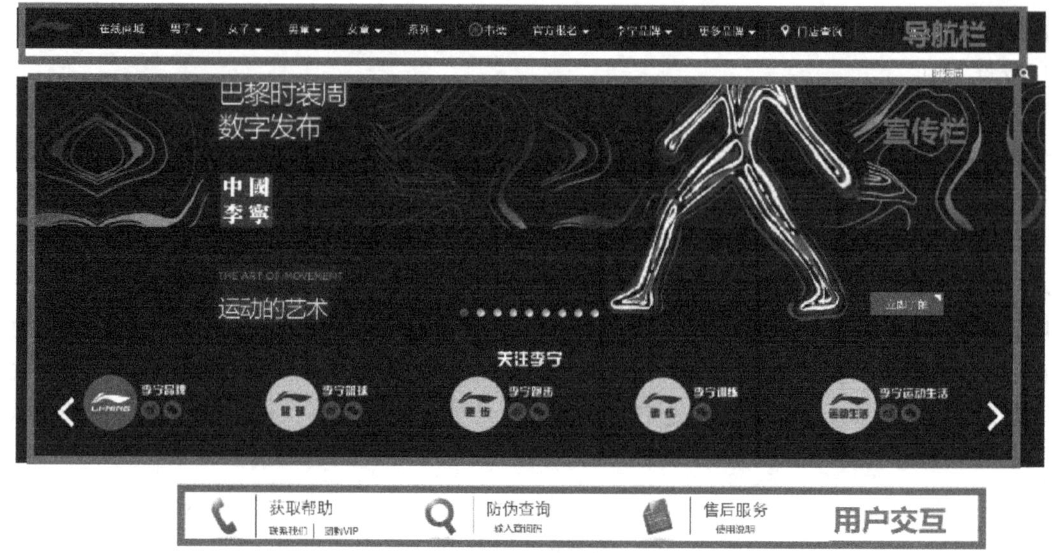

图 7-5 李宁网站时尚的首页设计

2. 主页

电子商务网站的主页要尽可能地将本站所有内容和功能栏目展现出来，要尽可能地将主页做成整个网站的缩略图，使得用户只要浏览过主页，就能对网站有一个比较清晰的印象。主页还要提供通向各个主要栏目模块的链接和会员、管理员登录的入口。特别是要在主页上清晰表明有关客户比较关注的支付与物流配送服务的说明。

在主页的风格设计中，色彩的使用也非常重要。在选择色彩的时候，既不能太过鲜艳，让人觉得刺目难受，也不能过于沉闷，让人提不起精神。当然这也要结合具体的产品性质以及客户群体的性质进行关联设计。

在主页的结构设计中，可将主页划分成几个部分分别设计。例如，可将主页分为上、中、下三部分，再把中间部分分为两块来设计。

主页的上部是网站标题、网站标语图片或主要广告，网站的多数栏目模块的链接也会放在上部，使用户可以很方便地在网页上部就能进入所需要的页面中。

网页的中间部分一般是网站各个功能页面的简化版本的组合，例如，介绍几条最新最有吸引力的新闻，放上几个最新产品图片与文字介绍，或放置简单的分类浏览等。一般中间部分占页面的比例较大，也可以分为左右两部分。左边为小标题，右边为小标题连接的内容。

网页的下部给出联系方式、版权信息、相关网站的链接和其他内容。例如，在“李宁”网站的主页设计中，顶部设计为提供一个进入功能模块“会员注册和登录”的入口；上部设计为网站广告；中部中心部位设计为动态的图片，旨在营造一个动感时尚的氛围以及相关最新促销信息，商品专区等；主页下部设计为给出联系方式、版权信息和其他链接内容，为静态内容。图 7-6 为李宁网站的主页，简洁时尚、色彩具有冲击感。

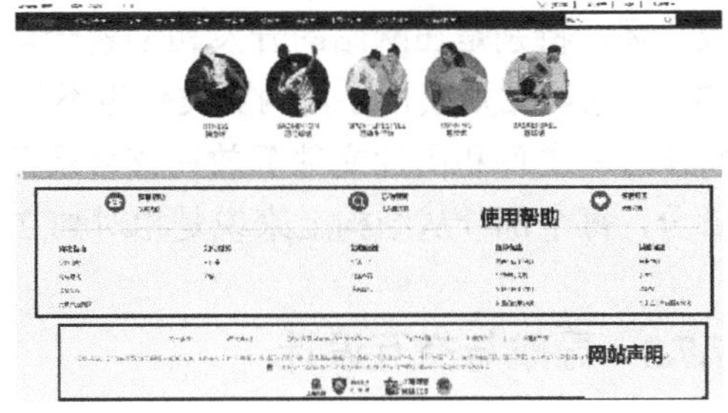

图 7-6　李宁网站时尚的主页设计

3. 网站主要栏目设计

主要栏目设计包括各个栏目的主页和二级功能页面的设计。栏目主页要包括该栏目的主要内容介绍以及到各个二级功能页面的接口（链接）。要使浏览者一进入该页面，就知道本栏目提供哪些服务，可以浏览哪些内容。二级功能页面是根据内容和功能需要使用的页面，可在制作时具体确定，只要注意提供返回栏目主页面和网站主页的链接即可（图 7-7）。

图 7-7　李宁的栏目设计

7.7.4　目录结构设计

目录结构设计又称为网站物理结构设计，物理结构是指网站文件的物理存储结构，即网站文件在服务器上的存储方式。良好的目录结构设计将为应用系统的调试、维护升级以及备份等提供方便。

由于设计一个网站会涉及许多文件和目录，同时在设计的过程中也会生成许多文件，包括页面文件、程序代码等，因此合理地放置这些文件和目录是顺利进行开发工作的重要一环。特别是在网站的开发初期就合理地规划好目录结构，对于设计网页是很有好处的。如果网站规模很小，网页文件也不多，最简单的方法就是给整个网站建立一个目录，将所有的文件和图片文件都放在该目录下面。复杂的网站可以按网站的内容分成不同的部分，每个部分从结构上来说是相对独立的。

7.7.5　导航与交互设计

1）导航设计

导航设计要解决的问题是页面位置、去向、路径、返回方法，以方便客户的信息寻找与使用。导航设计有以下类型。

（1）超文本链接。非顺序的内容通过超文本链接起来，可使用户按使用的顺序和意愿浏览信息。

（2）导航栏。放置在固定位置的多个标题的超链接，可以是文字或图片。一般有大型导航条、小型导航条、导航目录。

（3）网站地图。以图形或文本超链接的方式显示站点中所有的页面、栏目部分和内容分类列表等。网站地图显示的是网站的逻辑结构，逻辑结构是网站在运行时抽象出来的拓扑结构，它建立在物理结构之上。网站地图一般专门提供一个链接的页面。

2）交互设计

在电子商务网站中涉及大量的买卖双方的网上信息交互。交互设计要解决互相作用、互相交流的方式问题，以及信息传递和选择性问题。人机交互设计要注意交互的简易性与友好性，还要注意交互的灵活性、明确性、一致性、容错性、反馈性与图形化。

人机交互的常用方式有问答式、菜单式、功能键、图符、查询语言界面、自然语言界面。需要注意的是，菜单层数（菜单交互功能深度）不能太多，菜单宽度（同层中菜单项总数）不要过大。随时代的发展，现在大多数电商选择客服对话模式，如图 7-8 所示。

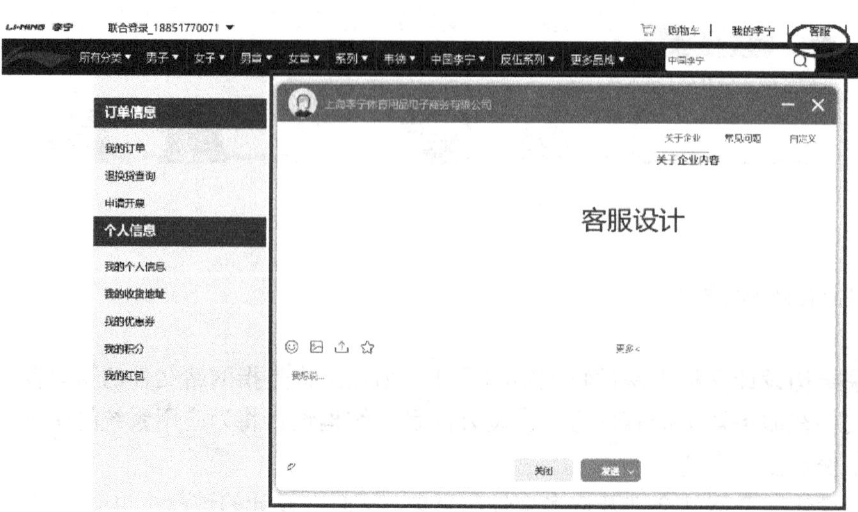

图 7-8　李宁的交互设计

7.7.6　网页版面布局设计

网页版面布局设计应该统一网站所有页面的布局，在设计定型之后，一般很少修改。有时候将网页版面布局设计称为模板设计，以后各页面的详细设计和实现都是基于这个模板展开的。

网页版面布局设计要求在限定的面积范围内，合理安排布置图片、图像和文字的位置。版面布局样式主要有“口”字形、“三”字形、“川”字形和自由型，不同的企业开展电子商务时可以根据业务规模、产品性质以及客户群特点等进行适当选择。

除了中部的工作区各个页面不相同外，顶部和底部的内容所有页面基本相同。具体来说，页面的顶部包含了网站的标题（各个主要栏目页面可显示不同标题名称），网站导航栏（所有页面都相同）。通过导航栏可以进入到网站的任何一个部分。底部区包括的内容比较简单，如返回首页链接和一些版权信息等。对于页面的中部显示区，不同的页面差别很大，例如，有的网站首页显示的内容比较全面，几乎包含了本网站所有内容的缩小版本，而其他功能页面可能显示的是查询结果、产品介绍或业务处理页面等。

7.7.7　网站外观设计

电子商务网站具有强大的网络营销功能，包括产品的宣传与推广，这方面可以与报纸杂志、电视等传统媒体相媲美。网站外观设计包括网页色彩设计、CI（corporate identity，企业识别）设计、版面设计、风格与创意设计等。一个优秀的电子商务网站和一个实际存在的公司一样，需要整体的形象包装和设计，如使用统一的网站标志等。

1）网页色彩设计

网页色彩设计非常重要，打开一个网页，给用户留下第一印象的既不是网站丰富的内容和完善的功能，也不是网站的版面布局，而是网页的色彩。色彩对人的视觉效果非常明显，一个网站设计成功与否，在某种程度上取决于设计者对色彩的运用和搭配。因为网页设计属于一种平面效果设计，除立体图形、动画效果之外，在平面图上，色彩的冲击力是最强的，它很容易给用户留下深刻的印象。因此，在设计网页时，必须高度重视色彩的搭配。

特别需要注意的是，合理地选取页面的背景色，而且一旦选定了网站的主背景色，所有其他色彩的使用都要围绕它展开，要选择那些能很好地融入主背景色中的颜色，绝不要使用与之相对立的颜色。

一个电子商务网站不能单一地运用一种颜色，会让人感觉单调、乏味，但是也不能将所有的颜色都运用到网站中，让人感觉轻浮、花俏。例如，在李宁的网站中，主要色调应用了白、红调，具有强烈的运动色彩，与网站运动服饰的风格比较吻合。

2）网站的 CI 设计

网站的设计包括以下内容：

（1）网站标志。［参见“7.7.2 网站标题设计”］

（2）网站主题色彩。主题色彩是指能体现网站形象和延伸内涵的色彩。主题色彩要用于网站的标志、标题、主菜单和主色块，给人以整体统一的感觉。至于其他色彩也可以使用，但只是作为点缀和衬托，绝不能喧宾夺主。例如，IBM 网站的深蓝色，肯德基网站的红色条形，Windows 视窗标志上的红、蓝、黄、绿色块，都使人觉得很贴切，很和谐。

（3）网站标准字体。与主题色彩一样，标准字体是指用于标志、标题、主菜单的特有字体。一般网页默认的字体是宋体。为了体现站点的与众不同和特有风格，可以根据需要选择一些特别字体。

（4）网站宣传标语。网站的宣传标语可以说是网站的精神、网站的目标，用一句话甚至一个词来高度概括，类似广告句。logo、色彩、字体、标语是一个网站树立 CI 形象的关键，设计并完成这几项任务，网站整体形象会大大提高。色彩与字体的设计可以专门使用 Style 样式文件来保存，以利于制作各个页面时使用。

3）版面设计

所谓版面设计，就是在电子商务系统网页版面上将有限的视觉元素进行有机地排列组合，将理性思维个性化地表现出来，是一种具有个人风格和艺术特色的视觉传达方式。它在传达信息的同时，也产生感官上的美感。无论是进行电视广告、报纸广告，还是杂志、包装、网页等设计，都需要版面设计。版面设计是现代设计艺术的重要组成部分，是视觉传达的重要手段，如图 7-9 所示。

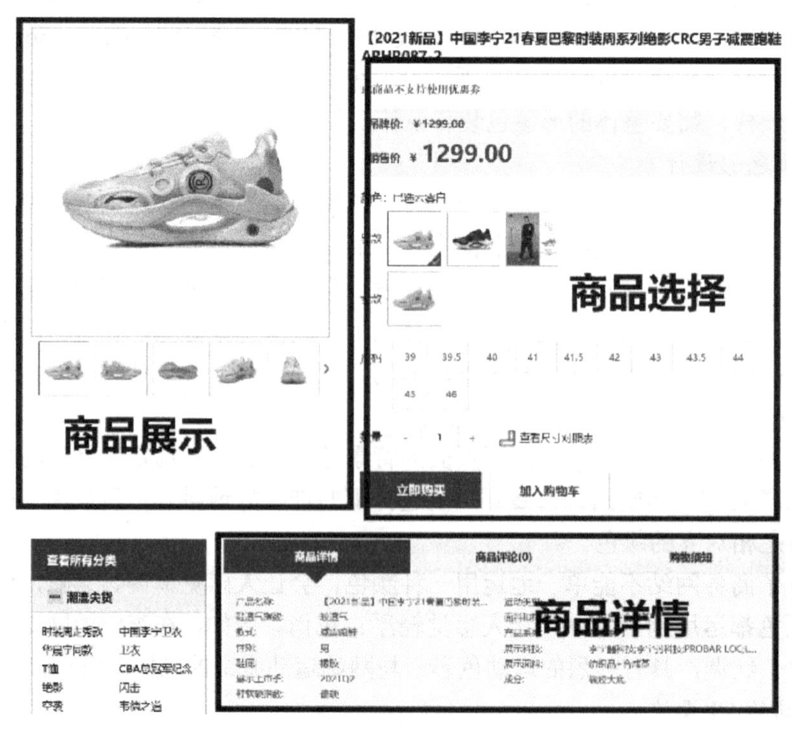

图 7-9　电子商务网站的版面设计

网页的版面设计要主次分明，中心突出。在一个网页上，必然要考虑视觉的中心，这个中心一般在页面的中央，或在中间偏上的部位。因此，一些重要的文字和图片一般可以安排在这个部位，在视觉中心以外的地方就可以安排那些稍微次要的内容，这样在页面上就突出了重点，做到了主次有别。

在网页中，主题要成为视觉中心，吸引人的视线。主题不鲜明突出，会扰乱浏览者的视觉流程，使网页版面显得散乱，破坏其和谐。一幅主题不鲜明、不突出的网页，就好比一堆零乱的垃圾，无法让浏览者享受到美。版面设计的最终目的是使网页产生清晰的条理性，用悦目的内容更好地突出主题，达到最佳的表达效果。

网页的版面设计要注意文字、图片与动画甚至音频等的布局。网页作为一种版面，既有文字，又有图片。文字有大有小，有标题与正文之分；图片也有大小，有横竖之别。图片和文字都需要同时展示给观众，不能简单地罗列在一个页面上，这样往往会显得杂乱无章。必须根据内容的需要，将这些图片、动画和文字按照一定的次序进行合理编排和布局，使它们组成一个有机的整体。文字、图片、动画还具有一种相互补充的视觉关系，如果一个网页页面上文字太多，就显得沉闷，缺乏生气；页面上图片太多，缺少文字，就会减少页面的信息容量；动画太多，就显得过于晃眼。因此，理想的效果是文字、图片与动画甚至音频的密切配合，互为衬托，既能活跃页面，又使网页有丰富的内容。

网页的版面设计要注意大小搭配，相互呼应。较长的文章或标题，不要编排在一起，要有一定的距离；同样，较短的文章，也不能编排在一起。对图片的安排也是这样，要互相错开，大小适当，避免重心的偏离。

4）网站的整体风格和创意设计

风格是抽象的。具体来说，电子商务网站的风格包括站点的 CI（标志、色彩、字体、标语）、版面布局、浏览方式、交互性、文字、语气、内容价值、存在意义、站点荣誉等诸多页面因素，以及产品类型、服务方式、营销方式等。

风格是独特的，是站点不同于其他网站的地方，或色彩，或技术，或交互方式，或产品，或服务，能让浏览者明确分辨出这是此网站独有的。

风格还可以是有人情味的，通过网站的外表、内容、文字的交流可以概括出一个站点的个性、情绪。风格是建立在有价值内容之上的，例如，专业的电子商务网站应该有创意、适合的产品、企业的形象与品牌宣示，信息容易查找，且交易方便、值得信赖。其中，对电子商务网站，特别是小型企业或新企业电子商务网站来说，创意是网站生存与发展的关键之一。实质上，创意是传达信息、产品与服务的一种特别方式，目的在于更好地营销网站与企业的产品。

7.7.8 页面详细设计

对于网站页面的内容，要注意和前面的需求分析说明相结合来详细设计。设计内容主要包括：①该页面的作用；②该页面要反映的具体内容；③该页面要使用的图片、动画、声音文件的内容及格式等要求；④确定静态和动态内容，以及确定动态功能模块使用哪种 Web 开发技术工具进行开发；⑤该页面的关联链接。

每个电子商务网站都有很多的页面，注意结合每个页面的功能要求、网站的整体风格与布局来进行详细设计，特别要注意首页、主页以及栏目主页的设计，做到应用方便。由于客户浏览电子商务网站的主要目的是交易，电子商务网站的页面设计对重要的或容易引起歧义的商务信息如产品价格信息、支付信息、商品配送信息等要在网页的醒目位置予以清晰地描述，并且在交易流程中涉及许多买卖双方计算机的信息交互，注意提示信息的及时与醒目。在交易流程中，为了提高交易速度，注意少用一些动态的页面设计，如图 7-10 所示。

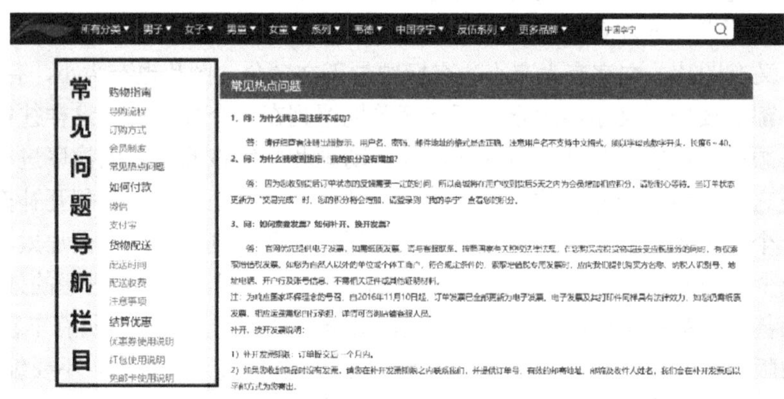

图 7-10　电子商务网站页面内容设计

电子商务网站的页面信息比较讲究时效性，需要时时更新，因此在设计与前台页面对应的后台处理页面时要注意可用性与易维护性，基于页面处理的相应数据库维护要简单、可靠。

7.7.9　数据库设计

电子商务主要体现为网上的各类信息流的交互过程，因此电子商务网站需要许多类型数据库的支持。这些数据库中包括企业信息、产品信息、价格信息、销售信息、客户信息等内容，对这些数据要完成保存、查询或加密工作，注意各类客户的分权限应用与维护。

建设网站的时候，建立多少个数据库，每个数据库中有多少张表，开发人员要根据所建网站的实际情况来决定。需要考虑的因素比较多，如数据量大小、数据更新频率和数量、数据库查询操作的频繁程度、管理层次等。实际操作之前必须经过慎重的设计工作。

需要注意的是，在数据库系统保存客户信息与客户的消费信息，对这些信息进行统计分析，是企业了解客户个性的主要渠道，是企业的宝贵资源。

数据库的设计不仅要顾及数据的方便存取功能，还要注意数据库的安全性、条理性以及可维护性。

1）*数据库设计规范化*

数据库设计的关键是设计数据表中的数据项（字段）设计要符合数据结构的规范化要求，即满足以下要求：①在表（二维表）中任意一列上，数据项应具有同一属性，即不允许有重复数据项；②在表中所有行都是不相同的，不允许有重复的行；③在表中，行的顺序无关紧要；④在表中，列的顺序无关紧要，但不能有重复的列；⑤每个数据表必须有一个或多个数据项组合构成的主关键字，其他数据项元素要由主关键字来确定；⑥非主关键字的数据项元素之间相互独立，没有函数传递依赖关系。

2）*数据库设计实例*

数据库系统可以支持诸多子系统的运行，包括会员信息子系统、新闻存取子系统、市场调查子系统、留言簿子系统、商品信息子系统、用户登录子系统等。一个子系统可以建立一个数据库，例如，名为 client 的数据库是会员信息子系统的数据库，其中包含会员基本信息表（register）、会员用户密码表（userpwd）、会员信用表（credit）等。

在网站开发的过程中，由于需求的变化有可能需要对数据库一些表的结构进行一些修改与调整。目前数据库技术发展很快，数据库系统功能日益强大，有的还支持流媒体信息如音频、视频信息，这为电子商务网站的多媒体实现提供了强大支持。[参见“7.5.1 数据库技术”]

7.7.10　交易与服务流程设计

根据前面的需求说明与功能规划，进行相应的交易与服务流程设计，这里涉及与认证、物流、支付等服务部门的协调。交易与服务流程设计需要仔细调研与分析传统的商务交易与服务流程，结合网上业务处理的特点，进行业务流程的优化或重新设计，以保证网上交易或服务的前后台协调、可靠处理。

课后题

一、复习思考

1. 简答电子商务网站的作用。
2. 简述企业网站设计应包含的功能。
3. 电子商务网站系统分析有哪些注意事项？
4. 电子商务网站规划书包括哪些要点？
5. 简述电子商务网站设计应遵循的基本原则。
6. 简述电子商务网站功能方面的评价标准。

二、问题讨论

1. 选择一个我国知名电子商务网站，分析其网站设计是否符合电子商务网站设计应该遵循的基本原则，并讨论符合设计原则的好处，以及不符合原则的设计可能带来的服务隐患。

2. 查阅电子商务营销相关资料，并结合你自身网络购物的经验，讨论我国中小型电子商务企业怎样设计网站能更好地实施网络营销，甚至能更有效地让访客变成买家。

三、实践训练

1. 网站设计是一个较长的过程，一般过程如下：①确定网站设计总体思想，如何实现网站规划中提出的目标；②确定网站的风格和特点，网页的外观及使用方面的特点；③确定网站提供的内容，对网站的内容进行分类；④编写网站设计的计划书，明确人员分配、协调及进度；⑤制作网页的模板；⑥测试网页，试用网站，并提出反馈意见；⑦正式推出网站。

请按照以上步骤，为一家鲜花礼品网站写一份规划设计报告。该公司背景如下：可以提供 24 小时网上订购鲜花礼品服务。配送范围覆盖全国 900 多个城市，全国多数县级以上城市均建立了分支加盟连锁机构，最快 3 小时左右送货上门。

2. 登录 3～5 家 B2C 电子商务网站，比较各网站在网页设计、栏目设计、内容设计、商品信息搜索等方面的差异。

3. 登录 2～3 个移动商务 App，分析它们在网站设计方面的优点是什么？还存在怎样的不足需要改进？或是有哪些方面的设计是多余的需要删改？

8　电子商务法律

本章内容要点：电子商务的迅猛发展，使得与电子商务相关的法律纠纷问题层出不穷。本章第一节分析了电子商务法律问题的根源与电子商务立法的必要性，并介绍了国内外电子商务法律的状况。第二节详细分析了电子商务交易各环节中出现的法律问题。第三节介绍了电子商务知识产权（域名、版权、网页设计等）保护。第四节阐述了电子商务消费者权益保护，主要讨论了消费者信息权、隐私权和求偿权的保护问题。第五节介绍了跨境电子商务的法律问题。

学习引导案例

我国电子商务领域知识产权保护全面加强

国家知识产权局知识产权发展研究中心28日发布的《中国电子商务知识产权发展研究报告（2020）》显示，2020年，我国电子商务领域知识产权保护全面加强、成效显著。

国家统计局数据显示，2020年1～10月，全国网上零售额91 275亿元，同比增长10.9%。其中，实物商品网上零售额75 619亿元，占社会消费品零售总额的比重为24.2%。加强电商领域知识产权保护，对于保护权利人合法权益、营造良好营商环境意义重大。

报告指出，各平台企业履行平台义务，细化平台内知识产权保护管理，各大电商平台知识产权权利人入驻数量不断提升。政企合作、权利人合作等多元社会主体协同的社会共治在电子商务知识产权保护中发挥着日益重要的作用。

报告显示，我国主要互联网平台持续加大知识产权保护力度，技术防控体系不断升级。例如，京东的“红网”可对知名品牌、特殊商号进行针对性保护，目前已保护知名品牌2100余个；字节跳动的“灵石系统”可通过技术手段自动对比平台内视频版权，快速发现侵权内容。

面对跨境电商知识产权保护的全球挑战，报告呼吁，各国积极开展合作，围绕国际规则协调、国际执法协作、跨境保护服务和创新纠纷解决，携手探讨知识产权相关保护规则，确保跨境电商交易顺畅、知识产权保护得力。［资料来源：张泉. 我国电子商务领域知识产权保护全面加强[EB/OL]. 中华人民共和国中央人民政府网站.（2020-12-28）[2021-02-20].http://www.gov.cn/xinwen/2020-12/28/content_5574317.htm］

8.1　电子商务法律概述

电子商务的基本特征是其法律问题的根源，这使得传统法律无法切实有效地解决电子商务法律问题。因此，国际相关组织以及世界各国都纷纷制定电子商务法律法规，完善电子商务法律环境，以保证电子商务的可持续发展。

8.1.1　电子商务法律问题的根源

电子商务的跨越式发展，给现行国际法律体系带来了新的挑战。由于电子商务的交易过程涉及商家、金融、电信、公证、互联网服务提供商和消费者等许多方面，其中任何一个环节出现问题，都可能引发纠纷，这就需要有相关的立法来规范。然而，与电子商务的迅猛发展相比，与之相关的法律法规则显得滞后。电子商务的特征决定了它为全球经济发展营造了良好氛围。然而，这些优势同时对相关法律提出许多新的要求和挑战，是其法律问题的真正根源。电子商务易导致法律问题的主要特征包括以下几个方面。[参见“1.2.3 电子商务的优势和不足”]

1）商务运作环境和交易主体的虚拟化

电子商务主体具有明显的虚拟化特性，该特性加大了交易风险。传统商务活动中，交易双方的面对面协商使得双方在相互了解的基础上达成交易。电子商务中，交易主体之间是通过电子行为缔结和履行交易合同的，主体的虚拟性使得其不再是一个具体的物理性存在，很难通过网络表现而判断其有无资质和履约能力，甚至交易主体可以通过预先设定的自动信息系统，缔结合同并做出实际履行，甚至整个交易过程双方也许都不知情。

主体的虚拟化使得主体身份的确认、交易意图表示的归属以及合同履行的确认等一系列交易安全环节都容易出现问题。电子商务立法必须通过电子签名和电子认证制度等技术对主体的身份做出辨认，对交易意图表示和履行的归属进行确认。

2）交易对象和交易过程的数字化特征显著

传统的民商事法律是以信息传递的纸面化为社会生活基础来制定规则的。一般而言，传统的社会生活中，我们大多用纸张传递信息，进而缔结交易合同。在网络时代，我们的生活环境已经改变，由纸张传递信息的社会基础已经发生动摇，大量的信息传递不是通过纸张，而是通过电子方式进行的。电子商务双方的谈判记录，使用的资金甚至交易对象本身都是数字化的。从这一点看，我们应该为以电子方式传递的信息制定新的规则，而不能简单使用传统的、适用于纸面方式传递信息的规则。法律是否承认通过电子通信形式传播的数字化信息的效力也是电子商务立法必须解决的核心问题，数字化信息的法律地位主要涉及电子交易的书面形式、电子签名及认证等几个方面。

3）电子商务的跨地域性

互联网络在信息生成、处理和传递方面的巨大功能，从根本上改变了经济活动的各个环节。网络不仅是一个技术概念，更是一个社会概念，侧重的是网络中各种事物之间的关系，形成一个独立于现实世界又具有实在性的数字化社会空间。在网络空间中，地理上的国界已经消失，电子商务交易主体的网络电子行为是全球性的。电子商务主体只要登录互联网，其敲击键盘或点击鼠标的行为随时可使自己跨越领域疆界。

网络跨越地域的特性决定了电子商务的无国界性。然而浓重的涉外色彩又给电子商务活动的法律适用带来了重大影响。电子商务涉外法律问题很难利用传统国际法律问题涉及的国籍、住所、物之所在地、行为地等与一定地理位置有关的因素来作为适用法律选择的依据。很多国家直接在电子商务法律中规定，当事人的营业地和惯常居住地为网络行为的发送地。电子商务的跨地域性要求电子商务立法的国际一致，这就面临着各国社会制度、政治状况、经济发展程度、现行法律法规、文化传统等千差万别的实际情况，因此协调难度很大。

4）电子商务技术发展迅速

电子商务赖以生存的各类技术突飞猛进，其速度已经大大超过了一个国家适时地调整其法律框架的能力。而且在技术的发展过程中，会不断出现各种新的、意想不到的法律问题，这使得法律调整不得不面对数字化环境带来的巨大挑战。另外，电子商务技术还未完全成熟，尚不足以控制网上的一切交易行为。除技术外，电子商务在体系、组织、模式、法律、管理等方面都处于不断发展变化中。这都给电子商务立法造成了不小的困难。

正是这些电子商务特征的存在，电子商务商品与交易等方面的知识产权侵犯案件频发，极大影响人们的创新积极性；在虚拟空间中，作为虚拟主体的商家与消费者信誉很难有效评估，交易欺诈事件层出不穷，信用问题成为电子商务交易中不可忽视的问题；信息不对称现象尤为严重，消费者个人隐私受到挑战，无法保障权益；各国政府因电子商务税收问题、法律管辖权问题损失巨大；网络黑客、木马猖獗等各种安全问题也威胁到电子商务未来发展等。因此，尽快在全球范围内营造良好的电子商务法律环境，已成为国际社会的共识。

面对层出不穷的电子商务法律问题，通过电子商务立法将能够协调电子商务交易参与各方的利益，保证电子商务的可持续发展和全球化发展。

8.1.2 国内外电子商务立法

20 世纪 90 年代初随着网络的商业化应用，以互联网技术为基础的电子商务出现了前所未有的迅速发展，这使得传统法律面对电子商务引发的各种纠纷和法律问题，显得有点力不从心。为了规范电子商务，解决电子商务交易中的法律问题，世界各国纷纷制定适合电子商务发展的法律规范来适应电子商务的运作环境。电子商务立法旨在为电子商务提供一个稳定的、有效的行为规则，给在线经营者提供一个和谐、统一、完善的法律环境，以保证交易安全、维护公平竞争、保护交易双方各项权益为目的。

1. 国际组织的电子商务立法

很多国际组织都先后制定电子商务相关法律法规，起到了电子商务立法的借鉴与指导作用。这些国际组织包括联合国国际贸易法委员会、经济合作与发展组织（Organization for Economic Co-operation and Development，OECD）、世界贸易组织（WTO）、国际商会（International Chamber of Commerce，ICC）等。

1）UNCITRAL 的电子商务立法

UNCITRAL 在 EDI 规则研究与发展的基础上，1996 年 12 月 16 日颁布了《电子商务示范法》。其最重要的贡献是从法律上全面承认数据电文的法律效力、有效性和可执行性。《电子商务示范法》的颁布，标志着电子商务法在全球范围内的成立，对于推动各国电子商务立法具有重要的借鉴意义。

2001 年，UNCITRAL 通过了《贸易法委员会电子签名示范法》。2005 年 11 月 23 日，UNCITRAL 通过《联合国国际合同使用电子通信公约》开放签署，是 UNCITRAL 根据其早先通过的《电子商务示范法》《贸易法委员会电子签名示范法》的基本原则而制定的。该公约的宗旨是在对国际合同使用电子通信的情形中增强法律确定性和商业可预见性。

2016 年，UNCITRAL 通过的《关于网上争议解决的技术指引》旨在解决电子商务小额争议，本质上并不是法律或公约，没有国际法上的强制效力，但依然将给国际以及国内经济贸易纠纷的快速解决带来积极的促进作用。2017 年，UNCITRAL 通过的《贸易法委员会电子可转让记录示范法》旨在从法律上支持电子可转让记录的国内使用和跨境使用。2019 年，UNCITRAL 核准出版了《关于云计算合同所涉主要问题的说明》，旨在制定一项关于使用和跨国界承认电子身份管理服务和认证服务（信托服务）的新文书。

2）OECD 的电子商务立法

OECD 是由北美、欧洲和亚太地区的 38 个国家组成的国际性组织。1997 年 11 月，由 OECD 发起召开了以“为全球电子商务扫清障碍”为主题的国际会议，发表了题为《克服全球电子商务障碍》的文件，并通过了《加密政策指南》。该指南规定了指导各成员国制定加密技术立法与政策的原则。1980 年 9 月 23 日，OECD 通过了《关于隐私保护与个人资料跨国流通的指针的建议》。

1998 年 10 月，OECD 在加拿大渥太华召开了第一次以电子商务为主题的部长级会议，公布了《OECD 电子商务部长级会议结论》《全球电子商务行动报告》《OECD 国际电子商务行动计划》《有关国际组织和地区性组织的报告：电子商务的活动和计划》，作为 OECD 发展电子商务的指导性文件。1999 年 12 月 9 日，OECD 制定了《经济合作与发展组织电子商务消费者保护准则》，对电子商务领域消费者保护提出了保护的最基本要素及实现路径，确定了电子商务中消费者保护的基本原则。2000 年 12 月 22 日，OECD 公布了一项关于电子商务经营场所所在地的适用解释，规定将来通过网上进行的电子商务，由该公司经营场所实际所在地的政府征税。

2016 年 3 月 24 日，OECD 通过的《电商环境下消费者保护建议书》结合电子商务的一些新发展等，提出了电商环境下消费者保护的八大原则：透明和有效的保护；公平的商业、广告和营销；在线信息披露；确认交易过程；支付机制；争议解决和补偿；隐私保护与安全保障；教育、意识和数字化能力。

3）WTO 的电子商务立法

WTO 于 1997 年 2 月 15 日达成《全球基础电信协议》，主要内容是要求各成员方向外国公司开放其电信市场并结束垄断行为；3 月 26 日达成《信息技术协议》（Information Technology Associates，ITA），要求所有参加方自 1997 年 7 月 1 日起至 2000 年 1 月 1 日将主要信息技术产品的关税降为零；1997 年 12 月 31 日达成《开放全球金融服务市场协议》，要求成员方对外开放银行、保险、证券和金融信息市场。这三项协议为电子商务和信息技术的稳步有序发展确立了新的法律基础。1998 年 5 月 20 日，WTO 部长会议在日内瓦通过的《关于全球电子商务的宣言》，要求 WTO 成员承诺对直接电子商务，即电子输送的进出口贸易给予零关税的待遇。

2017 年 12 月 14 日，WTO 发布《电子商务联合声明》要求“重申全球电子商务的重要性及其为包容性贸易和发展所创造的机会”，重视电子商务为“发展中国家，尤其是那些最不发达国家，以及中小微企业”带来的机会。2019 年 1 月 25 日，在瑞士达沃斯举行的电子商务非正式部长级会议上签署了《关于电子商务的联合声明》，确认有意在世贸组织现有协定和框架基础上，启动与贸易有关的电子商务议题谈判。

4）ICC 的电子商务立法

ICC 代表着全球 130 多个国家商会。ICC 一直积极推动 EDI 规则统一进程，参与国际电子商务的政策制定和立法工作。1987 年 9 月，ICC 执行委员会通过了《电传交换贸易数据统一行动规则》，为电子商务用户制定一套国际公认的行为准则。1997 年 11 月，ICC 通过了《国际数字保证商务通则》（General Usage for International Digitally Ensured Commerce，GUIDEC），试图平衡不同法律体系的原则。ICC 还制定了《电子贸易和结算规则》等交易规则。

除此之外，国际海事委员会（Committee Maritime International，CMI）于 1990 年通过了《国际海事委员会电子提单规则》，提出了“私钥”概念。1996 年 12 月 20 日，世界知识产权组织通过《世界知识产权组织版权条约》和《世界知识产权组织表演和录音制品条约》。1997 年 5 月 1 日国际特别委员会（International Ad Hoc Committee，IAHC）发起签署了《因特网域名系统通用顶级域谅解备忘录》。2000 年 7 月，八国集团在日本冲绳召开会议并发表了《全球信息社会冲绳宪章》。亚太经合组织（Asia-Pacific Economic Cooperation，APEC）于 1998 年发布《APEC 电子商务行动蓝图》，并设立电子商务工作指导组，其成员经济体于 2004 年签署《APEC 隐私保护框架》。2004 年 ICC 制定了《国际商会 2004 年电子商务术语》，为当事人提供了两个易于纳入合同中的简短条款，以此表明当事人商定了一项具有法律约束力的电子商务合同。2017 年 1 月 10 日，欧盟委员会提议出一项新法案《隐私与电子通信条例》，旨在规制电子通信服务并保护与用户终端设备相关的信息。

2. 国外电子商务立法

美国是全球互联网的发源地之一，其早在 20 世纪 90 年代中期就开始对有关电子商务的立法进行酝酿。一直以来，美国的法律在促进国际上电子商务立法方面也发挥了积极作用。

1995 年，犹他州率先于出台了世界上第一部《数字签名法》。1997 年 7 月 1 日，美国政府正式颁布了《全球电子商务政策框架》，从此形成了美国政府系统化的电子商务发展政策。1999 年，美国出台了《统一电子交易法》，解决了电子签名和电子支付的合法性问题，消除电子商务发展的障碍。1999 年 7 月，美国统一州法全国委员会通过的《统一计算机信息交易法》是一部用于调整计算机信息交易的示范法，为数字信息时代的信息交易提供了一个法律框架，在合同法方面做了重大改进。2000 年 6 月，美国通过了《全球暨全美商业电子签章法》（*Electronic Signatures in Global and National Commerce Act*，E-Signature Bill），这是一部在全美生效的联邦正式法律，在电子商务立法上实现了全美制度的统一。2002 年 12 月美国正式颁布了《联邦信息安全管理法案》（*Federal Information Security Management Act*，FISMA）。2018 年，号称美国“最严格的消费者权利和数据隐私保护法案”的《加利福尼亚州消费者隐私法》（*California Consumer Privacy Act*，CCPA）通过，2020 年 1 月 1 日正式实施。《加利福尼亚州消费者隐私法》是一项旨在加强美国加利福尼亚州居民的隐私权和消费者权利保护的法案。

俄罗斯是世界上最早进行电子商务立法的国家。1994 年，俄罗斯开始建设俄联邦政府网。1995 年，俄罗斯国家杜马审议通过了《俄罗斯信息、信息化和信息保护法》。1996 年，通过了《国际信息交流法》。2001 年，通过了《电子数字签名法》草案，规定了国家机构、法人和自然人在正式文件上用电子密码进行签名的条件、电子签名的确认、效力、保存期限和管理办法等。2002 年 1 月，普京总统签署了《电子数字签名法》，该法的颁布标志着俄罗斯电子商务立法趋于完备。2011 年出台的《国家支付系统法》确定了支付系统的概念，规定了对电子货币汇兑业务的要求。2011 年出台的《电子签名法》规定了电子签名的使用目的、原则、类型、确认、安全等。

日本政府于 2000 年 6 月发表了《数字化日本之发端——行动纲领》，提出了实现“数字化日本”的目标。2000 年，日本颁布了《电子签名与认证服务法》，其宗旨是明确电子签名和认证服务的规范，促进采用电子手段的信息传播和处理，从而有利于人民生活质量的提高和国民经济的健康发展。为了保障和加快互联网时代建设高度信息通信社会，日本于 2001 年制定了《高度信息通信网络社会形成基本法》（简称《IT 基本法》）。随着互联网迅速发展，网络空间信息安全问题日趋严重，为保护国民网络空间的信息安全，陆续于 2003 年出台了《个人信息保护法》，2013 年制定《用于办理行政手续以识别特定个人的番号利用法》，2014 年出台《网络安全基本法》等重要法律，并为保障这些法律的实施制定了相应的推进措施。

新加坡于 1998 年制定颁布了《电子交易法》。由于这部法律颁布时间比欧盟和美国的相关法律要早，而且在内容和体例上具有独到之处，所以不仅在亚太地区，而且在世界范围内都产生了较大影响。1998 年 6 月 29 日，新加坡通过了《电子交易法》，成为世界上较早制定电子商务法律制度的国家之一。为适应电子商务技术的新发展，新加坡于 2010 年重新修订了《电子交易法》。

3. 中国的电子商务立法

我国电子商务起步较晚，但是我国政府高度重视电子商务的立法工作。我国关于电子商务的立法主要针对互联网络的管理、安全和经营，为电子商务的发展营造了法律环境。

2000年12月28日全国人民代表大会常务委员会通过了保护个人、法人和其他组织合法权益的《关于维护互联网安全的决定》。1999年的《中华人民共和国合同法》，在合同形式条款中加进了“数据电文”这一新的电子交易形式，承认了数据电子书面效力。《中华人民共和国专利法实施细则》规定可以电子通信方式提出专利申请。2004年8月28日，第十届全国人民代表大会常务委员会第十一次会议表决通过了《中华人民共和国电子签名法》，标志着我国首部“真正意义上的信息化法律”的正式诞生。

2005年1月8日，《国务院办公厅关于加快电子商务发展的若干意见》发布。2005年4月1日，我国的第一部专门针对电子商务的法律《中华人民共和国电子签名法》正式实施，这是我国电子商务立法工作的里程碑。2007年3月6日，商务部发布了《关于网上交易的指导意见（暂行）》，其目的是贯彻《国务院办公厅关于加快电子商务发展的若干意见》文件精神，推动网上交易健康发展，逐步规范网上交易行为，帮助和鼓励网上交易各参与方开展网上交易，警惕和防范交易风险。2007年6月，国家发展改革委、国务院信息化工作办公室联合发布我国首部《电子商务发展“十一五”规划》。2009年4月2日，商务部批准并公布包括《电子商务模式规范》《网络交易服务规范》在内的15项国内贸易行业标准。

2013年12月27日，全国人民代表大会常务委员会正式启动了《中华人民共和国电子商务法》的立法进程。2018年8月31日，十三届全国人大常委会第五次会议表决通过《中华人民共和国电子商务法》，自2019年1月1日起施行，这是我国电子商务领域首部综合性法律，填补了电子商务领域的法律空白。2019年6月12日，《国家邮政局 商务部关于规范快递与电子商务数据互联共享的指导意见》正式印发。该意见旨在建立完善电子商务与快递数据互联共享规则，促进电子商务经营者、经营快递业务的企业数据管理和自身治理能力的全面升级。

近几年，我国在互联网及电子商务领域的立法速度明显提高，基本每隔一段时间就会有新的法律出台，也足以说明国家对互联网和电子商务的重视。例如，《在线旅游经营服务管理暂行规定》（2020年10月施行）、《规范促销行为暂行规定》（2020年12月施行）、《关于加强网络直播营销活动监管的指导意见》（2020年11月发布）、《药品网络销售监督管理办法（征求意见稿）》（2020年11月发布）、《国务院反垄断委员会关于平台经济领域的反垄断指南》（2021年2月施行）、《网络交易监督管理办法》（2021年5月施行）、《常见类型移动互联网应用程序必要个人信息范围规定》（2021年5月施行）、《网络直播营销管理办法（试行）》（2021年5月施行）等。这些法规在一定条件下均影响了电子商务生态体系，为广大电商从业者和消费者树立法律意识起到了重要的作用。

我国各部委也相继发布各类电子商务相关的司法解释、部门规章等。我国涉及电子商务的司法解释包括《最高人民法院关于审理扰乱电信市场管理秩序案件具体应用法律若干问题的解释》（2000年5月施行）、《最高人民法院关于审理涉及计算机网络著作权纠纷案件适用法律若干问题的解释》（2000年12月施行）、《最高人民法院关于审理涉及计算机网络域名民事纠纷案件适用法律若干问题的解释》（2001年7月施行）等。电子商务相关部门规章广泛涉及新闻传播、教育、医疗卫生、药品、证券、通信等领域。例如，公安部等6部门的《互联网危险物品信息发布管理规定》（2015年3月施行）、文化部的《文化部关于加强网络表演管理工作的通知》（2016年7月施行）、国家食品药品监督总局的《网络餐饮服务食品安全监督管理办法》（2018年1月施行）、国家知识产权局的《“互联网＋”知识产权保护工作方案》（2018年7月发布）、海关总署的《海关总署关于跨境电子商务零售进出口商品有关监管事宜的公告》（2019年1月施行）、交通运输部的《智能快件箱寄递服务管理办法》（2019年10月施行）、教育部等8部门的《关于引导规范教育移动互联网应用有序健康发展的意见》（2019年8月发布）、文化和旅游部的《在线旅游经营服务管理暂行规定》（2020年10月施行）、工业和信息化部办公厅与国家卫生健康委办公厅的《关于进一步加强远程医疗网络能力建设的通知》（2020年10月发布）等。

另外，《中国互联网络信息中心域名注册服务机构认证办法》（2002年9月施行）、《关于CN二级域名注册实施方案的通告》（2002年12月施行）、《中国互联网络域名注册实施细则》（2009年6月施行）、《中国互联网络信息中心域名争议解决办法》（2014年9月施行）等。

8.2　电子商务主要法律问题

电子商务中存在各种类型的法律纠纷，包括数据电文证据效力、电子签名与电子认证、电子货币发行主体、第三方支付资金安全、不正当竞争等多方面。

8.2.1　电子商务交易中的法律问题

网络交易的安全性、准确性和及时性无疑是人们最为关心的问题。然而无论是由于人为原因还是技术原因，电子商务交易风险无处不在，这就带来了风险责任承担的问题，要求商务活动的要件必须齐全且必须具备交易主体的合法性、认证主体的合法性、电子交易的不可抵赖性等。而电子交易的过程短暂、快捷，其所需的环境和实现的过程更加抽象复杂，在交易过程中普通网络用户不具备审查相关程序、保存相关电子记录的能力，发生争议时也不具备提出诉讼证据的能力。因此，就需要明确数据电文、电子签名、电子认证等的法律效力问题。[参见“6.3.2 电子商务交易安全的法律防范”]

1. 数据电文

数据电文，也称为数据电讯。《贸易法委员会电子商务示范法》规定：“数据电文，是指以电子手段、光学手段或类似手段生成、发送、接受或存储的信息，这些手段包括但不限于电子数据交换、电子邮件、电报、电传或传真。”并且《贸易法委员会电子商务示范法颁布指南》对数据电文做出更为详细的解释：①“数据电文”的概念并不仅限于通信方面，还应包括计算机产生的并非用于通信的记录。“电文”这一概念应包括“记录”这一概念。②所谓类似手段，并不仅指现有的通信技术，而且包括未来可预料的各种技术。“数据电文”定义的目的是要包括所有以无纸形式生成、储存或传输的各类电文。为此，所有信息的通信与储存方式，只要可用于实现与定义所列举的方式的相同功能，都应当包括在类似手段中。③“数据电文”的定义还包括其废除或修改的情况。

1）*数据电文的证据效力*

在传统的民商法律中，合同的签订与履行以及交易中的文件、单据等无不涉及书面形式要求。但是，电子交易中的文件是通过数据电文的发送、交换、传输、储存来形成的，不存在书面载体。如果从传统法律的角度，电子文件显然不能满足书面形式的要求。这必将限制了电子商务的发展。

数据电文在法律程序中，具有作为证据的可接受性及其证据价值。在一般的法律程序里，不能仅仅以证据是电子形式为由而否定证据的可接受性。在如何评估一项数据电文的证据力方面，可以通过证据是否以可靠的方式生成、存储或者传输等进行评估。

《贸易法委员会电子商务示范法》规定：如法律要求信息须采用书面形式，则假若一项数据电文所含信息可以调取以备日后查用，则满足了该项要求。美国《统一电子交易法》规定：如果当事人同意以电子手段进行交易，并且某一法律要求一方应以书面形式向另一方提供、发送或者送达信息，那么若此信息依其值形是由在接收器接收信息时有接收保持信息能力的电子记录来提供、发送或者送达的，则上述该法律的要求即被满足。

借鉴《贸易法委员会电子商务示范法》，《中华人民共和国电子签名法》规定：“能够有形地表现所载内容，并可以随时调取查用的数据电文，视为符合法律、法规要求的书面形式。”“数据电文不得仅因为其是以电子、光学、磁或者类似手段生成、发送、接收或者储存的而被拒绝作为证据使用。”不过，要将数据电文直接作为认定事实的证据，还应有其他书面证据相佐证。

扩展阅读 8-1 《最高人民法院关于民事诉讼证据的若干规定》细化电子数据种类

2020 年 5 月 1 日，最高人民法院施行新修正的《最高人民法院关于民事诉讼证据的若干规定》，该规定在第十四条细化了电子数据的种类，“电子数据包括下列信息、电子文件：①网页、博客、微博客等网络平台发布的信息；②手机短信、电子邮件、即时通信、通讯群组等网络应用服务的通信信息；③用户注册信息、身份认证信息、电子交易记录、通信记录、登录日志等信息；④文档、图片、音频、视频、数字证书、计算机程序等电子文件；⑤其他以数字化形式存储、处理、传输的能够证明案件事实的信息。”并在第十五条中提出，“当事人以视听资料作为证据的，应当提供存储该视听资料的原始载体。当事人以电子数据作为证据的，应当提供原件。电子数据的制作者制作的与原件一致的副本，或者直接来源于电子数据的打印件或其他可以显示、识别的输出介质，视为电子数据的原件。”［资料来源：最高人民法院关于民事诉讼证据的若干规定（2019 修正）[EB/OL]. 最高人民法院知识产权法庭.（2020-07-14）[2021-01-07]. https://enipc.court.gov.cn/zh-cn/news/view-393.html］

2）*数据电文的原件效力*

传统法律中，要求交易文件必须以原件提交或保存，如产地证明、检验报告、授权证书、检验报告、保险证书等。“原件”是指信息内容首次以书写、印刷等形式固定于其上的纸质或其他有形的媒介物。然而，传统的书面形式的文书才会有原件和副本的区别。数据电文通过电子形式输入、生成、传输和储存，以有形形式表现出来的总是“副本”，不存在原件和副本之分。任何数据电文的收件人，都只能接收其副本。如果在电子商务交易过程中，数据电文在“原件性”上缺失，则交易双方将失去信任基础，甚至迫使数据电文的签发人，在每次交易过程中使用纸面文件，这将抹杀电子商务的优势，并阻碍电子商务的发展。

因此，在网络环境中，只要数据电文的内容保持完整和未经更改，对数据电文的必要添加，不影响其“原件性”。当电子证书附加于数据电文的“原件”，以检测其原件性时，或当计算机系统自动在电文的开头与结尾加注，以便发送时，这些“原件”的附加物就如同发送一张纸面“原件”的信封与邮戳一样，并不构成对原件的破坏。在电子商务法律条文中，原件指的是电子商务中的数据电文应具有不可更改性和完整性。根据《中华人民共和国电子签名法》，符合法律、法规规定的原件形式要求数据电文应具备下列条件：①能够有效地表现所载内容并可供随时调取查用；②能够可靠地保证自最终形成时起，内容保护完整、未被更改。但是，在数据电文上增加背书以及数据交换、储存和显示过程中发生的形式变化不影响数据电文的完整性。

扩展阅读 8-2　电子化材料“视同原件”效力

2021 年 6 月 17 日，我国最高人民法院召开新闻发布会，发布《人民法院在线诉讼规则》（以下简称《规则》）。《规则》是最高法颁布的首部指导全国法院开展在线诉讼工作的司法解释，于 2021 年 8 月 1 日起施行。

《规则》坚持在安全可靠的前提下，明确了电子化材料“视同原件”效力，对经人民法院审核通过的电子化材料，可以直接在诉讼中使用，不必再提交原件，有效丰富了当事提交人诉讼材料的方式，有助于提升诉讼便利，降低诉讼成本。《规则》针对电子化材料形式真实性审查和内容真实性认定，分别明确不同的审核规则和要求，促进防范化解诉讼风险，保障在线诉讼合法规范有序。

《规则》根据区块链技术的特点，确认了区块链存储数据具有推定上链后未经篡改的效力，并分别明确了上链后数据真实性和上链前数据真实性的审查认定规则，首次对区块链存储数据的真实性认定作出规则指引，这将有助于当事人积极利用区块链技术解决电子数据“存证难”“认证难”的困境，提升人民法院证据认定效率，推动完善互联网时代新型证据规则体系。［资料来源：区块链技术破解电子数据存证难的困境[EB/OL]. 人民法治网.（2021-07-23）[2022-01-08].https://www.rmfz.org.cn/contents/12/507185.html］

2. 电子签名

电子签名是数据电文中以电子形式所含、所附用于识别签名人身份并表明签名人认可其中内容的数据。电子签名是一种技术手段上的、工具性的保障，主要用于数据电文本身的安全，使之不被否认或篡改。符合签名基本功能的电子签名具有法律效力。民事活动中的合同、其他文件等文书，当事人一旦约定使用电子签名、数据电文的文书不得仅因为其采用电子签名、数据电文的形式而否定其法律效力。

《中华人民共和国电子签名法》第 13 条规定，可靠的电子签名需要满足下列条件：“①电子签名制作数据用于电子签名时，属于电子签名人专有；②签署时电子签名制作数据仅由电子签名人控制；③签署后对电子签名的任何改动能够被发现；④签署后对数据电文内容和形式的任何改动能够被发现。当事人也可以选择使用符合其约定的可靠条件的电子签名。可靠的电子签名与手写签名或者盖章具有同等的法律效力。”

由此可见，一方面，电子签名可以作为判断签署方身份的依据，意味着签署方愿意接受所签署文件的约束；另一方面，可以利用电子签名判断所签署文件内容的完整性，以及是否改动过。而且，电子签名为签署方所独有，不易被伪造或者破解。如果电子合同引发法律纠纷，电子签名可以作为确定以上目的的证据。

然而，由于可靠的电子签名都是通过技术手段实现的，虽然可以解决电子文件内容没有经过更改的问题，但不能解决确认对方的签名和身份一致的问题。

扩展阅读 8-3 安徽省规定公民电子签名签章同等有效

2017 年 12 月，安徽省公布了《安徽省互联网政务服务办法》，即从 2018 年 2 月 1 日起，政府网上办事的范围有望进一步扩大，“数据多跑路，群众少跑腿”将在更多领域实现，公民电子签名、电子签章、电子证照的法律效力得到确认。

《安徽省互联网政务服务办法》规定，公民、法人或其他组织通过网上政务服务平台申请办理政务服务事项，可使用电子签名或电子签章，使用的电子签名或电子签章应符合法律、法规的有关规定。可靠的电子签名或电子签章与手写签名或盖章具有同等法律效力。行政机关应通过全省统一的电子证照管理系统向公民、法人或其他组织发放电子证照。按照安全规范要求生成的电子证照与纸质证照具有同等法律效力。［资料来源：鲍晓菁. 安徽：公民电子签名签章同等有效[EB/OL]. 中华人民共和国人民政府网站.（2017-12-24）[2020-02-02].http://www.gov.cn/xinwen/2017-12/24/content_5250035.htm］

3. 电子认证

电子认证则是由一个可靠的第三方负责将电子签名与特定用户联系起来，保证交易人的真实和可靠。它不仅需要一定标准，而且还需要有一定的社会组织结构与之配套。电子认证服务提供者的义务主要有审慎查验义务、颁发证书义务、暂停或终止证书义务等。因此，应强调认证机构的中立性，允许其收取服务费，但必须独立于交易各方且单独行使认证职能，在争议出现时为交易相关方提供可靠真实电子记录证据。认证机构需要承担认证失误、管理失误的责任，承担因系统存在安全缺陷而带给客户的风险等。

电子签名和电子认证是不同的。电子签名的目的是保护数据电文的安全，不使其被仿冒、篡改或被否认。而电子认证则主要是确认交易者的身份，使之与实际上的数据电文的收发人相一致。从应用范围上看，在交易当事人事先有协议的封闭交易网络里（如 EDI），交易双方或多方，只需以电子签名相互认证即可，不需要第三方认证机构的参与。而在开放网络中，电子签名和可信赖第三方的认证，都是不可缺少的保障机制。在支付方应用支付工具发出支付命令的过程中，电子签名和电子认证一般都会得以应用，都至少存在三方当事人：签名人、电子认证服务提供者和签名依赖方，但在支付流程、电子签名和电子认证的具体应用等方面不同。

从技术实现的角度看，有些电子签名（如密码、口令、生物识别技术等）不需要第三方的认证就可以完成。但有些电子签名（如数字签名等）的验证等一定是要通过第三方才能完成的，则应由依法设立的电子认证服务提供者提供认证服务。

8.2.2　电子商务支付中的法律问题

1. 电子货币应用的法律问题

随着电子支付的发展，基于网络发行的电子货币将来肯定是网上支付一个很重要的工具。其种类多样化，应用范围也在不断扩大。然而，在当前网络环境下，电子货币还存在监管、规范等方面的缺失，因此经常会引发相应的法律问题。[参见“3.1.2 电子货币”]

首先，是电子货币的发行主体资格问题。如今电子货币的发行人除银行之外，还有一些非金融机构。非金融机构进入电子货币领域引起的问题就是原来规制银行的各种法律法规（包括存款准备金、反洗钱等）是否适用于发行电子货币的非金融机构。从另外一个角度看，发行电子货币是否构成银行业务、是否属于特许经营活动也值得研究。

商业银行的核心业务是吸收公众存款，这项业务只能由商业银行经营。用户在网络支付服务提供服务商处注册账户后，在账户里沉淀的资金能否被视作存款就是一个问题。现在很多企业提出只不过提出提供代理服务的看法，然而，这种代理服务在《商业银行法》也只能是银行的业务，属于特许业务。发行电子货币是否属于经营存款业务，很大程度上取决于政府的立场。例如，美国从鼓励电子货币的角度出发，倾向于发行电子货币不是经营存款业务的观点；欧盟从消费者权益保护的角度，则认定发行电子货币只能由银行经营。

其次，是电子货币使用风险问题。电子货币具有匿名性和不可追踪性，丢失电子货币即等于丢失了现金。另外，对支付服务提供服务商来说，当用户往自己账户里充值的时候就意味着电子货币发行行为的产生。对电子货币持有人来说是一种负债，那么债务的赎回、赎回风险的承担、电子货币的账户安全负责等都是需要进一步解决的问题。

2. 第三方支付中的法律问题

第三方支付平台的出现给人们带来的是电子商务交易过程中一个保障资金安全、预防交易欺诈案件发生的平台。但是，第三方支付平台也带来了一些新的法律问题，有待解决。[参见“3.3 第三方支付与监管”]

1）用户资金安全问题

支付平台账户中的资金是第三方支付平台安全运作的隐患，存在丢失风险，从而损害支付平台用户的利益。第三方网上支付平台在提供支付中介和信用中介服务的过程中，会在自身账户中滞留两类资金：结算在途资金和虚拟账户资金。第三方支付平台保持虚拟账户的目的是方便将来的资金划转，减少对银行账户的依赖。

然而，在很多第三方支付平台中，在途资金只是被虚拟地同其他资金分开了，实际上还是在一个账户中；而且对于在途冻结资金，其最终所有权是电子商务交易的卖方，而不是第三方支付平台。那么，一旦发生账户资金被盗，损失应该由谁承担就是一个很难解决的问题。

因此，为了保护客户利益，这笔资金需要与支付平台的其他自由资金区分，同时还依赖于支付平台的自我约束，即支付平台需要将账户独立条款订入服务合同以及自觉履行此项义务。不过，要真正实现资金的安全性还是需要法律的特别保护。

2017 年 1 月 13 日，《中国人民银行办公厅关于实施支付机构客户备付金集中存管有关事项的通知》发布，明确非银行支付（即第三方支付）机构应将部分客户备付金交存至指定机构专用存款账户，首次交存的平均比例为 20%，最终将实现全部客户备付金集中存管。目的是纠正和防止支付机构挪用、占用客户备付金，保障客户资金安全，并引导支付机构回归业务本源。

扩展阅读 8-4　《天津市社会信用条例》向人脸识别技术滥用说不

虽然第三方支付平台支付宝推出了多层验证系统，如密码验证或者手机短信验证等其他验证方式，还给出了承诺，如果个人资金被盗刷，将会给予全额赔付。但是，对于“刷脸支付”方式，还是有一部分网友担心人脸信息泄露，质疑这种方式的安全问题。

2020 年 12 月 1 日，天津市第十七届人民代表大会第二十四次会议通过了《天津市社会信用条例》（以下简称《条例》）。该《条例》将自 2021 年 1 月 1 日起施行。这是全国首个公开禁止采集人脸识别信息的法规。《条例》第十六条规定，“市场信用信息提供单位采集自然人信息的，应当经本人同意并约定用途，法律、行政法规另有规定的除外。市场信用信息提供单位不得采集自然人的宗教信仰、血型、疾病和病史、生物识别信息以及法律、行政法规规定禁止采集的其他个人信息。”今后，企事业单位、行业协会、商会及其他企业事业单位等都将被禁止采集人脸、指纹、声音等生物识别信息。［资料来源：天津市社会信用条例[EB/OL]. 天津人大官网.（2020-12-06）[2021-05-28]. http://www.tjrd.gov.cn/flfg/system/2020/ 12/07/030018650.shtml］

2）第三方支付平台的信用卡套现问题

在第三方支付平台的支付流程中，买方可以使用信用卡完成支付，这是一个合法的交易过程。但是不法分子会利用第三方支付平台实现套现，也就是说，买卖双方之间没有真实的交易关系，而是制造一笔虚假交易，买方只是利用交易来实现从信用卡中套现的目的，即“卖方”收到并提取款项后把钱交给“买方”。

信用卡提现本身有一套控制制度，如通过交易成本提升限制提现的使用。通过第三方支付平台的套现行为违反了银行与客户之间的信用卡使用合同，但网上交易却能避开这种限制，不易被发现。以至于这种行为曾在网络上肆虐，带来了极大的危害。

有些支付平台在服务条款中约定，如果发现用户涉嫌利用支付平台虚拟账户从银行信用卡中套取现金，则有权拒绝客户的银行账户转账的请求，而且根据客户指示将涉嫌套现的款项退返到相关的交易信用卡中，且有权将这一行为告知相关发卡行。这种行为取决于第三方支付平台与银行之间的协议。

3）第三方支付平台的洗钱问题

由于第三方支付平台很难查证买卖双方之间真正的交易目的，以及是否存在真实交易，第三方支付平台很容易成为犯罪分子洗钱的工具。其原因在于，第三方支付机构在客户身份和交易背景真实性识别方面存在漏洞，而且第三方支付机构的存在还割裂了银行与交易双方的联系，容易为资金转移提供隐蔽渠道，并为信用卡套现提供了方便，使得部分跨境支付脱离银行的监控范围。

近年来中国人民银行已出台《非银行支付机构网络支付业务管理办法》等多个规范性文件，要求第三方支付机构建立健全客户身份识别机制，采取有效的反洗钱措施，对支付、转账金额限制等。2006 年 10 月 31 日通过的《中华人民共和国反洗钱法》规定，金融机构负有反洗钱的义务，包括建立客户身份识别制度和反洗钱内控制度，还有向反洗钱信息中心报告大额交易和可疑交易的义务。其中第十七条规定，金融机构通过第三方识别客户身份的，应当确保第三方已经采取符合本法要求的客户身份识别措施；第三方未采取符合本法要求的客户身份识别措施的，由该金融机构承担未履行客户身份识别义务的责任。

2021 年 6 月，中国人民银行关于《中华人民共和国反洗钱法（修订草案公开征求意见稿）》向社会公开征求意见。其中第二十九条规定，金融机构通过第三方识别客户身份的，应当评估第三方的风险状况及其履行反洗钱义务的能力，并确保第三方已经采取符合本法要求的客户尽职调查措施；第三方具有较高风险情形或者不具备履行反洗钱义务能力的，金融机构不得通过第三方识别客户身份。也就是说，金融机构不再止于对客户身份文件作形式审查，而倾向于对客户身份和交易情况作实质审查。

扩展阅读 8-5　反洗钱领域将是未来监管的主要内容

2021 年 7 月 23 日，中国人民银行发布《非银行支付机构重大事项报告管理办法》，对机构用户信息保护、反洗钱等重大事项，作出明确管理要求。这有助于提升支付机构风险的甄别、预警与处置能力，维护支付市场稳定。

与此同时，近来支付罚单也密集落地。中国人民银行营业管理部 2021 年 7 月 23 日披露的信息显示，中金支付存在 11 项违规行为，被罚没合计 1526.59 万元并予以警告。这也是 2021 年内中国人民银行首次向支付机构开出的千万元级别罚单。其多项违规行为与违反收单业务管理规定和反洗钱规定有关。

据不完全统计，2021 年上半年，中国人民银行共计开出 26 张罚单，23 家支付机构合计被罚没 9461 万元。7 月份以来，中国人民银行已经向嘉联支付、易联支付、恒信通、联动优势、畅捷通、易宝支付、中金支付等 7 家支付机构开出罚单，合计罚没金额 3635 万元。从处罚事由来看，反洗钱领域和收单业务是支付机构违规的“重灾区”。[资料来源：支付监管再出新规 重点领域高压持续[EB/OL]. 中国经济网.（2021-07-30）[2021-08-05]. http://finance.ce.cn/bank12/scroll/202107/30/t20210730_36762508.shtml]

8.2.3　电子商务不正当竞争的法律问题

电子商务竞争的激烈程度、广泛程度是传统经济形态下所不能比拟的。同时，必然会存在大量的不正当竞争行为。因此，反不正当竞争是保证电子商务健康、可持续发展的必要保障。

所谓不正当竞争，是指经营者损害其他经营者的合法权益，扰乱社会经济秩序的违法行为。网络空间自身的虚拟特性和信息传输特点，极易使一些不法人员做出利用欺骗性标志从事交易、进行虚假宣传、侵犯商业秘密，以及诋毁他人商誉等不正当竞争行为。对此，可以在运用我国《中华人民共和国反不正当竞争法》的同时，援引《中华人民共和国商标法》《中华人民共和国广告法》等法律法规采取针对性措施。

利用网络广告，同样也可以进行不正当竞争。例如，网络广告业中利用超链接技术进行的不正当竞争。一些人在潜在利益的驱动下，企图以小投入赚取巨额广告收益，利用超链接技术借他人网站的知名度吸引访问者，这无疑是一种广告侵权行为。因此，加强对网络广告的全方位管理，已经迫在眉睫。网络广告中的法律问题还包括：

1）网络广告的监管问题

网络广告是一个新生事物，因此在很多方面都还缺乏规定。根据《中华人民共和国广告法》的规定，对广告业的管理是通过对广告主、广告经营者和广告发布者的管理来完成的。然而，网络已然打破了这些规定与限制，网络环境中三者界限已日益模糊，任何人都可以从事广告的发布活动，可以通过广告进行经营活动、可以自行发布自己的广告等。广告活动还必须进行适当的登记和审查工作，而网络广告数量庞大、来源复杂、瞬时即变等特点使满足这种要求显得非常困难。

2）网络广告的法律管辖问题

目前的广告法是不能管理国外的广告的。由于互联网没有国界的限制，任何一个广告都可以对全世界发布，但是诸如互联网服务提供商一类的机构则是分别受其国内的法律限制的。由此一来，通过国外的 ISP 来发布广告就很难受到国内法律的限制，但在客观上跟在国内发布广告并无太大区别。另外，国内的个人和机构也可以利用国外的服务器设置域名和网页，通过这些方法来进行广告活动也是很难受到广告法约束的。

3）虚假广告的责任问题

我国现行的《中华人民共和国广告法》《中华人民共和国反不正当竞争法》《中华人民共和国消费者权益保护法》等法律都对虚假广告及其责任问题有明确的规定。网络广告也不例外。传统广告的经营者和发布者对虚假广告需要承担一定的连带责任，由此可对虚假广告起到一定的遏制作用，同时可向因虚假广告而遭受损害的消费者提供法律救济手段，但这并不完全适用于网络广告。因为 ISP 之类的机构是否属于广告经营者或广告发布者的范畴就是一个问题。有些国家和地区都倾向于将 ISP 纳入“媒体经营者”或“广告媒体经营者”，强调 ISP 作为网络广告的经营者或发布者必须对网络广告的内容承担连带责任。但这种做法对处于起步阶段的 ISP 似乎要求过高、责任过重，并不一定有利于网络广告业的发展。因此，只有在 ISP 明知或积极参与虚假广告制作与发布或从中直接盈利时，才应该承担连带责任。这就需要建立网络交易制度，完善网络管理法律规范，规范网络监管机构，强调政府管理与 ISP 自律相结合。另外，需要加强国际协作，实现网络广告的国际保护，同时增强消费者的鉴别能力，提高其自身的防御能力，减少受骗的机会。[参见“5.2.3 网络广告”]

扩展阅读 8-6　反不正当竞争执法频开罚单

近年来，我国对不正当竞争行为保持高压态势。市场监管总局数据显示，2021 年 1～5 月，市场监管部门共查办各类不正当竞争案件 1345 件、罚没金额 1.22 亿元。除了对数字经济领域竞争失序问题进一步加强监管外，网络经济、医药医疗、教育培训等领域逐渐成为重点整治对象。例如，市场监管总局组织地方市场监管部门对新东方、学而思等 15 家校外培训机构进行重点检查，检查发现，这 15 家校外培训机构均存在虚假宣传违法行为，13 家校外培训机构存在价格欺诈违法行为。市场监管部门对 15 家校外培训机构分别予以顶格罚款，共计 3650 万元。规制互联网行业市场不正当竞争，特别是恶意屏蔽、强制捆绑、流量劫持、违规经营等扰乱市场竞争秩序行为，实施失信惩戒，是反不正当竞争法执法重点。［资料来源：班娟娟，向家莹.新一轮反不正当竞争执法风暴来袭[EB/OL].新华网.（2021-06-15）[2021-07-01] http://www.xinhuanet.com/politics/2021-06/15/c_1127562539.htm］

8.3　电子商务知识产权保护

知识产权（intellectual property，IP）是指人们对于自己的智力活动创造的成果和经营管理活动中的标记、信誉依法享有的权利，是与财产所有权、债权、人身权相并列的一类民事权利。知识产权具有专有性、排他性、地域性、时间性等特点。

知识产权的保护对象是特殊的，是人的创造性智力成果以及用于工商业的识别性标记，统称为知识产品。知识产品可以是一种特定类型计算机的设计、运行在上面的操作系统或者组成操作系统的一段特定代码，也可以是一件艺术品、一段乐曲或者一部著作等。知识产品就是一种无形资产，是人类智力活动、思想、情感的外在表现形式。知识产权可无限再生，可由任意数量的用户同时消费使用。

由于电子商务所依赖的通信手段以及交易方式具有很大的特殊性，尤其是跨境商务交易愈加频繁，电子商务这种全新的交易形式必然涉及许多知识产权保护的新问题。［参见“8.5.4 跨境电商知识产权保护”］

8.3.1　域名纠纷的法律问题

域名是一个企业、组织在互联网上的一个标记，通过域名可以表示出便于人们记忆的主机地址。域名具有标识性、唯一性、排他性等特征。不同的网站都通过唯一的域名来相互区别。域名的申请注册遵循“先申请先注册”的原则。域名注册人一旦获得注册权，就排斥了其他人再以同一域名注册的可能。

一个企业或组织的域名相当于其在互联网虚拟空间中的“门牌”，它和企业、产品的关系越来越密切，成为企业适应现代国际商业市场竞争的重要工具，成为一种类似商标的无形资产。因此，域名也可称之为“企业的网上商标”，具有很高的商业价值。随着域名价值的提高，相关的法律冲突也时有发生。

1. 域名侵权

域名在电子商务中的价值蕴藏在其知名度当中，为了提高网站声誉而将知名组织的名称和知名人士的姓名等作为自己的域名申请注册，由此引发的法律纠纷屡见不鲜。国际奥委会曾将美国1800多个网站告上法庭，理由是这些网站注册了奥林匹克（Olympic）、奥林匹亚德（Olympiad）或其他与奥林匹克相关的域名。

域名注册而侵犯他人厂商名称权和商标权的纠纷时有发生。在处理此类纠纷时，域名和关于厂商名称和商标的传统法律法规之间存在诸多冲突。这给司法机关处理此类法律纠纷提出了新的挑战，同时也客观地需要专门的法律条款来解决电子商务上的域名纠纷问题。

2. 域名的法律保护

域名作为无形财产或智力成果都理所当然地受到民法的保护。域名只要是合法取得且未侵犯他人的在先权利（在先权利，是指在某一个域名注册生效日前已对该域名中间的识别部分享有法定权利），即受法律保护。具体地说，域名是一种专有权，域名所有权人对其拥有的域名可依法进行持有、建立并经营相关网站或网页、获取经济利益、放弃、闲置、捐赠、转让、许可、合作等活动。任何非法干预都应承担相应的民事责任，权利人有权获得行政、司法救济。

域名作为一类新兴的知识产权，适用知识产权法一般原则。域名权在法定期限内发生效力，它以注册而产生，以续展（按期办理继续注册的手续，并缴纳相关费用）而延续，以不续展而消灭（任何其他个人或组织均可依“先到先有”原则享有）。然而，域名又不具有一般知识产权的严格地域性，其具有全球性。

域名交易的主要形式有转让、许可、合作等。域名交易主要受《中华人民共和国合同法》的调整，尽管《中华人民共和国合同法》分则部分未具体规定域名交易，但其总则部分的内容仍适用。同时，还可参照《中华人民共和国商标法》中有关商标转让和使用许可的内容。

鉴于域名的注册可能使他人的名称权和姓名权遭到损害，国际社会纷纷通过各种立法来切实解决这一问题。国际上相关立法包括互联网名称与数字地址分配机构（The Internet Corporation for Assigned Names and Numbers，ICANN）1999年通过的《统一域名争议解决政策》，以及美国的《反域名抢注消费者保护法》。中国现行的域名规范性文件主要是中国互联网信息中心制定的《中国互联网络域名注册暂行管理办法》。2000年11月，中华人民共和国信息产业部发布了《关于互联网中文域名管理的通告》，2004年9月通过了《中国互联网络域名管理办法》。2008年9月25日，中国域名注册管理机构CNNIC发布了《中国互联网络信息中心域名争议解决办法》《中国互联网络信息中心域名注册服务机构认证办法》等文件。中国国际经济贸易仲裁委员会和中国香港国际仲裁中心是首批获得CNNIC认证的域名争议解决机构，受理CN域名和中文域名的争议投诉。2009年6月，CNNIC发布的《中国互联信息中心域名注册细则》正式实施。

扩展阅读 8-7　虎牙胜诉域名解析服务商侵权纠纷

广州虎牙信息科技有限公司（以下简称“虎牙公司”）是域名“huya.com”的权属人及经营者，huya.com 所指向的虎牙直播平台是国内较大的直播平台之一。虎牙公司发现刘某某通过易某某公司注册的域名“huya.com.cn”会跳转至其竞争对手斗鱼直播平台上。虎牙公司认为，刘某某注册及恶意使用域名“huya.com.cn”行为已侵害了其对域名“huya.com”所拥有的财产性权益，构成网络域名侵权。同时，刘某某恶意利用被诉域名将本想访问虎牙直播平台的用户全部导入斗鱼直播平台，引起用户混淆，对“huya”“虎牙”的市场声誉和市场号召力造成不利影响，具有明显的恶意，构成不正当竞争。

2020 年 12 月 16 日，广州互联网法院对虎牙域名被恶意使用一案作出判决，认定域名“huya.com.cn”持有人刘某某将网址跳转至斗鱼平台，构成网络域名侵权，域名解析服务商易某某公司承担连带责任。广州互联网法院判决：刘某某在本判决生效之日起三十日内将域名“huya.com.cn”转移至虎牙公司，由虎牙公司注册使用；易某某公司与刘某某在判决生效之日起五日内连带赔偿虎牙公司合理费用 48980 元。［资料来源：广东首例！虎牙胜诉域名解析服务商侵权纠纷案审结[EB/OL]. 中国经济网.（2020-12-16）[2021-01-08].http://finance.ce.cn/stock/gsgdbd/202012/16/t20201216_36123358.shtml］

8.3.2　电子商务的版权问题

所谓版权，是基于特定作品精神权利以及全面支持该作品并享有其利益的经济权利的合称。在电子商务领域中，由于新的复制和传播手段和技术的发展与应用，版权保护的主体、客体以及主要权利的保障都有了不同程度的变化。电子商务版权保护也成了新的法律热点。

1. 电子商务信息服务与版权

信息服务在电子商务中处于非常重要的地位。在电子商务发展的初期，各网站为了吸引访问者，都利用网络的开放性提供诸如音乐、电影、图书、电视转播等免费的信息服务，这一度使网络具有了超出其他媒体的独特吸引力。然而，众多电影公司、唱片公司，甚至作家协会认为这种形式侵犯了他们的版权，纷纷诉诸法院，要求赔偿。面对网络这一新的媒体，传统的版权法已经显得力不从心，由此引发了一系列很难解决的法律纠纷。

2. 数字化作品和网络作品的著作权保护

根据《中华人民共和国著作权法实施条例》第二条的规定，著作权法所称作品，是指文学、艺术和科学领域内，具有独创性并能以某种有形形式复制的智力成果。因此，只要具备“独创性”和“可复制性”这两个实质就可成为著作权法保护的客体，保护其发表权、署名权、修改权、保护作品完整权、使用权和获得报酬权等各项权利不受侵犯。

数字化作品与传统作品的区别仅在于作品存在形式和载体的不同，作品的表现形式不会因数字化而有丝毫改变，也不会因数字化而丧失“独创性”和“可复制性”。因此，以数字化形式存在于磁盘等介质上的网络信息，只要具备作品实质的就应当构成受著作权法保护的作品。原作品被直接数字化后，改变的只是作品的存在形式，数字化过程本身并不具有独创性，不产生新的作品。因此，该数字化作品的著作权仍由原作品的著作权人享有。《中华人民共和国著作权法》第三条列举的具体形式的作品，既包括已有的被数字化后的作品，也包括直接以数字化形式创作的作品。对于直接以数字化形式创作的作品的著作权归属，也同传统作品一样，应当受到著作权法的保护。

扩展阅读 8-8　用户擅自上传文章网站被诉侵权

2017 年 8 月，北京市海淀区人民法院针对 A 公司诉 B 公司、C 公司侵犯著作权纠纷案作出一审判决：A 公司未提供涉案文章的权利证明，且 B 公司已经删除涉案文章，因此，B 公司不承担赔偿责任。

A 公司向法院提起诉讼称，A 公司经授权享有涉案文章包括信息网络传播权在内的专有权利。两被告经营的网站未经许可擅自刊登该文章，侵犯了原告享有的信息网络传播权，应承担相应侵权责任。

法院经审理后认为，涉案文章系用户上传，B 公司对此仅提供信息存储空间服务，其是否应当承担赔偿责任应考虑以下因素：一是 B 公司对于该文章侵权不存在应知或明知；二是 B 公司未改变用户上传的内容或直接从中获取经济利益；三是 A 公司曾向 B 公司发送侵权通知函，但由于通知函中并未包含证明 A 公司享有权利的初步证据，故 B 公司收到函件后未删除该文章并无不当，且在收到起诉书后，B 公司已将该文章删除。综上，法院判决 B 公司不应承担赔偿责任。[资料来源：用户擅自上传文章网站被诉侵权[EB/OL]. 中国知识产权资讯网.（2017-08-10）[2020-12-05]. http://www.iprchn.com/cipnews/news_content.aspx?newsId=101771]

8.3.3　电子商务网站设计的法律保护

很多网站建设法律纠纷都认定窃取、重用其他网站代码、内容或者 Web 页面的“外观”是对知识产权的侵犯。一个电子商务网站由许多部分组成，如网页、数据库、交易系统等。

电子商务网站最引人注目的部分是用户看到的图片、影像、文本和页面版式等。电子商务网站的外观设计往往与品牌紧密地联系在一起。构成电子商务网站外观设计的元素（版式、色彩、图像、导航工具、字体等）在法律文书中常常被称为“商业包装”。外观设计是电子商务公司知识产权的一部分。电子商务网站的页面创建者拥有该页面的知识产权。[参见“7.1.2 电子商务网站的功能特点”]

Web 页面的正常工作主要依靠网页设计代码。代码如果是由他人创建的，在使用的过程中必须保证其合法性。因此，电子商务网站的设计与创建不仅要保证自己的知识产权不会被他人侵犯，还要确保合法地使用或重用文本、图像、代码以及工具等。

对网页的法律保护主要分为著作权保护与反不正当竞争保护。然而，著作权法对网页保护是有局限性的。那么，在对网页无法获得著作权保护的情况下，可采用反不正当竞争实现对网页的保护。只要有与网页所有者的网页构成相似，并容易造成混淆、误导公众，最终损害其经济利益的，网页所有者就可以依据《中华人民共和国反不正当竞争法》提起诉讼，保护对网页的合法权利。但是，在判断一个电子商务网站是否构成了对另一家商务网站网页抄袭时，仅因两个网页相似不能完全认定为抄袭，这可能是二者采用了相同开放资源造成的。

当某商务网站网页的版式设计虽然并不具备创新的成分，但是这种版式设计却具有选择和编排上的独创性，那么这类网页可以看成汇编作品，也应该受到著作权法的保护。

扩展阅读 8-9　上海知产法院首例涉图形用户界面外观设计专利侵权纠纷案宣判

2020 年 3 月 24 日，上海知产法院首次运用新型远程示证平台在线审理两起专利侵权案件。该两起案件的原告义乌市品沐电子商务有限公司认为，被告霸州市飒奇家居用品有限公司侵犯了其外观设计专利权，故诉至法院。双方当事人均在外地，受疫情影响，合议庭在征得当事人同意后通过法院网络诉讼服务平台进行在线庭审。为解决知识产权侵权案件证据原件核对、实物证据侵权比对难题，上海知产法院在法庭内增设了 360°高清示证平台和高清书证展示平台。庭前经各方当事人同意，双方将证据原件、实物证据原件寄交法院，庭审过程中由法官助理当庭展示；同时，在网上庭审视频栏目项下增辟了证物展示频道，合议庭和当事人可实现同步对书证、实物证据全方位、远近景地查看，也可以以共享屏幕方式展示当事人技术特征比对 PPT。新型远程示证平台的应用充分保障了当事人对证据原件质证的权利，双方就被诉侵权设计与授权外观设计、被诉侵权设计与现有设计充分发表了比对意见，取得了较好的效果。［资料来源：上海知产法院首次运用新技术破解在线审理专利侵权案件示证难题[EB/OL]. 上海知识产权法院官网.（2020-04-03）[2021-01-24].http://www.shzcfy.gov.cn/detail.jhtml?id=10014168］

8.4　电子商务消费者权益保护

电子商务的兴起拓宽了消费市场，使市场透明度增加、消费信息量剧增，这些给消费者带来了极大便利，但又不可避免地增加了消费者权益受到损害的机会。消费者权益即消费者依法享有的权利，以及该权利受到保护时而给消费者带来的应得的利益。因此，电子商务的发展势必给消费者权益保护带来了新的挑战，而消费者权利保护是否到位决定了电子商务未来的生存与发展。电子商务环境下，消费者权益保护主要包括消费者信息权保护和消费者隐私权保护等。

8.4.1　消费者信息权保护

个人信息的类别是指所涉及的信息主体的不同领域，如职业、相貌、家庭情况、学历、专业、就业情况、财政情况及身体状况等。作为电子商务消费者，其个人信息内容多样，可以包括个人基本资料（姓名、性别、出生日期、所在城市等）、客户端硬件特征、网络日志、操作类型与时间、手机号码、邮箱地址、身份证信息、银行账户信息、个人征信信息、位置信息、好友列表（群列表）、用户关注记录、账号信息、交易信息、发货人与收货人信息、快递运单号码、第三方支付方式、行程信息、运动信息、房产信息等。［参见“5.2.4 用户画像”］

个人信息权，即自然人依法对其个人信息进行控制和支配并排除他人干涉的权利。消费者信息权主要包括消费者的信息知情权、信息决定权、信息处置权、信息保密权等。

1）信息知情权

传统商务交易过程中，消费者可以利用看货、了解情况、试用、讨价还价、进行交易、送货等一系列的环节了解商品的各种情况信息。但在虚拟的电子商务中，除送货外，其他环节都已虚拟化，消费者只能通过网上的宣传了解商品信息，通过网络远距离订货，通过电子银行结算，再由配送机构送货上门等。这种情况下，企业与消费者之间的“信息不对称”问题更为严重。如果商家在交易过程中，不尽如实告知商品信息的义务，或是采取隐瞒、欺骗等方式，则侵犯了消费者的信息知情权。

2）信息决定权

信息决定权是指信息主体享有决定其个人信息是否被收集、处理与利用以及以何种方式、目的、范围进行收集、处理与利用的权利。消费者有权决定个人信息是否被收集、处理与利用，或者有权决定个人信息在什么领域、以何种方式、以何种目的被收集、处理和利用。在电子商务营销过程中，消费者的信息（大多数是通信地址、电话、Email、购物喜好等）很多时候是在没有获得允许的情况下，被多家电子商务企业共享的。消费者很少有机会选择自己的个人信息是否被共享，信息决定权受到侵害。

3）信息处置权

信息处置权包括信息主体对信息拥有查询、更正、删除等权利。消费者需要对自己商品交易过程中所留下的相关信息具有处置权利，随时根据自身需要掌握个人信息内容，对错误和不完整信息进行更正、补充，对无用或非法储存的信息进行及时删除。如今很多消费者对自己在电子商务网站交易过程中留下的很多信息（如购买历史、浏览历史等信息）是完全无法接触的，更不用说对其进行处置了。

4）信息保密权

信息保密权是指信息主体请求信息管理者保持其个人信息隐秘性的权利。电子商务企业自收集消费者个人信息之时起就对其负有保密义务。消费者有权请求对其个人信息采取合理制度、技术等措施保密，禁止泄露信息，保证个人信息不会为达到某一目的而继续被处理与利用。

8.4.2 消费者隐私权保护

消费者隐私可以说是消费者对个人信息的掌控能力，即消费者能自由决定是否发布自己的信息、将信息发布给谁、通过何种方式来发布，以及发布的信息有多详细。如果消费者的信息在不想发布的情况下，被他人得知；或者消费者只想将自己的信息告诉商家A，但该信息也被商家B得知了；或者消费者本只想公布关于自己的大致情况，但是别人却了解到了种种细节信息等，此时说明消费者的个人隐私受到了侵害。

1. 消费者隐私权

隐私权是指公民享有的私人生活安宁与私人信息依法受到保护，不被他人非法侵犯、知悉、搜集、利用和公开的一种人格权。一般认为，隐私权的主体只能是自然人，其内容具有真实性和隐秘性，主要包括个人生活宁静权、私人信息保密权、个人通信秘密权及个人隐私利用权等。电子商务中的隐私权可以按权利形态和权利内容来分类（图 8-1）。

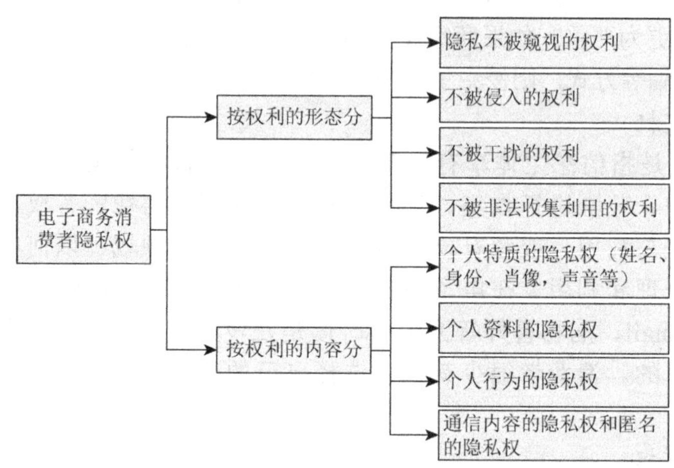

图 8-1　电子商务消费者隐私权分类

目前网上消费者隐私权保护主要存在三方面的问题：消费者数据过度收集、消费者数据二次开发利用、消费者数据交易。关于网络消费者隐私权的三个方面是相互联系的，它们共同对网络消费者隐私权的保护造成威胁。但由于具体情况不同，不应该采取武断的处理方法，而需要在商家与消费者之间找到一个平衡点，既保证个人信息的正常流动，使得商家可以提供有针对性的服务，同时又要注意保护网上隐私，使网上消费者不受非法干扰。2019 年，全国信息安全标准化技术委员会秘书处组织起草了《信息安全技术 移动互联网应用（App）收集个人信息基本规范（草案）》，其中将不同类型 App 允许获得的最少信息分为法律法规要求的个人信息和实现服务所需个人信息，并对对应的信息类型与内容加以规范，最大可能地保护消费者隐私权。[参见“5.2.4 用户画像”]

扩展阅读 8-10　工信部对 App 违规共享使用个人信息等加大整治力度

2021 年 4 月 20 日，国务院新闻办公室就 2021 年一季度工业通信业发展情况举行发布会。工信部新闻发言人、信息通信管理局局长赵志国在会上表示，将进一步聚焦工具类、通信类等 App，加大欺骗诱导用户下载、弹窗信息难以关闭、违规共享使用个人信息和利用第三方嵌入式软件损害用户权益等热点难点问题的整治力度。

App 个人信息保护关系到广大人民群众的切身利益，受到社会各方的高度关注。在有关部门建立的统筹协调机制下，工信部立足主责主业，近年来从完善监管制度、制定标准规范、提升技术手段、推进行业自律等多个方面推进 App 个人信息保护工作。同时，持续开展专项整治，2021 年第一季度已累计完成 29 万款 App 技术检测，对 1862 款违规 App 提出整改要求，公开通报 319 款整改不到位 App，组织下架了 107 款拒不整改的 App。[资料来源：工信部：对 App 违规共享使用个人信息等加大整治力度[EB/OL]. 中新经纬.（2021-04-20）[2021-05-03].http://www.jwview.com/jingwei/html/04-20/395303.shtml]

2. 位置信息与个人隐私

还有一种隐私信息很少被人们所重视，那就是个人位置信息。随着定位技术的发展，人们可以更加快速、精确地获知自己的位置。基于位置的服务（location-based service，LBS）应运而生。利用用户的位置信息，服务提供商可以提供一系列便捷的服务。随着位置信息的精度变得越来越高，位置信息的使用变得越来越频繁，用户位置隐私受到侵害的隐忧也越来越受到人们的关注。[参见“4.3.3 全球卫星定位系统”]

位置信息泄露的主要危害在于其间接造成其他个人隐私信息的泄露。位置信息并非单纯的空间信息，它同时还包括了用户的身份，以及用户处于该位置的时间。根据位置信息，有时候可以推知用户进行的活动。除了所从事的活动，用户的健康状况、宗教信仰、政治面目、生活习惯、兴趣爱好等个人隐私信息，都可以从位置信息中推断出来。随着位置信息的精度不断提高，其包含的信息量也越来越大，攻击者通过截获位置信息可以窃取的个人隐私也变得越来越多。位置隐私面临的威胁主要包括：①用户和服务提供商之间的通信线路遭到了攻击者的窃听；②服务提供商对存储用户的位置信息数据库保护不力，被攻击者窃取；③服务提供商出于利益驱动，出卖用户位置信息等。[参见“6.2.9 隐私保护技术”]

扩展阅读 8-11　用户位置信息记录存储涉及隐私权

2020 年 2 月，据路透社报道，美国四大移动运营商 AT&T、T-Mobile、Verizon 和 Sprint 被美国联邦通信委员会（FCC）控告，认为这四家运营商未能保护包括实时位置信息在内的敏感客户数据，并有不当披露部分消费者的实时位置数据的行为，从而违反了联邦法律。去年有机构发现，Sprint、AT&T 和 T-Mobile 一直在将用户地理位置数据出售给 LocationSmart 和 Zumigo 等第三方公司。信息聚合方从无线运营商处购买用户数据后，可以向各种类型的公司出售基于位置的服务。在听到有关滥用数据的指控后，运营商迅速进行了调查，终止了对数据的访问，并随后终止了这些程序。为此 FCC 计划对美国四大移动运营商处以总计 2 亿美元的罚款。[资料来源：美国四大运营商将面临 2 亿美元罚单，原因是未能保护用户位置信息[EB/OL]. 站长之家.（2020-02-28）[2021-06-25]. https://www.chinaz.com/2020/0228/1113429.shtml?ivk_sa=1023197a]

8.4.3　消费者求偿权保护

消费者求偿权指的是消费者因购买、使用商品或者接受服务受到人身、财产损害的，享有依法获得赔偿的权利。

《中华人民共和国消费者权益保护法》第四十四条规定消费者通过网络交易平台购买商品或者接受服务，其合法权益受到损害的，可以向销售者或服务者要求赔偿。网络交易平台提供者不能提供销售者或者服务者的真实名称、地址和有效联系方式的，消费者也可以向网络交易平台提供者要求赔偿；网络交易平台提供者作出更有利于消费者的承诺的，应当履行承诺。网络交易平台提供者赔偿后，有权向销售者或者服务者追偿。网络交易平台提供者明知或者应知销售者或者服务者利用其平台侵害消费者合法权益，未采取必要措施的，依法与该销售者或者服务者承担连带责任。另外，《中华人民共和国消费者权益保护法》第四十八条第八点中就明确了对消费者提出的修理、重作、更换、退货、补足商品数量、退还货款和服务费用或者赔偿损失的要求，故意拖延或者无理拒绝的，要视情形严重程度对经营者施以相应处罚。《中华人民共和国电子商务法》第三十八条第二款规定，对关系消费者生命健康的商品或者服务，电子商务平台经营者对平台内经营者的资质资格未尽到审核义务，或者对消费者未尽到安全保障义务，造成消费者损害的，依法承担相应的责任。

然而，电子商务借助网络交易平台运行，消费者在发生纠纷时，有时难于甄别真实的交易相对方。即便是确定责任主体后，也存在举证难、求偿难等障碍。因此，在某种程度上实行“举证责任倒置”，强化经营者责任，则可能成为破解消费者维权困难、维权成本高的有效措施。

扩展阅读 8-12　网购食品质量问题可要求赔偿

上海市第一中级人民法院曾审理这样一起网购合同纠纷：张某在某网站上的一家店铺订购了某国进口脑动力胶囊、燕窝口服液各 1 盒，货款共计 1755 元。张某在收货后发现，该商品未经进口备案，无任何中文标识及检验检疫证明，属于国家禁止进口的食品，遂诉至法院。张某认为卖家违反了食品安全法的相关规定，应解除双方之间的网络购物合同，卖家应退还货款并给付十倍赔偿金。某网站明知卖家利用其平台销售问题产品却未尽到监管义务，应承担连带责任。

法院认为，卖家作为食品销售者未尽到应履行的注意义务，仍在某网站上销售来自禁止进口区域的食品，系经营明知是不符合安全标准的食品，应退还张某货款 1755 元并支付货款十倍赔偿金。某网站系网络交易平台的提供者，而非网络购物合同的当事人，故其不承担退还货款的合同义务。且在卖家入驻网站时，该网络交易平台已履行了对其进行实名登记及审查许可证的义务，亦能够提供其真实名称、地址和联系方式，可认定网站已经履行了相应的审核和披露义务，故本案中网站不承担连带赔偿责任。[资料来源：网购食品质量有问题可要求赔偿，你遭遇过网购食品有质量问题吗？[EB/OL]. 光明网.（2020-11-11）[2021-01-08].https://m.gmw.cn/2020-11/11/content_1301787884.htm]

8.5　跨境电子商务的相关法律

跨境电子商务是指分属不同关境的交易主体，通过电子商务平台达成交易、进行电子支付结算，并通过跨境电商物流及异地仓储送达商品，从而完成交易的一种国际商业活动。近年来，跨境电商在电子商务经济快速发展的背景下，以一系列国家重要政策的出台和一系列重要事件为标志，呈现出迅猛蓬勃的发展态势，并且为国内经济社会发展做出了重要贡献。

跨境电子商务需要完备的法律制度保障市场主体的权益、消费者的权益以及企业创新的权益。目前我国跨境电子商务领域的法律法规还有所欠缺，经济贸易领域的法律法规中也缺乏与跨境电商相关的条款。此外，跨境电子商务所衍生的许多问题，如通关、商检、退税、结汇、消费者权益、交易纠纷、知识产权和个人信息保护等方面的新问题有待法律法规给以保障。[参见“2.5.3 跨境电商”]

8.5.1 跨境电商平台法律责任

电商平台作为跨境电子商务交易的核心环节，其担负着非常重要的责任与义务。2019 年 1 月 1 日生效的《中华人民共和国电子商务法》中明确规定，电子商务平台经营者指的是在电子商务中为交易双方或者多方提供网络经营场所、交易撮合、信息发布等服务，供交易双方或者多方独立开展交易活动的法人或者非法人组织。因此，电子商务平台的法律性质为网络服务提供方，其本质特性为服务性。然而，经营跨境业务的电子商务平台交易的相对方位于境外，无论是进口业务还是出口业务都涉及不同的法域，且知识产权保护的法律制度具有地域性。因此，跨境电商平台需要从法律层面接受责任约束。

跨境电商平台是交易活动的第一责任人，承担主体责任。平台运营主体应在境内办理工商登记，并按相关规定在海关办理注册登记，接受相关部门监管，配合开展后续管理和执法工作。跨境电商平台作为商业交易主体，需要建立平台内交易规则、交易安全保障、消费者权益保护、不良信息处理等管理制度，对申请入驻平台的跨境电商企业进行主体身份真实性审核，在网站公示主体身份信息和消费者评价、投诉信息，并向监管部门提供平台入驻商家等信息。另外，跨境电商平台需要与申请入驻平台的跨境电商企业签署协议，就商品质量安全主体责任、消费者权益保障等方面明确双方责任、权利和义务。

《中华人民共和国电子商务法》明确要求电子商务经营主体应当履行消费者权益保护，依法承担产品和服务质量责任。跨境电商主体也应履行相关消费者权益保护责任，承担消费者权益保障责任，包括但不限于商品信息披露、提供商品退换货服务、建立不合格或缺陷商品召回制度、对商品质量侵害消费者权益的赔付责任等。当发现相关商品存在质量安全风险或发生质量安全问题时，应立即停止销售，召回已销售商品并妥善处理，防止其再次流入市场，并及时将召回和处理情况向海关等监管部门报告。2020 年，海关总署发布《关于跨境电子商务零售进口商品退货有关监管事宜的公告》。公告中提出为突出跨境电商相关企业主体责任，切实保障消费者权益，跨境电商企业应对退回商品是否符合二次销售要求明确相应标准，并做好品控。对于完成退货入海关监管场所、区域（中心）的商品，海关对相应税款不予征收，并调整个人年度交易累计金额。

跨境电商依托于网络，信息安全问题无法回避。拥有个人信息资料的商业机构被外部窃取或内部泄露；技术漏洞所致，造成用户大量隐私内容曝光；用户个人由于信息保管不当，被不法分子获得等是信息泄露的三大原因。跨境电商平台在用户信息收集和审核、保护方面需要做到合法、正当、必要，有保障用户信息安全以及在合理期限内保存相关信息的义务。

扩展阅读 8-13　杭州海关加强跨境电商进口商品检测

2022 年“3 • 15”国际消费者权益日前夕，杭州海关所属钱江海关关员来到某电商企业仓库，根据大数据系统模型的风险分析结果，抽取了小家电、化妆品、保健品、奶粉等颇受消费者关注的跨境电商进口商品进行检测，并在“线上”对国内主要跨境电商平台线上在售的进口消费品开展质量安全风险监测。经检测，46 批“线上”抽测商品中有 4 批商品的安全指标不符合强制性国家标准要求，存在质量安全风险，有 8 批商品的品质和功能不符合推荐性国家标准要求，产品质量较差；“线下”抽测的商品中检出不符合国家强制性标准的商品 1 批。海关将对检测中发现的不符合要求的产品，按风险程度高低督促跨境电商企业采取下架、技术整改、退运、销毁或风险提示等措施，及时消减风险，保护国内消费者健康。面对迅速增长的跨境电商进口商品种类，杭州海关会同跨境电商质量安全国家监测中心，重点围绕食品、化妆品、母婴用品、小家电等消费者关注度高的商品，加大质量安全风险专项监测力度。尤其是针对安全、卫生和环保等涉及消费者健康安全的项目，深入开展专项监测和风险评估，推动跨境电商进口商品质量安全管理各环节全覆盖，切实保障消费者健康安全。[资料来源：张浩呈. 跨境电商进口商品质量过关吗[EB/OL]. 浙江工人日报官网.（2022-03-16）[2022-03-22]. http://www.zjgrrb.com/zjzgol/system/2022/03/16/033532051.shtml]

8.5.2　跨境支付与跨境物流法律问题

跨境电子商务交易涉及物流、通关、检验检疫、电子支付等众多环节，其复杂程度不亚于传统贸易。跨境电商发展中，支付与物流两方面的法律问题是无法回避的。

1）跨境支付

跨境支付涉及跨境第三方支付与跨境人民币支付两种。跨境第三方支付依托国家外汇管理局发布的《支付机构跨境电子商务外汇支付业务试点指导意见》，消费者使用本国货币在跨境电商平台购买商品，通过试点的支付机构转化成外币支付给商品卖家。跨境人民币支付依托《中国人民银行关于金融支持中国（上海）自由贸易试验区建设的意见》和中国人民银行上海总部发布的《关于上海市支付机构开展跨境人民币支付业务的实施意见》，以人民币作为跨境电子商务商品交易的结算方式，省去了币种兑换环节，缩短了支付周期，避免了汇率差额损失。

为推动跨境电子商务发展，中国人民银行、国家外汇管理局积极响应国务院关于促进跨境电子商务健康快速发展有关文件，鼓励有条件的支付机构办理跨境支付业务，积极支持跨境支付市场发展。但现行法律、法规、规章等仍存在问题与风险隐患。境内金融监管与境外金融监管之间是冲突与合作的法律关系并存的局面。当发生支付纠纷时，跨境维权专业性强、维权成本高。这主要体现在境内消费者、第三方支付机构与境外商户存在语言差异与行为习惯差异，在跨境电子支付纠纷中难以进行有效地沟通。此外，各国家（地区）跨境法律的实用性问题也较显著。跨境消费者不熟悉交易方所在国家（地区）的法律（法规）政策与仲裁调解程序，维权时间久，维权成本高。[参见“3.4.4 跨境支付”]

2）跨境物流

跨境物流因物流环节的复杂性，会产生诸多法律问题，包括合同签订与履行、商品运输安全、时间与成本矛盾、退换货产生纠纷、信息安全与保护等。跨境运输与退换货物流方面的法律问题更加突出。我国现有的法律法规，如《中华人民共和国铁路法》《中华人民共和国民用航空法》《中华人民共和国海商法》《中华人民共和国消费者权益保护法》《中华人民共和国反不正当竞争法》等，仍存在规范欠缺、可操作性不强等问题，制约着跨境物流行业良性、有序的发展。跨境退换货流程比境内物流更复杂。例如，物流时间久，物流痕迹无法查询。物流成本有时会超过商品价值，这些都成为消费者投诉的重点领域。因此，建立与完善适用于跨境电商退换货物流的法律体系，也成为未来工作的重点。[参见“4.2.4 跨境电商物流”]

8.5.3 通关法律问题

通关指清关，即结关，是指进出口或转运货物出入一国关境时，依照各项法律法规和规定应当履行的手续。在跨境电商通关过程中，电商企业应当在跨境电商通过服务平台上提供的报关单、支付企业提供的支付清单、物流企业提供的物流运单，三单数据确认无误后才可放行进境。在通关方面，跨境电商需要遵照《中华人民共和国海关法》《中华人民共和国海关对进出境快件监管办法》等法律法规。为了推动跨境电子商务发展，我国近几年实施了一系列与通关相关的政策。[参见“4.2.4 跨境电商物流”]

1. 商检

我国在跨境电子商务检验检疫方面，主要依据《中华人民共和国进出口商品检验法》《中华人民共和国进出口商品检验法实施条例》《中华人民共和国进出境动植物检疫法》《中华人民共和国进出境动植物检疫法实施条例》《中华人民共和国国境卫生检疫法》《中华人民共和国国境卫生检疫法实施细则》《中华人民共和国食品卫生法》等。另外，国家质量监督检验检疫总局与国家邮政局联合制定了《进出境邮寄物检疫管理办法》，面对越来越活跃的跨境电商交易，要做好对进出境邮寄物的检疫工作，防止传染病、寄生虫病、危险性病虫杂草及其他有害生物随邮寄物传入、传出国境，保护我国农、林、牧、渔业生产安全和人民健康。

2. 税收

跨境电商在纳税主体、课税对象、归属关系、课税标准、缴纳程序等方面，都面临着新的问题与挑战。其全球性、无国界性、高技术性、电子商务属性促使跨境电商成为企业避税的选择，也为国际避税提供了温床。而且跨境电商引发了国际税收管辖权冲突，产生重复征税，因此加剧了偷税、漏税与避税。2018 年 11 月 29 日，我国财政部、海关总署、国家税务总局发布《关于完善跨境电子商务零售进口税收政策的通知》。为促进跨境电子商务零售进口行业的健康发展，营造公平竞争的市场环境，通知中提出完善跨境电子商务零售进口税收政策有关事项。例如，提高了跨境电子商务零售进口商品的单次交易限值和年度交易限值；年度交易总额超过年度交易限值的按一般贸易管理；已经购买的电商进口商品属于消费者个人使用的最终商品，不得进入国内市场再次销售；原则上不允许网购保税进口商品在海关特殊监管区域外开展“网购保税 + 线下自提”模式等。但是普通贸易多为实体经济形式，而跨境电商属于网络虚拟经济形式，这在一定程度上加剧了灰色通关，海关也将在征税方面面临巨大的挑战。

扩展阅读 8-14　广西跨境电商走私案宣判 9 人获刑

2019 年 6 月 14 日凌晨，南宁海关缉私局组织精干警力开展集中抓捕行动，打掉两个涉嫌利用跨境电商交易平台走私进口境外货物的犯罪团伙，案值约 2.64 亿元，涉嫌偷逃税款 4922 万元。

据悉，2017 年 5 月至 2019 年 6 月，犯罪团伙组织人员在境外揽收普通货物或者快件后，将货物信息发至国内，由其他团伙成员在国内电商平台虚构订单并制作虚假单证，利用跨境电商零售进口渠道，通过伪报贸易性质、伪报货物品名、低报申报价格等方式，从广西南宁综合保税区、凭祥综合保税区走私进口产自境外的服装、保健品、化妆品、电子产品等高价值商品，偷逃应缴税款，牟取巨额非法利益。

2021 年 9 月，广西崇左市中级人民法院对南宁海关缉私局隶属凭祥海关缉私分局侦办的一起跨境电商走私案件作出一审宣判，对 9 名被告人判处有期徒刑，其中 5 人被判处十年以上有期徒刑，并处 1800 万元至 4000 万不等罚金，该案总罚金超过 1 亿元。[资料来源：案值逾 2.6 亿元！跨境电商走私大案宣判 9 人获刑[EB/OL].光明网.（2021-06-18）[2021-06-21]. https://m.gmw.cn/baijia/2021-06/18/1302364882.html]

8.5.4　跨境电商知识产权保护

跨境电商往往是发生在两个或以上国家、地区主体之间的贸易，而传统的知识产权保护却具有明显的地域性。各个国家对本国知识产权的立法、保护内容、保护力度等方面存在着诸多差异，权利的保护范围也仅在该国有效。因此，在跨境电商贸易中，即便跨境电商经营者在其本国就所销售的产品享有合法的知识产权，也无法确保其在产品所销售到的国家拥有合法的知识产权。在跨境电商领域涉及的知识产权存在地域性保护，国内知识产权保护意识淡薄、管理制度尚未完善，大部分跨境电商经营者没有足够的资源和能力去防范潜在的知识产权风险的情形下，跨境电商交易的知识产权保护问题仍然面临着巨大挑战。

跨境电商知识产权保护面临诸如各国知识产权保护的法律法规不一致，导致监管不规范；交易主体信息真实性无法保障，导致责任主体不明确；商品的进货渠道复杂，生产来源多样，导致海关对侵权行为认定困难；商家与消费者的知识产权保护意识薄弱、导致侵权认识不足等多种问题。当前，普通跨境电商的知识产权侵权主要表现在商标权侵权、著作权侵权和专利权侵权三个方面。[参见“8.3.2 电子商务的版权问题”]

1. 商标权侵权

商标权侵权是跨境电商经营活动中知识产权侵权最突出的问题。中国海关总署的统计数据显示，在跨境电子商务贸易中，侵犯商标权的产品已占据了所有侵权产品总量的98.48%，属于侵权“重灾区”。这是由于跨境电商交易活动是通过线上平台完成的，除了卖家在平台披露、介绍的信息外，境外买家在收到货物之前，均无法判断所购商品的真伪、质量优劣，而只能通过对品牌信任与依赖来实现对商品的判断。正因如此，不少跨境电商企业往往会利用他人知名商标或品牌已有的影响力，来混淆消费者的视听。实践中，企业侵害商标权行为多种多样，主要包括将店铺名称或网站域名注册成与商标权人的商标一致或近似、在产品介绍时使用与商标权人相同或近似的商标、售卖标有他人注册商标的产品、销售仿冒产品等行为。

扩展阅读 8-15 深圳邮局海关查获跨境电商出口侵权 NOKIA 商标手机

2021年6月，深圳邮局海关此前在跨境电商出口渠道查获的一批手机侵犯了诺基亚公司的“NOKIA”商标专用权。目前，该批货物已暂扣移交处置部门进一步处理。深圳邮局海关在对一批跨境电商出口手机查验时发现，该批手机使用了“NOKIA”标识，共60箱8920部，分别为106型号7920部、110型 1000部。现场关员经查询海关知识产权备案系统，认为该批货物存在较大侵权嫌疑，随即采取海关知识产权保护措施。

根据《中华人民共和国海关法》规定，进出口货物收发货人或其代理人应当按照国家有关规定，向海关如实申报与进出口货物有关的知识产权状况，并提交有关证明文件。进出口侵犯中华人民共和国法律、行政法规保护的知识产权的货物的，由海关依法没收侵权货物，并处以罚款；构成犯罪的，依法追究刑事责任。［资料来源：宋王群，王路. 深圳邮局海关查获一批侵权手机共8920部诺基亚手机[EB/OL]. 羊城晚报（2021-06-16）[2022-01-08]. http://ep.ycwb.com/epaper/ywdf/html/2021-06/16/content_692_395287.htm］

2. 著作权侵权

越来越多的数字化作品更容易被复制与传播，大大降低了侵权人的侵权成本，实施侵权行为更为便利，也造成了在跨境电商活动中著作权侵权涉及的相关权利主要集中在复制权、传播权与发行权等权利中的现象。从表现形式来看，普通跨境电商经营活动中的著作权侵权行为主要存在以下三种情况：未经著作权人许可擅自使用权利人的图片、宣传语、音乐等进行宣传；未经权利人同意擅自出售、传播作品的行为；未经权利人同意，擅自修改他人作品。

3. 专利权侵权

在跨境电商活动中，专利权侵权行为主要表现为未经授权假冒、销售专利权人的产品；未经权利人许可，许诺销售、销售、进口、制造他人享有专利权的产品；未经权利人许可，利用专利方案制造、销售、许诺销售专利产品等。与著作权和商标权侵权的易判断性不同，专利权保护缺乏像著作权中信息网络传播权那样详细而清晰的规范，加上专利权权属的判定是非常专业的，而第三方电子商务平台仅仅掌握产品的信息，而无法掌握产品的实物，因此，交易平台与第三方电商很难对相关权属做出判断，也无法清晰界定自己的责任范围。

在跨境电子商务领域，我国的立法并不多，现有的是《中华人民共和国电子商务法》以及国务院各部门发布的适应性通知公告等，其中关于知识产权侵权的条款也较为零散。跨境电子商务知识产权侵权纠纷主要由知识产权单行法如《中华人民共和国商标法》《中华人民共和国专利法》《中华人民共和国著作权法》、相关法律法规如《中华人民共和国知识产权海关保护条例》《中华人民共和国侵权责任法》《中华人民共和国民法总则》《中华人民共和国刑法》、相关司法解释等予以规范。因此，我国跨境电商中的知识产权侵权的立法仍需要予以调整和改善。

课后题

一、复习思考

1. 电子商务的哪些特征容易导致法律纠纷？

2. 简述电子商务法律纠纷中，QQ 与微信的聊天记录、电子邮件等是否能作为证据。

3. 电子签名和电子认证都是确认数据电文真实可靠的一种手段，分析二者的不同之处。

4. 第三方支付给人们的生活带来很大便利，但也存在很多问题，请分析与第三方支付有关的有哪些法律问题。

5. 网络广告涉及的法律问题主要有哪些？

6. 电子商务知识产权纠纷中，主要包括哪些方面的侵权问题？

7. 电子商务交易中，消费者权益主要涉及哪些方面内容？

8. 分析电子商务企业如何在保护消费者隐私权的前提下，合理采集用户位置信息。

9. 跨境电子商务都会涉及哪些方面的法律问题？

二、问题讨论

1. 2019 年 1 月 1 日起施行的《中华人民共和国电子商务法》是为了保障电子商务各方主体的合法权益，规范电子商务行为，维护市场秩序，促进电子商务持续健康发展。请仔细阅读《中华人民共和国电子商务法》有关电子商务经营者的条款，分析作为电子商务经营者该如何完善自身的运营管理，以保证在电子商务交易过程中合规合法，保护消费者权益。

2. 互联网为原创者提供了更为便利的空间以发布自己的作品，如文章、图片、视频、音乐等，但是也成了作品抄袭的重灾区。《中华人民共和国电子商务法》中也规定了电子商务平台经营者需要建立知识产权保护规则，维护知识产权权利人的利益。近年来，不少平台成立各种原创者联盟，以保护原创者的知识产权。请查阅相关资料，讨论未来电子商务相关组织和个人该如何做才能更有效地保护原创者的知识产权。

3. 许多医疗机构都将患者的个人信息与医疗记录数字化，并在某一区域内实现联网共享。应该采取何种措施来保护患者的隐私权？另外，如何在隐私权充分保护与技术成本、信息存取速度和便利等方面之间取得均衡？

三、实践训练

1. 选择国内 2～3 家知名电子商务网站，比较各电商网站用户隐私保护协议的异同，并通过调研了解各电商网站在运营过程中是否存在隐私侵权的问题，分析问题缘由与解决方案。

2. 选择国内一家知名电子商务网站，搜索其网站近五年来可能涉及的各种法律纠纷，获取解决措施、策略制定、整治手段等信息，总结电商网站面对各种法律问题的时候应该如何应对。

9 电子商务行业应用案例分析

本章内容要点：随着电子商务的飞速发展，我国各行业也竞相发展本领域的电子商务，以求在低成本的基础上实现差异化营销，更好满足消费者日益多样化的需求。本章结合真实案例分别对教育、零售、生活、贸易、产业、文化、金融、政府等行业的电子商务应用进行分析。

学习引导案例

中国行业电子商务发展

2019 年，《“十三五”国家信息化规划》年度目标任务较好完成，重大任务、重点工程和优先行动深入推进，数字能力建设持续增强，数字鸿沟加速弥合，数字经济快速发展，数字政府建设成效明显，数字惠民服务不断完善，数字国际合作继续深化，数字红利充分释放，数字中国建设从量的增长向质的提升趋势更加明显，为全面完成“十三五”国家信息化发展目标，开启“十四五”信息化发展新征程奠定坚实的基础。

在数字经济方面，发展新动能不断增强。产业数字化深入推进，全国农产品网络零售额达 3975 亿元，同比增长 27%。新业态新模式不断涌现，直播带货与小程序网络零售加速发展，成为互联网流量新入口。区域数字经济增长带逐步形成，长三角、粤港澳大湾区、京津冀等区域数字经济发展迅速。农村数字经济蓬勃发展，物联网、大数据、人工智能、机器人等新一代信息技术在农业生产监测、精准作业、数字化管理等方面得到不同程度应用，总体应用比例超过 8%。

在数字政府方面，治理能力现代化取得关键进展。全国一体化政务服务平台整体上线试运行，接入地方部门 360 余万项服务事项和一大批高频热点公共服务。国家政务服务平台汇聚各地区政务服务事项数据 2800 多万条、政务服务办件数据 5.51 亿条、总访问人数 10.4 亿人，注册用户 1.35 亿。

在数字惠民方面，不断满足人民多层次多样化需求。教育信息化 2.0 行动加速推进，全国中小学网络接入率达 98.4%，92.6%的中小学拥有多媒体教室，上线慕课数量增加到 1.5 万门。“学习强国”已开通 114 家主流媒体的“学习强国号”，手机客户端在 14 家应用商店的下载量达 7.05 亿。“共产党员”教育平台、远程教育平台播出节目 1.3 万余个，干部网络学院课程增加至 1.1 万余门。“互联网 + 医疗健康”驶入快车道，1900 多家三级医院初步实现院内医疗服务信息互通共享，异地就医直接结算持续完善。智慧交通让出行更加便捷，全国不停车电子收费系统（ETC）用户突破 2 亿，部分机场实现从购票到机舱口的全程“刷脸”。数字化让文化资源“活”起来，国家图书馆超过 2/3 的善本古籍实现了在线阅览，“一键游”“一部手机游”等移动应用端提升游客旅游体验。新兴媒体和传统媒体融合发展，智慧广电建设加速提质升级，移动应用丰富人民群众生活。［资料来源：数字中国建设发展进程报告（2019 年）[EB/OL]. 中华人民共和国国家互联网信息办公室.（2020-09-10）[2021-06-20].http://www.cac.gov.cn/2020-09/10/c_1601296274273490.htm］

数字经济是以数字化的知识和信息为关键生产要素，以数字技术创新为核心驱动力，以现代信息网络为重要载体，通过数字技术与实体经济深度融合，不断提高传统产业数字化、智能化水平，加速重构经济发展与政府治理模式的一系列经济活动。现阶段它主要包括三大部分：一是数字产业化，即信息通信产业（包括电子信息制造业、电信业、软件和信息技术服务业、互联网行业等）；二是产业数字化，即传统产业应用数字技术所带来的产量和效率的提升；三是数字化治理，包括治理模式创新、利用数字技术完善治理体系、提升综合治理能力等。随着信息和通信技术（ICT）的不断发展，数字经济的形态与内涵不断演进，当前我们已进入了以数字化与智能化为代表的智能时代。

9.1 数字教育：“吸金”猿辅导

数字教育，尤其在线教育是一种基于网络的学习行为，是通过应用信息科技和互联网技术开展教学活动的方法。中国在线教育行业 2013 年在资本推动下开始蓬勃发展，并于 2017 年借助直播形式实现规模化，并逐步走向成熟。2020 年疫情将教学场景从线下强制转换为线上，促使用户从线下向线上迁移，一定程度上改变了用户的学习习惯，提升了用户对在线教育的认知与使用，行业渗透率得以迅速提升。

数字化进程不仅推进人类社会进入网络信息时代，而且助推教育进入全新的数字化新形态。实践证明，数字化可有效推动教育公平、助力教育高质量发展，是推动教育创新的重要引擎。主要包括两个方面，一是数字化带来全方位产业变革，全球教育业态或将迎来“革命性”重构；二是数字化推动优质教育资源全覆盖，推动实现大规模的因材施教。猿辅导在线教育立足数字化科技创新，坚持不懈，成立初衷是助力建设高质量教育体系，但因缺乏有效的监管，一度出现“野蛮生长”的现象。K12 教育培训应该严格落实中共中央办公厅、国务院办公厅印发的《关于进一步减轻义务教育阶段学生作业负担和校外培训负担的意见》，避免出现资本过热乱象丛生、扰乱教育市场秩序的状况。

1. 猿辅导建设发展历程

猿辅导创立于 2012 年，以科技创新驱动教育进步为使命，给更多的中国学生提供智能、便捷、有趣的在线学习体验。以科技推动大规模因材施教，致力于让中国的每一位学生，都能享有高品质、个性化的教育。

2012 年刚成立的猿辅导还未正式涉足 K12 在线教育领域，而是推出了一个线上学习资源点评互动社区——“粉笔网”。虽然该平台能够通过信息匹配把教育供给端和教育需求端连接起来，但依然没有解决学习效果的问题。发现问题后，猿辅导团队开始用学习闭环（包括练、测、评、备、教五个要素）的逻辑拆解教育产品：2013 年推出猿题库，通过免费的海量题库，解决学生练与测的需求；2014 年成立 AI 实验室，推出小猿搜题，并做了 30 万条讲解视频，解决学生在家遇到难题时无人可问的需求；通过前两款爆款工具类产品完成早期的用户积累后，2015 年正式踏足在线教育——猿辅导，提供小学、初中、高中全科在线辅导。“上网课用猿辅导，做练习用猿题库，找解题方法用小猿搜题！”这句耳熟能详的广告语精准诠释了 3 款产品的卖点，但猿辅导团队并未就此止步，而是投入更多的资金和人力去探索人工智能、大数据等技术，帮助产品实现持续迭代。在教育行业不同细分领域下，为满足更多学生、家长、老师的需求，2017 年猿辅导上线专为 2～8 岁儿童学习的斑马英语（2020 年“斑马英语”“斑马语文”“斑马思维”合并为“斑马 AI 课”），2019 年上线小猿口算。以几乎一年一款新产品，完成了自己产品生态的一个闭环。截至 2020 年，猿辅导累计服务用户超过 4 亿人。

2020 年初，也就是新冠肺炎疫情初期，猿辅导提供了很多免费的课程，知名度大增。另外，猿辅导的估值甚至已经超过了很多上市的公司。数据显示，2020 年 10 月 22 日，在线教育公司猿辅导正式宣布已完成总计 22 亿美元的 G 轮融资。而在此次融资后，猿辅导也以 155 亿美元的估值成为全球教育科技行业内估值最高的独角兽，在全球教育科技独角兽公司中排名首位，也是中国教育科技公司首次跻身全球教育科技独角兽第一名。

2. “直播＋课程＋自营”的商业模式

猿辅导有着独特的核心商业模式，即“直播＋课程＋自营”的模式。猿辅导的模式从测试入手，即最初的猿题库，而之后的小袁搜题则是满足了学生们练的需求，顺理成章地达到“教”的目的。猿辅导借助互联网手段实现了测试、练习两个环节的刚需问题，以此聚集用户以及实现品牌效应，2020 年，猿辅导集团整体正价课付费总人数超过 400 万，在在线教育网课用户规模中位列第一。

3. 与时俱进，与网红热潮结合

2016 年 4 月，一位从济南走出的小伙子，因一小时高达近 2 万元的在线授课收入，被称为“网红”，这位名叫王羽的“网红教师”就得益于猿辅导的打造。4 月 2 日，王羽所供职的在线教育平台推出中高考特训营，价值 99 元的辅导课开售十秒就有超 500 人抢购，四小时内已售出一万席。事实上，这并不奇怪，在今天互联网网红文化大行其道的时刻，一位光凭长相就能火的美女教师都能走红，更何况这样以真正教学水准而得到学生认可的王羽老师？

根据艾瑞咨询发布的《2015 年中国在线教育平台研究报告》，K12 领域已经成为在线教育投资并购最为活跃的细分领域，中小学在线教育的用户规模增长速度预计之后几年将保持在 30%以上。上述数据说明了在线教育市场之大以及用户的刚需，而类似于“美女教师”之类的走红说明了互联网上年轻人之活跃，当把这两者有机结合起来之后，猿辅导打造王羽“网红教师”这一方向其实就是顺势而为。

越是了解网民心理，越能把握方向。最重要的是，王羽“网红教师”这一称号绝对是实至名归，因为真的有料、有才，是个好老师。猿辅导打造的王羽之红，不仅创造了天价教师的变现之路——月入可达 20 万，还形成了在线教育平台、教师、学生的三赢。打破地域之限，让学生也能听到网红教师的好课程，这本来就是互联网在线教育的本质。把“网红”用在更有价值之处，这才是未来。网红教师其实更让人们看到了“网红”对传统教育行业的变革。不得不说，猿辅导和李勇敢于突破、发展网红教师这一思路的背后有着行业发展大格局。

4. 黑科技突破技术壁垒

K12 在线教育竞争非常激烈，既是教师资源的竞争，更是技术的竞争。2014 年李勇团队成立了 AI 实验室，猿辅导并不是简单地将 AI 用在已有的猿题库上，而是用一个新的研发团队来做一个全新的产品。研发新产品的价值在于寻求新的技术，发现新的痛点，并将两者有机结合起来，打造突破型产品，新产品即小猿搜题。小猿搜题第一轮聚焦点在拍照识别技术。学生做题过程中到线上寻找答疑，图片识别技术很重要。猿辅导的 AI 技术团队经过努力，迅速将各种手写题目的识别率从 60%提高到 95%，产品性能和用户体验得到了极大改善。

有了收获之后团队并没有止步，产品继续迭代。团队发现搜题找到答案之后，55%的学生都会寻找讲解。小猿搜题的第二轮迭代重点聚焦在内容上。小猿搜题做了 30 万条讲解视频，用户复用率进一步提高。此时，小猿搜题和猿题库的协同效应也显现了出来，一个做题一个做答疑，用户体验大幅度提升，用户流量、用户活跃度都远远超过了同类产品的效果。那么这两个工具类产品能否继续迭代呢？通过观察用户行为，团队发现学生在用猿题库做题，用小猿搜题答疑后，要进一步巩固背后的相关概念、知识点。也就是说，做题后最终还是会回到学习上。做题、搜题答疑、视频讲解、知识点学习正好可以构成一个小的学习闭环。技术实力以及黑科技的能力，一度使猿辅导处于在线教育网课用户规模的第一梯队。但“拍照搜题”功能在缩短了做题时间的同时，也容易惰化学生思维能力，影响学生独立思考。

随着“双减”政策落地，猿辅导积极寻求转型，一方面转向素质教育，如开发“AI 互动内容 + 动手探究”的 STEAM 科学教育产品，另一方面，推出面向政府和学校的教育科技产品，为公立学校提供智能教育平台。

主要资料来源：

1. 猿辅导——在线教育独角兽之路[EB/OL]. 人人都是产品经理.（2020-10-15）[2021-06-02].http://www.woshipm.com/evaluating/4512783.html.

2. 李菁瑛.“吸金”猿辅导[EB/OL]. 凤凰网.（2020-10-15）[2021-06-02].https://tech.ifeng.com/c/80aIhG60Edt.

3. 155 亿美金的巨头猿辅导：疯狂增长背后的底层能力[EB/OL]. 创业最前线.（2020-12-23）[2021-06-10]. https://www.163.com/dy/article/FUFOF8KR0519F5EB.html.

问题讨论：

教育公平是一场马拉松，不能操之过急，但随着“互联网 + 教育”的快速发展，尤其是在线教育的迅速崛起，为教育发展不均衡带来新契机。2019 年 8 月，李克强总理在国务院常务会议上也明确提出要“推动在线教育健康发展，促进教育公平”。2020 在疫情“常态化”管控下，让在线教育从一线市场的弄潮儿真正深入到三四线用户中，更为教育公平的实现提供了一份“看得见”的解决方案。新冠肺炎疫情催生刚需，在线教育“逆行而上”。猿辅导的创业团队没有教育背景，从成立到现在的 10 年时间里，一直在快速奔跑的赛道上，超越了很多大牌教育机构。结合案例材料分析：

（1）与传统教育相比，在线教育的优势有哪些？

（2）在线教育未来的竞争点？可以从产品质量、师资团队、售后服务以及平台的经营模式、盈利模式和技术模式等方面进行探讨。

9.2 数字零售：没有背景的叮咚买菜靠什么 IPO？

几乎所有的互联网模式，都是依靠撮合和中介的发展模式来运作的。以电商为代表的互联网模式之所以开始失去效力，其中一个很重要的原因在于它对于产业改造的束手无策。通过改造上游生产端，实现上下游的连通，将成为新的发展突破口。数字零售，便是在这样的大背景下诞生的。

数字零售解决的是产业上游的痛点和难题。可以说，数字零售这种以产业上游为目标对象的发展模式，真正抓住了当下行业发展的症结所在。数字零售凭借的是新技术和新模式，最终让数字零售真正区别于互联网物种，真正蜕变成为一个全新物种。用数字为零售业态升级赋能。借助数字化的手段来改造和重塑传统零售环节和逻辑，实现全面数字化转型。包括线上线下一体化，全场景覆盖、全链条连通、全渠道经营。

经过这几年的建设，零售服务业已经进入了根据不同的消费场景、不同消费人群进行不同方案覆盖和切入的阶段。就生鲜行业来讲，中国生鲜电商市场发展早期以地域性垂直类生鲜平台为主，随后，生鲜电商受到资本方的关注，同时电商巨头纷纷入局，行业快速发展。

现阶段，生鲜电商仍处于模式探索和发展期，尚未出现成熟的盈利模式，随着前置仓模式的持续火热，以及线上线下结合的新零售模式，社区拼团等新模式入局，生鲜市场的新一轮混战已然开始。

1. 生鲜电商发展阶段划分

1）起步阶段（2005～2012 年）

2005 年，易果网成立，2008 年，出现了专注做有机食品的和乐康、沱沱工社，这几个企业开始都是做小众市场。在这期间，国内频发食品安全事件，导致很多消费者产生了对品质高、安全性高食材的需求，这使得很多企业看到了这个巨大市场，在 2009～2012 年之间，涌现了一大批生鲜电商。过多的商家进入这个行业，也导致了行业泡沫的产生，当时的市场需求并没有那么大，而生鲜电商的模式也是原封不动地复制了普通电商的模式，最终很多企业倒闭。

2）探索阶段（2012～2013 年）

生鲜电商的转折，也是从 2012 年底开始。当时刚成立一年的生鲜电商“本来生活”凭借“褚橙进京”事件的营销一炮走红，随后又在 2013 年春挑起了“京城荔枝大战”，此时生鲜电商再度引起人们热议。这期间，社会化媒体及移动互联网的发展也让生鲜电商有了更多模式的探索。

3）发展阶段（2013 年至今）

顺丰优选、每日优鲜、本来生活、沱沱公社、盒马生鲜等为代表的商家都获得了强大的资金注入，而且每个企业都有各自的行业资源优势，进而上演了一场生鲜电商备战大赛。在这期间，B2C、C2C、O2O 等各种模式都被演绎得淋漓尽致，越来越强劲的移动互联网工具也为各商家提供更多的选择。目前，生鲜电商模式可以分为三大类：线上运营为主、线下社区为主和线上线下并重。线上运营为主包括垂直电商（如本来生活、易果生鲜等）、综合平台（如京东生鲜、喵鲜生等）、生鲜 O2O（如每日优鲜、一米鲜等）；线下社区为主包括社区生鲜店（如钱大妈、肉联邦等）、社区团购（如兴盛优选、十荟团等）；线上线下并重指的就是“到店＋到家”（如盒马生鲜、超级物种等）。

2. 叮咚买菜 App 简介

叮咚买菜是一款自营生鲜平台及提供配送服务的生活服务类 App，主要提供的产品有蔬菜、豆制品、水果、肉禽蛋、水产海鲜、米面粮油、休闲食品等。2014 年 3 月叮咚小区 App 上线，探索社区 O2O 业态，随后探索各种社区生活服务，最终定位家庭买菜业务，更名为“叮咚买菜”，以生鲜为切入口，围绕一日三餐的生活场景，聚焦 25～45 岁的年轻群体，成功转型。叮咚买菜于 2017 年 5 月上线，主打前置仓生鲜电商模式，首先在上海发展，2019 年年末前置仓数量为 550 个，分布在上海、深圳、杭州、苏州等 9 个城市，2020 年 4 月叮咚买菜进入北京，正在通过补贴、优惠方式获取新用户。天眼查信息显示，叮咚买菜 2018 年开始已先后完成 6 轮融资，过往投资方包括高榕资本、达晨创投、红星美凯龙、Tiger（中国）、红杉中国、今日资本、华人文化基金等。2021 年 4 月 6 日，叮咚买菜宣布完成 7 亿美元的 D 轮融资。2021 年 6 月，叮咚买菜宣布完成了 3.3 亿美元 D＋轮融资，6 月 9 日，叮咚买菜向美国证券交易委员会提交了 IPO 上市申请文件，计划以代码“DDL”在纽交所挂牌交易。

3. 叮咚买菜的自来水模式，普惠大众

2019 年涌现了非常多的生鲜电商模式，有很多的业态，如网订自提、新菜场等，此种业态可以称为“挑水模式”；而叮咚买菜的前置仓业态是“自来水模式”，就好比拧开水龙头，自来水就到了家。叮咚买菜定位高频的生鲜到家，以“品质确定、时间确定、品类确定”为核心指导原则，将前置仓建在社区周围一公里，结合大数据测算，确保消费者在任何时候、任何地点始终能购买到高品质的生鲜产品，强调“下单后 29 分钟即可送达”；同时利用生鲜及相关配料等全品类布局，为消费者提供做饭所需产品的一站式购物，从而建立起与用户高度的信任感，培养用户使用习惯，提升用户黏性，具体运营模式如下。

1）采购端：以城批采购、品牌供应商直供为主

对于蔬菜、水产等难以长途运输的生鲜产品，叮咚买菜利用城批采购为主的模式，可以保障生鲜产品的鲜度且降低损耗，同时该模式下，补货更为容易、产品较为齐全、价格也相对稳定。对于肉类等产品，通过品牌供应商按需直供，可以保障产品的安全性和高品质。相较于源头采购，城批采购的模式更短、更轻，可以有效避免高昂冷链配送成本。与此同时，叮咚买菜上的品类存在趋同化问题，且进口蔬菜等品类缺乏价格优势，这可能源于公司处于初创起步期，品类拓展的成本相对较高，而该类产品的需求量相对较小，议价能力较弱。而一二线城市消费者对进口产品和有机产品的需求不断增加，随着公司规模不断扩大，有望提升公司议价能力，增强对进口及有机产品的布局。

2）配送端：采用前置仓模式，提供配送到家服务

叮咚买菜以仓为店，将前置仓建在社区周边一公里内，商品先由中心仓统一加工后运至前置仓，消费者下单后由自建物流团队配送到家。前置仓离消费者更近，自有团队便于管控且更加专业，配送效率更高，可以做到消费者下单后 29 分钟内送货上门。同时“0 配送费 + 0 起送”模式让消费者即使是做饭时发现缺少葱、姜等调味蔬菜，下单后最快在 29 分钟内送上门，也能更好地满足消费者即时消费需求。此外，利用打氧箱配送水产品，保证送到家的是活鱼活虾，这是叮咚相比主要竞争对手的优势特色，进一步提升了消费者体验。

与传统门店相比，前置仓的物业可获得性增加，大幅降低租金成本和生鲜损耗率，且减少门店装修和运营成本。叮咚以上海为核心，目前在上海已有 200 余个前置仓，覆盖崇明以外的上海全部区县，通过前置仓高密度覆盖上海主城区，形成较强的规模效应，提升配送效率并降低采购成本。

从采购到配送，全链路重视产品品控。叮咚买菜每天有专业采购团队进行采购，蔬菜运至加工仓后进行第二轮品控筛选后验收入库，在加工包装时进行第三次品控，合格产品运至前置仓时进行第四轮品控，验收合格入库后派专人每天巡视前置仓，客户下单后由分拣人员进行品控把关，合格产品由配送人员配送到家，消费者收到货后可无条件退货，通过从采购到售后全链路的品控管理，有效保障了产品的品质。

3）营销端：轻营销方式快速推广

（1）妈妈帮：叮咚买菜的创始人梁昌霖此前创立了“妈妈帮”，在妈妈帮上投放广告可以精准定位年轻妈妈群体，该人群是叮咚买菜的主力人群之一，投放成本较低但效果较好。

（2）拼团 + 分享：利用微信群等社交软件，通过邻里间的拼团及分享红包方式获得新用户，基于熟人的社交分享更易获取新消费者的信任。

（3）地推：通过在社区入口设立推广摊位，指导小区居民下载并使用叮咚买菜 App，下载 App 后下单即送油、盐、酱、醋等产品，低成本吸引用户注册尝鲜。

叮咚买菜的 App 在用户点击每个单品之后，都会有“推荐做法”的链接，同时给出对应的食材和佐料搭配的购买组合链接，赢得客户好评。此外，公司还推出“吃什么”专区，提供多样化的“今日菜单”，为不知道吃什么或不知道如何制作菜肴的消费者提

供详细的菜品制作过程，并提供所需材料的一键购买服务，既能鼓励消费者做饭并刺激消费，同时也可以营造更具场景式的体验感，增加用户对 App 的黏性。

4）大数据：赋能全产业链，实现精准预测

叮咚买菜将大数据运用到从采购到配送整个环节，在采购前，通过“订单预测”精准预测用户订单情况，并根据预测结果进行采购；在销售端，通过用户画像及智能推荐，精准向目标客户推荐相关产品，并通过自建物流配送体系智能调度和规划最优配送路径，最快将产品送达客户手中。叮咚买菜利用精准的大数据分析实现生鲜的低滞销和低损耗。据亿欧报道，2017 年 9 月公司每日滞销损耗平均低于 3%、物流损耗平均为 0.3%，预计目前滞销率和物流损耗率或已进一步下降。

整体来看，叮咚买菜的发展大致经历了四个阶段：第一，从叮咚小区全面转型自营电商业务，完善电商基础模块功能；第二，加速产品功能点迭代，同时运营活动不断，刺激用户消费；第三，上线会员体系，进一步优化产品体验；第四，优化产品功能，进一步提升用户体验。

4. 叮咚买菜的 IPO 进程

2021 年 6 月 9 日，叮咚买菜向美国证券交易委员会提交了 IPO 上市申请文件，计划在纽约证券交易所挂牌上市，摩根士丹利、美国银行、瑞士信贷等均为 IPO 承销商，股票代码为“DDL”。2021 年 6 月 29 日，叮咚买菜正式登陆纽约证券交易所，上市的发行价为 23.5 美元/股，首次公开发行 370 万股美国存托股票。上市次日，其涨幅扩大至 43%，触发熔断暂停交易。随后，叮咚买菜恢复交易继续扩大涨幅，涨幅达到 77.72%，报 41.8 美元，二度触发熔断，随后继续交易。股价一度暴涨 94%，市值一度站上 100 亿美元。

主要资料来源：

1. 没有背景的叮咚买菜，靠什么 IPO？[EB/OL]. 新媒体之家.（2021-04-09）[2021-06-10]. https://www.cnwebe.com/articles/198710.html.

2. 生鲜赛道竞争激烈：叮咚买菜 不进则退[EB/OL]. 新浪科技.（2021-02-20）[2021-06-12]. https://baijiahao.baidu.com/s？id = 1692178164426599609&wfr = spider&for = pc.

3. “叮咚买菜”完成 3.3 亿美元 D + 轮融资 离上市还远吗？[EB/OL]. 网经社.（2021-05-12）[2021-06-12]. http://www.100ec.cn/detail--6592102.html.

4. 新零售：模式另类的叮咚买菜案例分析. [EB/OL]. 人人都是产品经理.（2021-03-28）[2021-06-12]. http://www.woshipm.com/evaluating/3571722.html.

问题讨论：

2020 年新冠肺炎疫情期间，生鲜电商行业成为最大的受益者之一，美团、拼多多、滴滴亲自下场，相继推出美团优选、多多买菜、橙心优选，再加上背后是阿里的十荟团和背后是京东的兴盛优选，各个巨头悉数进入社区零售的大赛道中，整个行业的竞争顿时急速加剧。生鲜电商的赛道已经从一级市场转战到了二级市场，生鲜电商市场动作不断，叮咚买菜、每日优鲜、多点 DMALL、美莱网等多家生鲜电商平台都被传出上市消息。试结合案例材料分析：

（1）生鲜到家是一场比拼速度、品质、成本效率的竞赛，如何做好最后三公里或是最后一公里，是生鲜企业竞争的焦点，叮咚买菜的前置仓模式如何满足用户的便利需求？并分析前置仓模式的优势和劣势。

（2）从市场规模、用户消费习惯、新模式、冷链物流、仓储管理等方面，分析生鲜电商行业未来的发展趋势。

9.3 数字生活：京东健康的迅速崛起

数字生活是依托互联网和一系列数字科技技术应用为基础的一种生活方式，可以方便快捷地带给人们更好的生活体验和工作便利。数字化的信息应用使得越来越多的数字应用场景实现新拓展，覆盖居住、出行、购物、医疗、教育、养老等方方面面，不断升级的数字生活服务给市民带来更加美好的生活体验，提升人民群众的幸福感、获得感。

2020 年 2 月，在新冠肺炎疫情集中爆发的关键时期，京东健康上线了独立的京东健康 App，借助疫情为互联网医疗带来的新机遇，正式在移动端布局医疗健康的平台化产品。它抓住互联网医疗带来的新机遇，一跃成为炙手可热的新星。基于“以供应链为核心、医疗服务为抓手、数字驱动的用户全生命周期全场景的健康管理平台”的战略定位，京东健康已经实现全面、完整的“互联网＋医疗健康”布局，产品及服务可覆盖医药健康实物全产业链、医疗全流程、健康全场景、用户全生命周期。

1. 京东健康公司概况

京东健康是中国在线医疗健康平台，也是医疗产业链数字化改造的领跑者。公司以“成为用户信赖的首席健康管家”为使命，致力于打造以医药及健康产品供应链为核心，医疗服务为抓手，数字驱动的用户全生命周期全场景的健康管理平台，致力成为值得信赖的健康管理企业。公司的零售药房业务和在线医疗健康服务可以让国民享有易得、便捷、优质和可负担的医疗健康产品与服务。

2014 年，京东医疗健康业务开始作为京东集团独立的业务类目进行运营。2016 年，京东与泰州市进行了多轮洽谈，京东健康的雏形开始显现，双方将在现代化医药流通体系、智慧医疗和现代化医药电商等领域开展合作，推动“互联网＋”医疗改革，携手打造医改的“泰州模式”。2017 年 7 月，京东与泰州市签订“健康泰州”战略合作协议；同年 12 月，京东健康推出在线问诊服务。2018 年 3 月，银川京东互联网医院获得医疗机构执业许可证，公司可向在线问诊和处方续签服务的用户开具处方。2019 年 1 月，首笔京东互联网医院宿迁分院上线；同年 5 月，京东健康正式独立运营，逐渐形成了“B2B＋B2C＋O2O”的业务模式，建立了“京东家医”“药京通”“家医守护星”等核心子品牌和产品。

2019 年 11 月，京东健康完成 10 亿美元 A 轮融资；2020 年 8 月完成 B 轮 58 亿美元融资；

2020年12月8日，京东健康于香港交易所主板正式上市，首日市值即突破3300亿港元。京东健康2020年总收入为193.8亿元，同比增长78.8%，盈利能力持续增长。

截至2020年12月31日，京东健康年活跃用户数达8980万，一年净增3370万。2020年期间，京东健康的在线问诊量明显上升，2020年上半年，京东健康日均在线问诊量约9万次，是2019年同期的近6倍，这说明京东健康医药和健康产品销售的线上渗透率在不断提高。目前，京东健康的主营业务包含医药供应链、互联网医疗、健康管理、智慧医疗。

2. 零售药房：自营、线上平台和全渠道布局相结合

零售药房业务主要通过自营、在线平台和全渠道布局三种模式运营，建立了涵盖头部制药公司和健康产品供应商的供应链网络。三种模式相互之间可以产生协同效应，满足用户对多样化的产品选择和灵活的快递送达时间的需求。用户群体庞大的医药零售能为在线医疗业务导流，帮助京东健康抢占在线医疗服务的新市场。

自营模式主要是指京东大药房，一直以来都是京东健康的业务重点，其具备易把控、可追溯、物流便捷、高效等优点，强大的供应链优势极大提升了运营效率。医药类产品比较特殊，消费者更愿意相信和依赖大平台，相较在平台上入驻的第三方店铺，用户更信任京东健康的自营产品。

线上平台主要是第三方商家入驻，主要提供一些京东大药房不提供的长尾产品。京东健康拥有超过9000家第三方商家，与京东大药房形成良性互补，为用户提供便捷、高品质的供应链与医疗服务，满足消费者的差异化需求。

针对用户的紧急性用药需求，零售药房的全渠道布局为客户提供当日达、次日达、30分钟、7×24小时快速送达服务；为满足用户的重、急、慢等各类医疗健康场景下不同的需求，零售药房构建了完整的线上线下、全场景零售及与医院的全方位合作。

截至2020年底，零售药房业务有超过2000万种商品（SKU①），平台有超过1.2万家第三方商家入驻；京东健康在全国范围内共有14个药品专用仓库和超过300个非药品仓库。

3. 互联网医疗：提供便捷的远程医疗服务

互联网医院服务包括在线问诊、家庭医生、慢性病管理等。京东健康称，该公司已组建了一只由自有医生和外部医疗专家组成的医疗团队，截至2020年9月20日，平台拥有6.5万多名医生。2020年上半年，京东健康互联网医院服务日均在线问诊量达到约9万次，是2019年同期的近6倍。

2020年1月26日，京东健康就上线了“防范阻击新型冠状病毒肺炎”免费在线问诊平台，面向武汉和全国各地区免费提供医生咨询服务和心理咨询服务；2月6日，京东健康在互联网医疗领域率先将免费问诊范围扩大至全部科室的所有疾病领域，24小时无休。

---

① SKU为库存量单位，即库存进出计量的基本单元，可以是以件、盒、托盘等为单位。

同时，为了给更多海外民众提供在线医疗咨询和援助，京东健康于 3 月 21 日将“全球免费健康咨询平台”全面升级为中英双语页面，更便捷地服务全世界人民，助力全球共同抗疫。疫情中互联网医疗的便捷与安全得到了全社会的肯定。

互联网医疗改变了就医方式，让医生能利用工作、生活中的碎片时间，为患者答疑解惑；通过互联网医疗，患者可在家随时与医生交流身体状况、服药情况、病情进展和治疗方案等，避免了患者等候看病时间长、问诊咨询时间短的困扰，提高了效率和患者体验，让用户获得更加便利的医疗服务，突破了传统医疗的局限性。简单来说，打造专业的在线医疗健康服务可以加速京东用户转化，并吸引新用户，进而能够帮助平台更好地承接处方药外流带来的院外市场的渠道机会。在这个过程中，庞大的医药零售又能更好地支持在线医疗健康服务的发展，加速医疗服务商业化步伐。

至此，从医药产品销售至在线医疗健康服务，京东健康已经形成了“药 + 医”全流程模式。可以说，在医药零售和在线医疗健康服务双轮驱动下，京东健康构建的增长飞轮已经形成。

4. 健康管理：全方位聚焦人民健康

2019 年，京东健康 CEO 辛利军提出“以健康管理为核心”的主张；10 月 29 日，京东健康合作伙伴大会上，京东健康提出“打造以供应链为核心，医疗服务为抓手，数字驱动的用户全生命周期、全场景的健康管理平台”的战略定位。京东健康于 2020 年 8 月打造了战略级家庭医生产品——“京东家医”，通过为用户提供 7×24 小时健康咨询，不限次专科问诊、处方服务，病例更新、主动随访、用药提醒服务，顶级专家面诊、三甲医院门诊预约等一系列贴心服务，将健康管理融入日常。此外，京东健康还为用户提供包括体检、医美、齿科、基因检测、疫苗预约等消费医疗服务，全面满足消费者个性化、多元化的健康管理需求。健康管理服务的出现，在一定程度上提高了用户对健康的重视程度，为打造健康社会、维护用户的长久健康具有贡献和意义。

5. 智慧医疗：带领技术走近医院及政府

京东健康以云计算、人工智能、供应链、物联网等技术能力作为底层支持，为医院搭建智慧医院平台，帮助医院快速提升线上及院内的服务能力，如在线挂号、在线复诊、续方、购药、送药到家等，同时结合“智慧医院”的三个维度，帮助医院提高智能化水平。

在科研平台方面，京东健康通过帮助医院创建线上和线下融合的大数据研究思路和方法，线上采集数据、整理数据、统计和分析数据，并验证可行性，与线下临床相结合，同时将这些数据沉淀为能力，开发出多种科研知识库，指导临床的技术更新，做到大数据驱动下的临床研究反哺临床诊疗。

主要资料来源：

1. 市值超阿里健康，京东健康的“互联网 + 医疗”进阶之路[EB/OL]. 零壹财经 • 零壹智库.（2021-04-07）[2021-06-18]. https://www.01caijing.com/article/278220.htm.

2. 从京东健康赴港上市看互联网医疗商业模式[EB/OL]. 雪球.（2020-10-28）[2021-06-20]. https://xueqiu.com/5382130346/161921648.

3. 医疗健康平台化产品：京东健康的迅速崛起[EB/OL]. 人人都是产品经理.（2020-10-10）[2021-06-20]. http://www.woshipm.com/evaluating/4211900.html.

问题讨论：

“互联网＋医疗”是医疗数字化的一种应用形式，给人们带来更好的医疗资源和更便捷的就医渠道。《“健康中国 2030”规划纲要》中特别提出，要利用新一代的信息通信技术来赋能我们的医疗卫生系统，为公众提供高质量的医疗和健康服务。《国务院关于积极推进“互联网＋”行动的指导意见》推出后，很多医疗机构和第三方平台都展开了探索。试结合案例材料分析：

（1）“互联网＋医疗健康”给人民生活带来了哪些红利？

（2）目前，我国老年人面临“数字鸿沟”，互联网智能技术对日常生活的渗透程度日益提高，加剧了老年人融入数字生活的困难与挑战。以医疗数字化为例，分析如何让老年人更好地融入数字生活？

9.4　数字贸易：“小红书”的进化之路

数字贸易源于国际贸易，经历了货物贸易到服务贸易再到数字贸易。传统贸易由区域型发展到全球型，主要驱动力来自运输工具的创新和通信技术的革命，由此带来投资全球化。互联网带来了通信方式的变化，企业管理以及贸易方式也都发生了改变，即数字化。数字化、服务化以及网络化是数字贸易的基本背景，数字化带来了新的商业实践，服务化伴随网络的连接与数字化的过程，网络化则是万物互联与智能化。随着互联网在全球加速普及和数字技术的高速发展，数字贸易已成为国际贸易新模式，是世界经济发展的新引擎。作为数字贸易的重要组成部分，跨境电商将助推全球数字贸易时代的到来，而贸易数字化程度的加深将进一步推动跨境电商发展壮大。

1. 小红书建设发展历程

小红书是一个生活方式平台和消费决策入口，在小红书社区，用户通过文字、图片、视频笔记的分享，记录了这个时代年轻人的正能量和美好生活，小红书通过机器学习对海量信息和人进行精准、高效匹配。

2013 年 6 月，小红书在上海成立，12 月，小红书推出海外购物分享社区；2014 年 3 月，小红书完成数百万美元的 A 轮融资，12 月，小红书正式上线电商平台“福利社”，从社区升级电商，完成商业闭环，小红书发布全球大赏，获奖榜单被日韩免税店及海外商家广泛使用，成为出境购物的风向标；2015 年 1 月，小红书郑州自营保税仓正式投入运营，5 月，小红书与澳大利亚最大的保健品品牌 Blackmores 澳佳宝达成战略合作；零广告下，小红书福利社在半年时间销售额破 2 亿，6 月，小红书深圳自营保税仓投入运营，保税仓面积在全国跨境电商中排名第二。2017 年 5 月，Redelivery 国际物流系统正式上线，支持查询完整的国际物流链路信息，用户可以在上面查到自己的商品坐哪一班飞机到国内；2019 年 1 月，小红书用户突破 2 亿；11 月，小红书宣布推出创作者 123 计划，将推出品牌合作平台、好物推荐平台和互动直播平台，从创作者中心、活动和产品三方面帮助创作者；2021 年 4 月，小红书《社区公约》上线，从分享、互动两个方面对用户的社区行为规范做出规定，要求博主在分享和创作过程中如受商家提供的赞助或便利，应主动申明利益相关。

2. 平台提供多种措施，吸引消费者

“正品保障”、商品价格、商品种类多样性、物流及售后等是消费者关心的问题，而商家则关心如何找到精准用户，建立品牌知名度，品牌资产保护等。

（1）提供正品保障。对于正品保障，小红书做了如下几方面努力：①品牌合作。小红书的福利社已直接与全球 1000 家一线品牌、潮流品牌及供应商达成合作，官方全球原产地直采，强力保障正品。②全球探仓。福利社坚持原产地直采，深入全球各地，直接探访品牌方、工厂、大型旗舰店、仓库及全球顶级供应商所在地，从商品的源头上进行把控。③自营仓储。福利社目前有 4 个国内保税仓，在 7 个国家和地区共有 9 个海外直邮仓，通过全链路物流监控，保障货品安全。④全程海关监督。福利社严格遵守海关保税区内的“到货预约—卸货—承运交接—质量检查—理货—验收”全链路监控。小红书保税仓在海关全程监管体系中，直至出仓前，都受到 360°严密监控，随时接受随机抽检及神秘买家抽检。

（2）优化消费者的物流体验。小红书通过自己的保税仓和自建的海外仓，对于需求量大的标品、受市场认可的热款商品提前在保税仓备货，对于不同种类的非标品通过海外仓发货，满足长尾需求。这样发货更加灵活，满足不同商品的发货需求：①保税仓发货。在消费者跨境电商平台上下单后，便直接从保税区调货清关，通过物流送到消费者手中。这不仅降低了物流成本，而且极大地提高了物流配送效率，一般 2～5 天即可到达消费者手中。②海外仓发货。在消费者购买境外商品之后，供应商集中发货到海外仓，包裹化后由国际转运发货，国内清关，配送到消费者手中。这种模式的物流时效也优于直邮模式，一般 7～10 天即可到达消费者手中。同时，福利社溯源查询向用户提供全链条可查询的溯源体系，用户还可通过 App 订单页查询该商品的清关信息，也可登录海关网站，查询商品来源、所经口岸等信息。

（3）UGC 社区分享优质内容。小红书 UGC 社区内有海量用户生成的优质、丰富的内容，由前期关于美妆、个护的海外购物经验，扩大到了后来的运动、旅游、家居等信息分享，触及消费经验和生活方式的方方面面，为用户提供筛选比较的渠道。对于不知道买什么的用户，社区里达人、KOL 的海量笔记，可以让他们有机会了解更多的商品。对于有购物目标的用户，小红书社区就是一个品牌的口碑库，社区里达人、博主的使用心得，解决了用户的购物顾虑，帮助用户做购物决策，不再仅仅依靠个人 DIY 来耗时耗力地做决策。

（4）帮助品牌方建立品牌知名度、实现精准营销。小红书推出了品牌合作人机制，

小红书提供了品牌方、内容合作机构（MCN）和品牌合作人（达人、博主、KOL 等）三种身份的入口。品牌方可在小红书官方的广告营销平台进行资质认证，MCN 点击后将有资质申请的指导说明，品牌合作人则可进入个人详情页，查看自己的详细笔记表现。品牌方和品牌合作人还能进行数据和信息的分享，如品牌方能够基于数据和信息，在已经实名认证的博主中选择品牌合作人。无论是对于已经入华的成熟海外品牌，还是初入华的新品牌，这种品牌方与品牌合作相互间的选择性地精准匹配，能够帮助品牌方精准地向目标人群传达品牌信息，迅速建立品牌形象以及扩大知名度。

3. “社区＋电商”双轮驱动的商业模式

小红书的用户主力是年龄在 24～35 岁的年轻女性，用户消费水平为中等及以上，集中在一二线城市。她们以享受生活为主要消费，喜爱跨境购物、旅游、美食，追求生活品质，以拍照、写笔记分享为兴趣，希望获得关注，内在需求众多，又有购买力，是一批相当优质的用户群体。2013 年成立的小红书最开始从社区起家，用户在社区里分享海外购物经验，由最开始的美妆、个护扩大到了后来的运动、旅游、家居等信息分享，触及消费经验和生活方式的方方面面，源源不断吸引了大量流量。其具体提供以下服务。

（1）内容社区。在小红书，一个用户通过“线上分享”消费体验，引发“社区互动”，能够推动其他用户去到“线下消费”，这些用户反过来又会进行更多的“线上分享”，最终形成一个正循环。而随着人民生活越来越走向数字化，小红书社区在“消费升级”的大潮中发挥更大的社会价值。

（2）产品电商。2014 年 10 月小红书福利社上线，旨在解决海外购物的另一个难题——买不到。小红书已累积的海外购物数据，分析出最受欢迎的商品及全球购物趋势，并在此基础上把全世界的好东西，以最短的路径、最简洁的方式提供给用户。

（3）正品自营。小红书与多个品牌达成了战略合作，还有越来越多的品牌商家通过品牌号在小红书销售。品牌授权和品牌直营模式并行，确保用户在小红书购买到的都是正品。

（4）品牌活动。包括小红书 6·6 周年庆。小红书创立于 6 月 6 日。因此，在每年的 6 月 6 日，小红书会推出一系列大型周年庆促销活动，也是小红书全年促销力度极大的时间段之一。

（5）红色星期五。小红书将美国的商场的“黑色星期五”移植到国内，结合自身独特的红色元素，推出“红色星期五”大促，在这一天，都会推出大量的打折和优惠活动。

4. 进阶式产品迭代过程

小红书 App 产品从 V1.0 上线到 V6.35 的功能迭代可以分为三个阶段：探索积累阶段、转型阶段、进化阶段。第一个阶段探索积累，探索跨境购物的社区 UGC 模式是否行得通，注重社区内容的建设，用户的积累；第二个阶段转型打磨，不急于选择广告投放的方式进行流量变现，而是抓住政策红利，选择了社区电商的转型之路，不断打磨自身，同时开始请明星推广营销；第三个阶段不断进化，战略上不再仅局限于通过跨境电商和传统电商竞争，而通过将社区内容多元化、生活化来寻求新的用户增量，同时加快营销步伐，进一步打造社区电商的新形态。

主要资料来源：

1. 跨境电商的巨头时代，“小红书”的进化之路[EB/OL].新媒体之家.（2020-03-10）[2021-06-23]. https://www.cnwebe.com/articles/79288.html.

2. 小红书的进化与坚守[EB/OL]. 砺石商业评论.（2019-02-25）[2021-06-25]. https://baijiahao.baidu.com/s?id=1626409267381981078&wfr=spider&for=pc.

3. 小红书上线《社区公约》，鼓励用户“真诚分享”[EB/OL].北京商报.（2020-04-20）[2021-06-25]. https://baijiahao.baidu.com/s?id=1697570395134003378&wfr=spider&for=pc.

问题讨论：

《全球数字贸易与中国发展报告 2021》研究提出，数字贸易的核心是跨境数据流动，凡是高度依赖跨境数据流的经贸活动，都可称为数字贸易。我国贸易数字化位居全球领先之列，是全球跨境电商发展的引领者；数字化贸易出口位列全球第八、进口位列全球第七；数字贸易发展指数位列全球第九，是唯一进入全球前十的发展中经济体。请根据案例材料，并结合跨境电商相关知识，分析以下问题：

（1）跨境电商行业中的参与方包括消费者、商家、物流和平台，小红书是如何满足各个参与方的需求？

（2）国内跨境电商的巨头格局已经形成，天猫国际加上考拉海购超过市场总交易的50%，而小红书上只占有3%，属于第二梯队。试分析小红书如何缩小与第一梯队成员之间的差距？可以从物流、供应链、仓储资源和商品丰富度等方面进行分析。

（3）从跨境电商角度，分析如何促进我国数字贸易发展？

9.5　数字产业：从贝壳找房看产业互联网推动房产行业改造

2020 年 6 月 30 日，国家信息中心信息化和产业发展部与京东数字科技研究院在京联袂发布《携手跨越重塑增长——中国产业数字化报告 2020》。该报告首次专业阐释产业数字化。报告认为，产业数字化是指在新一代数字科技支撑和引领下，以数据为关键要素，以价值释放为核心，以数据赋能为主线，对产业链上下游的全要素进行数字化升级、转型和再造的过程。即以传统产业和科技产业共建融合为基础，推动产业供给侧和需求侧运营流程的数据在线，链接客户、结构可视、智慧决策，对产业链上下游的全要素数字化改造，从而实现产业降本提效、提高用户体验、增加产业收入和升级产业模式。产业数字化发展对于企业、行业以及宏观经济都具有极其重要的意义。从微观看，产业数字化再造企业质量效率新优势；从中观看，产业数字化重塑产业分工协作新格局；从宏观看，产业数字化加速新旧动能转换新引擎。

1. 贝壳找房的发展与现状

贝壳找房是以技术驱动的品质居住服务平台，聚合和赋能全行业的优质服务者，打造开放的品质居住服务生态，致力于为三亿家庭提供包括二手房、新房、租赁、装修和社区服务等全方位居住服务。贝壳起于链家，但不同于链家网的垂直自营模式，其使命是缔造平台。它以共享真实房源信息与链家管理模式为号召，吸引经纪人与经纪公司入驻。

贝壳成立于2018年4月，目前覆盖了103个城市，连接了265个经济品牌，包括很多知名的品牌如链家等。2020年8月13日，贝壳找房在纽约证券交易所正式挂牌上市，IPO发行定价为20美元/ADS，股票代码“BEKE”，成为中国居住服务平台第一股。2021年4月9日，贝壳找房推出签约服务中心，通过专属签约服务场景、培养专业签约经理，并深度联动整合资金存管、线上贷签等多项服务，为用户和行业带来安全、高效、优质体验的新一代签约服务。同年6月，贝壳入选艾媒金榜（iiMedia Ranking）发布的《2021年中国产业供给端数字化服务平台排行榜 TOP10》。截至 2020 年底，贝壳共有门店约47 000家，经纪人数量达到49.3万人。

2. 贝壳找房的 ACN 合作网络

ACN合作网络（agent cooperate network，经纪人合作网络）是指在遵守房源信息充分共享等规则前提下，同品牌或跨品牌经纪人之间以不同的角色共同参与一笔交易，成交后按照各个角色的分佣比例进行佣金分成的一种合作模式，是共生经济在居住服务领域的首个落地模式。ACN合作网络的核心在于把整个服务链条细化，然后根据经纪人在各个环节的贡献率进行分佣，从而使分佣机制趋于均等化。在一单交易中，有“房源录入人”“房源维护人”“委托备件人”“房源钥匙人”“房源实勘人”“客源转介绍”“客源成交人”等角色，合作网络中的经纪人可以通过任一个环节的贡献最终获得收益。

ACN合作网络有效地解决了“房”、“客”和“人（经纪人）”之间联动的难题。其合作架构主要包括三部分，即以房源流通联卖为核心的“房”的合作网络、以跨店成交比管理为核心的“客”的合作网络和以信用分管理为核心的“人”的合作网络。其本质是打破现有的信息孤岛，将房源和客源有效打通，盘活所有的资源进行更加有效地匹配。当信息的隔板被打开，在合作网络促发下，商机线索会以几何倍数增长。

ACN合作网络是贝壳依靠互联网实现传统产业转型的重要途径，也是贝壳突破行业限制、力图重塑行业模式、实现公司战略的重要武器。依托于这个庞大的经纪人合作网络，贝壳汇集起了大量的线上线下数据。未来有可能将通过打通上下游产业链而重构产业发展模式。未来，随着ACN合作网络逐渐得到市场和投资者更多的认可，已经在住房服务这场赛道上占据有利地位的贝壳找房，将依托互联网平台集聚起的优势，在住房产业的数字化大趋势下，促进产业链各方通过要素整合进行协作，为中国 3 亿个家庭和若干住房服务者提供更高的价值。

ACN 合作网络的本质就是要素的拆分和重新组合，数字化让这种拆分组合得以大规模进行。住房市场的数字化程度越高，关于住房市场运行的要素标签就越细致、越丰富，它们之间可以进行排列组合，就能形成一个与买房或者租房相关的新的价值链。

3. “楼盘字典”奠定贝壳找房数据基础

互联网融入任何一个传统产业当中，最重要的一件事就是不要用互联网思维去教育这个产业，而是要尊重这个产业，尊重这个产业的规律，只有在尊重的基础上才能创造价值。在贝壳，这个产业规律就是数据化运营。早在贝壳还未孵化之前的很多年，链家就非常有意识地在搭建数据基础，并将数据深度运营在业务管理中。

针对买房租房时“信息不透明”和“房源不真实”这一痛点，链家从2008年开始投入打造了全国最大的真实房源数据库——“楼盘字典”。贝壳找房的楼盘字典采用的是7级门址：城市、城区、楼盘、楼幢、单元、楼层、房屋，这样就能确定每一套房，然后再给这套房编一个独一无二的代码。这样再加精准GPS坐标，就能确定每一套房的地理位置。同时，他们还会收集每一套房的商圈、楼盘别名、行政地址、产权地址、邮编、房间信息、周边设施等基本信息。这个统一丰富的楼盘字典，成为贝壳找房扎实的数据基础，对所有业务提供基础数据服务。

唯一且多维的房屋信息确保了房源的真实性，保障了真房源承诺得以践行。更重要的是，楼盘字典实现了房的数据化，为链家和贝壳的线上化提供了基础，加速了后续的产业互联网化改造。

4. 以VR + AI带动新居住服务升级

2016年，贝壳如视VR实验室成立，初步构想利用VR技术提升居住服务体验。2017年开始投入对三维采集硬件的研发，贝壳如视始终践行数字化战略，在VR技术的房产行业应用领域进行了不懈探索。2018年4月，如视自研采集硬件大规模落地成都，VR房产服务实现规模化，对整个城市进行了VR房源采集。2019年4月，如视AI讲房1.0产品上线，AI产品初次落地。同年11月，如视Lite技术面世，实现低成本采集房源信息。

如视VR主要包括三个部分，分别为数据采集、AI能力和场景应用。在数据采集方面，贝壳如视自研软硬件采集设备，目前已打造出基于激光采集技术的伽罗华采集设备、基于结构光技术的黎曼采集设备，对超过800万套房源实现三维空间重建。在采集大量数据的基础上，贝壳实现对AI能力的应用，主要包含空间重建、空间解读及AI设计能力。在最核心的场景应用方面，贝壳如视深度融合技术与产业，打造出包括VR看房、AI讲房、VR带看、贝壳未来家等一系列优质产品。

目前，贝壳如视在场景应用上已与超100个知名品牌开展合作，为更多企业的数字化转型赋能。未来，贝壳仍将以科技赋能品质服务，用数字化手段引领行业新型基础设施建设，提升整体服务质效，推动居住服务再上新台阶。

数字化技术能够为社区服务者决策提供有力支持。在政府的指导和监督下，引入企业的商业能力和数据资料，基于住房交易、租赁的实时信息，融合云计算、物联网等技术，构建“城市住房数字底板”，能够对社区居民流动生活动态进行有效精准把握，从而为基层治理、社区服务、资源分配等工作提供判断依据。

新居住时代是数字化价值全面崛起的时代，如何满足人们对高品质居住和流通服务的需求成为行业发展的关键课题。新居住赛道中的贝壳，自2018年4月成立以来，始终坚持以科技驱动，推进物、人、流程的标准化与数字化，在不断夯实行业数字化基础的同时，构建起“数据+算法+算力+场景”的智能全景，加速实现大数据与居住服务产业融合。

主要资料来源：

1. 商业向善，贝壳找房探索“社区友好”新模式[EB/OL]. 网易网.（2019-12-24）[2021-05-22]. https://www.163.com/news/article/F15UIAH9000189DG.html.

2. ACN模式下，贝壳找房的长期价值[EB/OL]. 北青网.（2021-06-24）[2021-06-27]. http://finance.ynet.com/2021/06/24/3323349t632.html.

3.“楼盘字典”奠定贝壳找房数据基础 制定真房源标准[EB/OL].中国经济发展网.（2021-06-24）[2021-06-27]. http://www.zzsz.net.cn/news/202106/49937.html.

4. 2020世界VR产业大会丨贝壳找房惠新宸：VR技术重塑居住服务体验[EB/OL]. 环球网.（2020-10-20）[2021-05-15].https://3w.huanqiu.com/a/c36dc8/40MalRhdb0z.

5. WAIC新居住科技论坛召开 贝壳找房携行业伙伴探讨居住产业新增长点[EB/OL]. 环球网.（2021-07-12）[2021-07-15].https://tech.huanqiu.com/article/43uQRJbNQVM.

问题讨论：

当前，全球经济越来越呈现数字化特征。要加快数字化发展，建设数字中国，发展数字经济已成为国家重大战略。而产业互联网正成为下一个重要的市场增长点及发展主旋律，传统批发商如何进行数字化经营转型升级迭代成为生存关键。2021年6月25日，在2021中国长江经济带产业数字化峰会发布的《中国产业互联网白皮书》指出，预计2025年，我国产业互联网市场规模达到4.00万亿元；2030年，将达到12.22万亿元。而且我国产业互联网市场渗透率也将进入大幅增长期。从目前的3%达到2025年的12%，并在2030年达到38%。请根据案例材料，结合我国产业数字化发展相关资料，讨论下面问题：

（1）目前我国的产业数字化发展具有哪些特点和优势？

（2）虽然我国产业数字化发展前景良好，但面临不少挑战。例如，行业之间、领域之间的信息打通，需要供应侧各方打破企业内外的信息孤岛，增加数字化和信息安全投入；产业互联网建设需要产业链的人才储备，但企业升级人才体系可能会对现有业务产生负面影响等。我国的产业数字化发展过程中，该如何积极应对这些问题，才能推动数字经济和实体经济深度融合，加快构建以国内大循环为主体、国内国际双循环相互促进的新发展格局。

9.6　数字文化：数字赋能让博物馆焕发持久魅力

数字文化指以计算机、互联网以及数字化视频信息采集、处理、存储和传输技术的文化的数字化共享。它是依托各公共、组织与个体文化资源，利用VR、AR、3D等数字技术以及互联网、大数据等平台实现文化传播的时空普及与内容升级，具备创新性、体验性、互动性的文化服务与共享模式。数字文化产业是以文化创意内容为核心，依托数字技术进行创作、生产、传播和服务的新兴产业，具备传输便捷、绿色低碳、需求旺盛、互动融合等特点，有利于培育新供给、促进新消费。

在博物馆的数字应用方面，传统实体博物馆因观念、技术、场地、展陈能力限制，以及出于对文物保护的考虑，所展示的文物信息量往往不足，大量藏品没有展出机会，而且在时间、空间、展示形式上也受到诸多局限，制约了博物馆社会教育和文化传播的功能。为此，数字博物馆应运而生。

数字博物馆指将实体的文物以数字化的形式展示给观众，借助多媒体、虚拟现实等方式在实体博物馆内搭建数字展厅，以实现传统展览不具备的展示功能；依托互联网，搭建网上虚拟博物馆，实现藏品在线展示。目前，国内许多博物馆均在努力开拓数字化管理、展示的平台。

1. 故宫博物院数字化发展

故宫在博物馆数字化的道路上探索了 20 多年，现在已探索出一条适合故宫博物院的三维数字化道路，数字化保护、数字化研究、数字化展示。保护、研究、展示“三位一体”，遵循“内容为王、技术为器、融合互通”，展现故宫独有特性。

1998 年，故宫博物院成立了资料信息部，开始将文物底账卡片录入到数据库中，同时持续将文化遗产资源拍摄成数字影像，利用先进的数字技术加强对文物藏品和古建筑的管理。2002 年故宫建立数字化资产应用研究所，开始三维数字化的应用建设。到现在已经采集了紫禁城（$112hm^2$）的全景三维简模数据，采集了包括太和殿、养心殿、乾隆花园和角楼在内的重要殿宇室内外高清数据。并通过照片建模、三维扫描等技术采集室外陈设三维数据和可移动文物三维数据。这些基础数据，为后续开展数字化项目建设奠定了基础。逐渐地，资料信息部覆盖的业务范围越来越大，随着博物馆与互联网的接轨，其官方微博、App、官方微信陆续上线。600 岁的紫禁城正在以一种前所未有的姿态变得年轻，昔日皇家的堂前燕飞入了寻常百姓家。

2. 故宫博物院数字项目

2010 年 6 月 23 日，故宫博物院、微软亚洲研究院和北京大学在故宫博物院举行发布仪式，宣布三方共同合作研发的“走进清明上河图”沉浸式数字音画展示项目正式完成。今后观众在参观故宫时，可以在故宫博物院的武英殿书画馆里借助这一创新的多媒体展示平台，在欣赏北宋著名画家张择端的《清明上河图》的同时，身临其境地感受 800 多年前盛极一时的北宋都城汴梁的社会盛况。

2016 年养心殿正式开始进行为期五年的大修工作，作为最受观众欢迎的原状陈列，不能一睹养心殿，自然成为很多观众的遗憾，因此故宫博物院推出主题为“故宫是座博物馆”数字展。一方面让养心殿的真文物出门巡展，让不在北京的观众也能“走进”养心殿，另一方面用数字技术，让养心殿“活起来”，让年轻人更多地走进数字养心殿，走进传统文化。其中，AR 穿搭服饰互动项目是通过 Unity 引擎 + Kinect 体感设备开发的试衣互动，可以将成套的宫廷服饰“穿上身”，喜欢的话还可以拍照并将自己的照片下载到手机里。Unity 引擎所搭载的布料系统能够满足我们的互动需求。通过衣服搭配和选择佩饰，观众可以了解清代宫廷服饰搭配的相关小知识。御膳项目中，选取了众多宫廷美食中最有特色的四道菜肴，还原了制作方法，观众在随着提示一步一步“制作”好菜肴后，还要选择正确的餐具盛放摆盘。

2017 日 10 月 10 日，“发现 • 养心殿——主题数字体验展”在故宫之“端”——端门数字馆全新亮相。端门数字馆落成于 2015 年，是全国第一家将古代建筑、传统文化与现代科技完美融合的全数字化展厅。顺应信息技术和交互技术的迅速发展，故宫博物院利用新媒体形式对展览和藏品进行宣传和解读，不仅利于激活博物馆的参观氛围，也对藏品内容的展示更加灵活生动。除此以外，利用线上项目和线下项目的无缝衔接，更可以使博物馆从宣传、展示到后续服务贯穿起来。

2019 年，在 7 月 16 日的“数字故宫发布会”上，故宫博物院一口气推出 7 款数字产品，这些产品或全新亮相或换装升级，其中也包括故宫推出的第十款 App——“紫禁城 600”。这是首个聚焦于故宫古建筑文化的 App。同样是故宫首款建筑主题的微信小程序“故宫：口袋宫匠”，则将故宫屋檐上的脊兽化身为可爱的“紫禁城建造小分队”，呆萌谐趣。

2019 年 7 月 16 日，故宫博物院数字文物库正式上线。数字文物库拥有故宫最全藏品信息，涵盖 26 大类文物，超过 186 万件/套文物基础信息，5 万张精选文物影像，并且后续还将不断增加，可以满足大家博古赏新、学习研究的需求。

3. 与腾讯建立合作伙伴关系

早在 2016 年，腾讯与故宫博物院就正式建立合作伙伴关系，通过 Next Idea 腾讯创新大赛，鼓励年轻人发挥创意，用故宫博物院授权的 IP 制作成表情包、游戏、动漫等作品。其推出的“皇帝很忙”“门海”“Q 版韩熙载”等萌趣表情包，都秉承了贴合青年人兴趣点的思路。在登录 QQ 表情平台后不到一个月，使用量就接近 4000 万。同时，还利用腾讯的技术优势，故宫还研发了很多面向青年受众的产品。与腾讯的合作让故宫博物院变得更加互联网化、年轻化和生活化。

2017 年 11 月，故宫博物院与腾讯共同宣布成立“故宫博物院-腾讯集团联合创新实验室”，探索先进数字技术在文化遗产保护、研究和展示领域的应用范式。

2018 年是 Next Idea 腾讯创新大赛和故宫合作的第三年。2018 年 8 月 24 日，由故宫博物院与腾讯动漫、Next Idea 联合打造的主题漫画《故宫回声》在腾讯动漫官方平台上线。作为国内博物馆打造的首部漫画作品，《故宫回声》讲述了历史上“故宫南迁和西迁”的故事，蕴含着故宫以及传统文化的传承精神。

2019 年 9 月 16 日故宫博物院与腾讯 16 日在北京签署深化战略合作协议，未来三年双方将通过“数字化 + 云化 + AI 化”，在文物数字化采集与文化研究等领域深度建设“数字故宫”。

故宫博物院院长王旭东表示，当前的数字技术推动着整个社会都在发生广泛而深刻的“数字变革”。故宫这 20 年的数字探索取得了初步成果，但要建设更全面、更深入的数字故宫，让文化插上科技的翅膀，走进千家万户，任重而道远，需要与更多优秀合作伙伴并肩同行。未来故宫将考虑如何将人工智能运用到文物的研究、修复、展览当中去。把一些数字技术转过来，应用到博物馆自身的业务上。

故宫博物院信息化建设的发展，已远远超出了 20 世纪 90 年代成立资料信息中心的“信息化”目标。随着“数字文物”概念的提出，网络技术特别是 5G 技术的发展，新的包容性更大、指导性更强的“数字故宫”理念应运而生。在“数字故宫”的指引下，故宫博物院在确保数据安全的前提下，将通过优化网络办公平台，全力推动文物数字化保护，夯实数字故宫基础，推动数字资源高效管理与利用，使文化与科技充分融合、相互支持，激发文化创造力，将优秀传统文化与社会主义文化相结合，健全公共文化服务体系，合力传播弘扬传统文化，让更多的人从故宫受到教益，使故宫博物院更好地发挥其珍护传统、传承文明的文化使命。

主要资料来源：

1. 与数字化融合 为文化产业发展实现“加速度”[EB/OL]. 光明网.（2020-04-10）[2021-04-09]. https://travel.gmw.cn/2020-04/10/content_33732590.htm.

2. 故宫联合腾讯推出“数字故宫”小程序，精美纹样首次联结六百件国宝[EB/OL]. 光明网.（2020-08-10）[2021-04-04].https://m.gmw.cn/baijia/2020-08/10/34075006.html.

3. 近 20 年探索，推出 12 个项目，故宫博物院的 VR 数字化历程[EB/OL]. 凤凰新闻.（2019-05-20）[2021-04-07].https://ishare.ifeng.com/c/s/7mpYj75D9Qg.

4. 以数字化模式“恢复与重塑”博物馆文化[EB/OL]. 新华网.（2021-05-19）[2021-06-03]. http://m.xinhuanet.com/tech/2021-05/19/c_1127463228.htm.

问题讨论：

新冠肺炎疫情防控常态化改变了社会运行的形态及秩序，大量线下经济活动转移到了线上，也催生了多样化的数字文化创意产业新业态。数字文化创意产业的异军突起，不仅为城市数字化转型提供强大推动力，也将成为文化创意产业高质量发展的内生动能。数字文化创意产业还对数字经济有着极强的带动作用，是城市数字化转型的引擎和核心竞争力。发展数字文化，不仅是城市进行数字化转型的前提和内容，也是文化创意产业深层转型取得突破性发展的关键。请根据案例材料，结合我国数字文化发展相关资料，讨论下面问题：

（1）从科技、产品、市场等视角，分析我国数字文化发展的优势基础都有哪些？

（2）如今我国发展数字文化，主要在推进云计算、区块链等数字经济基础建设方面持续发力、夯实基础，然而在数字内容生产、运营、社会实现等方面仍存在短板和不足。而后者恰是产业增值、价值实现的核心竞争力所在。请分析我国要加快发展数字文化创意产业，该如何处理好“数字＋”与“文化＋”二者间的关系，在文化科技深度融合的基础上推动文化创意产业深层转型。

9.7 数字金融：综合金融生态的新物种——蚂蚁集团

数字金融是指通过互联网及信息技术手段与传统金融服务业态相结合的新一代金融服务。根据产业结构分类，数字金融包括互联网支付、移动支付、网上银行、金融服务外包及网上贷款、网上保险、网上基金等金融服务。

数字金融在中国乃至全世界都是新生事物。从最早的在线支付工具 PayPal 于 1998 年在美国诞生，到如今已经超过 20 年。中国数字金融可追溯到 2004 年底的支付宝上线，但大家更愿意把 2013 年 6 月余额宝上线看作中国数字金融发展的元年。数字金融最大的优点是普惠性。数字金融中，现在最受关注和肯定的是移动支付。移动支付给人们生活带来的改变有目共睹，它已经成为人们生活中很重要的一部分。

1. 蚂蚁集团简介

蚂蚁科技集团股份有限公司（简称蚂蚁集团）起步于 2004 年成立的支付宝。2013 年 3 月支付宝的母公司宣布将以支付宝为主体筹建小微金融服务集团，小微金融成为蚂蚁集团的前身，2020 年 7 月正式更名为蚂蚁集团。

蚂蚁集团是全球领先的金融科技开放平台，致力于以科技推动包括金融服务业在内的全球现代服务业的数字化升级，携手合作伙伴为消费者和小微企业提供普惠、绿色、可持续的服务，为世界带来微小而美好的改变。

从支付宝成立一直至现在，蚂蚁集团的业务不断拓展，不但包括银行、股票、证券、保险、基金、消费金融等金融领域，还涉及人工智能、企业服务、汽车出行、餐饮、媒体、影视等非金融领域，业务结构不断多元化。目前，蚂蚁集团已经形成了以普惠、科技、全球化为首的三大发展战略和以支付、理财、微贷、保险、征信、技术输出为主的六大业务板块。

蚂蚁集团的发展历程大致可以分成支付起家、颠覆金融和技术输出三个阶段。

第一阶段：支付起家（2004～2011 年）。以解决信任痛点切入，流量为王，独占鳌头。蚂蚁集团前身是服务于淘宝网的支付结算部门，2003 年淘宝网上线后，为解决线上交易支付的信任问题，担保交易应运而生。随着交易量逐渐扩大，支付业务从淘宝拆分并独立运行，2004 年底支付宝正式成立。为扩大用户范围，在 C 端，支付宝先后推出全额赔付、快捷支付，给当时普遍使用网上银行、U 盾转账的用户带来前所未有的支付体验；在 B 端，支付宝以免费甚至补贴的形式吸引商户，迅速占领市场，2007～2009 年，支付宝全年交易额从 476 亿元翻五倍，达到 2871 亿元，占整个电子支付市场 49.8%的份额。2010 年，央行发布《非金融机构支付服务管理办法》，实行牌照制度，要求境内主体方可申请，支付宝被从已在海外上市的阿里巴巴体系下分拆出来，2011 年顺利获得国内首批第三方支付牌照。这一阶段，蚂蚁集团将支付宝单一产品做到极致，商业模式处于扩流量、冲规模的早期阶段。

第二阶段：颠覆金融（2012～2016 年）。以普惠金融切入，牌照为王，流量变现。凭借庞大的阿里电商生态与早期流量积累，蚂蚁集团开始将业务延伸至理财、信贷、保险等传统金融领域。理财方面，2012 年 5 月支付宝获得基金销售支付牌照，2013 年 6 月支付宝与天弘基金合作推出“余额宝”，同年 10 月支付宝以 11.8 亿元认购了天弘基金 51%的股份；信贷方面，2014 年 6 月蚂蚁金服正式成立，2014 年 9 月浙江网商银行获批，主营小微信贷、供应链金融等业务，2015 年蚂蚁花呗和蚂蚁借呗等爆款产品先后上线，芝麻信用正式投入使用，拓宽了互联网信贷领域的布局；保险方面，2016 年蚂蚁金服向国泰产险增资，持股 51%，2017 年成立信美人寿相互保险社，保险业务开始在蚂蚁金服的版图中落地开花。这一阶段，蚂蚁金服渗透到传统金融领域，获取银行、保险、保险经纪、公募、基金销售、私募、保理、小贷共八类牌照，旗下有超过 20 家金融机构。

第三阶段：技术输出（2017 年至今）。去金融化，技术为王，为金融机构和政府赋能。2017 年后，金融监管趋严，受 P2P 爆雷影响，蚂蚁金服部分产品受到监管。此后蚂蚁金服宣布从 FinTech 向 TechFin 战略转型，一方面向金融机构开放产品和技术能力，并提出以 BASIC 技术为核心的战略发展方向，密切关注应用场景落地；另一方面向政府机构贡献算力，2017 年承接数字雄安区块链基础设施平台建设，协助央行开展数字人民币体系的研发等。2020 年 7 月蚂蚁金服更名为“蚂蚁集团”，标志其战略转向科技领域。这一阶段，蚂蚁找准定位，发挥数据和技术优势，业绩和估值飞速提升，连续两年登顶全球金融科技百强榜。

2. 蚂蚁集团的业务发展

1）轻资产、盈利强、成长快

蚂蚁集团在财务方面是轻资产、盈利强、成长快。截至 2020 年上半年，蚂蚁集团总资产达到 3159 亿元，在全部 A 股上市公司中排名第 79 位，2017～2019 年复合增长率高达 42.5%；集团保持轻资产运营，2017 年后确立“去金融化”的战略路径后，资产负债率从 2017 年 51%降至 2020 年 6 月 32%，大幅降低负债压力。

蚂蚁集团的业绩也是大跨步迈进。根据招股说明书，2017～2019 年蚂蚁集团营业收入从 653.96 亿元升至 1206.18 亿元，年化增长率为 35.81%；净利润从 82.05 亿元升至 180.72 亿元，年化增速 48%。截至 2020 年上半年，蚂蚁集团营业收入 725.28 亿元，净利润 219.23 亿元，仅仅半年已经超过了去年全年利润。

2）着力布局三大战略板块

当前蚂蚁集团着力布局三大战略板块：数字支付与商家服务、数字金融科技平台、创新及其他业务。支付板块贡献流量，金融服务贡献收入，技术创新贡献增长点。数字支付与商家服务方面，主要是按照交易规模的一定百分比，向商家和交易平台收取交易服务费；数字金融科技服务费方面，是公司直接或间接地基于公司的平台促成金融机构合作伙伴的业务规模，主要以技术服务费的形式取得收入；创新业务方面，是蚂蚁集团为各类企业和合作伙伴提供创新技术服务（包括区块链和数据库服务）以及行政与支持服务取得创新业务及其他收入。创新业务包含蚂蚁链技术服务、金融云技术服务等多项创新技术服务。

（1）数字支付与商家服务板块贡献收入 36%，逐年下降。此板块以支付宝为平台开展，集成境内外支付、生活场景、多元金融服务等端口，是一个综合性的流量入口，盈利模式以收取交易手续费为主。2017～2020年上半年分别产生营业收入358.9亿元、443.6亿元、510.1亿元、260.1亿元，占比从54.9%逐渐下降至35.9%。支付宝的运营主体是支付宝（杭州）信息技术有限公司和支付宝（中国）网络技术有限公司，前者是蚂蚁集团内利润贡献最大的子公司，2019年和2020年上半年分别创造净利润97亿元、86.5亿元，占比53.7%、39.4%。

（2）数字金融科技平台贡献收入64%，网络借贷占比高。此板块为多元金融服务，以交易佣金、利息收入、投资收益等作为主要收入，2017～2020年上半年营业收入分别为289.9亿元、406.2亿元、677.8亿元、459.7亿元，占比从44.3%增长至64.4%，是蚂蚁最大的收入来源。下设微贷科技平台、理财科技平台和保险科技平台，2020年上半年收入占比分别为39%、16%、8%。

（3）创新及其他业务贡献营收不到1%，增长潜力大。该板块是目前集团转型的方向，以技术开发为金融机构、政府机关等合作伙伴提供综合性的技术解决方案，知识产权及技术服务费是主要的收入来源。创新业务板块2017～2020年上半年贡献营业收入分别为5.1亿元、7.5亿元、9.3亿元、5.4亿元，占比0.79%、0.87%、0.77%、0.75%。经营主体包括蚂蚁双链（上海）、蚂蚁区块链科技（上海）、恒生电子等，成型产品包括蚂蚁金融云、蚂蚁链等，2019年蚂蚁链开始取得收入，未来将对外输出解决方案，成为新增长点。

3）产品、平台、生态环环相扣的经营模式

蚂蚁集团以互联网思维切入金融科技产业链条，爆款产品、开放平台、打造生态三步环环相扣，客户从传统的C端消费者、B端商家，延伸到F端金融机构和G端政府部门，积累的数据、技术、运营管理经验内化为“护城河”。

（1）1.0做产品。以爆款产品吸引流量，通过流量运营挖掘深层需求，赚C端和B端的钱。蚂蚁集团善于深挖客户需求，以客户需求为立足点打造产品，突破传统束缚，再依托阿里多元交易场景，降低金融服务门槛，高度重视用户体验和产品运营，打造出支付宝、余额宝、花呗、借呗、相互宝等爆款产品，在短期内聚集大量用户，培养用户习惯，同时积累信用、交易等宝贵数据和算法，目前支付宝App已有超过10亿用户和超过8000万商家。

（2）2.0做平台。蚂蚁集团自2017年以来实施平台开放战略，为F端金融机构助力赋能。蚂蚁集团转型技术公司，既有外部监管导向压力，也有商业模式优劣考量。蚂蚁集团具有数据优势和技术优势，金融机构具有牌照优势、资金优势，重新定位金融机构合作伙伴关系，实现优势和能力互补。凭借消费者和商家的巨大流量和场景，以及前期积累的风控能力、营销能力等，进一步挖掘理财、借贷、保险等金融服务需求，余额宝、花呗、借呗、相互宝接入外部金融机构，采用助贷、联合贷款、销售引流等方式向金融机构输送客户流量并输出技术服务，赚金融机构的技术服务费，目前已有约100家银行、170家资管公司以及约90家保险机构与蚂蚁开展合作。

（3）3.0做生态。蚂蚁集团将这套模式横向复制到海外、越做越大，将掌握的数据和技术内化为“护城河”，如数据库、区块链、云计算、金融智能可直接与政府部门接轨，最终成为全国层面的金融科技领域基础设施，发力技术输出，将自身打造为金融科技大生态，建立起服务G端政府和国家战略的基础设施。蚂蚁集团的海外布局开始于2015年，蚂蚁集团遵循“一带一路”倡议，首先以亚洲作为拓展区域，逐渐向非洲、欧洲等渗透。到2020年，已在全球10个国家和地区拥有本地电子钱包，形成“1＋9”的布局模式，覆盖全球共12亿用户，境外用户近3亿。蚂蚁集团的海外业务多采用多国本土化战略，少数股权投资，以技术输出为主，充分利用当地企业优势。同时，蚂蚁集团由点及面，依托以支付业务为先导，跟随阿里巴巴集团生态战略布局出海，延伸多元金融业态。

3. 蚂蚁集团的未来发展

蚂蚁集团的成功，是新旧经济交替的产物，本质上是以蚂蚁集团为代表的新经济商业模式对传统模式的逆袭。展望未来，蚂蚁集团发展机遇广阔，但依然会面临新问题、新挑战。

蚂蚁集团的发展机遇包括三个方面。首先，是“新基建”上升为国家重要任务之一，高科技、数据要素发展赛道广阔。未来自主研发核心技术将成为大国竞争的制高点，2020年“新基建”写入政府工作报告。同年4月，《关于构建更加完善的要素市场化配置体制机制的意见》将数据作为一种新型生产要素写入文件，强调要加快培育数据要素市场。蚂蚁集团深耕人工智能、大数据、云计算、区块链等底层应用技术，掌握十亿用户底层数据，被赋予更高战略意义。其次，疫情加速金融科技发展。2020年新冠肺炎疫情的暴发，催生出线上金融服务和生活服务的广阔前景。阿里巴巴集团旗下在线办公、物流、新零售等新应用场景火爆，包括无人配送、无接触投递、智慧供应链、无接触购物等应用在疫情期间为人们提供了重要的物资供给，由此催生了线上业务管理、客户服务、供应链金融等金融服务的需求，为蚂蚁集团提供了新的增长点。最后，零售竞争加剧，未来面向B端商户市场。2019年我国移动互联网用户规模达到11.3亿，逐渐接近流量天花板，行业步入稳步增长期，竞争加剧，利润难以增长。而蚂蚁集团自多元的消费场景中积累大量商业客户具有先发优势，从获取的商户信息中提取需求痛点具有数据优势，针对性地为各行业商户提供支付、融资、理财等服务具有经验优势。

然而，蚂蚁集团也将面临发展风险。一方面，金融业务监管趋严，最高贷款利率限制，告别金融高光时刻。2020年8月21日，最高人民法院发布关于修改民间借贷利率上限的决定。以2020年9月21日发布的市场报价计算，那时民间借贷利率司法保护上限为15.4%，相较于过去的 24%上限有较大幅度的下降。蚂蚁集团是目前中国最大的消费贷款公司，新的上限监管要求可能会迫使贷款定价调整、放贷资金来源收缩等，从而降低企业盈利。另一方面，数据安全和隐私保护成为难点。2020年7月24日，工信部通报了58家存在侵害用户权益行为App企业的名单，要求整改或下架处理。蚂蚁集团在交易中获取了海量的用户行为及隐私数据，但同时为其保障用户数据安全的能力提出了更高的要求，在数据的采集、分析、利用等各个方面均应设置严格的条件和专业的技术防火墙。

主要资料来源：

1. 蚂蚁集团核心竞争力及发展前景深度分析[EB/OL]. 未来智库网.（2020-11-17）[2021-04-18].https://www.vzkoo.com/read/a702c758e9590ed34417f15b42f0e71b.html.

2. 任泽平解码蚂蚁：如何成为全球最大独角兽[EB/OL]. 新浪网.（2020-10-12）[2021-04-18].https://cj.sina.com.cn/articles/view/1704103183/65928d0f02001y2gp.

3. 再次约谈蚂蚁集团，释放了哪些重磅信号？[EB/OL].人民网.（2021-04-12）[2021-04-19].http://finance.people.com.cn/n1/2021/0412/c1004-32075979.html.

4. 杜川. 银保监会：蚂蚁集团的问题具有普遍性，建议所有互联网平台对照自查[EB/OL].中国电子银行网.（2021-01-04）[2021-02-21].https://www.cebnet.com.cn/20210104/102714317.html.

问题讨论：

我国金融数字化新模式、新业态不断迸发活力，其创新成果也正在惠及全产业。技术的发展使得数字金融的核心——普惠性得到极大发挥，金融服务的触达成本与门槛极大降低，响应速度与覆盖面大幅增加。随着央行数字货币的试点推进，人工智能、大数据等新技术在金融扶贫、小微信贷、财富管理等场景下的深入应用，数字金融已经逐步渗透到实体经济的各个方面，最显著的变化莫过于各种金融业态依托互联网技术的支持，通过汇集线上流量，以数字科技手段为抓手，布局产业数字金融，创造出多样化的新型金融服务产品与新兴业态。请根据案例材料，结合我国数字金融发展相关资料，讨论下面问题：

（1）如今，数字普惠金融理念深入人心。请结合材料分析蚂蚁集团的数字金融服务在哪些方面体现出普惠性？

（2）未来的数字金融发展，该如何充分应用人工智能、大数据、云计算、区块链等先进技术，将金融需求自然融合于多元场景，发展“场景＋金融”新模式，从而更加敏锐彻底地识别、感知客户，增强金融供给对实体经济多层次需求的适应性和有效性，让金融科技更贴近生活？

9.8 数字政府：“互联网＋监管”赋能数字政府建设

数字政府是指在现代计算机、网络通信等技术支撑下，政府机构日常办公、信息收集与发布、公共管理等事务在数字化、网络化的环境下进行的国家行政管理形式。数字政府包含多方面的内容，如政府办公自动化、政府实时信息发布、各级政府间的可视远程会议、公民随机网上查询政府信息、电子化民意调查和社会经济统计、电子选举（或称数字民主）等，是一种遵循“业务数据化，数据业务化”的新型政府运行模式。

数字政府以新一代信息技术为支撑，重塑政务信息化管理架构、业务架构、技术架构，通过构建大数据驱动的政务新机制、新平台、新渠道，进一步优化调整政府内部的组织架构、运作程序和管理服务，全面提升政府在经济调节、市场监管、社会治理、公共服务、环境保护等领域的履职能力，形成“用数据对话、用数据决策、用数据服务、用数据创新”的现代化治理模式。

1. 我国的数字政府建设状况

数字政府可以提高政府办公效率，减少官员腐败，同时技术的进步使政府官员和公务人员处理公务不受时空限制，也使民主化成为可能。

我国的数字政府的建设里程可以分为三个阶段。

一是 2000～2014 年的电子政务阶段，以办公自动化、政务信息化建设为主，这期间出现的政府网站、微博、微信等电子政务应用，侧重信息发布、政民互动等功能，政务服务的办理以线下流程为主，数据在其中发挥作用较小。

二是 2015～2018 年的“互联网＋政务服务”阶段，推动政务服务网站整合与标准化建设，实现跨区域、跨层级、跨部门数据打通共享，并依托数据流开展政务服务流程再造，推动政务线上化走向服务线上化。

三是 2019 年至今的数字政府阶段，进一步推动线上服务优化升级，推动数据驱动从政务服务拓展至更广泛的社会管理领域。多地发布数字政府建设规划，党的十九届四中全会、五中全会明确提出“建设数字政府”，将数字政府从实践探索提升至国家顶层设计，建设数字政府成为各界共识。数字政府建设进入全面提升阶段，在创新政府治理和服务模式、提升行政管理和服务效率、提高政府公信力和执行力等方面发挥的作用越来越明显。

截至 2020 年底，我国已有至少 9 个省级行政区域形成专门的数字政府建设方案，另有若干省份发布数字化转型或数字经济发展规划，提出数字政府建设要求。建设内容上，一般涵盖三方面内容：一是政务服务，强调利用现代信息技术手段，对外实现政务服务质量和流程改善，对内实现跨区域、跨部门以及部门内部的协同办公；二是数字治理，强调利用大数据技术等提升政府管理职能履行，重点聚焦宏观决策、经济调控、市场监管、社会治理、生态保护等领域；三是数据治理，包括政务数据收集、存储、清理、共享、开放、利用的全生命周期管理，尤其强调打破信息孤岛和加强数据开放。配套基础设施方面，一般包含云、网、平台、数据中心等数字新基建。

各地努力创新，将新技术积极融入数字政府建设中。例如，上海、浙江等地深化一体化在线政务服务体系，打通部门界限、优化业务流程，为企业群众提供集成服务；浙江、江西联合推进跨区域数据共享，实现身份证等 11 本证照跨省互认；福建、广东等地开发集约化的移动端 App 或微信小程序，实现办事服务“掌上办”“指尖办”；北京首都之窗“一网通查”搜索服务着力破解政务信息“找不到、找不快、找不准”问题；上海建立大数据联合创新实验室，汇聚多方数据资源，改善民生服务；浙江创建区块链电子票据平台，实现电子票据全过程“上链盖戳”，提高监管效率。

2. 我国数字政府建设方式

我国数字政府建设普遍采取政企合作方式。企业作为数字政府平台具体承建者，直接影响数字政府的建设标准、技术体系、呈现形式及功能实现。

由于对数字政府建设参与程度不一，自身技术偏好不同，企业对数字政府建设也存在不同着力点。例如，阿里巴巴侧重将自身数据化运营能力与数字政府建设结合，认为数字政府已经走向了以“数据化运营”为核心的2.0时代，其参与建设的“杭州城市大脑”领先全国；腾讯依托自身多年用户运营经验，侧重从“顾客体验”角度构建数字政府，强调用户中心，与广东省政府共同打造的“3+3+3”数字政府平台成为标杆案例；华为侧重终端设备建设，实现对城市生命的动态感知，在交通、水务、环境等领域均有布局。一个较普遍的现象是，一般都是以平台建设为抓手，将企业平台建设运维经验运用于数字政府，如倡导以客户为中心、强化数据运营等，对背后管理体制变革关注不多。

3. 广东省数字政府建设实践

近年，广东以数字政府改革建设为重要抓手，运用大数据、云计算、区块链、人工智能等信息技术，创新政府治理监管手段，目标是打造全国数字化治理示范省。2018年，《广东省“数字政府”建设总体规划（2018—2020年）》被视为首个地方数字政府规划的文件，开篇指出“数字政府是对传统政务信息化模式的改革”，可以理解为超越传统电子政务的新模式。该规划既继承了“电子政务”的传统内容，又有新的方案，囊括了近十年来尤其是党的十八大以来地方政府运用的新技术概念和应用模式，同时在体制机制上也有所创新。2021年6月22日，广东省政府办公厅发布《广东省数字政府省域治理“一网统管”三年行动计划》（以下简称《计划》）。

《计划》提出，依托全省一体化数字政府基础底座，围绕经济调节、市场监管、社会管理、公共服务和生态环境保护五大职能，优化管理体系及流程。推动数字政府省域治理“一网统管”，是进一步深化数字政府改革建设，将数字技术广泛应用于政府管理服务、推动政府治理流程再造和模式优化的重要举措。2021年，广东将开展经济运行、自然资源、生态环保、水利、基层社会治理、风险防控与应急指挥、消防救援、住房和城乡建设8个试点应用专题建设，同时选取部分地市、县（市、区）开展试点。2021年8月，全国首届数字政府建设峰会将于广州举行。

广东数字政府建设主要突出表现在其积极完成省市县三级平台对接与不断丰富政务数据产品方面。

1）2023年完成省市县三级平台对接

广东数字政府省域治理“一网统管”的基本架构是“1+3+5+N”。根据《计划》具体而言，“1”是指全省一体化的数字政府基础底座，“3”是指省、市、县三级“一网统管”基础平台，“5”是指省、市、县（市、区）、镇（街）、村（社区）五级用户体系，“N”是指N类特色应用专题。

广东省政务数据管理局将负责建设省级“一网统管”基础平台——“粤治慧”，为省级应用专题建设和接入，提供组件化、模块化的开发环境。并且，对接粤省事、粤商通、粤政易、粤省心、综合网格信息系统等平台，实现对省域整体状态及时感知、全局分析和智能预警。另外，市、县（市、区）两级也将建设“一网统管”基础平台。

根据《计划》，“一网统管”的主要任务包括：推动多源数据融合，持续开展数据治理工作，建设完善各类应用专题数据库；完善数据共享机制，支撑政务和社会数据互联互通，推动数据在各地、各部门之间有序共享，加大数据回流力度；依托省市一体化政务大数据中心，建设大数据分析平台和算法仓库，实现算法的集中管理与调度，打造“一网统管”数据处理中枢等。同时，升级扩容政务云平台，提升网络传输支撑能力等，以及研究出台总体标准、平台标准、服务标准和数据标准等“一网统管”技术标准规范，提高政府数字化治理的整体性、规范性。

“一网统管”将从试点市、县开始铺开，逐步实现三级联动。官方计划到2023年，完成全省市、县（市、区）两级基础平台与省级基础平台“粤治慧”对接。

2）政务数据产品需不断丰富

政府面对着大量且复杂的服务场景和庞大的服务人群。最新官方统计数据披露，广东省常住人口1.26亿人，位居全国首位。同时，作为经济大省，全省的商事主体超过1200万个。

新冠肺炎疫情对政府治理提出大考，也加速了经济社会数字化转型。防疫所需的健康码即是数字政务典型应用场景，“粤康码”的数据动态采集、实时共享、方便查验，推动了人员安全流动、企业有序生产。

《计划》提出，要释放数据资源价值，培育“一网统管”新业态。在促进数据开发利用方面，选取政府治理典型业务场景，推进公共与社会数据融合应用试点，不断丰富数据产品；引导市场主体探索数据资源开发利用，鼓励掌握数据的自然人、法人和非法人组织与政府开展合作。

广东省以“政企合作、管运分离”开展数字政府建设工作，发挥了资源配置市场化作用。2017年10月，数字广东网络建设有限公司（以下简称数字广东公司）成立，由腾讯和三大运营商联通、移动、电信共同投资。

数字广东公司官网介绍，根据民生、营商、政务等相关业务场景，针对民众、企业和公职人员三大群体，分别提供了“粤省事”移动政务服务平台、“粤商通”涉企移动政务服务平台、“粤政易”移动办公平台三大应用。其中，“粤省事”实名注册用户已经突破1个亿，上线高频民生服务1750项，有1256项服务实现“零跑动”，业务量累计超过了88.9亿件，覆盖社保、公积金、护照、驾照、身份证等各项业务办理。

2021年4月21日，《广东省数字政府改革建设2021年工作要点》正式对外公布，要求深化“粤系列”平台型应用建设，包括加强省自然资源和空间地理基础信息库及公共支撑平台“粤政图”支撑服务能力，持续丰富地图产品应用，以及推动出台“粤系列”平台管理办法。

《计划》给27个省级应用专题列明了建设要求。以2021年八个试点之一的“风险防控与应急指挥专题”为例，由省应急管理厅牵头负责，将围绕全省全灾种、大应急和大指挥工作需要，聚焦融合指挥、应急通信、短临预警、全域感知、数据智能等方向，实现事件接报、应急响应、指挥调度、研判分析、协同会商、应急评估等全流程管理，实现涵盖事前、事发、事中、事后全流程指挥调度。同时，要引导高校、科研机构和市场主体开展公共数据分析挖掘、数据可视化、数据安全与隐私保护等技术研究。

2021年5月底，《省级政府和重点城市一体化政务服务能力调查评估报告（2021）》披露，广东连续三年得分居全国第一。报告指出，各地区一体化政务服务还存在突出问题，包括服务能力与普惠全民的目标还有差距，不同群体之间存在“数字鸿沟”，譬如一些老年人不熟悉网络和智能手机，无法充分享受便利。另外，现有法律法规的制约有待突破，其更新明显落后于技术创新。报告认为，要深化全国一体化平台建设思路，不断强化政务数据共享应用，推进“跨省通办”“一网通办”。

主要资料来源：

1. 我国数字政府建设进入全面提升阶段[EB/OL]. 中华人民共和国中央人民政府网站.（2019-12-06）[2021-01-13].http://www.gov.cn/guowuyuan/2019-12/06/content_5459127.htm.

2. 中国信息通信研究院政策与经济研究所. 数字时代治理现代化研究报告——数字政府的实践与创新（2021 年）[EB/OL]. 中国信息通信研究院官网.（2021-03-02）[2021-05-08].http://www.caict.ac.cn/kxyj/qwfb/ztbg/202103/P020210302513072095209.pdf.

3. 阿里副总裁：数字政府正走向以数据化运营为核心的 2.0 时代. 凤凰网.（2019-07-25）[2021-01-13]. https://ishare.ifeng.com/c/s/7obDMDQbOtk.

4. 广东省加快数字政府建设 推进省域治理“一网统管”[EB/OL]. 广东省政务服务数据管理局官网.（2021-06-23）[2021-06-25].http://zfsg.gd.gov.cn/xxfb/mtbd/content/post_3342797.html.

问题讨论：

数字经济的飞速发展和全社会的数字化转型正在倒逼政府关注数字化发展进程，同时也为数字政府建设奠定了技术和应用基础，积极开展数字政府建设已成为推动数字经济发展的内在需求。《中华人民共和国国民经济和社会发展第十四个五年》规划和 2035 年远景目标纲要》中提出，将数字技术广泛应用于政府管理服务，推动政府治理流程再造和模式优化，不断提高决策科学性和服务效率。如今，基于大数据、5G、人工智能等新兴信息技术广泛应用的政务服务数字化方兴未艾，从婚育社保等个人办事需求，到文件审批等政府工作，都被搬到了线上，加快了我国政府服务数字化转型的步伐。请根据案例材料，结合我国数字政府发展相关资料，讨论下面问题：

（1）请结合材料，分析广东省在数字政府建设方面都取得了哪些成绩？还存在怎样的不足？现有组织规则、运行规则、信息传递规则与数字时代的信息扁平化流动及开放型组织建设还存在不适应的情况，那么未来该如何解决创新治理与体制机制的矛盾？

（2）数字政府建设同样面临数字鸿沟问题。请讨论如何针对使用智能技术存在困难的老年人等特殊群体，在数字政府建设过程中坚持传统服务和智能技术并行，推动建立解决数字鸿沟问题的长效机制？

课后题

一、问题讨论

1. 电商技术的不断进步，消费者理念与习惯的改变，使得越来越多的行业选择电子商务，越来越多的线下企业选择转型发展，积极走上电商发展之路。你认为所有行业都适合顺应趋势发展电子商务吗？请详述你的理由。

2. 随着电子商务不断深入各行各业，很多学者都在探讨电子商务的未来发展之路。你是如何看待这个问题的？

二、实践训练

请结合我国电子商务发展现状，针对某一行业的电子商务应用，撰写研究报告，深入分析该行业电子商务发展的优势、问题，以及应对策略等。

参考文献

埃弗雷姆·特班，戴维·金，李在奎，等. 2018. 电子商务——管理与社交网络视角[M]. 8 版. 北京：中国人民大学出版社.

埃弗雷姆·特班，戴维·金，朱迪·麦迪，等. 2010. 电子商务：管理视角[M]. 严建援等译. 5 版. 北京：机械工业出版社.

安葳鹏，刘沛骞. 2010. 网络信息安全[M]. 北京：清华大学出版社.

曹红辉，等. 2008. 中国电子支付发展研究[M]. 北京：经济管理出版社.

陈德人. 2008. 中国电子商务案例精选[M]. 北京：高等教育出版社.

陈芳，秦连清，肖霞. 2009. 黑客攻防入门与提高[M]. 北京：人民邮电出版社.

陈进，崔金红. 2010. 电子金融服务[M]. 杭州：浙江大学出版社.

陈雅萍，朱国俊，刘娜. 2008. 第三方物流[M]. 北京：清华大学出版社.

成倞媛，曹云忠，周蓓. 2008. 网络营销[M]. 成都：西南财经大学出版社.

邓顺国. 2004. 网上银行与网上金融服务[M]. 北京：清华大学出版社.

范泽剑. 2011. 电子商务[M]. 北京：中国民航出版社.

高富平. 2008. 电子商务法学[M]. 北京：北京大学出版社.

高怡新. 2005. 电子商务网站建设[M]. 北京：人民邮电出版社.

葛秀慧，田浩，金素梅. 2008. 计算机网络安全管理[M]. 2 版. 北京：清华大学出版社.

管有庆，王晓军，董小燕. 2005. 电子商务安全技术[M]. 北京：北京邮电大学出版社.

韩学平，孔令秋. 2008. 电子商务法[M]. 大连：东北财经大学出版社

贺平. 2010. 网络管理与维护[M]. 2 版. 北京：高等教育出版社.

黄立群. 2005. 电子商务网站建设与管理[M]. 大连：东北财经大学出版社.

黄志平. 2005. 电子商务管理案例分析[M]. 武汉：武汉理工大学出版社.

霍红. 2007. 第三方物流企业经营与管理[M]. 2 版. 北京：中国物资出版社.

姜锦虎，王刊良. 2008. 电子商务概论[M]. 西安：西安交通大学出版社.

阚凯力，张楚. 2000. 外国电子商务法[M]. 北京：北京邮电大学出版社.

柯新生. 2004. 网络支付与结算[M]. 北京：电子工业出版社.

柯新生. 2007. 电子商务：运作与实例[M]. 北京：清华大学出版社.

李安渝，杨兴寿，尹彦. 2010. 电子商务信用基础理论[M]. 北京：中国标准出版社.

李国峰. 2009. 第三方物流[M]. 哈尔滨：哈尔滨工业大学.

李海刚，樊博. 2006. 电子商务[M]. 北京：高等教育出版社.

李洪心. 2006. 电子商务案例[M]. 北京：机械工业出版社.

李洪心. 2008. 电子商务概论[M]. 大连：东北财经大学出版社.

李建华. 2010. 网络安全协议的形式化分析与验证[M]. 北京：机械工业出版社.

李琪. 2010. 电子商务导论[M]. 北京：电子工业出版社.

廖咸真. 2004. 电子商务网站建设[M]. 重庆：重庆大学出版社.

刘红军. 2007. 电子商务技术[M]. 北京：机械工业出版社.

刘建昌. 2009. 网络营销——理论·方法·应用[M]. 北京：清华大学出版社.

刘克强. 2007. 电子商务平台建设[M]. 北京：人民邮电出版社.
刘云浩. 2010. 物联网导论[M]. 北京：科学出版社.
马述忠，卢传盛，丁红朝，等. 2018. 跨境电商理论与实务[M]. 杭州：浙江大学出版社.
孟祥瑞. 2005. 网上支付与电子银行[M]. 上海：华东理工大学出版社.
秦成德，王汝林. 2010. 电子商务法高级教程[M]. 北京：对外经济贸易大学出版社.
覃征，李环，卢江，等. 2007. 电子商务案例分析[M]. 西安：西安交通大学出版社.
覃征，等. 2007. 电子商务案例分析[M]. 西安：西安交通大学出版社.
覃征，等. 2017. 电子商务概论[M]. 5 版. 北京：高等教育出版社.
商务部电子商务和信息化司. 2020. 中国电子商务报告 2019[M]. 北京：中国商务出版社.
上海伟雅. 2009. 网店赢家的 110 个技巧[M]. 北京：人民邮电出版社.
邵兵家. 2019. 电子商务概论[M]. 4 版. 北京：高等教育出版社.
司林胜. 2007. 电子商务案例分析[M]. 重庆：重庆大学出版社.
司林胜. 2010. 电子商务案例分析教程[M]. 北京：电子工业出版社.
宋文官. 2007. 电子商务概论[M]. 北京：清华大学出版社.
孙燕军. 2008. 电子商务教程[M]. 北京：高等教育出版社.
唐春林，张建军. 2003. 电子商务基础[M]. 2 版. 北京：科学出版社.
唐晓东. 2006. 电子商务中的信息安全[M]. 北京：清华大学出版社；北京交通大学出版社.
汪泓，汪明艳. 2010. 电子商务：理论与实践[M]. 北京：清华大学出版社.
王春梅，马雪松，闫红博. 2018. 网络营销理论与实务[M]. 北京：清华大学出版社.
王丽芳. 2010. 电子商务安全[M]. 北京：电子工业出版社.
王汝林. 2007a. 网络营销与策划[M]. 北京：科学出版社.
王汝林. 2007b. 移动商务理论与实务[M]. 北京：清华大学出版社.
王蜀黔. 2005. 电子支付法律问题研究[M]. 武汉：武汉大学出版社.
王永莲，孙菲. 2010. 网络营销[M]. 北京：北京理工大学出版社.
王玉珍. 2020. 电子商务概论[M]. 2 版. 北京：清华大学出版社.
魏修建. 2008. 电子商务物流理论与实务[M]. 北京：北京大学出版社.
温希波，邢志良，薛梅. 2019. 电子商务法——法律法规与案例分析[M]. 北京：人民邮电出版社.
肖德琴. 2003. 电子商务安全保密技术与应用[M]. 广州：华南理工大学出版社.
肖德琴，周权，等. 2009. 电子商务安全[M]. 北京：高等教育出版社.
肖遥. 2010. 大中型网络入侵要案直击与防御[M]. 北京：电子工业出版社.
辛树森. 2007. 电子银行[M]. 北京：中国金融出版社.
薛万欣，牟静. 2010. 电子商务概论[M]. 化学工业出版社.
闫强，胡桃，吕延杰. 2007. 电子商务安全管理[M]. 北京：机械工业出版社.
燕春蓉. 2010. 电子商务与物流[M]. 上海：上海财经大学出版社.
杨立新，袁雪石. 2005. 电子商务侵权法[M]. 北京：知识产权出版社.
杨路明. 2007. 电子商务物流管理[M]. 北京：机械工业出版社.
杨善林. 2020. 企业管理学[M]. 4 版. 北京：高等教育出版社.
杨兴丽，刘冰，李保升，等. 2010. 移动商务理论与应用[M]. 北京：北京邮电大学出版社.
姚国章. 2002. 电子商务与企业管理[M]. 北京：北京大学出版社.
岳意定，吴庆田，李明清. 2010. 网络金融[M]. 南京：东南大学出版社.
张波，刘鹤. 2009. 电子商务安全[M]. 2 版. 上海：华东理工大学出版社.
张衢. 2007. 商业银行电子银行业务[M]. 北京：中国金融出版社.
张润彤. 2005. 电子商务[M]. 北京：科学出版社.

张润彤. 2009. 电子商务概论[M]. 北京：电子工业出版社.
张润彤，石声波. 2009. 电子商务管理[M]. 北京：首都经济贸易大学出版社.
张润彤，朱晓敏. 2008. 移动商务概论[M]. 北京：北京大学出版社.
张新彦，李建军. 2010. 网络营销[M]. 哈尔滨：哈尔滨工业大学出版社.
赵静，陈旭东. 2010. 电子商务原理与应用[M]. 北京：北京大学出版社.
赵卫东，黄丽华. 2011. 电子商务模式[M]. 上海：复旦大学出版社.
中国人民银行支付结算司. 2011. 中国支付体系发展报告 2010[M]. 北京：中国金融出版社.
周化祥. 2004. 网络及电子商务安全[M]. 北京：中国电力出版社.
周伟，牟援朝. 2007. 电子商务——理论与实践[M]. 北京：化学工业出版社.
Awad E M. 2009. 电子商务：从愿景到实现[M]. 干红华，蔡晓平译. 北京：人民邮电出版社.
Kienan B. 2010. 电子商务[M]. 北京：北京大学出版社.
Lee K，Seda C. 2010. 搜索引擎广告：网络营销的成功之路[M]. 2 版. 北京：电子工业出版社.
Weinberg T. 2010. 正在爆发的营销革命——社会化网络营销指南[M]. 北京：机械工业出版社.